AF617513

Acceso a tus NUEVOS Formularios Sociedades Limitadas 2024
(versión Internet)

Los **NUEVOS Formularios Prácticos Sociedades Limitadas 2024** incluyen una sencilla aplicación vía Internet con la que **podrás acceder inmediatamente al formulario escogido, personalizarlo, imprimirlo o archivarlo en tu ordenador.**

Para acceder y cumplimentar tus Formularios en Internet es necesario un **nombre de usuario y una contraseña. Solicítalos a tu proveedor habitual.** Recuerda que estas claves de acceso estarán en vigor hasta la aparición de la nueva edición de los Formularios.

Para acceder a tus Formularios en Internet bastan **dos sencillos pasos:**

1. Solo tienes que entrar en **https://lefebvre.es/tienda/catalogo/formularios-juridicos** y hacer click en "Login tienda", situado en el menú superior derecha de la página.

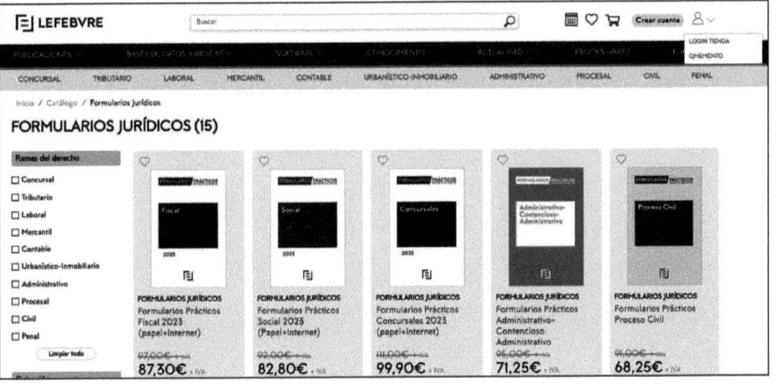

2. A continuación **introduce el usuario y contraseña** que te hemos facilitado.

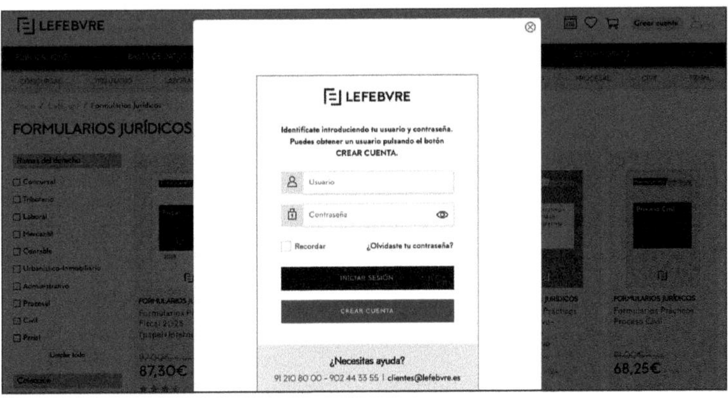

Para resolver cualquier incidencia en el acceso al producto, o si necesitas alguna otra información complementaria, no dudes en contactar con nuestro Departamento de Asistencia Técnica:

clientes@lefebvre.es **91 210 80 00**

FORMULARIOS PRÁCTICOS
FRANCIS LEFEBVRE

NUEVOS

Sociedades Limitadas

2024

Fecha de edición: 11 de junio de 2024

Los Nuevos Formularios Sociedades Limitadas
es una obra colectiva realizada por la Redacción de **Francis Lefebvre,**
a iniciativa y bajo la coordinación de la Editorial,
en la que han colaborado en ediciones anteriores:

Rosemary Mafuz

(Baker & McKenzie)

Pilar Gil

(Renovalia Energy, S.A.)

LEFEBVRE-EL DERECHO, S.A.
Monasterios de Suso y Yuso, 34 (28049 Madrid)
Tfno: 91 210 80 00
Fax: 91 210 80 01
ISBN: 978-84-10128-65-1
Depósito Legal: M-16070-2024
Precio: 85,28 € (IVA Incluido)
Impreso en España
por Printing'94

NOTA EDITORIAL

¿Cómo utilizar la obra?

Encontrar el modelo deseado.

Los Nuevos Formularios Sociedades Limitadas participan de la Sistemática Francis Lefebvre, con las ventajas que ello comporta: facilidad de acceso a la información y rapidez de respuesta.

El acceso a la información se facilita a través de una tabla alfabética y un índice general que remiten al **número marginal** donde hallará el formulario deseado.

Elegir la mejor opción.

Dentro del formulario, podrá encontrar diferentes posibilidades, indicadas mediante flechas (⇨), usualmente completadas con **referencias normativas** al margen.

Asimismo, cada formulario contiene una referencia a los números marginales del **Memento de Sociedades Mercantiles**; en dicha obra, el usuario podrá encontrar comentarios analíticos que esclarecen y complementan la información contenida en el propio formulario.

En fin, los Nuevos Formularios Sociedades Limitadas permite **personalizar** cada modelo para adaptarlo a las circunstancias particulares. Para ello deben sustituirse por los datos reales ciertas indicaciones que aparecen entre comillas a lo largo del texto ("número", "nombre y apellidos").

Principales siglas y abreviaturas

art.	artículo/s
BOE	Boletín Oficial del Estado
BORME	Boletín Oficial del Registro Mercantil
CC	Código Civil (RD 24-7-1889)
CCom	Código Comercio (RD 22-8-1885)
D	Decreto
DGRN	Dirección General de los Registros y del Notariado
DGSJFP	Dirección General de Seguridad Jurídica y Fe Pública
Dir	Directiva
disp.adic.	disposición adicional
disp.derog.	disposición derogatoria
disp.final	disposición final
disp.trans.	disposición transitoria
DL	Decreto Ley
DLeg	Decreto Legislativo
Instr	Instrucción
L	Ley
LCon	Texto Refundido de la Ley Concursal (RDLeg 1/2020)
LEC	Ley de Enjuiciamiento Civil (L 1/2000)
LIS	Ley del Impuesto sobre Sociedades (L 27/2014)
LITP	Texto Refundido de la Ley del Impuesto sobe Transmisiones Patrimoniales y Actos Jurídicos Documentados (RDLeg 1/1993)
LIVA	Ley del Impuesto sobre el Valor Añadido (L 37/1992)
LME	Ley sobre modificaciones estructurales de las sociedades mercantiles (L 3/2009)
LMV	Texto refundido de la Ley del Mercado de Valores (RDLeg 4/2015)
LNM	Ley de Navegación Marítima (L 14/2014)
LO	Ley Orgánica
LOPJ	Ley Orgánica del Poder Judicial (LO 6/1985)
LSC	Texto Refundido de la Ley de Sociedades de Capital (RDLeg 1/2010)
modif	modificado/a
OM	Orden Ministerial
RD	Real Decreto
RDL	Real Decreto Ley
RDLeg	Real Decreto Legislativo
redacc	redacción
Resol	Resolución
RH	Reglamento Hipotecario (D 14-2-1947)
RM	Registro Mercantil
RMC	Registro Mercantil Central
RRM	Reglamento del Registro Mercantil (RD 1784/1996)
SA	Sociedad Anónima
SRL	Sociedad de Responsabilidad Limitada
SLNE	Sociedad Limitada Nueva Empresa
TS	Tribunal Supremo

CAPÍTULO I. ESTATUTOS SOCIALES

Nº marg.

CAPÍTULO II. CLÁUSULAS ESTATUTARIAS

Nº marg.

CAPÍTULO III. ACTAS DE ACUERDOS Y DECISIONES SOCIALES

Nº marg.

CAPÍTULO IV. CERTIFICACIONES DE ACUERDOS Y DECISIONES SOCIALES

Nº marg.

CAPÍTULO V. ACUERDOS SOCIALES

Nº marg.

CAPÍTULO V. ACUERDOS SOCIALES

Nº marg.

CAPÍTULO VI. ANUNCIOS

Nº marg.

CAPÍTULO VI. ANUNCIOS

Nº marg.

CAPÍTULO VII. PROYECTOS

Nº marg.

CAPÍTULO VIII. INFORMES

Nº marg.

CAPÍTULO IX. SOLICITUDES Y COMUNICACIONES

Nº marg.

CAPÍTULO IX. SOLICITUDES Y COMUNICACIONES

CAPÍTULO X. OTROS DOCUMENTOS

Capítulo I. Estatutos sociales

105

Capítulo I. Estatutos sociales

1. Modelo extenso

MSM nº 615 s.; MSL nº 645 s.

Nota preliminar:

1) Este formulario responde a un **supuesto práctico real,** cuyas circunstancias, obviamente, pueden no coincidir plenamente con las que concurren en el supuesto para el que va a utilizarse. Se ha optado por mantenerlas para enriquecer el valor ejemplificativo del formulario, sin perjuicio de que el usuario las elimine o modifique al personalizar el modelo.

2) El modelo puede ser completado o/y modificado sustituyendo alguna de sus cláusulas con las **variantes** recogidas en el nº 205 s.

LSC art.23, 24, 25, 26 y 28; RRM art.175.1.3ª y 176 s

Estatutos de la sociedad *"denominación, S.R.L."*

I. Denominación, objeto, domicilio y duración

Artículo 1. Denominación
La sociedad se denomina *"denominación, S.R.L."* y se regirá por los presentes estatutos y, en cuanto no le sean aplicables disposiciones específicas, por el texto refundido de la Ley de Sociedades de Capital, aprobado por Real Decreto Legislativo 1/2010, de 2 de julio, en lo concerniente a este tipo social, y por la restante legislación aplicable.

Artículo 2. Objeto
El objeto de esta sociedad está integrado por las siguientes actividades:

a) *"descripción de la actividad"*

Las actividades integrantes del objeto social podrán ser desarrolladas por la sociedad directa o indirectamente, mediante la titularidad de acciones o de participaciones en sociedades con objeto idéntico o análogo o mediante cualesquiera otras formas admitidas en Derecho.
Si las disposiciones legales vigentes exigiesen para el ejercicio de algunas de las actividades comprendidas en el objeto social delimitado en este artículo, estar en posesión de un título profesional determinado, dichas actividades deberán realizarse por medio de persona que ostente la titulación profesional requerida para la actividad de que se trate. Por otra parte, si esas mismas disposiciones legales exigiesen para el desarrollo de la actividad de que se trate contar con autorización administrativa o la inscripción en determinados Registros Públicos, no podrá iniciarse el ejercicio de dicha actividad hasta que se hayan cumplido los requisitos administrativos exigidos para la misma.

Artículo 3. Domicilio
La sociedad tiene su domicilio en *"localidad, calle y número"*.

El órgano de administración será competente para decidir la creación, supresión o traslado de sucursales.

El traslado del domicilio social dentro del territorio nacional no exige acuerdo de la junta general, pudiendo ser acordado o decidido por el órgano de administración.

Artículo 4. Duración e inicio de operaciones
La sociedad tiene una duración indefinida.

La sociedad comienza sus operaciones el día del otorgamiento de la escritura de constitución, sin perjuicio de la necesaria inscripción en el Registro Mercantil.

II. Capital social y régimen de las participaciones sociales

Artículo 5. Capital social
El capital social, íntegramente desembolsado, se fija en la cifra de *"número/letra"* euros, y está dividido en *"número/letra"* participaciones sociales, de *"número/letra"* euros de valor nominal cada una de ellas, totalmente asumidas e íntegramente desembolsadas, y numeradas correlativamente del uno al *"número/letra"*, ambos inclusive.

Artículo 6. Participaciones sociales
Las participaciones sociales en que se divide el capital son iguales, acumulables e indivisibles y no podrán estar representadas en ningún caso por títulos especiales, nominativos o al portador, ni se expedirán resguardos provisionales acreditativos de una o varias participaciones sociales.

Las certificaciones del Libro registro de socios en ningún caso sustituirán al título de adquisición.

Artículo 7. Transmisión de participaciones

Transmisión voluntaria 'inter vivos'
La transmisión voluntaria *'inter vivos'* de participaciones sociales que no lleven aparejadas prestaciones accesorias, y fuera de los casos en que dicha transmisión es libre conforme a lo dispuesto en el texto refundido de la Ley de Sociedades de Capital, se regirá por lo dispuesto en el artículo 107 de la citada Ley.

Transmisión 'mortis causa'
La adquisición de alguna participación social por sucesión hereditaria confiere al heredero o legatario del fallecido la condición de socio.

Esto no obstante, si el heredero no es un descendiente, un ascendiente o el cónyuge del socio fallecido, los socios sobrevivientes tendrán derecho a adquirir las participaciones sociales del socio difunto, apreciadas en el valor que tuvieren el día del fallecimiento del socio, pagándose el precio al contado. La valoración se hará con arreglo a lo dispuesto en el artículo 353 del texto refundido de la Ley de Sociedades de Capital, y el derecho de adquisición habrá de ejercitarse en el plazo máximo de tres meses desde la comunicación a la sociedad de la adquisición hereditaria.

Transmisión forzosa.
En las transmisiones forzosas a que se refiere el artículo 109 del texto refundido de la Ley de Sociedades de Capital, la sociedad, en defecto de los socios, tendrá derecho de adquisición preferente para subrogarse en el lugar del rematante o, en su caso, del acreedor.

Artículo 8. Usufructo
En caso de usufructo de participaciones sociales, la cualidad de socio reside en el nudo propietario, pero el usufructuario tendrá derecho, en todo caso, a los dividendos acordados por la sociedad durante el usufructo.

En las relaciones entre el usufructuario y el nudo propietario regirá lo que determine el título constitutivo del usufructo y, en su defecto, lo establecido en la legislación civil aplicable.

Artículo 9. Prenda
En caso de prenda de participaciones sociales, corresponderá al propietario de las mismas el ejercicio de los derechos sociales.

Artículo 10. Copropiedad
En caso de copropiedad de participaciones sociales, los copropietarios habrán de designar a uno de ellos para el ejercicio de los derechos sociales, pero del incumplimiento de las obligaciones para con la sociedad responderán todos solidariamente.

Artículo 11. Documentación de las transmisiones
Toda transmisión de participaciones sociales, así como la constitución del derecho real de prenda sobre las mismas deberá constar en documento público. La constitución de derechos reales diferentes sobre ellas deberá constar en escritura pública.

El adquirente de las participaciones sociales podrá ejercer los derechos de socio frente a la sociedad desde que ésta tenga conocimiento de la transmisión o constitución del gravamen.

Artículo 12. Libro registro de socios
La sociedad llevará un Libro registro de socios, en el que se harán constar la titularidad originaria y las sucesivas transmisiones, voluntarias o forzosas, de las participaciones sociales, así como la constitución de derechos reales y otros gravámenes sobre las mismas. En cada anotación se indicará la identidad y domicilio del titular de la participación o del derecho o gravamen constituido sobre aquélla.

La sociedad sólo podrá rectificar el contenido del Libro registro de socios si los interesados no se hubieran opuesto a la rectificación en el plazo de un mes desde la notificación fehaciente del propósito de proceder a la misma.

Cualquier socio podrá examinar el Libro registro de socios, cuya llevanza y custodia corresponde al órgano de administración.

El socio y los titulares de derechos reales o de gravámenes sobre las participaciones sociales, tienen derecho a obtener certificación de las participaciones, derechos o gravámenes registrados a su nombre.

Los datos personales de los socios podrán modificarse a su instancia, no surtiendo, entre tanto, efectos frente a la sociedad.

III. Órganos sociales

Artículo 13.
Los órganos de la sociedad son:

a) La junta general de socios.
b) El órgano de administración.

1. Junta general

Artículo 14.
La voluntad de los socios, expresada por mayoría, regirá la vida de la sociedad.

La mayoría habrá de formarse necesariamente en junta general.

Todos los socios, incluso los disidentes y los que no hayan participado en la reunión, quedarán sometidos a los acuerdos de la junta general.

Artículo 15. Convocatoria
La convocatoria de la junta general habrá de realizarse por el órgano de administración, o por los Liquidadores en su caso, mediante anuncio publicado en el Boletín Oficial del Registro Mercantil y, dado que la sociedad carece de página web, en uno de los diarios de mayor circulación en la provincia en que la sociedad tenga su domicilio.

Entre la convocatoria y la fecha prevista para la celebración de la reunión deberá existir un plazo de, al menos, quince días.

En los casos de fusión, escisión, cesión global de activo y pasivo y traslado del domicilio social al extranjero se aplicarán a la convocatoria de la junta general las reglas especiales previstas a este respecto en el Real Decreto-Ley 5/2023.

Artículo 16. Facultad y obligación de convocar
El órgano de administración podrá convocar la junta general siempre que lo estime necesario o conveniente para los intereses sociales, y deberá convocarla para su celebración dentro de los seis primeros meses de cada ejercicio con el fin de censurar la gestión social, aprobar, en su caso, las cuentas del ejercicio anterior y resolver sobre la aplicación del resultado.

Asimismo, deberá convocar la junta general cuando lo soliciten uno o varios socios que representen, al menos, el cinco por ciento del capital social, expresando en la solicitud los asuntos a tratar en la junta. En este caso, la Junta General deberá ser convocada para su celebración dentro de los dos meses siguientes a la fecha en que se hubiere requerido notarialmente a los administradores para convocarla, debiendo incluirse necesariamente en el orden del día los asuntos que hubiesen sido objeto de solicitud.

Artículo 17. Lugar de celebración
La junta general se celebrará en el término municipal donde la sociedad tenga su domicilio.

Si en la convocatoria no figurara el lugar de celebración, se entenderá que la junta ha sido convocada para celebrarse en el domicilio social.

Artículo 18. Junta universal
La junta general quedará válidamente constituida en cualquier lugar del territorio nacional o del extranjero para tratar cualquier asunto, sin necesidad de previa convocatoria, siempre que esté presente o representado todo el capital social y los concurrentes acepten por unanimidad la celebración de la Junta y el orden del día de la misma.

Artículo 19. Asistencia y representación
Todos los socios tienen derecho a asistir a la junta general.

El socio podrá hacerse representar en las reuniones de la junta general por medio de otro socio, su cónyuge, ascendientes, descendientes o persona que ostente poder general conferido en documento público con facultades para administrar todo el patrimonio que el representado tuviere en territorio nacional.

La representación comprenderá la totalidad de las participaciones de que sea titular el socio representado y deberá conferirse por escrito. Si no consta en documento público, deberá ser especial para cada junta.

Artículo 20. Presidente y secretario de la junta
Actuarán como presidente y secretario de la junta quienes ostenten dichos cargos en el consejo de administración o, caso de ser otra la estructura del órgano de administración, los elegidos por los socios concurrentes al comienzo de la reunión.

Artículo 21. Deliberación y adopción de acuerdos
La junta general de socios deliberará sobre los asuntos comprendidos en el orden del día establecido en la convocatoria, y se levantará acta de la misma en la forma prevista por la Ley, haciendo constar en ella las intervenciones de los socios que lo soliciten.

Cada participación social concede a su titular el derecho a emitir un voto.

Los acuerdos sociales se adoptarán por mayoría de los votos válidamente emitidos, siempre que representen al menos un tercio de los votos correspondientes a las participaciones sociales en que se divida el capital social. No se computarán los votos en blanco.

Por excepción a lo dispuesto en el párrafo anterior:

a) El aumento o la reducción del capital y cualquier otra modificación de los estatutos sociales requerirán el voto favorable de más de la mitad de los votos correspondientes a las participaciones en que se divida el capital social.

105

b) La autorización a los administradores para que se dediquen, por cuenta propia o ajena, al mismo, análogo o complementario género de actividad que constituya el objeto social; la supresión o la limitación del derecho de preferencia en los aumentos del capital; la transformación, la fusión, la escisión, la cesión global de activo y pasivo, el traslado del domicilio al extranjero, y la exclusión de socios requerirán el voto favorable de, al menos, dos tercios de los votos correspondientes a las participaciones en que se divida el capital social.

2. Órgano de administración

Artículo 22. Modos de organizar la administración
La administración de la sociedad corresponde al órgano de administración que, alternativamente, elija la junta general, sin necesidad de modificación estatutaria, entre las posibilidades siguientes:

a) Un administrador único.
b) Varios administradores que actúen solidaria o conjuntamente. En ambos casos, el número máximo de administradores será de tres.
c) Un consejo de administración integrado por un número de miembros no inferior a tres ni superior a doce.

La atribución del poder de representación se regirá por lo dispuesto en el artículo 233 del texto refundido de la Ley de Sociedades de Capital; en caso de administradores mancomunados se ejercerá mancomunadamente por dos cualesquiera de ellos.

Artículo 23. Ámbito de representación
El órgano de administración tendrá todas las facultades y prerrogativas, derechos y obligaciones que las leyes y estos estatutos le señalan, pudiendo contratar en general, realizar toda clase de actos y negocios obligacionales o dispositivos, de administración ordinaria o extraordinaria y de riguroso dominio sobre toda clase de bienes.

○ **Facultades del órgano de administración:**

A título meramente enunciativo, es decir, sin que la siguiente enumeración sea limitativa, serán facultades y atribuciones del órgano de administración las siguientes:

"consignar la enumeración de facultades del órgano de administración que se desee, teniendo en cuenta que dicha enumeración no es inscribible en el RM (RRM art. 185.6)".

Artículo 24. Nombramiento y plazo de duración del cargo
Para ser nombrado administrador no se requerirá la condición de socio.

Los administradores ejercerán el cargo por tiempo indefinido, sin perjuicio de poder ser cesados, en cualquier momento, por la junta general aun cuando la separación no conste en el orden del día, por acuerdo adoptado con el voto favorable de los dos tercios de los votos correspondientes a las participaciones en que se divida el capital social.

Artículo 25. Retribución
El cargo de administrador tendrá carácter gratuito.

Artículo 26. Prohibición de competencia
Los administradores no podrán dedicarse, por cuenta propia o ajena, al mismo, análogo o complementario género de actividad que constituya el objeto social, salvo autorización expresa de la sociedad, mediante acuerdo de la junta general adoptado con la mayoría prevista en el artículo 21, apartado b), de los presentes estatutos.

Artículo 27. Consejo de administración
En caso de existir un consejo de administración, se regirá por las normas siguientes:

a) El consejo se reunirá siempre que lo decida su presidente.

Los consejeros que constituyan al menos un tercio de los miembros del consejo de administración podrán convocarlo, indicando en el orden del día, para su celebración en el lugar donde radique el domicilio social, si, previa petición al presidente, éste sin causa justificada no hubiera hecho la convocatoria en el plazo de un mes.

La convocatoria se hará siempre por escrito dirigido personalmente a cada consejero, con una antelación mínima de dos días a la fecha de la reunión.

b) El consejo quedará válidamente constituido cuando concurran a la reunión, presentes o representados, la mitad más uno de sus componentes. En caso de número impar de consejeros, la mitad se determinará por defecto.

c) La representación para concurrir al consejo ha de recaer necesariamente en otro consejero y debe conferirse por escrito.

d) Salvo los acuerdos para los que la Ley exija mayoría reforzada, éstos se adoptarán por mayoría absoluta de los consejeros concurrentes.

e) El consejo nombrará de su seno un presidente y un vicepresidente. Asimismo, nombrará un secretario y un vicesecretario que podrán no ser consejeros.

f) Las discusiones y acuerdos del consejo se llevarán a un libro de actas.

g) La elevación a instrumento público de los acuerdos sociales podrá realizarse por cualquiera de los consejeros con cargo vigente e inscrito en el Registro Mercantil.

h) El consejo podrá designar de su seno uno o varios consejeros delegados, determinado las personas que hayan de ocupar dichos cargos y el régimen de su actuación, pudiendo delegar en ellos, total o parcialmente, las facultades que no sean indelegables conforme a la Ley.

El consejo podrá delegar también sus facultades representativas en uno o más consejeros delegados determinando, si son varios, el régimen de su actuación.

Para la validez de la delegación de facultades y la designación de consejeros delegados se requerirá el voto favorable de las dos terceras partes de los componentes del consejo, y tales acuerdos no producirán efecto alguno hasta su inscripción en el Registro Mercantil.

IV. Ejercicio social y cuentas anuales

Artículo 28. Ejercicio social
Cada ejercicio social comenzará el día 1 de enero de cada año, y terminará y se cerrará el día 31 de diciembre del mismo año.

El primer ejercicio social comenzará el día del otorgamiento de la escritura pública de constitución de sociedad y finalizará el treinta y uno de diciembre de ese mismo año.

Artículo 29. Cuentas anuales
El órgano de administración de la sociedad está obligado a formular, en el plazo máximo de tres meses contados a partir del cierre del ejercicio social, las cuentas anuales, el informe de gestión, que incluirá, cuando proceda, el estado de información no financiera, y la propuesta de aplicación del resultado, así como, en su caso, las cuentas y el informe de gestión consolidados. Las cuentas anuales y el informe de gestión, incluido cuando proceda, el estado de información no financiera, deberán ser firmados por todos los administradores. Si faltare la firma de alguno de ellos se señalará en cada uno de los documentos en que falte, con expresa indicación de la causa.

105

Las cuentas anuales comprenderán el balance, la cuenta de pérdidas y ganancias, un estado que refleje los cambios en el patrimonio neto del ejercicio, la memoria y, en su caso, un estado de flujos de efectivo.

Estos documentos, que forman una unidad, deberán ser redactados con claridad y mostrar la imagen fiel del patrimonio, de la situación financiera y de los resultados de la sociedad, de conformidad con esta Ley y con lo previsto en el Código de Comercio.

Artículo 30. Información a los socios
A partir de la convocatoria de la junta general, cualquier socio podrá obtener de la sociedad de forma inmediata y gratuita los documentos que han de ser sometidos a la aprobación de la misma y, en su caso, el informe de los auditores de cuentas. En la convocatoria se hará expresión de este derecho.

Durante el mismo plazo el socio o socios que representen el cinco por ciento del capital social podrán examinar en el domicilio social, por sí o en unión de experto contable, los documentos que sirvan de soporte y de antecedente de las cuentas anuales, sin que ello impida ni limite el derecho de la minoría a que se nombre auditor de cuentas con cargo a la sociedad.

V. Disolución y liquidación

Artículo 31. Disolución
La sociedad se disolverá por las causas legalmente previstas, procediéndose a su liquidación por los administradores, previo su nombramiento como liquidadores.

Artículo 32. Liquidación
Una vez satisfechos todos los acreedores del importe de sus créditos o consignado su importe en una entidad de crédito del término municipal correspondiente al domicilio social, el activo resultante se repartirá por el órgano de liquidación entre los socios en proporción a su participación en el capital social.

VI. Otras disposiciones

Artículo 33. Incompatibilidades
No podrán ocupar ni ejercer cargos en esta sociedad las personas comprendidas en alguna de las prohibiciones o incompatibilidades establecidas en el ordenamiento jurídico español.

Artículo 34. Resolución de conflictos
Todas las cuestiones o diferencias que se susciten entre los socios como tales y entre éstos y la sociedad, y que no pudieran ser resueltas estatutariamente y no tengan señalado procedimiento especial obligatorio, se someterán a arbitraje de equidad.

110

2. Modelo breve (menciones legales mínimas)

MSM nº 615 s.; MSL nº 645 s.

Nota preliminar:

1) Este formulario responde a un **supuesto práctico real,** cuyas circunstancias, obviamente, pueden no coincidir plenamente con las que concurren en el supuesto para el que va a utilizarse. Se ha optado por mantenerlas para enriquecer el valor ejemplificativo del formulario, sin perjuicio de que el usuario las elimine o modifique al personalizar el modelo.

2) El modelo puede ser completado o/y modificado sustituyendo alguna de sus cláusulas con las **variantes** recogidas en el nº 205 s.

LSC art.23; RRM art.175.1.3ª y 176 s

Estatutos de la sociedad *"denominación, S.R.L."*

Artículo 1. Denominación
La sociedad se denomina *"denominación S.R.L."*.

Artículo 2. Objeto
El objeto de esta sociedad está integrado por las siguientes actividades:

a) *"descripción de la actividad"*.

>>

❑ Determinación del ejercicio de las actividades:

Las actividades integrantes del objeto social podrán ser desarrolladas por la sociedad directa o indirectamente, mediante la titularidad de acciones o de participaciones en sociedades con objeto idéntico o análogo o mediante cualesquiera otras formas admitidas en Derecho.

❑ Ejercicio de actividades sometidas a disposiciones legales:

Si las disposiciones legales vigentes exigiesen para el ejercicio de algunas de las actividades comprendidas en el objeto social delimitado en este artículo, estar en posesión de un título profesional determinado, dichas actividades deberán realizarse por medio de persona que ostente la titulación profesional requerida para la actividad de que se trate. Por otra parte, si esas mismas disposiciones legales exigiesen para el desarrollo de la actividad de que se trate contar con autorización administrativa o la inscripción en determinados Registros Públicos, no podrá iniciarse el ejercicio de dicha actividad hasta que se hayan cumplido los requisitos administrativos exigidos para la misma.

Artículo 3. Domicilio
La sociedad tiene su domicilio en *"localidad, calle y número"*.

Artículo 4. Capital social y participaciones sociales
El capital social, íntegramente desembolsado, se fija en la cifra de *"número/letra"* euros, y está dividido en *"número/letra"* participaciones sociales, de *"número/letra"* euros de valor nominal cada una de ellas, totalmente asumidas e íntegramente desembolsadas, y numeradas correlativamente del uno al *"número/letra"*, ambos inclusive.

Artículo 5. Modos de organizar la administración
La administración de la sociedad corresponde al órgano de administración que, alternativamente, elija la junta general, sin necesidad de modificación estatutaria, entre las posibilidades siguientes:

a) Un administrador único.

110

b) Varios administradores que actúen solidaria o conjuntamente. En ambos casos, el número máximo de administradores será de tres.

c) Un consejo de administración integrado por un número de miembros no inferior a tres ni superior a doce.

La atribución del poder de representación se regirá por lo dispuesto en el artículo 233 del texto refundido de la Ley de Sociedades de Capital; en caso de administradores mancomunados se ejercerá mancomunadamente por dos cualesquiera de ellos.

➢➢

○ **En caso de existir un consejo de administración:**

En caso de existir un consejo de administración, se regirá por las normas siguientes:

a) El consejo se reunirá siempre que lo decida su presidente.

Los consejeros que constituyan al menos un tercio de los miembros del consejo de administración podrán convocarlo, indicando en el orden del día, para su celebración en el lugar donde radique el domicilio social, si, previa petición al presidente, éste sin causa justificada no hubiera hecho la convocatoria en el plazo de un mes.

La convocatoria se hará siempre por escrito dirigido personalmente a cada consejero, con una antelación mínima de dos días a la fecha de la reunión.

b) El consejo quedará válidamente constituido cuando concurran a la reunión, presentes o representados, la mitad más uno de sus componentes. En caso de número impar de consejeros, la mitad se determinará por defecto.

c) La representación para concurrir al consejo ha de recaer necesariamente en otro consejero y debe conferirse por escrito.

d) Salvo los acuerdos para los que la Ley exija mayoría reforzada, éstos se adoptarán por mayoría absoluta de los consejeros concurrentes.

e) El consejo nombrará de su seno un presidente y un vicepresidente. Asimismo, nombrará un secretario y un vicesecretario que podrán no ser consejeros.

f) Las discusiones y acuerdos del consejo se llevarán a un libro de actas.

g) La elevación a instrumento público de los acuerdos sociales podrá realizarse por cualquiera de los consejeros con cargo vigente e inscrito en el Registro Mercantil.

h) El consejo podrá designar de su seno uno o varios consejeros delegados, determinado las personas que hayan de ocupar dichos cargos y el régimen de su actuación, pudiendo delegar en ellos, total o parcialmente, las facultades que no sean indelegables conforme a la Ley.

El consejo podrá delegar también sus facultades representativas en uno o más consejeros delegados determinando, si son varios, el régimen de su actuación.

Para la validez de la delegación de facultades y la designación de consejeros delegados se requerirá el voto favorable de las dos terceras partes de los componentes del consejo, y tales acuerdos no producirán efecto alguno hasta su inscripción en el Registro Mercantil.

3. Modelo SRL profesional

MSM nº 12815 s.; MSL nº 9150 s.

Estatutos de la *"denominación social, S.R.L.P./S.L.P."*

I. Disposiciones generales

L 2/2007 art.1.2, 7, 8 y 17

Artículo 1. Denominación
La sociedad se denomina *"denominación social, S.R.L.P./S.L.P"* y se rige por los presentes estatutos y, en lo no previsto en ellos, por la Ley 2/2007 de 15 de marzo, en su defecto por el texto refundido de la Ley de Sociedades de Capital, aprobado por Real Decreto Legislativo 1/2010, de 2 de julio, en lo aplicable a las Sociedades de Responsabilidad Limitada y demás legislación complementaria aplicable.

Artículo 2. Objeto
Constituye el objeto de la sociedad la actividad propia de los profesionales de *"determinar el grupo profesional". "...El objeto social podrá desarrollarse mediante su participación en otras sociedades profesionales...".*

Quedan excluidas todas aquellas actividades para cuyo ejercicio la ley exija requisitos especiales, que no queden cumplidos por esta sociedad.

Artículo 3. Domicilio
El domicilio social se fija en *"calle, número, localidad y municipio"*. El órgano de Administración será competente para decidir la creación, supresión o traslado de sucursales.

El traslado del domicilio social dentro del territorio nacional no exige acuerdo de la junta general, pudiendo ser acordado o decidido por el órgano de administración.

Artículo 4. Duración e inicio de operaciones
La sociedad se constituye por *"...tiempo indefinido... O... "determinar el plazo o bien indicar la fecha de vencimiento o término"..."* y, dará comienzo a sus operaciones sociales el día del otorgamiento de la escritura pública de constitución.

Artículo 5. Ejercicio social
La fecha de cierre del ejercicio social se fija en el día *"...31 de diciembre de cada año... O... "determinar fecha"...".*

II. Capital, participaciones sociales y prestaciones accesorias

Artículo 6. Capital social y participaciones sociales
El capital social, íntegramente desembolsado, se fija en la cifra de *"número/letra"* euros, y está dividido en *"número/letra"* participaciones sociales, iguales, acumulables e indivisibles, de *"número/letra"* euros de valor nominal cada una de ellas, totalmente asumidas e íntegramente desembolsadas, y numeradas correlativamente del uno al *"número/letra"*, ambos inclusive.

De ellas *"número/letra"* participaciones, de la *"número/letra"* a la *"número/letra"* son de socios profesionales y las *"número/letra"* restantes, de la *"número/letra"* a la *"número/letra"*, de socios no profesionales.

Artículo 7. Prestaciones accesorias
Los socios profesionales, titulares de participaciones de esta clase, estarán obligados a realizar prestaciones accesorias a favor de la sociedad, a tiempo completo, y con el contenido propio de su actividad profesional.

Asimismo, estarán obligados a no realizar prestaciones profesionales de su competencia en nombre propio o para personas o sociedades ajenas a la sociedad que se constituye.

Estas prestaciones serán retribuidas consistiendo la retribución en una cantidad mensual, fijada para cada ejercicio por la junta general, teniendo en cuenta la dedicación mayor o menor del socio al desarrollo del objeto social, su especialización, la antigüedad en el ejercicio de la profesión y los clientes, en su caso, suministrados a la sociedad.

El incumplimiento de las prestaciones accesorias de forma total o parcial, o la prestación de servicios profesionales en nombre propio o a personas naturales o jurídicas ajenas a la sociedad, será causa de exclusión del socio, en los términos del artículo 350 del texto refundido de la Ley de Sociedades de Capital y el artículo 14.1 de la Ley 2/2007.

Artículo 8. Transmisión de participaciones no profesionales
La transmisión de participaciones de socios no profesionales se rige por lo previsto en el artículo 107 del texto refundido de la Ley de Sociedades de Capital, si bien la preferencia para la adquisición de las participaciones no profesionales, en su caso, será a favor de los socios profesionales.

Artículo 9. Transmisión de participaciones profesionales
Las participaciones de socios profesionales sólo pueden transmitirse 'inter vivos' a otros socios profesionales, con el consentimiento de la mayoría de todos los socios profesionales, excluyendo de dicho cómputo el socio que solicite la transmisión de sus participaciones.

A estos efectos el socio profesional que desee transmitir sus participaciones lo pondrá en conocimiento del órgano de administración de la sociedad, el cual deberá convocar Junta General con dicho orden del día en el plazo de los quince días siguiente a la petición y para celebrarse dentro de los treinta días siguientes a la convocatoria. Si la Junta autoriza la transmisión, el socio profesional solicitante, deberá proceder a la enajenación de sus participaciones en el plazo de treinta días. Si no lo hace deberá repetir de nuevo el procedimiento mediante su comunicación al órgano de administración de la sociedad.

Las transmisiones 'mortis causa' de participaciones de socios profesionales son totalmente libres, salvo que el sucesor testamentario o abintestato, voluntario o forzoso, no tenga el carácter de profesional relacionado con el objeto de la sociedad, en cuyo caso la mayoría de socios profesionales, podrán acordar, en la forma establecida anteriormente, computándose los plazo desde la notificación que haga el heredero a la sociedad, que no se transmitan a sus sucesores, en cuyo caso se abonará la cuota de liquidación que corresponda.

La misma regla se aplicará a las transmisiones forzosas y a la disolución de cualquier régimen de comunidad, incluyendo la sociedad de gananciales.

III. Órganos sociales

Artículo 10. Junta General
La Junta General será convocada mediante anuncio individual y escrito que será remitido a cada uno de los socios a su domicilio a tal fin designado o al que conste en el Libro Registro de socios, *"...mediante cualquier procedimiento de comunicación que asegure la recepción del anuncio ... O ... por cualquier procedimiento de comunicación que, a través de oficina de correos, asegure la recepción del anuncio ..." "... "determinar procedimiento" ...".*

En todo caso la convocatoria expresará el nombre de la sociedad, la fecha y hora de la reunión, así como el Orden del día, en el que figurarán los asuntos a tratar. En el anuncio figurará, asimismo, el nombre de la persona o personas que realicen la comunicación.

Entre la convocatoria y la fecha prevista para la celebración de la reunión deberá existir un plazo de, al menos, quince días, computado a partir de la fecha en que hubiese sido remitido el anuncio al último de los socios.

Los socios profesionales únicamente podrán otorgar su representación a otros socios profesionales para asistir a las reuniones de la junta general.

Cualquier otra cuestión relativa a junta general se regirá por las disposiciones contenidas en el texto refundido de la Ley de Sociedades de Capital en relación con la Sociedad de Responsabilidad Limitada.

Por excepción, en los casos de fusión, escisión, cesión global de activo y pasivo y traslado del domicilio social al extranjero se aplicarán a la convocatoria de la junta general las reglas especiales previstas a este respecto en la Ley 3/2009, de modificaciones estructurales de las sociedades mercantiles.

Artículo 11. Órgano de administración

1) La sociedad será administrada por un órgano de administración cuya estructura podrá ser, a elección de la junta general:

• un administrador único.

• varios administradores solidarios *"... "fijar número exacto, o máximo o mínimo" ... "*.

• varios administradores conjuntos *"... "fijar número exacto, o máximo o mínimo" ... "*.

• un consejo de administración integrado por *"...un número de miembros no inferior a tres ni superior a doce ... O ... "fijar número exacto, o máximo o mínimo" ... "*.

2) En función de la estructura del órgano de administración, la representación corresponderá:

• al administrador único.

• a cada uno de los administradores solidarios.

• a los administradores conjuntos, que lo ejercerán actuando mancomunadamente: *"...dos cualesquiera de ellos ... O ... "fijar número superior a dos" cualesquiera de ellos ... " "...todos ellos ... "*.

• al consejo de administrador, que actuará colegiadamente.

3) Los administradores o administrador único, en su caso, ejercerán su cargo por tiempo indefinido, pudiendo ser separados de él, salvo lo que después se dispone, mediante acuerdo de la junta general, aun cuando la separación no conste en el orden del día.

Para el cese de los administradores socios profesionales, será exigible, en todo caso, el voto a favor de 'porcentaje' de los votos correspondientes a las participaciones en que se divida el capital social, incluyendo en dicha mayoría, el voto de la 'porcentaje' de votos correspondientes a las participaciones de socios profesionales.

4) El cargo de administrador será *"...gratuito ... O ... retribuido. La retribución consistirá en "indicar forma de retribución" ... "*.

5) El administrador único y los consejeros delegados, caso de que existan, o las tres cuartas partes por exceso del resto del órgano de administración, deberán ser socios profesionales. Si el órgano de administración son dos o más administradores solidarios, todos ello serán socios profesionales. Si el órgano de administración son más de cuatro administradores mancomunados para la válida actuación de los mismos será preciso siempre que uno de los administradores mancomunados que ejerza la representación de la sociedad, junto con otro, sea socio profesional.

6) Cuando la administración se confíe a un consejo de administración, el mismo será convocado por su presidente de forma personal y directa a cada consejero con al menos cuarenta y ocho horas de antelación y quedará válidamente constituido cuando concurran a la reunión, presentes o representados por otro consejero, la mitad más uno de los consejeros.

Los consejeros profesionales no podrán hacerse representar en el consejo por un consejero no profesional.

Cada miembro del consejo puede emitir un voto. Los acuerdos se adoptarán por mayoría absoluta de los consejeros concurrentes a la sesión, salvo disposición legal específica.

IV. Otras disposiciones

Artículo 12. Separación de socios profesionales
Los socios profesionales podrán separarse de la sociedad constituida por tiempo indefinido en cualquier momento.

Si la sociedad se ha constituido por tiempo determinado los socios profesionales podrán separarse de la sociedad, en los supuestos previsto en el artículo 346 del texto refundido de la Ley de Sociedades de Capital, y cuando concurra justa causa. A estos efectos se entiende que son justas causas de separación de los socios profesionales las siguientes:

a) *"enumerar las causas de separación"*

Cualquier otra justa causa de separación, si no fuera admitida por el órgano de administración, deberá someterse al arbitraje establecido en estos estatutos.

La existencia de la causa de separación deberá acreditarse por certificación del órgano de administración, debiendo procederse en la forma establecida en el artículo 348 del texto refundido de la Ley de Sociedades de Capital.

El ejercicio del derecho de separación habrá de ejercitarse de conformidad con las exigencias de la buena fe, siendo eficaz desde el momento en que se notifique a la sociedad.

Artículo 13. Exclusión de socios profesionales
La exclusión de socios profesionales se regirá por lo establecido en el artículo 14 de la Ley 2/2007, si bien cuando el socio no se conforme con la exclusión, deberá acudirse al procedimiento de arbitraje establecido en estos estatutos.

Igualmente será aplicable, en su caso, el artículo 350 del texto refundido de la Ley de Sociedades de Capital.

Artículo 14. Cuota de liquidación
La cuota de liquidación que proceda abonar al socio profesional en los supuestos de separación, exclusión, transmisión mortis causa o forzosa, será fijada sobre la base de *"fijar criterio de valoración (p.e.: último balance anual aprobado por la junta general de la sociedad)"*.

Artículo 15. Aumento de capital y ejercicio del derecho de suscripción preferente
Los socios no gozarán del derecho de suscripción preferente en los aumentos de capital que sirvan de cauce a la promoción profesional, ya sea para atribuir a un profesional la condición de socio profesional, ya para incrementar la participación societaria de los socios que ya gozan de tal condición.

Se excluye expresamente la aplicación de las normas establecidas en los apartados b) y c) del artículo 17 de la Ley 2/2007.

Artículo 16. Participación en beneficios
Los socios profesionales tendrán derecho a un dividendo preferente consistente en el *"determinar el porcentaje"* de los beneficios líquidos de la sociedad, una vez deducidos gastos y la reserva legal, el cual se distribuirá entre los socios profesionales teniendo en cuenta su antigüedad en la sociedad, y la dedicación a la misma.

En todo caso y sin perjuicio de la aprobación de las cuentas anuales de la sociedad por las mayorías ordinarias, el reparto final entre los socios profesionales deberá ser aprobado por el *"determinar el porcentaje"* de los votos correspondientes a los socios profesionales.

Artículo 17. Sumisión a arbitraje
Todas las cuestiones que se susciten entre los socios o entre estos y la sociedad o con los administradores, incluidas las relativas a la separación, exclusión y determinación de la cuota de liquidación, quedarán sometidas a arbitraje, de acuerdo con las normas reguladoras de la institución.

4. Estatutos - tipo en modelo estandarizado SRL con capital no inferior a 3.000 euros

MSM nº 517; MSL nº 637

Nota preliminar:

Para la **constitución por vía telemática** de SRL se pueden utilizar unos estatutos-tipo en formato estandarizado, con campos rellenables en los que hacer constar los **datos codificados** que correspondan, de forma que la información así estructurada sea electrónicamente tratable.

L 14/2013 art.15.c; RD 421/2015 art.6, 7, 8, disp.adic.1ª y Anexo 1

El **objeto social** se ha de identificar en los estatutos-tipo mediante la selección de alguna o algunas de las actividades económicas y de sus códigos determinados habilitados por Orden del Ministro de Justicia, debiendo estar disponibles en la Sede Electrónica del Ministerio de Justicia, con la descripción correspondiente de la Clasificación Nacional de Actividades Económicas (CNAE 2009). El código o códigos a seleccionar deben tener al menos dos dígitos.

Entre las actividades que conformen el objeto social, se señalará una, a efectos de ser considerada como actividad principal. En este caso se especificará con el código CNAE a cuatro dígitos.

La redacción de los estatutos-tipo se ha de realizar directamente en la **plataforma telemática** del Centro de Información y Red de Creación de Empresas (**CIRCE**) mediante la cumplimentación de los campos configurados como variables. Una vez cumplimentados éstos, se compondrá el documento de los estatutos, que deberá ser incorporado a la escritura; dicho documento deberá incluir el código ID-CIRCE establecido en la **OM ECO/1371/2003**.

Se generará un **fichero** en formato xml del documento de los estatutos, que será remitido al notario por el sistema de tramitación telemática del CIRCE junto con el Documento Único Electrónico (**DUE**), igualmente en formato xml, que deberá acompañar a la escritura en formato estandarizado a que se refieren la L 14/2013 disp.final.10ª.

Estatutos de la sociedad *"denominación de la sociedad"*, S.L.

Artículo 1. Denominación social
La denominación de la sociedad es *"Denominación social"*. Se constituye una sociedad de responsabilidad limitada que se regirá por las normas legales y por los presentes estatutos.

Artículo 2. Objeto social
La sociedad tiene por objeto el desarrollo de las actividades correspondientes a los siguientes códigos y descripciones de la Clasificación Nacional de Actividades Económicas:

Actividad principal: *"... "Objeto social - campo actividad principal" ... O ... "Objeto social -descripción actividad principal" ... "*.

Otras actividades: *"... "Objeto social - campo" ... O ... "Objeto social -descripción" ... "*. Si alguna de las actividades elegidas fuera de carácter profesional, la sociedad la ejercerá como mera intermediadora entre el profesional prestador del servicio y el consumidor.

Artículo 3
La duración de la sociedad será *"Duración" "...y dará comienzo a sus operaciones el día "Fecha de inicio de Actividad" ... "*.

El ejercicio social termina, cada año, el día *"Fecha de cierre del ejercicio social"*.

Artículo 4. Domicilio social y web corporativa
El domicilio social se fija en *"Domicilio Social"*.

"Página Web de la sociedad"

125

Artículo 5. Capital social
El capital de la sociedad es de *"Capital Social"* euros, dividido en *"Número de Participaciones"* participaciones sociales de *"Valor de cada participación"* euros de valor nominal cada una, numeradas correlativamente a partir del uno.

Artículo 6. Organización de la administración de la sociedad
La Junta General podrá optar por cualquiera de los siguientes modos de organizar la administración de la sociedad, sin necesidad de modificación estatutaria: un administrador único, de dos a cinco administradores solidarios o dos administradores mancomunados.

Artículo 7. Nombramiento, duración y prohibición de competencia
Sólo las personas físicas podrán ser nombrados administradores. El desempeño del cargo de administrador será por tiempo indefinido.

Respecto de los demás requisitos de nombramiento, incompatibilidades y prohibiciones para ser administrador, se aplicará lo dispuesto en la Ley de sociedades de capital.

El cargo de administrador será *"Retribución administrador"*.

Artículo 8. Modo de deliberar y adoptar acuerdos los órganos colegiados
La sociedad se regirá por lo dispuesto al efecto para la sociedad de responsabilidad limitada en la Ley de Sociedades de Capital.

La junta general será dirigida por su presidente, que concederá el uso de la palabra, determinará el tiempo y el final de las intervenciones, y someterá a votación los proyectos de acuerdos.

La junta general será convocada mediante anuncio publicado en la página web de la sociedad si ésta hubiera sido creada, inscrita y publicada en los términos previstos en la Ley. Mientras la sociedad no cuente con tal página web, la convocatoria se realizará por cualquier procedimiento de comunicación individual y escrita, que asegure la recepción del anuncio por todos los socios en el domicilio designado al efecto o en el que conste en la documentación de la sociedad.

○ **En su caso:**

Artículo 9. Sociedad de responsabilidad limitada unipersonal
A la sociedad de responsabilidad limitada unipersonal se aplicará las especialidades de régimen previstas en la Ley de sociedades de capital aprobada por el Real Decreto Legislativo 1/2010, de 2 de julio.

Capítulo II. Cláusulas estatutarias

205

1. Objeto social

MSM nº 670;
MSL nº 950

Nota preliminar:

Los diferentes objetos sociales que se proponen coinciden con los consignados en los estatutos sociales de sociedades que operan en los sectores a que los mismos se refieren.

LSC art.2 y 23.b;
RRM art.117 y 178

A. Tenencia de participaciones:

Artículo *"número"*. Objeto social

➤➤

❍ **Opción I:**

El objeto de esta sociedad está integrado por las siguientes actividades:

a) La adquisición, tenencia, disfrute, administración, dirección y gestión de títulos valores y/o acciones representativos de los fondos propios de sociedades o entidades constituidas en territorio español o fuera de él, pudiendo realizar toda clase de inversión mobiliaria por cuenta propia, dejando fuera las actividades objeto de la legislación de instituciones de inversión colectiva y las de Mercado de Valores.

b) Participar en la dirección y gestión del conjunto de las actividades empresariales de las sociedades o entidades participadas, directa o indirectamente, actuando en sus órganos de administración, de dirección y gestión, en su asesoramiento y asistencia técnica, e incluyendo entre dichas actividades las relativas a su estructura financiera, sus procesos productivos y de distribución y comercialización.

c) La colocación de los recursos financieros generados por las actividades anteriormente referidas, con las salvedades expresadas en el párrafo primero.

El objeto social de la Sociedad no comprende ninguna actividad para la que la Ley imponga algún requisito especial. Las actividades reguladas por leyes especiales y reservadas para Sociedades que reúnen requisitos especiales no quedan incluidas en el objeto social de la Sociedad, con carácter específico quedan excluidas aquellas actividades legalmente reservadas a determinadas sociedades en la Ley de Instituciones de Inversión Colectiva, la Ley 24/1988 de 28 de junio, del Mercado de Valores, la Ley de Ordenación y Supervisión del Seguro Privado, la de Ordenación y Supervisión del Seguro Privado y el Real Decreto 692/1996 de 26 de abril, de Establecimientos Financieros de Crédito.

❍ **Opción II:**

El objeto de esta sociedad está integrado por las siguientes actividades:

a) Participar en sociedades o entidades civiles o mercantiles, españolas o extranjeras, cualquiera que sea su fin u objeto, mediante la suscripción de capital o adquisición por cualquier título de acciones o participaciones en las mismas. Administrar, gestionar y explotar su participación en entidades o sociedades por cualquier acto o negocio jurídico de administración o disposición de todos o parte de sus derechos.

b) Adquirir y disponer por cualquier título, participaciones, acciones, títulos-valores, valores mobiliarios y bienes inmuebles.

c) Se exceptúan aquéllas actividades que son propias de las Instituciones de Inversión Colectiva y las reservadas en exclusiva a operadores del Mercado de Valores.

MSM nº 670;
MSL nº 950

Opción III:

La sociedad tiene por objeto la adquisición, tenencia disfrute y enajenación de toda clase de valores y activos mobiliarios por cuenta propia, la participación en sociedades o entidades mercantiles, españolas o extranjeras, cualquiera que sea su fin u objeto, mediante la suscripción de capital o adquisición por cualquier título de acciones o participaciones de las mismas y el asesoramiento y la gestión de las entidades en las que la sociedad mantenga, directa o indirectamente, participación.

≺≺

B. Objeto inmobiliario

LSC art.2 y 23.b;
RRM art.117 y 178

Artículo *"número"*. Objeto social

≻≻

Opción I:

La sociedad tiene por objeto la urbanización, parcelación, promoción, adquisición, tenencia, transmisión, y explotación de propiedades inmobiliarias, ya sea de carácter urbano como rústico, incluyendo la construcción, compra, venta, administración, cesión, rehabilitación y explotación, en virtud de cualquier derecho y por cualquier medio autorizado por el ordenamiento jurídico, y especialmente por vía de arrendamiento de todo tipo de inmuebles.

Opción II:

La sociedad tiene por objeto la adquisición, tenencia y transmisión de bienes inmuebles y la realización de actividades inmobiliarias, tales como la cesión o explotación de bienes inmuebles en virtud de cualquier derecho y en cualquiera de las formas autorizadas por el ordenamiento jurídico.

≺≺

C. Publicidad

Artículo *"número"*. Objeto social

≻≻

Opción I:

La sociedad tiene por objeto la prestación de servicios de comunicación mediante la realización de estudios de mercado, la aplicación de modelos de análisis de datos, la planificación estratégica de la comunicación, la asesoría y formación en estrategias de comunicación, el seguimiento y evaluación de acciones de comunicación y la planificación y ejecución de acciones de comunicación comercial o institucional.

Opción II:

La sociedad tiene por objeto el ejercicio de la actividad de estudios gráficos de publicidad, diseño gráfico, creación de marcas, logotipos, diseño de packaging y grafismos en general.

≺≺

D. Industria del mueble

Artículo *"número"*. Objeto social

La sociedad tiene por objeto social la exportación, importación, almacenamiento, distribución, representación, compra, venta, comercialización, diseño y fabricación de herrajes y complementos para la industria del mueble.

E. Energía

MSM nº 670; MSL nº 950

Artículo *"número"*. Objeto social
La realización de toda clase de actividades relacionadas con la captación, generación, producción, almacenamiento y distribución de cualquier tipo de energía ya sea de origen solar o fotovoltaico, ya eólico, ya hidráulico, ya marina, ya térmica y su comercialización.

LSC art.2 y 23.b; RRM art.117 y 178

F. Maquinaria industrial

Artículo *"número"*. Objeto social
La sociedad tendrá por objeto:

a) El alquiler, cesión de uso, mantenimiento y reparación de todo tipo de maquinaria industrial, carretillas y vehículos automotores, así como la constitución de cualquier derecho real o personal sobre los mismos.
b) La logística, transporte, almacenamiento por cuenta propia o de terceros.
c) La formación de personal para manejo de maquinaria industrial.
d) La investigación y desarrollo en el ámbito de logística y maquinaria industrial.
e) La fabricación y comercialización de maquinaria, instalaciones y mobiliario industrial.

G. Material de construcción

Artículo *"número"*. Objeto social
La Sociedad tiene por objeto la fabricación, compra, venta, comercialización, exportación e importación de cementos, cales, yesos, hormigón y otros materiales de construcción, así como la prospección, explotación y comercialización de toda clase de canteras y yacimientos, y de los productos que de ellas se obtengan, y el almacenamiento y tratamiento de residuos.

H. Alimentación

Artículo *"número"*. Objeto social
El objeto de la sociedad lo constituye:

a) El almacenamiento, tratamiento y venta al detalle y al por mayor, de toda clase de vinos, licores, cervezas, refrescos, leches y derivados, a granel y embotellados.
b) Compra y venta al por menor de cualquier clase de productos alimenticios, de carnes frescas y congeladas y toda clase productos y derivados cárnicos, huevos, aves, conejos de granja, caza y de productos derivados de los mismos.

I. Plástico

Artículo *"número"*. Objeto social
Constituye su objeto:

a) Manipulación de plásticos en forma mecánica en cualquiera de sus formas. Estos objetos podrán ser presentados solos o complementados con cualquier otro tipo de material.
b) Comercialización, industrialización y fabricación de objetos de plástico en cualquiera de sus composiciones químicas, objetos de papel, cartón y sus derivados. Los objetos mencionados podrán ser presentados tanto en forma independiente, como unidos entre sí.

c) Transformación de plásticos por cualquier procedimiento.
d) Explotación de establecimientos abiertos al público en los cuales se comercialice los productos mencionados en este objeto social.

MSM nº 670;
MSL nº 950

J. Productos farmacéuticos

Artículo *"número"*. Objeto social
Constituye su objeto social:

LSC art.2 y 23.b;
RRM art.117 y 178

a) La adquisición y distribución de especialidades farmacéuticas, productos químicos y farmacéuticos y cuantos otros artículos se relacionen con el ejercicio de la profesión farmacéutica, realizando las operaciones que se precisen a tal fin, pudiendo en consecuencia, adquirir los productos, mercancías, materias primas, enseres , útiles y artefactos y bienes de todas clases, tanto muebles como inmuebles, consumando las compras, ventas, permutas, arriendos y demás contratos principales, accesorios y de garantía que fueren menester y en la forma y con las solemnidades que las leyes y los presentes estatutos dispongan.
b) Proceder a la distribución entre los farmacéuticos de las especialidades y productos que éstos elaboren, cuyas operaciones se realizarán en las condiciones que se concierten y prestar servicios relacionados con el ejercicio de la profesión farmacéutica, realizando las operaciones que se precisen para tal fin.
c) Colaborar con los Organismos Públicos, o cualesquiera otros, en el estudio y solución de los problemas relacionados con la salud pública, cooperando con las autoridades, en la medida que ellas demandaren, en la lucha contra epidemias, calamidades públicas o cualquier problema asistencial que se plantease.
d) Instalar laboratorios de análisis y preparación de fórmulas magistrales, productos químicos y farmacéuticos o industrias afines, con el exclusivo fin de hacer llegar al público los medicamentos y preparados con las máximas garantías de pureza y en las mejores condiciones.
e) La consultoría e ingeniería tecnológica en informática y en sistemas de la información y el asesoramiento, comercialización, implementación y mantenimiento de proyectos en la materia anteriormente indicada.
f) La exportación, importación, asesoramiento, comercialización, instalación, soporte y mantenimiento de cualquier clase de equipos informáticos, hardware, software y de aplicaciones instaladas en los equipos especificados.
g) El análisis, programación, desarrollo de aplicaciones informáticas con prestación de servicios de atención y soporte a usuarios, preparación y aplicación de sistemas informáticos, para el desarrollo de las actividades de comercio al por menor (oficinas de farmacia) y comercio al por mayor, empresas distribuidoras en general, de todos los productos y servicios a los que se refieren las letras a), b), c) y d) anteriores.

K. Formación sector aeronáutico

Artículo *"número"*. Objeto social
a) La formación de pilotos de líneas aéreas, de conformidad con las condiciones y niveles exigidos por las normativas vigentes o por las recomendaciones de carácter tanto nacional como internacional.
b) La prestación de servicios de formación, desde el nivel inicial, a personas físicas, empresas de líneas aéreas y entidades del sector de la aviación, así como a otras compañías cuando se considere conveniente, con base en principios de alta calidad y efectividad de costes y sujeción a lo dispuesto en la Ley de Navegación Aérea y normativa de desarrollo.
c) La realización de cursos de prácticas de reconocimiento, familiarización, formación y adaptación de pilotos a las técnicas, los métodos y las necesidades de la navegación aérea civil.

MSM nº 670;
MSL nº 950

d) Servicios de formación relacionados con cualquier profesión del sector aeronáutico, el transporte y el turismo, incluyendo los idiomas, así como actividades complementarias a la formación como desarrollo de software, plataformas de enseñanza, asesoramiento técnico, comercialización de productos y servicios de enseñanza propios o ajenos, selección de recursos humanos, edición, distribución y venta de libros y material aeronáutico, servicios de alojamiento y restauración.

e) Actividades relacionadas con trabajos aéreos conforme a lo establecido en la ley, incluyendo la explotación y operación de aeronaves propias y ajenas y entrenadores de vuelo, consultoría y asesoramiento de proyectos y recursos humanos, comercialización de productos y servicios aéreos propios y ajenos.

LSC art.2 y 23.b;
RRM art.117 y 178

f) La investigación científica y técnica, el diseño industrial, la ingeniería de procesos de producción, el desarrollo de conocimientos previamente definidos para la fabricación de nuevos productos y la innovación tecnológica para la obtención de nuevos productos y procesos.

L. Transporte

Artículo *"número"*. Objeto social

El objeto social de la empresa será: Explotación y gestión de servicios regulares, discrecionales, urbanos y turísticos de transporte de viajeros por vía terrestre, marítima, aérea o ferroviaria, así como cualquier otra actividad relacionada o auxiliar a ésta; gestión, construcción y arriendo de estaciones de servicio y estaciones de transporte, así como cualquier otra actividad relacionada o auxiliar a ésta; gestión, promoción, intermediación, construcción, compraventa, arriendo de cualquier tipo de bienes inmuebles así como cualquier otra actividad auxiliar o relacionada con ésta.

2. Domicilio

MSM nº 635 y nº 7445; MSL nº 830 y nº 5590

Nota preliminar:

Estas cláusulas responden a supuestos prácticos reales, cuyas circunstancias, obviamente, pueden no coincidir plenamente con las que concurren en el supuesto para el que va a utilizarse. Se ha optado por mantenerlas para enriquecer el valor ejemplificativo del formulario, sin perjuicio de que el usuario las elimine o modifique al personalizar el modelo.

LSC art.8, 9, 23.c y 285.2; RRM art.182

Artículo *"número"*.Domicilio

La sociedad fija su domicilio social en *"localidad, calle y número"*.

➢➢

❍ **Traslado del domicilio por el órgano de administración:**

El órgano de administración será competente para trasladar el domicilio social dentro del territorio nacional.

❍ **Traslado del domicilio por acuerdo de la junta general:**

El traslado del domicilio social, incluso dentro del territorio nacional, exige acuerdo de la junta general, no pudiendo ser acordado o decidido por el órgano de administración.

⮜⮜

215

3. Creación, supresión o traslado de sucursales

MSM nº 192;
MSL nº 927

Nota preliminar:

Estas cláusulas responden a supuestos prácticos reales, cuyas circunstancias, obviamente, pueden no coincidir plenamente con las que concurren en el supuesto para el que va a utilizarse. Se ha optado por mantenerlas para enriquecer el valor ejemplificativo del formulario, sin perjuicio de que el usuario las elimine o modifique al personalizar el modelo.

LSC art.11; RRM art.120 y 295 s

Artículo *"número"*. Sucursales

➤➤

○ **Competencia del órgano de administración:**

La competencia para decidir la creación, supresión o traslado de las sucursales se atribuye al órgano de administración.

○ **Competencia de la junta general:**

La competencia para decidir la creación, supresión o traslado de las sucursales se atribuye a la junta general de accionistas.

220

4. Duración

MSM nº 790; MSL nº 1125

Nota preliminar:

Estas cláusulas responden a supuestos prácticos reales, cuyas circunstancias, obviamente, pueden no coincidir plenamente con las que concurren en el supuesto para el que va a utilizarse. Se ha optado por mantenerlas para enriquecer el valor ejemplificativo del formulario, sin perjuicio de que el usuario las elimine o modifique al personalizar el modelo.

LSC art.25; RRM art.179 y 180

Artículo *"número"*. Duración

○ Duración indefinida:

La sociedad tiene duración indefinida.

○ Duración determinada:

La sociedad se constituye por el plazo de *"número"* años a contar desde la fecha de *"...la escritura de constitución... O... su inscripción en el Registro Mercantil... O... "fecha"...".*

Vencido dicho plazo, la sociedad quedará disuelta de pleno derecho, a menos que, con anterioridad, se haya inscrito en el Registro Mercantil su prórroga.

225

5. Inicio de operaciones

MSM nº 795;
MSL nº 1130

LSC art.24; RRM art.179 y 180

Nota preliminar:

Estas cláusulas responden a supuestos prácticos reales, cuyas circunstancias, obviamente, pueden no coincidir plenamente con las que concurren en el supuesto para el que va a utilizarse. Se ha optado por mantenerlas para enriquecer el valor ejemplificativo del formulario, sin perjuicio de que el usuario las elimine o modifique al personalizar el modelo.

Artículo *"número"*. Fecha de inicio de operaciones
La sociedad da comienzo a sus operaciones en la fecha de *"... otorgamiento de la escritura de constitución... O... su inscripción en el Registro Mercantil... O... "fecha"..."*.

○ **Ejercicio de las actividades sujeto al cumplimiento de requisitos legales:**

Si las disposiciones legales exigiesen para el ejercicio de alguna de las actividades en el objeto social autorización administrativa, la inscripción en registros públicos u otros requisitos específicos, dichas actividades no podrán iniciarse sin dichos requisitos.

6. Cierre del ejercicio social

MSM nº 770; MSL nº 1070

Nota preliminar:

Estas cláusulas responden a supuestos prácticos reales, cuyas circunstancias, obviamente, pueden no coincidir plenamente con las que concurren en el supuesto para el que va a utilizarse. Se ha optado por mantenerlas para enriquecer el valor ejemplificativo del formulario, sin perjuicio de que el usuario las elimine o modifique al personalizar el modelo.

LSC art.26; RRM art.125 y 181

Artículo *"número"*. Ejercicio social

❍ El ejercicio social coincide con el año natural:

El ejercicio social coincide con el año natural.

Por excepción, el primer ejercicio social comenzó el día *"...del otorgamiento de la escritura de constitución. ... O ... la inscripción de la sociedad en el Registro Mercantil ... O ... "fecha" ... "* y finaliza el día 31 de diciembre del mismo año.

❍ Determinación del ejercicio social:

El ejercicio social se inicia el día *"fecha"* y concluye el día *"fecha"*.

Por excepción, el primer ejercicio social comenzó el día *"...del otorgamiento de la escritura de constitución ... O ... la inscripción de la sociedad en el Registro Mercantil ... O ... "fecha" ... "* y finaliza el día *"fecha"* del mismo año.

7. Capital social inferior a 3.000 euros

MSM nº 729;
MSL nº 1030

Nota preliminar:

Estas cláusulas responden a supuestos prácticos reales, cuyas circunstancias, obviamente, pueden no coincidir plenamente con las que concurren en el supuesto para el que va a utilizarse. Se ha optado por mantenerlas para enriquecer el valor ejemplificativo del formulario, sin perjuicio de que el usuario las elimine o modifique al personalizar el modelo.

LSC art.4 y 23.d; RRM art.238.1.2º

Artículo *"número"*. Capital social

El capital social, íntegramente desembolsado, se fija en la cifra de *"número/letra"* euros, y está dividido en *"número/letra"* participaciones sociales, de *"número/letra"* euros de valor nominal cada una de ellas, totalmente asumidas e íntegramente desembolsadas, y numeradas correlativamente del uno al *"número/letra"*, ambos inclusive.

Mientras la cifra del capital social no alcance los tres mil euros (3.000 €), se aplicarán las siguientes reglas:

a) Se destinará a la reserva legal al menos el 20% del beneficio hasta que dicha reserva, junto con el capital social, alcance el importe de 3.000 euros.

b) En caso de liquidación, voluntaria o forzosa, si el patrimonio de la sociedad fuera insuficiente para atender el pago de las obligaciones sociales, los socios responderán solidariamente de la diferencia entre el importe de tres mil euros (3.000 €) y la cifra del capital suscrito.

8. Participaciones sociales

MSM nº 970 s.; MSL nº 1045 y 1750 s.

Nota preliminar:

Estas cláusulas responden a supuestos prácticos reales, cuyas circunstancias, obviamente, pueden no coincidir plenamente con las que concurren en el supuesto para el que va a utilizarse. Se ha optado por mantenerlas para enriquecer el valor ejemplificativo del formulario, sin perjuicio de que el usuario las elimine o modifique al personalizar el modelo.

LSC art.23.d y 90 s.; RRM art.184

Artículo *"número"*. Participaciones sociales: desigualdad en derecho de voto

El capital social se fija e la cantidad de *"número/letra"* euros dividido y representado por *"número/letra"* participaciones sociales de *"número/letra"* euros de valor nominal, cada una, numeradas, correlativamente del 1 al *"número"*, ambos inclusive, indivisibles y acumulables, que no tendrán el carácter de valores, ni estarán representadas por medio de títulos o de anotaciones en cuenta, ni se denominarán acciones.

Las participaciones sociales numeradas de la *"número/letra"* a la *"número/letra"*, ambas inclusive, se configuran como ordinarias, de manera que atribuyen a su titular los derechos y obligaciones fijados en los presentes estatutos y en la ley con carácter general.

Las participaciones sociales numeradas de la *"número/letra"* a la *"número/letra"*, ambas inclusive, conceden a su titular el derecho de *"número"* votos, cada una de ellas. En todo lo demás dichas participaciones sociales incorporan los mismos derechos que las participaciones ordinarias.

Artículo *"número"*. Participaciones sociales: desigualdad en participación en beneficios

El capital social se fija e la cantidad de *"número/letra"* euros dividido y representado por *"número/letra"* participaciones sociales de *"número/letra"* euros de valor nominal, cada una, numeradas, correlativamente del 1 al *"número"*, ambos inclusive, indivisibles y acumulables, que no tendrán el carácter de valores, ni estarán representadas por medio de títulos o de anotaciones en cuenta, ni se denominarán acciones.

Las participaciones sociales numeradas de la *"número/letra"* a la *"número/letra"*, ambas inclusive, se configuran como ordinarias, de manera que atribuyen a su titular los derechos y obligaciones fijados en los presentes estatutos y en la ley con carácter general.

➢➢

❍ **Opción I:**

Las participaciones sociales números *"número/letra"* al *"número/letra"*, ambas inclusive, atribuyen a su titular un derecho a percibir un dividendo anual *"número/letra"* veces superior al que corresponde al resto de participaciones sociales.

En caso de no existir beneficios distribuibles o de no haberlos en cantidad suficiente, la parte de dividendo mínimo no pagada deberá ser satisfecha dentro de los *"número/letra"* ejercicios sociales siguientes.

En todo lo demás dichas participaciones sociales incorporan los mismos derechos que las participaciones ordinarias.

❍ **Opción II:**

Las participaciones sociales números *"número/letra"* al *"número/letra"*, ambas inclusive, atribuyen a su titular un derecho a percibir un dividendo mínimo anual del *"número"* % sobre las ganancias obtenidas en cada ejercicio social, y asimismo, el dividendo que corresponde a los titulares de las participaciones sociales ordinarias.

Capítulo II. Cláusulas estatutarias

MSM nº 970 s.; MSL nº 1045 y 1750 s.

En caso de no existir beneficios distribuibles o de no haberlos en cantidad suficiente, la parte de dividendo mínimo no pagada deberá ser satisfecha dentro de los *"número/letra"* ejercicios sociales siguientes.

En todo lo demás dichas participaciones sociales incorporan los mismos derechos que las participaciones ordinarias.

≺≺

LSC art.23.d y 90 s.; RRM art.184

Artículo *"número"*. Participaciones sociales: desigualdad en cuota de liquidación

El capital social se fija e la cantidad de *"número/letra"* euros dividido y representado por *"número/letra"* participaciones sociales de *"número/letra"* euros de valor nominal, cada una, numeradas, correlativamente del 1 al *"número"*, ambos inclusive, indivisibles y acumulables, que no tendrán el carácter de valores, ni estarán representadas por medio de títulos o de anotaciones en cuenta, ni se denominarán acciones.

Las participaciones sociales numeradas de la *"número/letra"* a la *"número/letra"*, ambas inclusive, se configuran como ordinarias, de manera que atribuyen a su titular los derechos y obligaciones fijados en los presentes estatutos y en la ley con carácter general.

Las participaciones sociales números *"número/letra"* al *"número/letra"*, ambas inclusive, atribuyen a sus titulares, en caso de liquidación de la sociedad a percibir una cuota de liquidación *"número/letra"* veces superior a la cuota de liquidación correspondiente a los titulares de participaciones ordinarias. En todo lo demás dichas participaciones sociales incorporan los mismos derechos que las participaciones ordinarias.

240

9. Constitución de derechos reales sobre participaciones sociales

MSM nº 1115 s.; MSL nº 1980 s.

LSC art.126 a 132;

Nota preliminar:

Estas cláusulas responden a supuestos prácticos reales, cuyas circunstancias, obviamente, pueden no coincidir plenamente con las que concurren en el supuesto para el que va a utilizarse. Se ha optado por mantenerlas para enriquecer el valor ejemplificativo del formulario, sin perjuicio de que el usuario las elimine o modifique al personalizar el modelo.

Artículo *"número"*. Constitución de derechos reales

La constitución de derechos reales limitados sobre las participaciones sociales deberá inscribirse en el Libro Registro de Socios de la sociedad, acreditándose frente a la sociedad mediante exhibición del título correspondiente.

En caso de usufructo sobre las participaciones, la cualidad de socio reside en el nudo propietario, pero el usufructuario tendrá derecho a participar en los dividendos acordados durante el período de usufructo y demás derechos previstos en la legislación vigente.

En el caso de prenda de participaciones corresponderá al propietario de éstas el ejercicio de los derechos del socio. No obstante, el socio podrá ceder todos o alguno de ellos al acreedor pignoraticio, cesión que deberá ser notificada por escrito a la Sociedad.

Artículo *"número"*. Usufructo de participaciones sociales

➢➢

- **De acuerdo con la LSC:**

El usufructo de las participaciones sociales se regirá por lo dispuesto en la Ley de Sociedades de Capital.

- **Determinación de derechos atribuidos:**

En caso de usufructo de participaciones, el usufructuario, además del derecho a los dividendos acordados por la sociedad durante el período de vigencia del usufructo, tendrá atribuidos los siguientes derechos: *"...el derecho de asunción preferente ..." "...el derecho a la cuota de liquidación ..." "...el derecho de voto ..." "...el derecho de información ..." "...la totalidad de los derechos políticos inherentes a la condición de socio ..."*.

Artículo *"número"*. Prenda de participaciones

- **De acuerdo con la LSC:**

La prenda de las participaciones sociales se regirá por lo dispuesto en la Ley de Sociedades de Capital.

- **Determinación de derechos atribuidos:**

En caso de prenda de participaciones, el acreedor pignoraticio tendrá atribuidos los siguientes derechos: *"...el derecho a los dividendos acordados por la sociedad durante el período de vigencia de la prenda ..." "...el derecho de asunción preferente ..." "...el derecho a la cuota de liquidación ..." "...el derecho de voto ..." "...el derecho de información ..." "...la totalidad de los derechos políticos inherentes a la condición de socio ..."*.

10. Transmisión 'inter vivos' de participaciones sociales

MSM nº 1040 s.; MSL nº 1900 s.

LSC art.107 y 108; RRM art.181

Nota preliminar:

Estas cláusulas responden a supuestos prácticos reales, cuyas circunstancias, obviamente, pueden no coincidir plenamente con las que concurren en el supuesto para el que va a utilizarse. Se ha optado por mantenerlas para enriquecer el valor ejemplificativo del formulario, sin perjuicio de que el usuario las elimine o modifique al personalizar el modelo.

Artículo *"número"*. Prohibición de transmisión

Los socios no podrán transmitir todas ni parte de sus participaciones sociales durante un período de tiempo de *"fijar el plazo el cual no puede ser superior a cinco años"* años a contar desde la fecha de constitución de la sociedad o, para las participaciones procedentes de una ampliación de capital, desde el otorgamiento de la escritura pública de su ejecución.

Una vez alcanzado el periodo de tiempo mencionado, esto es el *"día, mes y año"* la transmisión voluntaria inter vivos de las participaciones sociales se regirá por lo establecido en el artículo *"número/letra"* de los presentes estatutos.

Artículo *"número"*. Prohibición de transmisión con derecho de separación

Los socios no podrán transmitir todas ni parte de sus participaciones sociales durante un período de tiempo de *"número/letra"* años a contar desde la fecha de constitución de la sociedad o, para las participaciones procedentes de una ampliación de capital, desde el otorgamiento de la escritura pública de su ejecución. De conformidad con lo establecido en el artículo 108.3 del texto refundido de la Ley de Sociedades de Capital se reconoce a los socios el derecho a separarse de la sociedad en cualquier momento.

Artículo *"número"*.Restricción de transmisión 'inter vivos': autorización o consentimiento

El socio que pretenda transmitir todas o parte de sus participaciones, deberá notificar por escrito al órgano de administración de forma fehaciente la proyectada enajenación, pudiendo denegarla en los siguientes supuestos:

➢➢

❒ **Supuesto 1:**

- en caso de que el tercer adquirente sea una sociedad que realice actividades que entren en competencia directa con la de la sociedad.

❒ **Supuesto 2:**

- en caso de que el tercer adquirente sea una sociedad o fondo de inversión.

❒ **Supuesto 3:**

- si como consecuencia de la pretendida transmisión un socio alcanzase un *"número"* %.

≺≺

El órgano de administración comunicará su decisión de autorización o denegación de la transmisión de las participaciones dentro del plazo de *"plazo no superior a dos meses"* siguientes a la recepción de la comunicación efectuada por el socio transmitente. En caso de que se deniegue la transmisión por parte del órgano de administración, por cualquiera de las causas mencionadas, será de aplicación a la transmisión el derecho de adquisición preferente a favor del resto de los socios, de conformidad con lo establecido en los presentes estatutos.

Artículo *"número"*. Restricción de transmisión 'inter vivos': cualidades adquirente

La transmisión de participaciones por actos inter vivos a favor de cualquier tercero sólo podrá realizarse si el adquirente reuniera los siguientes requisitos *"detallar requisitos exigidos (p.e., tuviera la titulación profesional requerida para el ejercicio de las actividades incluidas en el objeto social)"*. A estos efectos el socio deberá notificar por escrito al órgano de administración de forma fehaciente la proyectada enajenación, haciendo constar los datos del adquirente y, en especial, acreditar que cuenta con la titulación requerida, debiendo en este supuesto, el órgano de administración autorizar la proyectada transmisión en un plazo de *"plazo (p.e., quince días)"*, a contar desde la recepción de la comunicación efectuada por el transmitente. En el supuesto de que no se acredite la titulación por parte del transmitente el órgano de administración denegará la pretendida transmisión en los términos establecidos en los presentes estatutos.

MSM nº 1040 s.; MSL nº 1900 s.

LSC art.107 y 108; RRM art.181

Artículo *"número"*. Restricción de transmisión 'inter vivos': derecho de adquisición preferente

Fuera de las excepciones expresamente previstas en este artículo, los socios tendrán un derecho de preferencia para la adquisición de las participaciones sociales que se pretendan transmitir por cualquier acto inter vivos, tanto a título lucrativo como oneroso, que se substanciará con arreglo al siguiente procedimiento:

a) El socio que pretenda transmitir todas o parte de las participaciones sociales de que sea titular, deberá comunicarlo fehacientemente al órgano de administración de la sociedad al propio domicilio social, indicando el número de participaciones sociales que desea transmitir, su numeración, el precio, las condiciones esenciales de la transmisión, si es título oneroso o gratuito, y la identificación del posible adquirente. En el caso de que en cualquier momento durante la práctica del presente procedimiento cambien los términos y condiciones relativas a la oferta de adquisición deberá iniciarse de nuevo el procedimiento aquí regulado.

b) En el plazo de diez días naturales contados desde el día siguiente a la recepción de la notificación antes indicada, el órgano de administración de la sociedad transmitirá la oferta de venta a todos los socios, mediante comunicación fehaciente dirigida al domicilio que de ellos conste en el Libro Registro de Socios. Esta comunicación contendrá todos los datos de la operación prevista. Los socios que deseen adquirir las participaciones sociales, deberán indicarlo mediante notificación fehaciente dirigida al órgano de administración de la Sociedad, dentro de los diez días naturales siguientes al de recepción de la notificación antes mencionada. En el caso que sean varios los socios interesados en adquirir las participaciones sociales, se distribuirán entre todos ellos se distribuirán entre todos ellos a prorrata de su participación en el capital social.

c) Transcurridos los diez días naturales antes previstos sin que ninguno de los socios haya manifestado su voluntad de ejercitar su derecho a la adquisición, la Sociedad podrá, en el plazo de otros diez días naturales, adquirir esas participaciones sociales con arreglo a lo dispuesto en el artículo 140 del texto refundido de la Ley de Sociedades de Capital. El cómputo del referido plazo de diez días se interrumpirá por el periodo que medie hasta la celebración de la Junta General que haya de acordar la adquisición de las participaciones sociales.

d) Alternativamente al procedimiento establecido en los apartados B) y C) anteriores, el órgano de administración podrá convocar una Junta General para tratar sobre la transmisión de participaciones, previa inclusión en el orden del día, en la cual podrán los socios manifestar su deseo de adquirir las participaciones ofrecidas, manifestar la sociedad lo que estime procedente, o, en su caso, comunicar al socio transmitente la autorización para proceder a la transmisión, no siendo en este caso necesarias las comunicaciones recogidas en los párrafos anteriores, salvo al socio oferente caso de no concurrir a la Junta.

e) Finalizado cualquiera de los procesos anteriores, y en el plazo máximo de diez días, el socio ofertante y, en su caso, los socios que quieran adquirir, recibirán una certificación expedida por el órgano de administración de la Sociedad en la que se les notificará el resultado de la oferta recibida, haciéndose constar a qué socio o socios deberán vender sus participaciones sociales, si es la propia Sociedad la que las adquirirá, o certificando que no existe restricción ni limitación alguna para realizar la venta al tercero referido en la oferta inicial.

MSM nº 1040 s.; MSL nº 1900 s.

LSC art.107 y 108; RRM art.181

f) El precio a pagar por las participaciones sociales, caso de que sea ejercitado el derecho de adquisición preferente, bien por los socios, bien por la sociedad, que regula este artículo, y la forma de pago y las demás condiciones de la operación, en su caso, serán las convenidas y comunicadas a la sociedad por el socio transmitente. En caso de discrepancia en cuanto al precio, prevalecerá el valor razonable de las participaciones sociales al día en que se hubiera comunicado a la sociedad el propósito de transmitir, valor que será el determinado por un auditor de cuentas, distinto del auditor de la sociedad, nombrado por los administradores a solicitud de cualquiera de los interesados, siendo la retribución del mismo por cuenta de la sociedad, salvo en el caso mencionado en la letra H) de este apartado. El precio así determinado no podrá ser superior al inicialmente comunicado por el socio oferente.

g) El documento público de transmisión deberá otorgarse en el plazo de un mes a contar desde la remisión de la certificación en la que se notifique el resultado de la oferta, salvo en el caso de nombramiento de auditor para la determinación del valor razonable de las participaciones sociales, en cuyo caso el plazo será de un mes desde la fecha de su informe.

h) El socio podrá retirar en cualquier momento su oferta de transmisión de participaciones sociales, debiendo abonar en este caso a la sociedad todos los gastos en los que ésta haya incurrido por la oferta realizada.

i) Transcurridos tres meses desde la notificación del socio transmitente a la sociedad de su intención de transmitir sin que se haya comunicado por el órgano de administración la identidad de los socios que hayan manifestado su voluntad de ejercitar su derecho de adquisición preferente, el socio transmitente podrá enajenarlas libremente, pero en las condiciones comunicadas previamente a la sociedad, lo cual se acreditará mediante entrega a la sociedad de copia autorizada del documento público otorgado a efectos de inscribir al nuevo socio en el Libro Registro de Socios. Cualquier discrepancia con lo comunicado en su día a la sociedad, facultará a ésta para denegar la inscripción y considerar la transmisión como no realizada.

j) Transcurridos seis meses desde la notificación del socio transmitente a la sociedad sin que la transmisión se haya formalizado en cualquiera de los casos, la oferta de transmisión caducará y será preciso realizarla de nuevo, en su caso.

k) En todo caso, ningún socio estará obligado a vender un número de participaciones sociales diferente a las ofrecidas.

250

11. Transmisión 'mortis causa' de participaciones sociales

MSM nº 1080 s.;
MSL nº 1940 s.

Nota preliminar:

Estas cláusulas responden a supuestos prácticos reales, cuyas circunstancias, obviamente, pueden no coincidir plenamente con las que concurren en el supuesto para el que va a utilizarse. Se ha optado por mantenerlas para enriquecer el valor ejemplificativo del formulario, sin perjuicio de que el usuario las elimine o modifique al personalizar el modelo.

LSC art.110; RRM art.175.2.b y 188

Artículo *"número"*. Restricción de transmisión 'mortis causa': derecho de rescate

Será libre la transmisión mortis causa de participaciones sociales a las personas que ostenten la cualidad de herederos forzosos del socio causante. En el resto de supuestos, existirá un derecho de adquisición preferente a favor de los socios sobrevivientes y en su defecto a la Sociedad, tendrán derecho a adquirir las participaciones sociales del socio fallecido en los mismos términos y condiciones fijados para el caso de transmisión inter vivos: adquisición preferente, si bien, el precio se pagará en todo caso al contado y al valor razonable que tuvieran las participaciones sociales el día del fallecimiento del socio y los plazos se computarán desde la notificación fehaciente de haber adquirido las participaciones sociales que debe realizar al órgano de administración el sucesor o, en su defecto, desde que dicho órgano tenga conocimiento fehaciente de la identidad del sucesor.

 **Nota:**

Ver modelo nº 245.

12. Prestaciones accesorias

MSM nº 1430 s.; MSL nº 1391 s.

LSC art.86, 87, 88 y 89; RRM art.187

Nota preliminar:

Estas cláusulas responden a supuestos prácticos reales, cuyas circunstancias, obviamente, pueden no coincidir plenamente con las que concurren en el supuesto para el que va a utilizarse. Se ha optado por mantenerlas para enriquecer el valor ejemplificativo del formulario, sin perjuicio de que el usuario las elimine o modifique al personalizar el modelo.

Artículo *"número"*. Prestaciones accesorias
Las participaciones sociales números *"número"* a *"número"*, ambos inclusive, llevan aparejadas prestaciones accesorias para su titular consistentes en *"detallar de modo concreto y determinado el contenido de la prestación accesoria (p.e. prestar su actividad profesional a la sociedad con carácter exclusivo; ceder el uso de determinados activos a la sociedad; realizar aportaciones en metálico suplementarias, distintas del capital, indicando su cuantía y el plazo de su cumplimiento; etc.)"*.

➢➢

○ **Las prestaciones accesorias tienen carácter gratuito:**

Las prestaciones accesorias descritas tendrán carácter gratuito.

○ **Las prestaciones accesorias tienen carácter remunerado:**

La prestación accesoria es remunerada. La retribución de la prestación accesoria consiste en *"determinar la modalidad o modalidades de retribución (p.e.; acorde a la relación laboral correspondiente, según el convenio colectivo aplicable a la actividad en cuestión; mediante un importe fijo establecido anualmente por la junta general de accionistas)"*. Se deja expresa constancia de que dicha remuneración no excede el valor que corresponde a la prestación.

≺≺

La transmisión inter-vivos de estas participaciones sociales precisará la autorización de *"...la junta general de socios... O... del órgano de administración de la sociedad..."*, previa información por parte del socio que desee llevar a cabo la transmisión de dichas participaciones sociales acerca de la identidad del adquirente propuesto y el precio de transmisión de las participaciones sociales.

"...La junta general... O... El órgano de administración..." podrá denegar dicha autorización cuando *"incluir causas de denegación (p.ej: el cumplimiento de las prestaciones accesorias correspondientes por parte del transmitente se repute esencial para el desarrollo del objeto social)"*, y en este supuesto, la sociedad se compromete adquirirlas, *"...por el precio establecido en el artículo "número" de estos estatutos para la transmisión de las restantes participaciones sociales en que se divide el capital social... O ...por el valor razonable de las mismas, entendido el mismo como "incluir procedimiento o fórmula de cálculo de valor razonable"..."*.

El incumplimiento o cumplimiento defectuoso o inadecuado de la prestación accesoria, *"...aun por causas involuntarias,..."* hará perder la condición de socio *"... "incluir, en su caso, otras consecuencias del incumplimiento"..."*.

13. Junta general: convocatoria

MSM nº 1535 s.; MSL nº 2150 s.

Nota preliminar:

Estas cláusulas responden a supuestos prácticos reales, cuyas circunstancias, obviamente, pueden no coincidir plenamente con las que concurren en el supuesto para el que va a utilizarse. Se ha optado por mantenerlas para enriquecer el valor ejemplificativo del formulario, sin perjuicio de que el usuario las elimine o modifique al personalizar el modelo.

LSC art.166, 167, 168 y 173; RRM art.186.2

Artículo *"número"*.
La junta general de socios se convocará mediante:

➢➢

❍ **Mediante anuncio publicado en el BORME y en la página web de la sociedad:**

anuncio publicado en el Boletín Oficial del Registro Mercantil, y en la página web de la sociedad *"...así como, con carácter adicional, en el diario "diario" ...".*

❍ **Mediante anuncio publicado en el BORME y en el diario:**

anuncio publicado en el Boletín Oficial del Registro Mercantil número y en el diario *"diario"*, por carecer la sociedad de página web.

❍ **Mediante anuncio publicado en la página web de la sociedad:**

anuncio publicado en la página web de la sociedad *"...así como, con carácter voluntario, en el diario "diario" ...".*

❍ **A través de comunicación individual y escrita:**

comunicación individual y escrita a través de *"indicar procedimiento que asegure la recepción de la comunicación por los accionistas (p.e., conducto notarial, burofax, etc.)"* dirigido a su domicilio, *"...así como, con carácter voluntario, en el diario "diario" ...".*

⮜⮜

En la convocatoria se expresará el nombre de la sociedad, el lugar, la fecha y hora de la reunión, el orden del día en el que figurarán los asuntos a tratar y el cargo de la persona o personas que realizan la convocatoria.

Entre la convocatoria y la fecha prevista para la reunión deberá existir un plazo de, al menos, quince días *"..., que se computarán a partir de la fecha en que se hubiere remitido el anuncio al último de los socios ...".*

En los casos de fusión, escisión, cesión global de activo y pasivo y traslado del domicilio social al extranjero se aplicarán a la convocatoria de la junta general las reglas especiales previstas a este respecto en el Real Decreto-Ley 5/2023.

Artículo *"número"*. Solicitud de convocatoria de junta por minoría
La junta general será convocada necesariamente por los administradores cuando lo soliciten, mediante requerimiento notarial, uno o varios socios que representen, al menos, el cinco por ciento (5%) del capital social, expresando en la solicitud los asuntos a tratar en la junta y debiendo ser convocada la junta para su celebración dentro de los dos meses siguientes a la fecha en que se hubiere recibido el requerimiento.

265

14. Junta general: lugar de celebración

MSM nº 1810;
MSL nº 2350

LSC art.175 y 178.2

Nota preliminar:

Estas cláusulas responden a supuestos prácticos reales, cuyas circunstancias, obviamente, pueden no coincidir plenamente con las que concurren en el supuesto para el que va a utilizarse. Se ha optado por mantenerlas para enriquecer el valor ejemplificativo del formulario, sin perjuicio de que el usuario las elimine o modifique al personalizar el modelo.

Artículo *"número"*. Lugar de celebración de la junta general

La junta general *"...se celebrará dentro del término municipal donde la sociedad tiene su domicilio social... O... podrá celebrarse fuera del término municipal donde la sociedad tiene su domicilio... O... se celebrará en "indicar lugar o domicilio concreto"..."*.

15. Junta general: asistencia y representación

MSM nº 1720 s.; MSL nº 2395 s.

Nota preliminar:

Estas cláusulas responden a supuestos prácticos reales, cuyas circunstancias, obviamente, pueden no coincidir plenamente con las que concurren en el supuesto para el que va a utilizarse. Se ha optado por mantenerlas para enriquecer el valor ejemplificativo del formulario, sin perjuicio de que el usuario las elimine o modifique al personalizar el modelo.

LSC art.179.1, 181 y 183; RRM art.186.3, 4 y 5

Artículo *"número"*. Asistencia y representación (ampliación de la facultad de representación)
Todos los socios tienen derecho a asistir a la junta general, con independencia del número de participaciones sociales de las que sean titulares.

Los socios podrán hacerse representar en las reuniones de la junta general por medio de:

a) Cualquier otro socio.
b) Su cónyuge.
c) Cualquier ascendiente o descendiente.
d) Cualquier persona que ostente poder general conferido en documento público con facultades para administrar su patrimonio.
e) Por uno de los administradores de la sociedad.
f) Por cualquier otra persona que hubiere comunicado al órgano de administración de la sociedad con una antelación mínima de *"número"* días a la celebración de la junta general.

Artículo *"número"*. Limitación a la facultad de representación
Todo socio que tenga derecho de asistencia podrá hacerse representar en las reuniones de la junta general por medio de otro socio, su cónyuge, ascendientes o descendientes, *"determinar otra persona (p.e., un administrador)"* o persona que ostente poder general conferido en documento público con facultades para administrar todo el patrimonio que el representado tuviere en territorio nacional.

La representación comprenderá la totalidad de las participaciones de que sea titular el socio representado y deberá conferirse por escrito y con carácter especial para cada junta, salvo en el supuesto de que constare en documento público.

La representación es siempre revocable y la asistencia personal a la junta del representado tendrá valor de revocación.

275

16. Junta general: mesa (presidente y secretario)

MSM nº 1825; MSL nº 2360

LSC art.191

Nota preliminar:

Estas cláusulas responden a supuestos prácticos reales, cuyas circunstancias, obviamente, pueden no coincidir plenamente con las que concurren en el supuesto para el que va a utilizarse. Se ha optado por mantenerlas para enriquecer el valor ejemplificativo del formulario, sin perjuicio de que el usuario las elimine o modifique al personalizar el modelo.

Artículo *"número"*. Presidente y secretario de la junta
La junta general de socios será presidida por

>>

○ **Opción I:**

"identificación nominativa del socio que se designe".

○ **Opción II:**

"...el presidente del consejo de administración... O... "indicar otro miembro del consejo"...".

○ **Opción III:**

el administrador único.

○ **Opción IV:**

el administrador solidario *"...más joven... O... de mayor edad... O... "otras posibilidades (p.e., en función de la antigüedad en el cargo, en función del número de participaciones sociales de que es titular, etc.)"...".*

○ **Opción V:**

el administrador mancomunado *"...más joven... O... de mayor edad... O... "otras posibilidades (p.e., en función de la antigüedad en el cargo, en función del número de participaciones sociales de que es titular, etc.)"...".*

○ **Opción VI:**

el socio que, en cada caso, sea elegido por los asistentes a la junta.

El presidente estará asistido por un secretario, cargo que será desempeñado por

>>

○ **Opción A:**

"identificación nominativa de la persona que se designe".

○ **Opción B:**

"...el secretario del consejo de administración... O... "indicar otro miembro del consejo"...".

○ **Opción C:**

el administrador único.

○ **Opción D:**

el administrador solidario *"...más joven... O... de mayor edad... O... "otras posibilidades (p.e., en función de la antigüedad en el cargo, en función del número de participaciones sociales de que es titular, etc.)"...".*

275

○ **Opción E:**

el administrador mancomunado *"...más joven ... O ... de mayor edad ... O ... "otras posibilidades (p.e., en función de la antigüedad en el cargo, en función del número de participaciones sociales de que es titular, etc.)" ... "*.

MSM nº 1825; MSL nº 2360

○ **Opción F:**

la persona que, en cada caso, sea elegido por los asistentes a la junta.

LSC art.191

17. Junta general: votación

MSM nº 1895 s. y 1940 s.; MSL nº 2515 s.

Nota preliminar:

Estas cláusulas responden a supuestos prácticos reales, cuyas circunstancias, obviamente, pueden no coincidir plenamente con las que concurren en el supuesto para el que va a utilizarse. Se ha optado por mantenerlas para enriquecer el valor ejemplificativo del formulario, sin perjuicio de que el usuario las elimine o modifique al personalizar el modelo.

LSC art.188.1, 198, 199 y 200; RRM art.184.2.2º

Artículo *"número"*. Exigencia de un número determinado de participaciones para poder votar
Cada participación confiere a su titular legítimo la condición de socio, con todos los derechos reconocidos por las disposiciones legales vigentes. No obstante lo mencionado, para poder votar en las Juntas Generales será necesario que el socio sea titular de, al menos, *"número/letra"* participaciones sociales, alcanzado dicho número de participaciones sociales, su titular tendrá tantos derechos de voto como participaciones.

Artículo *"número"*. Reforzamiento de las mayorías legales
Los acuerdos sociales se adoptarán por mayoría de los votos válidamente emitidos, siempre que representen al menos un tercio de los votos correspondientes a las participaciones sociales en que se divida el capital social.

Sin perjuicio de lo mencionado, para optar por cualquiera de las formas de administración fijada en estos estatutos, aumentar o reducir el capital social o aprobar cualquier otra modificación estatutaria, distinta de las mencionadas en el párrafo siguiente, será necesario el voto favorable de *"porcentaje superior al 50%"* del capital social.

Para acordar la transformación, fusión o escisión de la Sociedad, la supresión del derecho de preferente suscripción en los aumentos de capital, la exclusión de socios o la autorización para que los administradores puedan dedicarse por cuenta propia o ajena, al mismo, análogo o complementario género de actividad que constituya el objeto social, el voto favorable deberá representar, al menos, *" más de dos tercios"* de los votos correspondientes a las participaciones en que se divida el capital social.

Para la obtención de las mayorías no se computarán los votos en blanco. Quedan a salvo los supuestos en que la Ley exija acuerdos unánimes.

Artículo *"número"*. Participaciones de voto plural o múltiple
Las participaciones sociales numeradas de la *"número/letra"* a la *"número/letra"*, ambas inclusive, conceden a su titular el derecho a emitir *"número/letra"* votos cada una de ellas. En todo lo demás dichas participaciones sociales incorporan los mismos derechos que las participaciones ordinarias.

Artículo *"número"*. Número máximo de votos a emitir por el socio
Cada participación confiere a su titular legítimo la condición de socio, con todos los derechos reconocidos por las disposiciones legales vigentes. No obstante lo mencionado, un mismo socio podrá emitir un número máximo de *"número/letra"* votos, con independencia del número de participaciones de las que sea titular.

Artículo *"número"*. Exigencia del voto favorable de determinado número de socios
Los acuerdos sociales se adoptarán por mayoría de los votos válidamente emitidos, siempre que representen al menos un tercio de los votos correspondientes a las participaciones sociales en que se divida el capital social.

Sin perjuicio de lo mencionado, para acordar *"determinar acuerdos (teniendo en cuenta que hay determinados acuerdos que no se pueden reforzar, ej. disolución y liquidación.) "* será necesario el voto favorable de, al menos, *"número/letra"* socios.

18. Junta general: intervención en la gestión social

MSM nº 1530;
MSL nº 2134

LSC art.161

Nota preliminar:

Estas cláusulas responden a supuestos prácticos reales, cuyas circunstancias, obviamente, pueden no coincidir plenamente con las que concurren en el supuesto para el que va a utilizarse. Se ha optado por mantenerlas para enriquecer el valor ejemplificativo del formulario, sin perjuicio de que el usuario las elimine o modifique al personalizar el modelo.

Artículo *"número"*. Autorización previa de la junta general para asuntos de gestión social
Con independencia de que el poder de representación de la sociedad corresponda al órgano de administración, y sin perjuicio de lo establecido en el artículo 234 del texto refundido de la Ley de Sociedades de Capital, de conformidad con lo previsto en el artículo 161 de la misma Ley, la adopción de decisiones o acuerdos en relación con los siguientes asuntos de gestión de la sociedad, requerirán la autorización previa de la junta general de socios, que se conferirá mediante la adopción del acuerdo correspondiente con la mayoría simple establecida en el artículo *"número"* de los estatutos sociales:

"incluir relación detallada de asuntos de gestión que requieren autorización previa de la junta general de socios (como por ejemplo:

- *Aprobar el presupuesto de cada ejercicio.*
- *Prestar cualquier garantía o indemnización con respecto a obligaciones o pasivos de cualquier otra persona o de las de la sociedad.*
- *Constituir cualquier hipoteca, prenda, fiducia, cesión, caución u otro gravamen o garantía en o sobre la sociedad o la totalidad o parte de sus activos o propiedades.*
- *Vender, arrendar, transmitir o de cualquier otra forma enajenar todo o parte del negocio, propiedades o activos de la sociedad, por valor superior a 'número/letra' euros por operación.*
- *Negociar o firmar cualquier contrato o formalizar o modificar los términos de cualquier operación con cualquiera de los socios, o cualquier administrador o con cualquier persona o entidad relacionada o vinculada con los socios o los administradores.*
- *Suscribir cualquier compromiso a largo plazo.*
- *Tomar a préstamo cualquier cantidad de dinero superior a 'número/letra' euros.*
- *Dar préstamos y anticipos por un importe superior a 'número/letra' euros por empleado.*
- *Suscribir cualquier contrato de sociedad o contrato de cuentas en participación en beneficios o ingresos.*
- *Suscribir cualesquiera compromisos de inversión salvo que hubieran sido incluidos en los presupuestos anuales.*
- *Iniciar demandas o contestaciones a demandas o comenzar cualquier procedimiento legal o arbitral que no se refieran al cobro habitual de deudas. Quedan excluidos todos aquellos procedimientos legales de carácter laboral o de Seguridad Social.*
- *Resolver las pólizas o contratos de seguros de la sociedad y sus participadas.*
- *Acordar o transar cualquier inspección, auditoría o evaluación relativa a impuestos 'determinar impuestos'.*

)
"

Artículo *"número"*. Exclusión de la junta general en la intervención en la gestión social
La Junta General de Socios no podrá en ningún caso impartir instrucciones al órgano de administración, ni someter a la autorización de la Junta decisiones o acuerdos relativos a los asuntos de gestión de la Sociedad.

290

19. Administradores: modos de organizar la administración

MSM nº 1985 s.; MSL nº 2750

LSC art.23.e, 210.1 y 3, 233; RRM art.185

Nota preliminar:

Estas cláusulas responden a supuestos prácticos reales, cuyas circunstancias, obviamente, pueden no coincidir plenamente con las que concurren en el supuesto para el que va a utilizarse. Se ha optado por mantenerlas para enriquecer el valor ejemplificativo del formulario, sin perjuicio de que el usuario las elimine o modifique al personalizar el modelo.

Artículo *"número"*. Administración y representación de la sociedad (administrador único)
La sociedad será regida y administrada por un administrador único, el cual ostentará la representación de la sociedad.

Artículo *"número"*. Administración y representación de la sociedad (administradores solidarios)
La sociedad será regida y administrada por *"...dos ... O ... "número/letra" ... "* administradores solidarios, quienes ostentarán la representación de la sociedad individualmente.

Artículo *"número"*. Administración y representación de la sociedad (administradores mancomunados)
La sociedad será regida y administrada por *"...dos ... O ... "número/letra" ... "* administradores mancomunados, quienes ostentarán la representación de la sociedad conjuntamente.

Artículo *"número"*. Administración y representación de la sociedad (consejo de administración)
La sociedad será regida y administrada por un consejo de administración integrado por un número de miembros no inferior a tres ni superior a doce. El poder de representación corresponderá al propio consejo que actuará colegiadamente.

20. Administradores: requisitos de elegibilidad

MSM nº 2020;
MSL nº 2790

Nota preliminar:

Estas cláusulas responden a supuestos prácticos reales, cuyas circunstancias, obviamente, pueden no coincidir plenamente con las que concurren en el supuesto para el que va a utilizarse. Se ha optado por mantenerlas para enriquecer el valor ejemplificativo del formulario, sin perjuicio de que el usuario las elimine o modifique al personalizar el modelo.

LSC art.212 y 213

Artículo *"número"*. Condiciones de elegibilidad para ser administrador

➤➤

❍ **No se requiere la condición de socio:**

Para ser administrador no se requiere ostentar la condición de socio.

❍ **Se exige ostentar la condición de socio:**

Para ser administrador se requiere ostentar la condición de socio

❍ Cumplimiento de otros requisitos:

y, además, *"...tener dicha condición con una antigüedad, como mínimo, de "número/letra" años ..." "...ser titular de, al menos, "número/letra" participaciones ..." "...ostentar la titulación de "indicar titulación exigida" ..." "... "indicar otros requisitos" ..."*.

≺

No pueden ser administradores quienes se hallen incursos en cualquier prohibición, discapacidad, incompatibilidad o inhabilitación de las previstas en la legislación nacional o autonómica.

21. Administradores: duración del cargo

MSM nº 2165 s.; MSL nº 2970

Nota preliminar:

Estas cláusulas responden a supuestos prácticos reales, cuyas circunstancias, obviamente, pueden no coincidir plenamente con las que concurren en el supuesto para el que va a utilizarse. Se ha optado por mantenerlas para enriquecer el valor ejemplificativo del formulario, sin perjuicio de que el usuario las elimine o modifique al personalizar el modelo.

LSC art.221.1 y 222; RRM art.192.1

Artículo *"número"*. Duración del cargo de administrador

Los administradores ejercerán su cargo *"...indefinidamente ... O ... por el plazo de "número/letra" años, pudiendo ser reelegidos, por igual plazo, una o más veces ..."*.

Vencido dicho plazo, el nombramiento caducará cuando se haya celebrado la junta general siguiente, o haya transcurrido el término legal para la celebración de la junta general que deba resolver sobre la aplicación de cuentas del ejercicio anterior.

22. Administradores: carácter retribuido del cargo

MSM nº 2475;
MSL nº 3325 s.

Nota preliminar:

Estas cláusulas responden a supuestos prácticos reales, cuyas circunstancias, obviamente, pueden no coincidir plenamente con las que concurren en el supuesto para el que va a utilizarse. Se ha optado por mantenerlas para enriquecer el valor ejemplificativo del formulario, sin perjuicio de que el usuario las elimine o modifique al personalizar el modelo.

LSC art.217 y 218;
RRM art.185.4

Artículo *"número"*. Retribución del cargo de administrador

➤➤

❒ **Opción I:**

El cargo de administrador será retribuido con un importe fijo que determinará la junta general para cada ejercicio.

La retribución a pagar a los administradores tendrá devengo diario y se hará efectiva en la forma y plazos que establezca la junta general.

Hasta tanto no haya sido fijado el importe de retribución a abonar a los administradores por la junta general en el nuevo ejercicio, la retribución ascenderá al importe que venía abonándose en el ejercicio anterior

❒ **Opción II:**

El cargo de administrador será retribuido con un importe fijo que determinará la junta general para cada ejercicio.

En caso de que se opte por confiar la administración a un órgano pluripersonal, la Junta se limitará a establecer la cantidad total de la retribución fija que cada año corresponda percibir al conjunto de los administradores, teniendo el propio órgano la facultad de determinar el reparto concreto de la remuneración entre sus miembros.

El administrador podrá tener derecho a una indemnización en caso de cese no debido a un incumplimiento de sus funciones.

La retribución a pagar a los administradores tendrá devengo diario y se hará efectiva en la forma y plazos que establezca la junta general.

Hasta tanto no haya sido fijado el importe de retribución a abonar a los administradores por la junta general en el nuevo ejercicio, la retribución ascenderá al importe que venía abonándose en el ejercicio anterior.

❒ **Opción III:**

El cargo de consejero será gratuito con excepción, sin embargo, del cargo de consejero delegado, que será retribuido mediante una cantidad fija anual y, en su caso, unas cantidades variables, que podrán devengarse, en función de la consecución de objetivos y/o otros criterios, anualmente y/o por periodos superiores. Corresponderá a la junta general de accionistas la determinación de la cuantía de la remuneración fija y de las remuneraciones variables anualmente. Asimismo, el consejero delegado, si así lo decidiese la junta general de accionistas, tendrá derecho a una indemnización en caso de cese en el desempeño del cargo por causa a él no imputable, cuya cuantía y restantes condiciones serán asimismo determinadas por la junta general.

305

MSM nº 2475; MSL nº 3325 s.

LSC art.217 y 218; RRM art.185.4

❒ **Opción IV:**

El cargo de administrador será retribuido mediante una cantidad fija anual igual al doble del sueldo bruto del director general de la sociedad, la cual se repartirá a partes iguales entre todos los administradores.

❒ **Opción V:**

Los consejeros tendrán derecho al cobro de dietas por asistencia a las sesiones del consejo de administración, en la cuantía que en aplicación de las disposiciones correspondientes se determinen para las sociedades estatales. En el supuesto de que quedara sin efecto dicha determinación, se aplicará la última cuantía que haya estado en vigor, actualizándose anualmente con arreglo al Índice de Precios al Consumo (IPC) elaborado por el Instituto Nacional de Estadística.

❒ **Opción VI:**

Los administradores tendrán una retribución fija anual igual a la base máxima de cotización en el Régimen Especial de Trabajadores Autónomos de la Seguridad Social.

23. Consejo de Administración: régimen de organización y funcionamiento

MSM nº 3145 s.; MSL nº 4150 s.

Nota preliminar:

Estas cláusulas responden a supuestos prácticos reales, cuyas circunstancias, obviamente, pueden no coincidir plenamente con las que concurren en el supuesto para el que va a utilizarse. Se ha optado por mantenerlas para enriquecer el valor ejemplificativo del formulario, sin perjuicio de que el usuario las elimine o modifique al personalizar el modelo.

LSC art.23.e y f, 242, 245.1, 247.1 y 249; RRM art.185

Artículo *"número"*. Composición del consejo

El consejo de administración estará formado por *"...un número de miembros no inferior a tres ni superior a "número/letra"... O... "número/letra" miembros..."*.

El consejo de administración designará de su seno a su presidente y un secretario.

"...El secretario podrá no ser consejero, en cuyo caso tendrá voz pero no voto. ..."

"...El consejo podrá designar un vicepresidente, que sustituirá al presidente en caso de imposibilidad o ausencia, o cuando así lo determine el propio presidente. Podrá además el consejo nombrar más de un vicepresidente. En ese caso, la sustitución del presidente corresponderá, en primer lugar, al vicepresidente primero, el cual será, a su vez, sustituido en caso de necesidad por el vicepresidente segundo y así sucesivamente. El consejo de administración podrá nombrar asimismo un vicesecretario, el cual no necesitará ser consejero. ..."

Artículo *"número"*. Convocatoria y quórum de las reuniones del consejo. Adopción de acuerdos

El consejo se reunirá cuando así lo requiera el interés de la sociedad. Será convocado por el presidente o por quien haga sus veces.

Los consejeros que constituyan al menos un tercio de los miembros del consejo de administración podrán convocarlo, indicando en el orden del día, para su celebración en el lugar donde radique el domicilio social, si, previa petición al presidente, éste sin causa justificada no hubiera hecho la convocatoria en el plazo de un mes.

El consejo se considerará válidamente constituido cuando concurran a la reunión, presentes o representados *"...la mitad más uno de sus componentes... O... "número/letra" de sus componentes..."*.

Sin perjuicio de lo anterior, el consejo se entenderá válidamente constituido sin necesidad de convocatoria si, presentes o representados todos sus miembros, aceptasen por unanimidad la celebración de sesión.

El consejo podrá igualmente tomar acuerdos por escrito sin necesidad de realizar sesión, de acuerdo con lo establecido en la Ley.

➢➢

- **Celebración de reuniones por otros medios:**

Asimismo, podrán celebrarse reuniones del consejo mediante multiconferencia telefónica, videoconferencia o cualquier otro sistema análogo, de forma que uno o varios de los consejeros asistan a dicha reunión mediante el indicado sistema. A tal efecto, la convocatoria de la reunión del consejo de administración, además de señalar la ubicación donde tendrá lugar la sesión física, a la que deberá concurrir el secretario del consejo, deberá mencionar que a la misma se podrá asistir mediante conferencia telefónica, videoconferencia o sistema equivalente, debiendo indicarse y disponerse los medios técnicos precisos a este fin, que en todo caso deberán posibilitar la comunicación directa y simultánea entre todos los asistentes. El secretario del consejo de administración deberá hacer constar en las actas de las reuniones así celebradas, además de los consejeros que asisten físicamente o, en su caso, representados por otro consejero, aquéllos que asistan a la reunión a través del sistema de multiconferencia telefónica, videoconferencia o sistema análogo.

<<

Cualquier consejero puede conferir por escrito su representación a otro consejero, con carácter especial para cada reunión, comunicándolo por escrito al presidente.

Para adoptar acuerdos será preciso el voto favorable de *"...la mayoría absoluta de los consejeros asistentes a la reunión... O... "número/letra" de los consejeros asistentes a la reunión..."*.

"...En caso de empate decidirá el voto del presidente. ..."

Las discusiones y acuerdos del consejo se transcribirán en un libro de actas, cada una de las cuales será firmada por el presidente y el secretario o por quienes les hubiesen sustituido en la reunión a que se refiere el acta. Las copias y certificaciones de las actas serán autorizadas y expedidas por el secretario del consejo con el visto bueno del presidente o por quienes les sustituyan.

El consejo habrá de decidir quien o quienes de sus componentes habrán de ejecutar sus acuerdos y los de la junta general cuando ésta no hubiera expresado a quien corresponde ejecutarlos. A falta de tal designación por el consejo, la ejecución corresponderá a su presidente o a quien en el momento ejerza sus funciones, según certificado del secretario del consejo.

El secretario y, en su caso, el vicesecretario, aún cuando no sean consejeros, tendrán la facultad de elevar a instrumento público los acuerdos sociales.

Artículo *"número"*. Facultades del consejo

El consejo de administración, a salvo las facultades legal o estatutariamente atribuidas con carácter privativo a la junta general, tendrá los más amplios y absolutos poderes, sin limitación ni reserva alguna, para la gestión, administración y representación de la sociedad.

Dicha gestión, representación y administración se extenderá a todos los actos comprendidos en el objeto social, incluidos aquellos en los que, según la legislación civil o mercantil o la práctica comercial o bancaria, se exija autorización o mandato expreso.

En todo caso, se considerarán incluidos en el objeto social aquellos actos de carácter preparatorio, complementario o accesorio de aquél.

Artículo *"número"*. Delegación de facultades y apoderamientos

Dentro de los límites legalmente establecidos, el consejo de Administración podrá delegar, con carácter permanente, la totalidad o parte de sus facultades en una comisión ejecutiva y en uno o varios consejeros delegados y determinar los miembros del propio consejo que vayan a ser titulares del órgano delegado, así como, en su caso, la forma de ejercicio de las facultades concedidas.

Para la delegación permanente de alguna facultad del consejo de administración en la comisión ejecutiva o en el consejero delegado, si se hubieren designado, y para la designación de los consejeros que hayan de ocupar tales cargos, será preciso el voto favorable de *"...las dos terceras partes de los componentes del consejo... O... "número/letra" de los componentes del consejo..."*.

24. Consejo de Administración: adopción de acuerdos sin sesión

315

MSM nº 3280;
MSL nº 4330

Nota preliminar:

Estas cláusulas responden a supuestos prácticos reales, cuyas circunstancias, obviamente, pueden no coincidir plenamente con las que concurren en el supuesto para el que va a utilizarse. Se ha optado por mantenerlas para enriquecer el valor ejemplificativo del formulario, sin perjuicio de que el usuario las elimine o modifique al personalizar el modelo.

LSC art.245.1;
RRM art.100.2

Artículo *"número"*. Adopción de acuerdos sin sesión por el consejo de administración

Los acuerdos del consejo podrán adoptarse por escrito y sin sesión con el voto favorable de la mayoría, siempre que todos los miembros del consejo hayan sido notificados con antelación de los acuerdos que se pretenda adoptar de esa forma y ninguno de ellos *"...se haya opuesto a dicho procedimiento... O... se oponga a este procedimiento..."*. *"...Estos acuerdos se harán constar en acta. ..."*

Asimismo, serán válidos los acuerdos del consejo de administración celebrados por videoconferencia o por conferencia telefónica múltiple, siempre que ninguno de los miembros del consejo se oponga a este procedimiento, dispongan de los medios necesarios para ello y se reconozcan recíprocamente, lo cual deberá expresarse en el acta del consejo y en la certificación de los acuerdos que se expida. En tal caso, la sesión del consejo se considerará única y celebrada en el lugar del domicilio social.

320

25. Reducción de capital social: reconocimiento de derecho de oposición de acreedores

MSM nº 7176;
MSL nº 6166

LSC art.333

Nota preliminar:

Estas cláusulas responden a supuestos prácticos reales, cuyas circunstancias, obviamente, pueden no coincidir plenamente con las que concurren en el supuesto para el que va a utilizarse. Se ha optado por mantenerlas para enriquecer el valor ejemplificativo del formulario, sin perjuicio de que el usuario las elimine o modifique al personalizar el modelo.

Artículo *"número"*. Derecho de oposición de acreedores en reducciones de capital social para restituir aportaciones

No podrá llevarse a efecto ningún acuerdo de reducción de capital social que implique restitución de sus aportaciones a los socios sin que se hayan respetado las garantías y derechos de los acreedores de la Sociedad establecidos en el artículo 333 del texto refundido de la Ley de Sociedades de Capital.

26. Separación de socios: causas adicionales a las previstas legalmente

MSM nº 8670; MSL nº 1570

Nota preliminar:

Estas cláusulas responden a supuestos prácticos reales, cuyas circunstancias, obviamente, pueden no coincidir plenamente con las que concurren en el supuesto para el que va a utilizarse. Se ha optado por mantenerlas para enriquecer el valor ejemplificativo del formulario, sin perjuicio de que el usuario las elimine o modifique al personalizar el modelo.

LSC art.347; RRM art.204

Artículo *"número"*. Causas estatutarias de separación de socios

Además de las causas de separación establecidas en el texto refundido de la Ley de Sociedades de Capital, los socios de la sociedad tendrán derecho a ejercitar este derecho por las siguientes causas:

"incluir causas adicionales por las que los socios puedan separarse de la sociedad (como por ejemplo:

a) Cualquier modificación del objeto social que implique la eliminación de la actividad de 'incluir actividad concreta del mismo'.

b) El traslado del domicilio social fuera de la provincia de 'incluir provincia'.

c) La no disconformidad de cualquier socio titular de al menos el veinticinco por ciento del capital social, con el acuerdo de exclusión del mismo por las causas establecidas en la Ley o en los presentes estatutos sociales, dará derecho a los restantes socios a optar, o bien por esperar a que se dicte resolución judicial firme de exclusión, de conformidad con lo dispuesto en el artículo 352.2 del texto refundido de la Ley de Sociedades de Capital, o bien ejercitar su derecho se separarse de la Sociedad.

)

".

La existencia de dichas causas de separación se acreditarán *"describir concretamente cómo han de acreditarse las causas que dan lugar al derecho de separación"*, y el derecho de separación podrá ejercitarse *"incluir plazo para el ejercicio del derecho de separación (como por ejemplo: dentro del plazo indicado en dicho artículo 348.2 del texto refundido de la Ley de Sociedades de Capital)"*.

MSM nº 8715;
MSL nº 1615

27. Exclusión de socios: causas adicionales a las previstas legalmente

LSC art.351; RRM art.207

Nota preliminar:

Estas cláusulas responden a supuestos prácticos reales, cuyas circunstancias, obviamente, pueden no coincidir plenamente con las que concurren en el supuesto para el que va a utilizarse. Se ha optado por mantenerlas para enriquecer el valor ejemplificativo del formulario, sin perjuicio de que el usuario las elimine o modifique al personalizar el modelo.

Artículo *"número"*. Causas estatutarias de exclusión de socios

Además de las causas de exclusión, mediante acuerdo de la junta general de socios, podrá procederse a la exclusión de socios por los siguientes motivos:

"incluir causas adicionales por las que los socios puedan ser excluidos de la sociedad (como por ejemplo:

La participación por cualquiera de los socios de la sociedad, ostente o no dicho socio la condición de administrador, en el capital social o en la gestión o administración de cualquier sociedad con objeto idéntico o análogo al de la sociedad, salvo las entidades pertenecientes al mismo grupo al que pertenece la sociedad.

)

".

El procedimiento de exclusión será el previsto en el artículo 352 del texto refundido de la Ley de Sociedades de Capital.

28. Disolución: causas

MSM nº 8900;
MSL nº 8130

Nota preliminar:

Estas cláusulas responden a supuestos prácticos reales, cuyas circunstancias, obviamente, pueden no coincidir plenamente con las que concurren en el supuesto para el que va a utilizarse. Se ha optado por mantenerlas para enriquecer el valor ejemplificativo del formulario, sin perjuicio de que el usuario las elimine o modifique al personalizar el modelo.

LSC art.363

Artículo *"número"*. Disolución

La sociedad se disolverá por:

a) Por cumplimiento del término fijado en el artículo *"número"* de los presentes estatutos.

b) Acuerdo de la junta general adoptado conforme a lo dispuesto en la Ley y en los presentes estatutos.

c) La conclusión de la empresa que constituya su objeto o la imposibilidad manifiesta de realizar el fin social o por la paralización de los órganos sociales, de modo que resulte imposible su funcionamiento.

○ **Apartado d):**

d) Por falta de ejercicio de la actividad o actividades que constituyan el objeto social, entendiéndose que se ha producido el cese tras un periodo de inactividad superior a un año.

○ **Si se desea establecer causa 'adicional' en sustitución del apartado d):**

"determinar causa 'adicional' en sustitución del apartado d reduciendo el plazo de inactividad que supone causa de disolución (p.ej.: Por falta de ejercicio de la actividad o actividades que constituyan el objeto social durante dos años consecutivos)".

○ **Apartado e):**

"e)". Consecuencia de pérdidas que dejen reducido el patrimonio neto a una cantidad inferior a la mitad del capital social, a no ser que éste se aumente o se reduzca en la medida suficiente, y siempre que no sea procedente solicitar la declaración de concurso conforme a lo dispuesto en la Ley 22/2003, de 9 de julio, Concursal.

○ **Si se desea establecer causa 'adicional' en sustitución del apartado e):**

"determinar causa "adicional" en sustitución del apartado e) reduciendo el importe de pérdidas que supone causa de disolución (p.ej.: Consecuencia de pérdidas que dejen reducido el patrimonio neto a una cantidad inferior al 60% del capital social, a no ser que éste se aumente o se reduzca en la medida suficiente, y siempre que no sea procedente solicitar la declaración de concurso conforme a lo dispuesto en la Ley 22/2003, de 9 de julio, Concursal.)".

"f)". La reducción del capital social por debajo del mínimo legal.

○

"g)". "indicar otras causas".

≺≺

29. Liquidación: designación de liquidadores

MSM nº 9005;
MSL nº 8315

Nota preliminar:

Estas cláusulas responden a supuestos prácticos reales, cuyas circunstancias, obviamente, pueden no coincidir plenamente con las que concurren en el supuesto para el que va a utilizarse. Se ha optado por mantenerlas para enriquecer el valor ejemplificativo del formulario, sin perjuicio de que el usuario las elimine o modifique al personalizar el modelo.

LSC art.174 y 376.1; RRM art.243

Artículo *"número"*. Designación de liquidadores
Con la apertura del periodo de liquidación, cesarán en su cargo los administradores.

➢➢

❍ **Opción I:**

La Junta General designará a la persona o personas que hayan de actuar como liquidadores de la Sociedad, determinando el régimen de su actuación en el caso de designar a más de un liquidador.

❍ **Opción II:**

Los administradores sociales quedarán automáticamente convertidos en liquidadores.

❍ **Opción III:**

El presidente del consejo de administración quedará convertido en liquidador único.

❍ **Opción IV:**

El administrador único quedará convertido en liquidador único.

❍ **Opción V:**

El administrador solidario *"...más joven ... O ... de más edad ..."* quedará convertido en liquidador único.

≺≺

En caso de que *"...el mismo no aceptara ... O ... los mismos no aceptaran el cargo ..."*, la junta general designará a uno o más liquidadores.

30. Liquidación: cuota de liquidación

MSM nº 9190; MSL nº 8465

Nota preliminar:

Estas cláusulas responden a supuestos prácticos reales, cuyas circunstancias, obviamente, pueden no coincidir plenamente con las que concurren en el supuesto para el que va a utilizarse. Se ha optado por mantenerlas para enriquecer el valor ejemplificativo del formulario, sin perjuicio de que el usuario las elimine o modifique al personalizar el modelo.

LSC art.94, 391.1 y 392.1; RRM art.184.2.2º

Artículo *"número"*. Cuota de liquidación

○ Reparto del activo en proporción a la participación en el capital:

El activo resultante después de satisfacer todos los créditos contra la sociedad se repartirá entre los socios en proporción a su participación en el capital social.

○ Determinación del reparto del activo:

El activo resultante después de satisfacer todos los créditos contra la sociedad se repartirá entre los socios como sigue:

– A los socios titulares de las participaciones sociales números *"número"* a *"número"*, *"...que llevan aparejada prestación accesoria de conformidad con lo establecido en el artículo "número" de los estatutos sociales..."*, les corresponderá el 50% de la cuota de liquidación, que distribuirán proporcionalmente en función de las participaciones sociales concretas de las que cada socio sea titular.

– El restante 50% de la cuota de liquidación corresponderá proporcionalmente a los restantes socios de la Sociedad.

<<

De conformidad con lo previsto en el artículo 393.2 del texto refundido de la Ley de Sociedades de Capital, los socios *"identidad de los socios"* tendrán derecho a que la cuota de liquidación que les corresponda les sea satisfecha mediante la restitución de las aportaciones no dinerarias al capital social efectuadas por cada uno de ellos, en el caso de que los bienes y derechos correspondientes continúen en el patrimonio social en el momento de la liquidación.

En el caso de que el activo social resultante fuera insuficiente para satisfacer a todos los socios su cuota de liquidación, los socios indicados con derecho a percibirla en especie deberán pagar previamente en dinero a los demás socios la diferencia que corresponda.

350

Capítulo II. Cláusulas estatutarias

31. Resolución de conflictos

MSM nº 6390; MSL nº 5365 s.

L 60/2003; RRM art.175.2

Nota preliminar:

Estas cláusulas responden a supuestos prácticos reales, cuyas circunstancias, obviamente, pueden no coincidir plenamente con las que concurren en el supuesto para el que va a utilizarse. Se ha optado por mantenerlas para enriquecer el valor ejemplificativo del formulario, sin perjuicio de que el usuario las elimine o modifique al personalizar el modelo.

Artículo *"número"*. Arbitraje

○ Opción I:

Salvo en los supuestos en que el procedimiento judicial resulte imperativo, y sin perjuicio de lo dispuesto en el texto refundido de la Ley de Sociedades de Capital sobre impugnación de acuerdos sociales, cualquier discrepancia que pudiera surgir entre los socios o entre éstos y la sociedad acerca de la interpretación y aplicación de estos estatutos, será resuelta por arbitraje de equidad, en los términos y con aplicación de la Ley 60/2003 de 26 de diciembre.

○ Opción II:

1) Toda controversia o conflicto de naturaleza societaria, entre la sociedad y los socios, entre los órganos de administración de la sociedad, cualquiera que sea su configuración estatutaria y los socios, o entre cualquiera de los anteriores, se resolverá definitivamente mediante arbitraje de derecho por uno o mas árbitros, en el marco en el marco de la Corte Española de Arbitraje del Consejo Superior de Cámaras de Comercio, Industria y Navegación de España, de conformidad con su Reglamento y Estatuto, a la que se encomienda la administración del arbitraje y la designación del arbitro o del tribunal arbitral.

2) Todas las impugnaciones de acuerdos sociales o decisiones adoptadas en una misma Junta o en un mismo Consejo de Administración y basadas en causas de nulidad o de anulabilidad, se substanciaran y decidirán en un mismo procedimiento arbitral.

3) La Corte Española de Arbitraje no nombrará arbitro o árbitros en su caso, en los procedimientos arbitrales de impugnación de acuerdos o de decisiones hasta transcurridos cuarenta días desde la fecha de adopción del acuerdo o decisión impugnada y, si fueren inscribibles, desde la fecha de su publicación en el Boletín Oficial del Registro Mercantil.

4) En los procedimientos de impugnación de acuerdos sociales la propia Corte Española de Arbitraje fijara el número de árbitros y designara y nombrara a todos ellos.

5) Los socios, por sí y por la sociedad que constituyen, hacen constar como futuras partes su compromiso de cumplir el laudo que se dicte.

○ Opción III:

Toda controversia o conflicto de naturaleza societaria, entre la sociedad y los socios, entre los órganos de administración de la sociedad, cualquiera que sea su configuración estatutaria y los socios, o entre cualquiera de los anteriores, se resolverá en arbitraje de derecho, designando los árbitros de mutuo acuerdo entre las partes y en su defecto por el procedimiento arbitral establecido en la Ley 60/2003, de 23 de diciembre de arbitraje, dándose a este pacto el valor de convenio arbitral y designando desde ahora para tal cargo de árbitro, en defecto de acuerdo entre las partes, al Decano del Ilustre Colegio de Abogados del domicilio social de la Sociedad, o, en su caso, el abogado que éste designe. Se exceptúan de este arbitraje, las acciones previstas por la Ley.

≺≺

Capítulo III. Actas de acuerdos y decisiones sociales

505

Capítulo III. Actas de acuerdos y decisiones sociales

1. Acta de junta general convocada

MSM nº 5790 y nº 5800; MSL nº 4590 s.

CCom art.26; LSC art.202; RRM art.97, 98 y 99

Nota preliminar:

El modelo debe ser completado mediante la incorporación del acuerdo/s que, según el caso, corresponda/n, adaptando las demás circunstancias previstas en el texto a las particularidades propias de cada supuesto en concreto.

Acta de la junta general de *"denominación, S.R.L."*

Siendo las *"número/letra"* horas del día *"fecha"*, y en *"...el domicilio social ... O ... "lugar", que se encuentra dentro del término municipal donde se halla ubicado el domicilio social ..."* de *"denominación, S.R.L."*, tiene lugar, la celebración de la junta general de socios de la sociedad, conforme a la convocatoria

>>

○ **Mediante anuncio publicado en el BORME:**

publicada, con la antelación y formalidades exigidas legalmente, mediante anuncio publicado en el Boletín Oficial del Registro Mercantil número *"número"*, de fecha *"fecha"*, y en el diario *"diario"*, de los de mayor circulación en el término municipal donde se encuentra ubicado el domicilio social de fecha *"fecha"*. A los efectos oportunos se hace expresa manifestación de que la sociedad carece de página web.

○ **Mediante anuncio publicado en la página web de la sociedad:**

publicada, con la antelación y formalidades exigidas legalmente, mediante anuncio publicado en la página web de la sociedad *"...así como en el diario "diario", previsto a tal efecto en el artículo "número" de los estatutos sociales, de fecha "fecha" ..."*.

○ **A través de comunicación individual:**

comunicada de forma individual y por escrito conforme al procedimiento previsto a tal efecto en el artículo *"número"* de los estatutos sociales, habiendo sido remitida dicha comunicación al último de los socios en fecha *"fecha" "...así como en el diario "diario", previsto a tal efecto en el artículo 'número' de los estatutos sociales, de fecha "fecha" ..."*.

El texto íntegro de la convocatoria se transcribe literalmente a continuación:

"texto íntegro del anuncio de convocatoria".

A continuación se forma la **Lista de asistentes**, resultando que concurren a la junta los siguientes socios:

- *"Don/Doña nombre y apellidos/razón social"*, titular de *"número/letra"* participaciones sociales, números *"número"* a *"número"*, ambos inclusive, representativas de un *"determinar porcentaje"* % del capital social. Asiste *"...personalmente ... O ... representado por "Don/Doña nombre y apellidos", según acredita debidamente ..."*.

Firma: *"Don/Doña nombre y apellidos/razón social"*. 

Actúan como presidente y secretario de la junta, respectivamente, *"Don/Doña nombre y apellidos del presidente"* y *"Don/Doña nombre y apellidos del secretario" "...conforme a las reglas de designación de tales cargos contenidas en los estatutos de la sociedad ... O ... conforme a las previsiones contenidas en el artículo 191 del texto refundido de la Ley de Sociedades de Capital ... O ... por designación, al comienzo de la reunión, por los socios concurrentes a la misma ..."*.

Los designados aceptan sus respectivos cargos y prometen desempeñar bien y fielmente las funciones inherentes a los mismos.

Se hace constar que la totalidad de las participaciones sociales tienen derecho de voto y que cada participación social da derecho a emitir un voto.

➢➢

❍ **Si existen privilegios en materia de derecho de voto:**

"indicar los privilegios que en materia de derecho de voto se prevén en los estatutos sociales".

⋖⋖

Asisten a la reunión todos los administradores de la sociedad.

➢➢

❍ **Asistencia de otras personas a la reunión:**

Asimismo, se hace constar que asisten a la reunión *"...por así autorizarlo u ordenarlo los estatutos sociales, las siguientes personas con interés en la buena marcha de los asuntos sociales "Don/Doña nombre y apellidos (p.e., directores, gerentes, técnicos)". ... O ... por haber sido autorizados al efecto por el presidente de la junta, las siguientes personas "Don/Doña nombre y apellidos" ... ".*

⋖⋖

Una vez verificado que, conforme a la lista de asistencia, los asistentes representan el capital suficiente para alcanzar las mayorías de votos necesaria para la adopción de los acuerdos incluidos en el orden del día de la junta, sin que se exprese reserva o protesta alguna al respecto por ninguno los asistentes, el secretario, por indicación del presidente, declara abierta la sesión, procediendo, a continuación, a dar lectura al orden del día de la reunión establecido en la convocatoria, adoptándose, previa deliberación de cada uno de cada uno de los asuntos y de las propuestas formuladas al respecto, y por las mayorías que a continuación se indican los siguientes:

Acuerdos

Primero. *"texto del acuerdo adoptado".*

➢➢

❍ **Aprobación del acuerdo por unanimidad:**

El presente acuerdo se aprueba por unanimidad.

❍ **Aprobación del acuerdo por mayoría cualificada:**

El presente acuerdo se aprueba por *"número"* votos, que suponen la mayoría de los votos válidamente emitidos y representan *"...un tercio un tercio de los votos correspondientes a las participaciones sociales en que se divide el capital social ... O ... "tanto por ciento superior a un tercio de los votos correspondientes a las participaciones sociales en que se divida el capital social" ... "*, *"...sin que ninguno de los socios que han votado en contra, haya solicitado la constancia en acta de su oposición ... O ... solicitándose que conste expresamente en acta su oposición al acuerdo por los siguientes socios que han votado en contra del mismo: "Don/Doña nombre y apellidos/razón social" ... ".*

❍ **En caso de aumento o reducción del capital o cualquier otra modificación de los estatutos sociales para los que no se exija mayoría cualificada:**

El presente acuerdo se aprueba por *"número"* votos favorables, que representan *"tanto por ciento superior a la mitad de los votos correspondientes a las participaciones en que se divida el capital social"*, *"...sin que ninguno de los socios que han votado en contra, haya solicitado la constancia en acta de su oposición ... O ... solicitándose que conste expresamente en acta su oposición al acuerdo por los siguientes socios que han votado en contra del mismo: "Don/Doña nombre y apellidos/razón social" ... ".*

○ En caso de transformación, fusión o escisión de la sociedad, supresión o limitación del derecho de preferencia, cesión global de activo y pasivo, exclusión de socios y dispensa de la prohibición de competencia a los administradores:

El presente acuerdo se aprueba por *"número"* votos favorables, que representan *"...dos tercios de los votos correspondientes a las participaciones en que se divide el capital social ... O ... "tanto por ciento superior a dos tercios de los votos correspondientes a las participaciones sociales en que se divida el capital social" ...", "...sin que ninguno de los socios que han votado en contra, haya solicitado la constancia en acta de su oposición ... O ... solicitándose que conste expresamente en acta su oposición al acuerdo por los siguientes socios que han votado en contra del mismo: "Don/Doña nombre y apellidos/razón social" ...".*

<<

En relación con el presente acuerdo *"...no se ha solicitado constancia en acta de ninguna intervención ... O ... el socio "Don/Doña nombre y apellidos/razón social" ha solicitado la constancia en acta de su intervención en los siguientes términos: "texto de la intervención cuya constancia en acta se solicita" ..."*

Segundo. *"texto del acuerdo adoptado".*

>>

○ Aprobación del acuerdo por unanimidad:

El presente acuerdo se aprueba por unanimidad.

○ Aprobación del acuerdo por mayoría cualificada:

El presente acuerdo se aprueba por *"número"* votos, que suponen la mayoría de los votos válidamente emitidos y representan *"...un tercio un tercio de los votos correspondientes a las participaciones sociales en que se divide el capital social ... O ... "tanto por ciento superior a un tercio de los votos correspondientes a las participaciones sociales en que se divida el capital social" ...", "...sin que ninguno de los socios que han votado en contra, haya solicitado la constancia en acta de su oposición ... O ... solicitándose que conste expresamente en acta su oposición al acuerdo por los siguientes socios que han votado en contra del mismo: "Don/Doña nombre y apellidos/razón social" ...".*

○ En caso de aumento o reducción del capital o cualquier otra modificación de los estatutos sociales para los que no se exija mayoría cualificada:

El presente acuerdo se aprueba por *"número"* votos favorables, que representan *"tanto por ciento superior a la mitad de los votos correspondientes a las participaciones en que se divida el capital social", "...sin que ninguno de los socios que han votado en contra, haya solicitado la constancia en acta de su oposición ... O ... solicitándose que conste expresamente en acta su oposición al acuerdo por los siguientes socios que han votado en contra del mismo: "Don/Doña nombre y apellidos/razón social" ...".*

○ En caso de transformación, fusión o escisión de la sociedad, supresión o limitación del derecho de preferencia, cesión global de activo y pasivo, exclusión de socios y dispensa de la prohibición de competencia a los administradores:

El presente acuerdo se aprueba por *"número"* votos favorables, que representan *"...dos tercios de los votos correspondientes a las participaciones en que se divide el capital social ... O ... "tanto por ciento superior a dos tercios de los votos correspondientes a las participaciones sociales en que se divida el capital social" ...", "...sin que ninguno de los socios que han votado en contra, haya solicitado la constancia en acta de su oposición ... O ... solicitándose que conste expresamente en acta su oposición al acuerdo por los siguientes socios que han votado en contra del mismo: "Don/Doña nombre y apellidos/razón social" ...".*

<<

En relación con el presente acuerdo *"...no se ha solicitado constancia en acta de ninguna intervención ... O ... el socio "Don/Doña nombre y apellidos/razón social" ha solicitado la constancia en acta de su intervención en los siguientes términos: "texto de la intervención cuya constancia en acta se solicita" ...".*

"Tercero". *"otros acuerdos adoptados".*

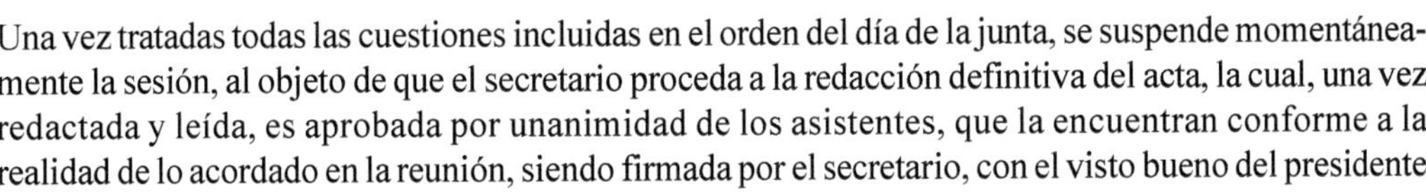

Una vez tratadas todas las cuestiones incluidas en el orden del día de la junta, se suspende momentáneamente la sesión, al objeto de que el secretario proceda a la redacción definitiva del acta, la cual, una vez redactada y leída, es aprobada por unanimidad de los asistentes, que la encuentran conforme a la realidad de lo acordado en la reunión, siendo firmada por el secretario, con el visto bueno del presidente *"...así como por los asistentes que lo desean...".*

Tras lo cual, se levanta la sesión a las *"número/letra"* horas del día y en el lugar que figuran en el encabezamiento.

VºBº

El Presidente

Fdo. *"Don/Doña nombre y apellidos del presidente"*

El Secretario

Fdo. *"Don/Doña nombre y apellidos del secretario"*

2. Acta de junta general universal

MSM nº 5790 y nº 5800; MSL nº 4590 s.

Nota preliminar:

El modelo debe ser completado mediante la incorporación del acuerdo/s que, según el caso, corresponda/n, adaptando las demás circunstancias previstas en el texto a las particularidades propias de cada supuesto en concreto.

CCom art.26; LSC art.178 y 202; RRM art.97, 98 y 99

Acta de la junta general de *"denominación, S.R.L."*

Siendo las *"número/letra"* horas del día *"fecha"*, y hallándose presentes *"...en el domicilio social... O ... en "lugar"..."*, la totalidad de los socios de *"denominación, S.R.L."*, quienes, a su vez, representan el total del capital de la sociedad, deciden constituirse de forma unánime en junta general y universal de socios; lo que llevan a efecto al amparo de lo dispuesto en el artículo 178 del texto refundido de la Ley de Sociedades de Capital, con el siguiente:

Orden del día

1. *"texto de los puntos aceptados como orden del día de la junta"*. 

Actúan como presidente y secretario de la junta, respectivamente, *"Don/Doña nombre y apellidos del presidente"* y *"Don/Doña nombre y apellidos del secretario" "...conforme a las reglas de designación de tales cargos contenidas en los estatutos de la sociedad... O... conforme a las previsiones contenidas en el artículo 191 del texto refundido de la Ley de Sociedades de Capital... O... por designación, al comienzo de la reunión, por los socios concurrentes a la misma..."*.

Los designados aceptan sus respectivos cargos y prometen desempeñar bien y fielmente las funciones inherentes a los mismos.

De conformidad con lo establecido en el artículo 97, número 1, apartado 4ª del Reglamento del Registro Mercantil, y en prueba de aceptación de todos los asistentes del orden del día fijado, se recoge, a continuación, relación nominal de los asistentes, seguida de la firma de cada uno de ellos:

- *"Don/Doña nombre y apellidos/razón social"*, titular de *"número/letra"* participaciones sociales, números *"número"* a *"número"*, ambos inclusive, representativas de un *"determinar porcentaje"* % del capital social. Asiste *"...personalmente... O... representado por "Don/Doña nombre y apellidos", según acredita debidamente..."*.

Firma: *"Don/Doña nombre y apellidos/razón social"*

Se hace constar que la totalidad de las participaciones sociales tienen derecho de voto y que cada participación social da derecho a emitir un voto.

○ **Si existen privilegios en materia de derecho de voto:**

"indicar los privilegios que en materia de derecho de voto se prevén en los estatutos sociales".

≺≺

Se hace constar asimismo que asisten a la reunión la totalidad de los administradores de la sociedad.

Una vez constatada la asistencia a la reunión de la totalidad del capital social y la aceptación, por unanimidad de los asistentes, de su celebración con el carácter de universal, el secretario, por indicación del presidente, procede a dar lectura al orden del día fijado, adoptándose, previa deliberación de cada uno de cada uno de los asuntos y de las propuestas formuladas al respecto, y por las mayorías que a continuación se indican los siguientes:

Acuerdos

Primero. *"texto del acuerdo adoptado".*

❍ Aprobación del acuerdo por unanimidad:

El presente acuerdo se aprueba por unanimidad.

❍ Aprobación del acuerdo por mayoría cualificada:

El presente acuerdo se aprueba por *"número"* votos, que suponen la mayoría de los votos válidamente emitidos y representan *"...un tercio un tercio de los votos correspondientes a las participaciones sociales en que se divide el capital social ... O ... "tanto por ciento superior a un tercio de los votos correspondientes a las participaciones sociales en que se divida el capital social" ... ", "...sin que ninguno de los socios que han votado en contra, haya solicitado la constancia en acta de su oposición ... O ... solicitándose que conste expresamente en acta su oposición al acuerdo por los siguientes socios que han votado en contra del mismo: "Don/Doña nombre y apellidos/razón social" ... ".*

❍ En caso de aumento o reducción del capital o cualquier otra modificación de los estatutos sociales para los que no se exija mayoría cualificada:

El presente acuerdo se aprueba por *"número"* votos favorables, que representan *"tanto por ciento superior a la mitad de los votos correspondientes a las participaciones en que se divida el capital social", "...sin que ninguno de los socios que han votado en contra, haya solicitado la constancia en acta de su oposición ... O ... solicitándose que conste expresamente en acta su oposición al acuerdo por los siguientes socios que han votado en contra del mismo: "Don/Doña nombre y apellidos/razón social" ... ".*

❍ En caso de transformación, fusión o escisión de la sociedad, supresión o limitación del derecho de preferencia, cesión global de activo y pasivo, exclusión de socios y dispensa de la prohibición de competencia a los administradores:

El presente acuerdo se aprueba por *"número"* votos favorables, que representan *"...dos tercios de los votos correspondientes a las participaciones en que se divide el capital social ... O ... "tanto por ciento superior a dos tercios de los votos correspondientes a las participaciones sociales en que se divida el capital social" ... ", "...sin que ninguno de los socios que han votado en contra, haya solicitado la constancia en acta de su oposición ... O ... solicitándose que conste expresamente en acta su oposición al acuerdo por los siguientes socios que han votado en contra del mismo: "Don/Doña nombre y apellidos/razón social" ... ".*

En relación con el presente acuerdo *"...no se ha solicitado constancia en acta de ninguna intervención ... O ... el socio "Don/Doña nombre y apellidos/razón social" ha solicitado la constancia en acta de su intervención en los siguientes términos: "texto de la intervención cuya constancia en acta se solicita" ... ".*

Segundo. *"texto del acuerdo adoptado".*

❍ Aprobación del acuerdo por unanimidad:

El presente acuerdo se aprueba por unanimidad.

❍ Aprobación del acuerdo por mayoría cualificada:

El presente acuerdo se aprueba por *"número"* votos, que suponen la mayoría de los votos válidamente emitidos y representan *"...un tercio un tercio de los votos correspondientes a las participaciones sociales en que se divide el capital social ... O ... "tanto por ciento superior a un tercio de los votos correspondientes a las participaciones sociales en que se divida el capital social" ... ", "...sin que ninguno de los socios que han votado en contra, haya solicitado la constancia en acta de su oposición ... O ... solicitándose que conste expresamente en acta su oposición al acuerdo por los siguientes socios que han votado en contra del mismo: "Don/Doña nombre y apellidos/razón social" ... ".*

❍ En caso de aumento o reducción del capital o cualquier otra modificación de los estatutos sociales para los que no se exija mayoría cualificada:

El presente acuerdo se aprueba por *"número"* votos favorables, que representan *"tanto por ciento superior a la mitad de los votos correspondientes a las participaciones en que se divida el capital social", "...sin que ninguno de los socios que han votado en contra, haya solicitado la constancia en acta de su oposición ... O ... solicitándose que conste expresamente en acta su oposición al acuerdo por los siguientes socios que han votado en contra del mismo: "Don/Doña nombre y apellidos/razón social" ... ".*

❍ En caso de transformación, fusión o escisión de la sociedad, supresión o limitación del derecho de preferencia, cesión global de activo y pasivo, exclusión de socios y dispensa de la prohibición de competencia a los administradores:

El presente acuerdo se aprueba por *"número"* votos favorables, que representan *"...dos tercios de los votos correspondientes a las participaciones en que se divide el capital social ... O ... "tanto por ciento superior a dos tercios de los votos correspondientes a las participaciones sociales en que se divida el capital social" ... ", "...sin que ninguno de los socios que han votado en contra, haya solicitado la constancia en acta de su oposición ... O ... solicitándose que conste expresamente en acta su oposición al acuerdo por los siguientes socios que han votado en contra del mismo: "Don/Doña nombre y apellidos/razón social" ... ".*

≺≺

En relación con el presente acuerdo *"...no se ha solicitado constancia en acta de ninguna intervención ... O ... el socio "Don/Doña nombre y apellidos/razón social" ha solicitado la constancia en acta de su intervención en los siguientes términos: "texto de la intervención cuya constancia en acta se solicita" ... ".*

"Tercero". *"otros acuerdos adoptados".*

Una vez tratadas todas las cuestiones incluidas en el orden del día de la junta, se suspende momentáneamente la sesión, al objeto de que el secretario proceda a la redacción definitiva del acta, la cual, una vez redactada y leída, es aprobada por unanimidad de los asistentes, que la encuentran conforme a la realidad de lo acordado en la reunión, siendo firmada por el secretario, con el visto bueno del presidente *"...así como por los asistentes que lo desean ..."*; tras lo cual, se levanta la sesión a las *"número/letra"* horas del día y en el lugar que figuran en el encabezamiento.

VºBº

El Presidente

Fdo. *"Don/Doña nombre y apellidos del presidente"*

El Secretario

Fdo. *"Don/Doña nombre y apellidos del secretario"*

515

3. Acta de consejo de administración

MSM nº 5840 y nº 5844; MSL nº 4660 y nº 4670

Nota preliminar:

El modelo debe ser completado mediante la incorporación del acuerdo/s que, según el caso, corresponda/n, adaptando las demás circunstancias previstas en el texto a las particularidades propias de cada supuesto en concreto.

CCom art.26; LSC art.250; RRM art.97 y 99

Acta del consejo de administración de *"denominación, S.R.L."*

Siendo las *"número/letra"* horas del día *"fecha"*, y en *"...el domicilio social... O... "lugar"..."*, se reúne el consejo de administración de *"denominación, S.R.L."*, el cual fue convocado por su presidente, con observancia de los requisitos previstos al efecto en los estatutos sociales, mediante *"medio empleado para la convocatoria (p.e., carta, burofax, etc.)"*, cuyo texto de convocatoria se transcribe a continuación:

"texto íntegro de la convocatoria".

Asisten a la reunión los siguientes miembros del consejo de administración:

1. Personalmente:
   – *"Don/Doña nombre y apellidos".*
2. Representados por otro miembro del consejo:
   – *"Don/Doña nombre y apellidos/razón social"*, representado por el consejero *"Don/Doña nombre y apellidos".*

Las citadas representaciones se acreditan debidamente a satisfacción del propio consejo.
Constatada la asistencia a la reunión -personal o por representación- de más de la mitad más uno de sus componentes, el presidente lo declara válidamente constituido, sin que se exprese reserva o protesta alguna por ninguno los consejeros asistentes.

Previa deliberación de cada uno de cada uno de los asuntos, así como de las propuestas formuladas al respecto, se adoptan por las mayorías que a continuación se indican los siguientes:

Acuerdos

Primero. *"texto del acuerdo adoptado".*

○ **Aprobación del acuerdo por unanimidad:**

El presente acuerdo se aprueba por unanimidad.

○ **Aprobación del acuerdo por mayoría:**

El presente acuerdo se aprueba por mayoría, con el voto favorable de *"número/letra"* consejeros concurrentes a la reunión, y en contra de *"número/letra"* consejeros concurrentes, *"...sin que ninguno de los consejeros que han votado en contra, haya solicitado la constancia en acta de su oposición... O... solicitándose que conste expresamente en acta su oposición al acuerdo por los siguientes consejeros que han votado en contra del mismo: "Don/Doña nombre y apellidos/razón social"..."*.

En relación con el presente acuerdo *"...no se ha solicitado constancia en acta de ninguna intervención... O... el consejero "Don/Doña nombre y apellidos" ha solicitado la constancia en acta de su intervención en los siguientes términos: "texto de la intervención cuya constancia en acta se solicita"..."*.

Segundo. *"texto del acuerdo adoptado".*

❍ **Aprobación del acuerdo por unanimidad:**

El presente acuerdo se aprueba por unanimidad.

❍ **Aprobación del acuerdo por mayoría:**

El presente acuerdo se aprueba por mayoría, con el voto favorable de *"número/letra"* consejeros concurrentes a la reunión, y en contra de *"número/letra"* consejeros concurrentes, *"...sin que ninguno de los consejeros que han votado en contra, haya solicitado la constancia en acta de su oposición... O... solicitándose que conste expresamente en acta su oposición al acuerdo por los siguientes consejeros que han votado en contra del mismo: "Don/Doña nombre y apellidos/razón social"...".*

En relación con el presente acuerdo *"...no se ha solicitado constancia en acta de ninguna intervención ... O... el consejero "Don/Doña nombre y apellidos" ha solicitado la constancia en acta de su intervención en los siguientes términos: "texto de la intervención cuya constancia en acta se solicita"...".*

"Tercero". *"otros acuerdos adoptados".* 

❍ **En caso de que el acta sea aprobada al final de la sesión:**

Una vez tratadas todas las cuestiones incluidas en el orden del día de la junta, se suspende momentáneamente la sesión, al objeto de que el secretario proceda a la redacción definitiva del acta, la cual, una vez redactada y leída, es aprobada por unanimidad de los consejeros asistentes, que la encuentran conforme a la realidad de lo acordado en la reunión, siendo firmada por el secretario, con el visto bueno del presidente *"...así como por los consejeros asistentes que lo desean..."*; tras lo cual, se levanta la sesión a las *"número/letra"* horas del día y en el lugar que figuran en el encabezamiento.

≺≺

VºBº

El Presidente

Fdo. *"Don/Doña nombre y apellidos del presidente"*

El Secretario

Fdo. *"Don/Doña nombre y apellidos del secretario"*

4. Acta de decisiones de socio único

MSM nº 5711 y nº 5800; MSL nº 8805

Nota preliminar:

El modelo debe ser completado mediante la incorporación de la decisión/es que, según el caso, corresponda/n, adaptando las demás circunstancias previstas en el texto a las particularidades propias de cada supuesto en concreto.

LSC art.15.2; CCom art.26; RRM art.97.2

Acta de las decisiones de socio único de *"denominación, S.R.L., Sociedad unipersonal"*

El día *"fecha"*, y en *"...el domicilio social... O... "lugar"..."*, el único socio de la entidad *"denominación, S.R.L., Sociedad unipersonal"*, *"Don/Doña nombre y apellidos/razón social"*, se constituye en junta general bajo el siguiente

Orden del día:

– *"texto de los puntos fijados como orden del día"*.

Por dicho socio único se adoptan *"...personalmente... O... por medio de su representante "Don/Doña nombre y apellidos", representación que resulta de "documento acreditativo de la representación (p.e., poder)"..."*, las siguientes

Decisiones

"texto de las decisiones adoptadas".

Lo que aprueba y firma en el lugar y fecha indicados en su encabezamiento, con valor y efectos de acta de decisiones de socio único.

"...El socio único... O... El representante del socio único..."

Fdo. *"Don/Doña nombre y apellidos"*

Capítulo IV. Certificaciones de acuerdos y decisiones sociales

605

1. Certificación en extracto de acuerdos adoptados en junta general convocada

MSM nº 5885;
MSL nº 4725 s.

Nota preliminar:

El modelo debe ser completado mediante la incorporación del acuerdo/s que, según el caso, corresponda/n, adaptando las demás circunstancias previstas en el texto a las particularidades propias de cada supuesto en concreto.

RRM art.109 y 112

" Don/Doña nombre y apellidos" "...y "Don/Doña nombre y apellidos" ... ", en su condición de *"...Administrador único ... O ... Administrador solidario ... O ... Administradores mancomunados ... O ... Secretario del consejo de administración ... "* de *"denominación, S.R.L."*.

Certifica/n

1.
Que el día *"fecha"*, se celebró, en *"...el domicilio social ... O ... "lugar", que se encuentra dentro del término municipal donde se halla ubicado el domicilio social ... "* junta general de socios de la sociedad, conforme a la convocatoria

➢➢

○ **Mediante anuncio publicado en el BORME:**

publicada, con la antelación y formalidades exigidas legalmente, mediante anuncio publicado en el Boletín Oficial del Registro Mercantil número *"número"*, de fecha *"fecha"*, y -dado que la sociedad carece de página web- en el diario *"diario"*, de los de mayor circulación en el término municipal donde se encuentra ubicado el domicilio social de fecha *"fecha"*.

○ **Mediante anuncio publicado en la página web de la sociedad:**

publicada, con la antelación y formalidades exigidas legalmente, mediante anuncio publicado en el la página web de la sociedad *"...así como en el diario "diario", previsto a tal efecto en el artículo "número" de los estatutos sociales, de fecha "fecha" ... "*.

○ **A través de comunicación individual:**

comunicada de forma individual y por escrito conforme al procedimiento previsto a tal efecto en el artículo *"número"* de los estatutos sociales, habiendo sido remitida dicha comunicación al último de los socios en fecha *"fecha" "...así como en el diario "diario", previsto a tal efecto en el artículo "número" de los estatutos sociales, de fecha "fecha" ... "*.

≺≺
El texto íntegro de la convocatoria se transcribe literalmente a continuación:

"texto íntegro del anuncio de convocatoria".

2.
Que *"Don/Doña nombre y apellidos del presidente"* y *"Don/Doña nombre y apellidos del secretario"* desempeñaron, respectivamente, los cargos de presidente y secretario de la junta, *"...conforme a las reglas de designación de tales cargos contenidas en los estatutos de la sociedad ... O ... conforme a las previsiones contenidas en el artículo 191 del texto refundido de la Ley de Sociedades de Capital ... O ... por designación, al comienzo de la reunión, por los socios concurrentes a la misma ... "*.

605

3.

Que de la lista de asistentes, la cual se incluye en el propio acta de la sesión, resulta que asistieron a la reunión, presentes o representados, *"número"* socios, titulares de *"número"* participaciones sociales, representativas de un *"determinar porcentaje"* % del capital social, cada una de las cuales atribuye derecho a emitir un voto.

4.

Que previa deliberación de cada uno de cada uno de los asuntos y de las propuestas formuladas al respecto, y por las mayorías que a continuación se indican, se adoptaron los acuerdos que se transcriben literalmente:

Acuerdos

Primero. *"texto del acuerdo adoptado".*

➢➢

❍ **Aprobación del acuerdo por unanimidad:**

El presente acuerdo se aprueba por unanimidad.

❍ **Aprobación del acuerdo por mayoría cualificada:**

El presente acuerdo se aprueba por *"número"* votos, que suponen la mayoría de los votos válidamente emitidos y representan *"...un tercio un tercio de los votos correspondientes a las participaciones sociales en que se divide el capital social ... O ... "tanto por ciento superior a un tercio de los votos correspondientes a las participaciones sociales en que se divida el capital social" ...".*

❍ **En caso de aumento o reducción del capital o cualquier otra modificación de los estatutos sociales para los que no se exija mayoría cualificada:**

El presente acuerdo se aprueba por *"número"* votos favorables, que representan *"tanto por ciento superior a la la mitad de los votos correspondientes a las participaciones en que se divida el capital social".*

❍ **En caso de transformación, fusión o escisión de la sociedad, supresión o limitación del derecho de preferencia, cesión global de activo y pasivo, exclusión de socios y dispensa de la prohibición de competencia a los administradores:**

El presente acuerdo se aprueba, por *"número"* votos favorables, que representan *"...dos tercios de los votos correspondientes a las participaciones en que se divide el capital social ... O ... "tanto por ciento superior a dos tercios de los votos correspondientes a las participaciones sociales en que se divida el capital social" ...".*

≺≺

Segundo. *"texto del acuerdo adoptado".*

➢➢

❍ **Aprobación del acuerdo por unanimidad:**

El presente acuerdo se aprueba por unanimidad.

❍ **Aprobación del acuerdo por mayoría cualificada:**

El presente acuerdo se aprueba por *"número"* votos, que suponen la mayoría de los votos válidamente emitidos y representan *"...un tercio un tercio de los votos correspondientes a las participaciones sociales en que se divide el capital social ... O ... "tanto por ciento superior a un tercio de los votos correspondientes a las participaciones sociales en que se divida el capital social" ...".*

❍ En caso de aumento o reducción del capital o cualquier otra modificación de los estatutos sociales para los que no se exija mayoría cualificada:

El presente acuerdo se aprueba por *"número"* votos favorables, que representan *"tanto por ciento superior a la la mitad de los votos correspondientes a las participaciones en que se divida el capital social"*.

❍ En caso de transformación, fusión o escisión de la sociedad, supresión o limitación del derecho de preferencia, cesión global de activo y pasivo, exclusión de socios y dispensa de la prohibición de competencia a los administradores:

El presente acuerdo se aprueba, por *"número"* votos favorables, que representan *"...dos tercios de los votos correspondientes a las participaciones en que se divide el capital social... O... "tanto por ciento superior a dos tercios de los votos correspondientes a las participaciones sociales en que se divida el capital social"..."*.

"Tercero". *"otros acuerdos adoptados"*.

"Cuarto." Que la sociedad carece de página web.

"Quinto." Que el acta fue aprobada, previa su redacción y lectura, por la propia junta, al final de la reunión, constando en ella la firma del secretario, con el visto bueno del presidente, así como la de los socios asistentes que lo desearon.

Y para que así conste y surta los oportunos efectos, se expide la presente certificación, en *"localidad"*, a *"fecha"*.

Firma/s

"...El administrador único Fdo. "Don/Doña nombre y apellidos"..."

"...El administrador solidario Fdo. "Don/Doña nombre y apellidos"..."

"...Los administradores mancomunados Fdo. "Don/Doña nombre y apellidos"..."

"...El secretario del consejo de administración con el V°B° del presidente del consejo Fdo. "Don/Doña nombre y apellidos"..."

610

2. Certificación en extracto de acuerdos adoptados en junta general universal

MSM nº 5885;
MSL nº 4725 s.

RRM art.109 y 112

Nota preliminar:

El modelo debe ser completado mediante la incorporación del acuerdo/s que, según el caso, corresponda/n, adaptando las demás circunstancias previstas en el texto a las particularidades propias de cada supuesto en concreto.

"Don/Doña nombre y apellidos" "...y "Don/Doña nombre y apellidos" ... ", en su condición de *"...Administrador único ... O ... Administrador solidario ... O ... Administradores mancomunados ... O ... Secretario del consejo de administración ... "* de *"denominación, S.R.L."*

Certifica/n

1. Que el día *"fecha"*, y en *"...el domicilio social ... O ... "lugar" ... "* se celebró junta general de socios con el carácter de universal, por asistir a la misma, presente o debidamente representado, la totalidad del capital social y aceptarlo así la totalidad de los asistentes, relación nominal de los cuales, con sus respectivas firmas, figura en la correspondiente acta, a continuación de la fecha, lugar y orden del día.

2. Que por unanimidad de los asistentes se aceptaron los siguientes puntos como orden del día de la sesión.

Orden del día

"1." *"texto de los puntos aceptados como orden del día de la junta".*

"2." Que *"Don/Doña nombre y apellidos del presidente"* y *"Don/Doña nombre y apellidos del secretario"* desempeñaron, respectivamente, los cargos de presidente y secretario de la junta *"...conforme a las reglas de designación de tales cargos contenidas en los estatutos de la sociedad ... O ... conforme a las previsiones contenidas en el artículo 191 del texto refundido de la Ley de Sociedades de Capital ... O ... por designación, al comienzo de la reunión, por los socios concurrentes a la misma ... "*.

"3." Que previa deliberación de cada uno de cada uno de los asuntos y de las propuestas formuladas al respecto, y por las mayorías que a continuación se indican, se adoptaron los acuerdos que se transcriben literalmente:

Acuerdos

Primero. *"texto del acuerdo adoptado".*

➢➢

○ **Aprobación del acuerdo por unanimidad:**

El presente acuerdo se aprueba por unanimidad.

○ **Aprobación del acuerdo por mayoría cualificada:**

El presente acuerdo se aprueba por *"número"* votos, que suponen la mayoría de los votos válidamente emitidos y representan *"...un tercio un tercio de los votos correspondientes a las participaciones sociales en que se divide el capital social ... O ... "tanto por ciento superior a un tercio de los votos correspondientes a las participaciones sociales en que se divida el capital social" ... "*.

○ **En caso de aumento o reducción del capital o cualquier otra modificación de los estatutos sociales para los que no se exija mayoría cualificada:**

El presente acuerdo se aprueba por *"número"* votos favorables, que representan *"tanto por ciento superior a la mitad de los votos correspondientes a las participaciones en que se divida el capital social"*.

610

o **En caso de transformación, fusión o escisión de la sociedad, supresión o limitación del derecho de preferencia, cesión global de activo y pasivo, exclusión de socios y dispensa de la prohibición de competencia a los administradores:**

El presente acuerdo se aprueba, por *"número"* votos favorables, que representan *"...dos tercios de los votos correspondientes a las participaciones en que se divide el capital social ... O ... "tanto por ciento superior a dos tercios de los votos correspondientes a las participaciones sociales en que se divida el capital social" ... "*.

<<
Segundo. *"texto del acuerdo adoptado"*.

>>
o **Aprobación del acuerdo por unanimidad:**

El presente acuerdo se aprueba por unanimidad.

o **Aprobación del acuerdo por mayoría cualificada:**

El presente acuerdo se aprueba por *"número"* votos, que suponen la mayoría de los votos válidamente emitidos y representan *"...un tercio un tercio de los votos correspondientes a las participaciones sociales en que se divide el capital social ... O ... "tanto por ciento superior a un tercio de los votos correspondientes a las participaciones sociales en que se divida el capital social" ... "*.

o **En caso de aumento o reducción del capital o cualquier otra modificación de los estatutos sociales para los que no se exija mayoría cualificada:**

El presente acuerdo se aprueba por *"número"* votos favorables, que representan *"tanto por ciento superior a la mitad de los votos correspondientes a las participaciones en que se divida el capital social"*.

o **En caso de transformación, fusión o escisión de la sociedad, supresión o limitación del derecho de preferencia, cesión global de activo y pasivo, exclusión de socios y dispensa de la prohibición de competencia a los administradores:**

El presente acuerdo se aprueba, por *"número"* votos favorables, que representan *"...dos tercios de los votos correspondientes a las participaciones en que se divide el capital social ... O ... "tanto por ciento superior a dos tercios de los votos correspondientes a las participaciones sociales en que se divida el capital social" ... "*.

<<
"Tercero". *"otros acuerdos adoptados"*.

"Cuarto." Que el acta fue aprobada, previa su redacción y lectura, por la propia junta, al final de la reunión, constando en ella la firma del secretario, con el visto bueno del presidente, así como las de los socios asistentes que lo desearon.

Y para que así conste y surta los oportunos efectos, se expide la presente certificación, en *"localidad"*, a *"fecha"*.

Firma/s

"...El administrador único Fdo. "Don/Doña nombre y apellidos" ... "

"...El administrador solidario Fdo. "Don/Doña nombre y apellidos" ... "

"...Los administradores mancomunados Fdo. "Don/Doña nombre y apellidos" ... "

"...El secretario del consejo de administración con el V°B° del presidente del consejo Fdo. "Don/Doña nombre y apellidos" ... "

615

3. Certificación en extracto de acuerdos del consejo de administración

MSM nº 5891;
MSL nº 4728

RRM art.109 y 112

Nota preliminar:

El modelo debe ser completado mediante la incorporación del acuerdo/s que, según el caso, corresponda/n, adaptando las demás circunstancias previstas en el texto a las particularidades propias de cada supuesto en concreto.

"Don/Doña nombre y apellidos del secretario", en su condición de secretario del consejo de administración de *"denominación, S.R.L."*

Certifica

1.

Que el día *"fecha"*, y en *"...el domicilio social... O... "lugar"..."* se celebró la reunión del consejo de administración de *"denominación, S.R.L."*, el cual fue convocado por su presidente, con observancia de los requisitos previstos al efecto en los estatutos sociales, mediante *"medio empleado para la convocatoria (p.e., carta, burofax, etc.)"*, cuyo texto de convocatoria se transcribe a continuación:

"texto íntegro de la convocatoria".

2.

Que asistieron a la reunión, presentes o debidamente representados, los siguientes miembros del consejo de administración:

– *"Don/Doña nombre y apellidos"*, personalmente.
– *"Don/Doña nombre y apellidos"*, representado por el consejero *"Don/Doña nombre y apellidos"*.

3.

Que previa deliberación de cada uno de cada uno de los asuntos, así como de las propuestas formuladas al respecto, se adoptaron por las mayorías que a continuación se indican los siguientes:

Acuerdos

Primero. *"texto del acuerdo adoptado"*.

El presente acuerdo se aprueba por *"...unanimidad... O... por mayoría, con el voto favorable de "número/letra" consejeros concurrentes a la reunión, y en contra de "número/letra" consejeros concurrentes..."*.

Segundo. *"texto del acuerdo adoptado"*.

El presente acuerdo se aprueba por *"...unanimidad... O... por mayoría, con el voto favorable de "número/letra" consejeros concurrentes a la reunión, y en contra de "número/letra" consejeros concurrentes..."*.

"Tercero." *"otros acuerdos adoptados"*.

"Cuarto." Que el acta de la reunión fue aprobada *"...previa su redacción y lectura, por el propio consejo, al final de la sesión... O... en la siguiente reunión del consejo celebrada el "fecha"..."*, constando en ella la firma del secretario, con el visto bueno del presidente, así como la de los asistentes que lo desearon.

Y para que así conste y surta los oportunos efectos, se expide la presente certificación, en *"localidad"*, a *"fecha"*.

V°B°

El Presidente

Fdo. *"Don/Doña nombre y apellidos del presidente"*

El Secretario

Fdo. *"Don/Doña nombre y apellidos del secretario"*

620

4. Certificación en extracto de decisiones del socio único

MSM nº 5711 y nº 5885; MSL nº 8805

RRM art.109.2

Nota preliminar:

El modelo debe ser completado mediante la incorporación de la decisión/es que, según el caso, corresponda/n, adaptando las demás circunstancias previstas en el texto a las particularidades propias de cada supuesto en concreto.

"Don/Doña nombre y apellidos" "...y "Don/Doña nombre y apellidos" ...", en su condición de *"...Administrador único ... O ... Administrador solidario ... O ... Administradores mancomunados ... O ... Secretario del consejo de administración ..."* de *"denominación, S.R.L., Sociedad unipersonal"*

Certifica/n

Que el día *"fecha"*, y en *"...el domicilio social ... O ... "lugar" ..."*, el único socio de la entidad se constituyó en junta general bajo el siguiente

Orden del día:

"1." *"texto de los puntos fijados como orden del día".*

"2." Que por dicho socio único se adoptaron, *"...personalmente ... O ... por medio de su representante "nombre y apellidos", representación que resulta de "documento acreditativo de la representación (p.e., poder)", y consta acreditada en el acta y en la documentación social ..."* las siguientes

Decisiones

"Primera." *"texto de las decisiones adoptadas".*

"Segunda." Que el acta de decisiones de socio único fue aprobada y firmada por el *"...socio único ... O ... representante del socio único ...".*

Y para que así conste y surta los oportunos efectos, se expide la presente certificación, en *"localidad"*, a *"fecha"*.

Firma/s

"...El socio único Fdo. "Don/Doña nombre y apellidos" ..."

"...El administrador único Fdo. "Don/Doña nombre y apellidos" ..."

"...El administrador solidario Fdo. "Don/Doña nombre y apellidos" ..."

"...Los administradores mancomunados Fdo. "Don/Doña nombre y apellidos" ..."

"...El secretario del consejo de administración con el VºBº del presidente del consejo Fdo. "Don/Doña nombre y apellidos" ..."

Capítulo V. Acuerdos sociales

Capítulo V. Acuerdos sociales

Nº marg.

 1005

1. Autorización de junta general para la adquisición derivativa de participaciones propias

MSM nº 1160; MSL nº 2025

LSC art.140, 141, 142 y 143

Nota preliminar:

1) El formulario, en el que se incluyen acta y certificación, supone que el acuerdo se adopta en **junta universal y por unanimidad,** supuesto que será el más frecuente en la práctica.

Para el caso de que el acuerdo se adopte en junta formalmente **convocada o/y sin unanimidad** de los socios, ver otros modelos de acta (nº 505 y nº 510) y certificación (nº 605 y nº 610).

2) Si la sociedad es unipersonal, ver modelos de acta (nº 520) y certificación (nº 620).

3) Este formulario responde a un **supuesto práctico real**, cuyas circunstancias, obviamente, pueden no coincidir plenamente con las que concurren en el supuesto para el que va a utilizarse. Se ha optado por mantenerlas para enriquecer el valor ejemplificativo del formulario, sin perjuicio de que el usuario las elimine o modifique al personalizar el modelo.

a. Acta de la junta general y universal de *"denominación, S.R.L."*

Siendo las *"número/letra"* horas del día *"fecha"*, y hallándose presentes *"...en el domicilio social... O ... en "lugar"..."*, la totalidad de los socios de *"denominación, S.R.L."*, quienes, a su vez, representan el total del capital de la sociedad, deciden constituirse de forma unánime en junta general y universal de socios; lo que llevan a efecto al amparo de lo dispuesto en el artículo 178 del texto refundido de la Ley de Sociedades de Capital, con el siguiente:

Orden del día

1. Autorización de junta general para la adquisición derivativa de participaciones propias.

≻≻

○ **Relación de otros puntos aceptados como orden del día:**

"2." *"texto de los otros puntos aceptados como orden del día de la junta".*

≺≺

Actúan como presidente y secretario de la junta, respectivamente, *"Don/Doña nombre y apellidos del presidente"* y *"Don/Doña nombre y apellidos del secretario" "...conforme a las reglas de designación de tales cargos contenidas en los estatutos de la sociedad... O ... conforme a las previsiones contenidas en el artículo 191 del texto refundido de la Ley de Sociedades de Capital... O ... por designación, al comienzo de la reunión, por los socios concurrentes a la misma..."*.

Los designados aceptan sus respectivos cargos y prometen desempeñar bien y fielmente las funciones inherentes a los mismos.

De conformidad con lo establecido en el artículo 97, número 1, apartado 4ª del Reglamento del Registro Mercantil, y en prueba de aceptación de todos los asistentes del orden del día fijado, se recoge, a continuación, relación nominal de los asistentes, seguida de la firma de cada uno de ellos:

• *"Don/Doña nombre y apellidos/razón social"*, titular de *"número/letra"* participaciones sociales, números *"número"* a *"número"*, ambos inclusive, representativas de un *"determinar porcentaje"* % del capital social. Asiste *"...personalmente... O ... representado por "Don/Doña nombre y apellidos", según acredita debidamente..."*.
Firma: *"Don/Doña nombre y apellidos/razón social"* 

Se hace constar que la totalidad de las participaciones sociales tienen derecho de voto y que cada participación social da derecho a emitir un voto.

Capítulo V. Acuerdos sociales

Si existen privilegios en materia de derecho de voto:

"indicar los privilegios que en materia de derecho de voto se prevén en los estatutos sociales". 

Se hace constar asimismo que asisten a la reunión la totalidad de los administradores de la sociedad.

Una vez constatada la asistencia a la reunión de la totalidad del capital social y la aceptación, por unanimidad de los asistentes, de su celebración con el carácter de universal, el secretario, por indicación del presidente, procede a dar lectura al orden del día fijado, adoptándose, previa deliberación de cada uno de cada uno de los asuntos y de las propuestas formuladas al respecto, por unanimidad de los asistentes los siguientes:

Acuerdos

Primero. Autorización de junta general para la adquisición derivativa de participaciones propias.

La junta acuerda autorizar la adquisición derivativa de participaciones propias, de conformidad con lo previsto en el artículo 140.1.d y concordantes del texto refundido de la Ley de Sociedades de Capital, con arreglo a los términos y condiciones siguientes:

Se autoriza la adquisición, con cargo a reservas de libre disposición según el último balance de la Sociedad aprobado por la junta general, de fecha *"fecha"*, de *"número/letra"* participaciones sociales números *"número"* a *"número"*, ambos inclusive, de las que es titular el socio *"nombre socio"*, representativas de un *"determinar porcentaje"* % del capital social de la sociedad.

Opción I:

Dichas participaciones sociales se adquieren al objeto de dar cumplimiento al derecho de separación del socio citado.

Opción II:

Dichas participaciones sociales se adquieren al objeto de cumplir lo dispuesto en el artículo *"número"* de los estatutos sociales en relación con la transmisión de participaciones proyectada por el socio citado.

Opción III:

Dichas participaciones sociales se adquieren al objeto de retribuir a los sucesores del socio fallecido, de conformidad con lo dispuesto en el artículo *"número"* de los estatutos sociales.

≺≺

El precio de adquisición será *"...su valor razonable determinado de conformidad con lo previsto en el artículo "número" de los estatutos sociales... O... el pactado con dicho socio, que es aprobado por la Junta..."*, de *"número/letra"* euros por participación, es decir, al *"número"* % de su valor nominal.

La presente autorización queda expresamente condicionada a que la sociedad pueda dotar la reserva prescrita por el artículo 142.2 del texto refundido de la Ley de Sociedades de Capital.

≻≻

No se requiere constancia en acta de intervenciones:

En relación con el presente acuerdo no se ha solicitado constancia en acta de ninguna intervención.

Se requiere constancia en acta de intervenciones:

En relación con el presente acuerdo el socio *"Don/Doña nombre y apellidos/razón social"* ha solicitado la constancia en acta de su intervención en los siguientes términos: *"texto de la intervención cuya constancia en acta se solicita"*.

 1005

○ **Relación de otros acuerdos adoptados:**

"Segundo".

"texto de los restantes acuerdos adoptados". 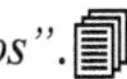

≺≺

Una vez tratadas todas las cuestiones incluidas en el orden del día de la junta, se suspende momentáneamente la sesión, al objeto de que el secretario proceda a la redacción definitiva del acta, la cual, una vez redactada y leída, es aprobada por unanimidad de los asistentes, que la encuentran conforme a la realidad de lo acordado en la reunión, siendo firmada por el secretario, con el visto bueno del presidente *"...así como por los asistentes que lo desean..."*; tras lo cual, se levanta la sesión a las *"número/letra"* horas del día y en el lugar que figuran en el encabezamiento.

Vº Bº El Secretario

El Presidente

Fdo. *"Don/Doña nombre y apellidos del presidente"*

Fdo. *"Don/Doña nombre y apellidos del secretario"*

b. Certificación en extracto de acta de junta general universal

"Don/Doña nombre y apellidos" "...y "Don/Doña nombre y apellidos"...", en su condición de *"...Administrador único... O... Administrador solidario... O... Administradores mancomunados... O ... Secretario del consejo de administración..."* de *"denominación, S.R.L."*

Certifica/n

1. Que el día *"fecha"*, y en *"...el domicilio social... O... "lugar"..."* se celebró junta general de socios con el carácter de universal, por asistir a la misma, presente o debidamente representado, la totalidad del capital social y aceptarlo así la totalidad de los asistentes, relación nominal de los cuales, con sus respectivas firmas, figura en la correspondiente acta, a continuación de la fecha, lugar y orden del día.

2. Que por unanimidad de los asistentes se aceptaron los siguientes puntos como orden del día de la sesión:

1. Autorización de junta general para la adquisición derivativa de participaciones propias.

"– "texto de los otros puntos aceptados como orden del día de la junta".

3. Que *"Don/Doña nombre y apellidos del presidente"* y *"Don/Doña nombre y apellidos del secretario"* desempeñaron, respectivamente, los cargos de presidente y secretario de la junta *"...conforme a las reglas de designación de tales cargos contenidas en los estatutos de la sociedad... O... conforme a las previsiones contenidas en el artículo 191 del texto refundido de la Ley de Sociedades de Capital... O ... por designación, al comienzo de la reunión, por los socios concurrentes a la misma..."*.

4. Que previa deliberación de cada uno de cada uno de los asuntos y de las propuestas formuladas al respecto, y por las mayorías que a continuación se indican, se adoptaron por unanimidad los acuerdos que se transcriben literalmente:

Acuerdos

Primero. Autorización de junta general para la adquisición derivativa de participaciones propias.

La junta acuerda autorizar la adquisición derivativa de participaciones propias, de conformidad con lo previsto en el artículo 140.1.d y concordantes del texto refundido de la Ley de Sociedades de Capital, con arreglo a los términos y condiciones siguientes:

1005

Se autoriza la adquisición, con cargo a reservas de libre disposición según el último balance de la Sociedad aprobado por la junta general, de fecha *"fecha"*, de *"número/letra"* participaciones sociales números *"número"* a *"número"*, ambos inclusive, de las que es titular el socio *"Don/Doña nombre y apellidos del socio"*, representativas de un *"determinar porcentaje"* % del capital social de la sociedad.

>>

○ **Opción I:**

Dichas participaciones sociales se adquieren al objeto de dar cumplimiento al derecho de separación del socio citado.

○ **Opción II:**

Dichas participaciones sociales se adquieren al objeto de cumplir lo dispuesto en el artículo *"número"* de los estatutos sociales en relación con la transmisión de participaciones proyectada por el socio citado.

○ **Opción III:**

Dichas participaciones sociales se adquieren al objeto de retribuir a los sucesores del socio fallecido, de conformidad con lo dispuesto en el artículo *"número"* de los estatutos sociales.

El precio de adquisición será *"...un valor razonable determinado de conformidad con lo previsto en el artículo "número" de los estatutos sociales... O ... el pactado con dicho socio, que es aprobado por la Junta..."*, de *"número/letra"* euros por participación, es decir, al *"número"* % de su valor nominal.

La presente autorización queda expresamente condicionada a que la sociedad pueda dotar la reserva prescrita por el artículo 142.2 del texto refundido de la Ley de Sociedades de Capital.

>>

○ **Relación de otros acuerdos adoptados:**

"Segundo".

"texto de los restantes acuerdos adoptados".

5.

Que el acta fue aprobada, previa su redacción y lectura, por la propia junta, al final de la reunión, constando en ella la firma del secretario, con el visto bueno del presidente, así como las de los socios asistentes que lo desearon.

Y para que así conste y surta los oportunos efectos, se expide la presente certificación, en *"localidad"*, a *"fecha"*.

Firma/s

"...El administrador único Fdo. "Don/Doña nombre y apellidos"..."

"...El administrador solidario Fdo. "Don/Doña nombre y apellidos"..."

"...Los administradores mancomunados Fdo. "Don/Doña nombre y apellidos"..."

"...El secretario del consejo de administración con el VºBº del presidente del consejo Fdo. "Don/Doña nombre y apellidos"..."

1010

2. Nombramiento de administrador persona física

MSM nº 2065; MSL nº 2855 s.

Nota preliminar:

1) El formulario, en el que se incluyen acta y certificación, supone que el acuerdo se adopta en **junta universal y por unanimidad,** supuesto que será el más frecuente en la práctica.

Para el caso de que el acuerdo se adopte en junta formalmente **convocada o/y sin unanimidad** de los socios, ver otros modelos de acta (nº 505 y nº 510) y certificación (nº 605 y nº 610).

LSC art. 212 y 214; RRM art.142 y 191

2) Si la sociedad es unipersonal, ver modelos de acta (nº 520) y certificación (nº 620).

3) Este formulario responde a un **supuesto práctico real,** cuyas circunstancias, obviamente, pueden no coincidir plenamente con las que concurren en el supuesto para el que va a utilizarse. Se ha optado por mantenerlas para enriquecer el valor ejemplificativo del formulario, sin perjuicio de que el usuario las elimine o modifique al personalizar el modelo.

a. Acta de la junta general y universal de *"denominación, S.R.L."*

Siendo las *"número/letra"* horas del día *"fecha"*, y hallándose presentes *"...en el domicilio social... O ... en "lugar"..."*, la totalidad de los socios de *"denominación, S.R.L."*, quienes, a su vez, representan el total del capital de la sociedad, deciden constituirse de forma unánime en junta general y universal de socios; lo que llevan a efecto al amparo de lo dispuesto en el artículo 178 del texto refundido de la Ley de Sociedades de Capital, con el siguiente:

Orden del día

1. Nombramiento de administrador.

➢➢

❍ **Relación de otros puntos aceptados como orden del día:**

"2." *"texto de los otros puntos aceptados como orden del día de la junta"*.

Actúan como presidente y secretario de la junta, respectivamente, *"Don/Doña nombre y apellidos del presidente"* y *"Don/Doña nombre y apellidos del secretario" "...conforme a las reglas de designación de tales cargos contenidas en los estatutos de la sociedad... O... conforme a las previsiones contenidas en el artículo 191 del texto refundido de la Ley de Sociedades de Capital... O... por designación, al comienzo de la reunión, por los socios concurrentes a la misma..."*.

Los designados aceptan sus respectivos cargos y prometen desempeñar bien y fielmente las funciones inherentes a los mismos.

De conformidad con lo establecido en el artículo 97, número 1, apartado 4ª del Reglamento del Registro Mercantil, y en prueba de aceptación de todos los asistentes del orden del día fijado, se recoge, a continuación, relación nominal de los asistentes, seguida de la firma de cada uno de ellos:

- *"Don/Doña nombre y apellidos/razón social"*, titular de *"número/letra"* participaciones sociales, números *"número"* a *"número"*, ambos inclusive, representativas de un *"determinar porcentaje"* % del capital social. Asiste *"...personalmente... O... representado por "Don/Doña nombre y apellidos", según acredita debidamente..."*.
Firma: *"Don/Doña nombre y apellidos/razón social"*

Se hace constar que la totalidad de las participaciones sociales tienen derecho de voto y que cada participación social da derecho a emitir un voto.

○ Si existen privilegios en materia de derecho de voto:

"indicar los privilegios que en materia de derecho de voto se prevén en los estatutos sociales". 

<<

Se hace constar asimismo que asisten a la reunión la totalidad de los administradores de la sociedad.

Una vez constatada la asistencia a la reunión de la totalidad del capital social y la aceptación, por unanimidad de los asistentes, de su celebración con el carácter de universal, el secretario, por indicación del presidente, procede a dar lectura al orden del día fijado, adoptándose, previa deliberación de cada uno de cada uno de los asuntos y de las propuestas formuladas al respecto, por unanimidad los siguientes:

Acuerdos

Primero. Nombramiento de administrador.

La junta acuerda nombrar nuevo administrador de la sociedad por el plazo *"...de "número/letra" años ... O ... indefinido ..."* previsto en los estatutos sociales a *"Don/Doña nombre y apellidos"*, mayor de edad, de nacionalidad *"nacionalidad"*, con domicilio en *"localidad, calle y número"*, y titular de NIF *"...pasaporte ..."* en vigor número *"número"*.

○ Aceptación del cargo de administrador de forma presencial:

"Don/Doña nombre y apellidos del administrador", presente en la reunión, acepta su cargo de administrador declarando no estar incurso/a en ninguno de los supuestos de incompatibilidad previstos en la legalidad vigente y, en particular, en ninguna de las previstas en la Ley 5/2006, de 10 de abril y otras específicas de las Comunidades Autónomas.

○ Comunicación del nombramiento de administrador para su aceptación:

A *"Don/Doña nombre y apellidos"* se le comunicará su nombramiento para su aceptación, en su caso.

En relación con el presente acuerdo *"...no se ha solicitado constancia en acta de ninguna intervención ... O ... el socio "Don/Doña nombre y apellidos/razón social" ha solicitado la constancia en acta de su intervención en los siguientes términos: "texto de la intervención cuya constancia en acta se solicita" ..."*.

>>

○ Relación de otros acuerdos adoptados:

"Segundo."

"texto de los restantes acuerdos adoptados". 

<<

Una vez tratadas todas las cuestiones incluidas en el orden del día de la junta, se suspende momentáneamente la sesión, al objeto de que el secretario proceda a la redacción definitiva del acta, la cual, una vez redactada y leída, es aprobada por unanimidad de los asistentes, que la encuentran conforme a la realidad de lo acordado en la reunión, siendo firmada por el secretario, con el visto bueno del presidente *"...así como por los asistentes que lo desean ..."*; tras lo cual, se levanta la sesión a las *"número/letra"* horas del día y en el lugar que figuran en el encabezamiento.

Vº Bº El Secretario

El Presidente

Fdo. *"Don/Doña nombre y apellidos del presidente"*

Fdo. *"Don/Doña nombre y apellidos del secretario"*

b. Certificación en extracto de acta de junta general universal

"Don/Doña nombre y apellidos" "...y "Don/Doña nombre y apellidos" ... ", en su condición de *"...Administrador único ... O ... Administrador solidario ... O ... Administradores mancomunados ... O ... Secretario del consejo de administración ... "* de *"denominación, S.R.L."*

Certifica/n

1. Que el día *"fecha"*, y en *"...el domicilio social ... O ... "lugar" ... "* se celebró junta general de socios con el carácter de universal, por asistir a la misma, presente o debidamente representado, la totalidad del capital social y aceptarlo así la totalidad de los asistentes, relación nominal de los cuales, con sus respectivas firmas, figura en la correspondiente acta, a continuación de la fecha, lugar y orden del día.

2. Que por unanimidad de los asistentes se aceptaron los siguientes puntos como orden del día de la sesión:

1. Nombramiento de administrador.

"– "texto de los otros puntos aceptados como orden del día de la junta".

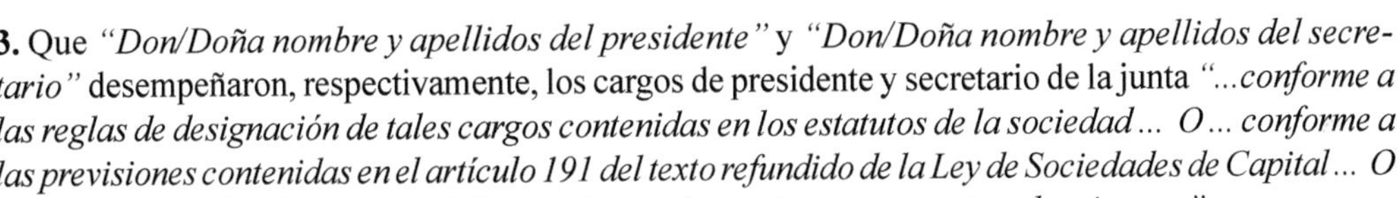

3. Que *"Don/Doña nombre y apellidos del presidente"* y *"Don/Doña nombre y apellidos del secretario"* desempeñaron, respectivamente, los cargos de presidente y secretario de la junta *"...conforme a las reglas de designación de tales cargos contenidas en los estatutos de la sociedad ... O ... conforme a las previsiones contenidas en el artículo 191 del texto refundido de la Ley de Sociedades de Capital ... O ... por designación, al comienzo de la reunión, por los socios concurrentes a la misma ... "*.

4. Que previa deliberación de cada uno de cada uno de los asuntos y de las propuestas formuladas al respecto, y por unanimidad, se adoptaron los acuerdos que se transcriben literalmente:

Acuerdos

➢➢

❍ **Aprobación del acuerdo por unanimidad:**

El presente acuerdo se aprueba por unanimidad.

❍ **Aprobación del acuerdo por mayoría cualificada:**

El presente acuerdo se aprueba por *"número"* votos, que suponen la mayoría de los votos válidamente emitidos y representan *"...un tercio un tercio de los votos correspondientes a las participaciones sociales en que se divide el capital social ... O ... "tanto por ciento superior a un tercio de los votos correspondientes a las participaciones sociales en que se divida el capital social" ... "*.

⋞⋞

Primero. Nombramiento de administrador.

La junta acuerda nombrar nuevo administrador de la sociedad por el plazo *"...de "número/letra" años ... O ... indefinido ... "* previsto en los estatutos sociales a *"Don/Doña nombre y apellidos"*, mayor de edad, de nacionalidad *"nacionalidad"*, con domicilio en *"localidad, calle y número"*, y titular de NIF *"...pasaporte ... "* en vigor número *"número"*.

➢➢

❍ **Aceptación del cargo de administrador de forma presencial:**

"Don/Doña nombre y apellidos del administrador", presente en la reunión, acepta su cargo de administrador declarando no estar incurso/a en ninguno de los supuestos de incompatibilidad previstos en la legalidad vigente y, en particular, en ninguna de las previstas en la Ley 5/2006, de 10 de abril y otras específicas de las Comunidades Autónomas.

○ Comunicación del nombramiento de administrador para su aceptación:

A *"Don/Doña nombre y apellidos"* se le comunicará su nombramiento para su aceptación, en su caso.

○ Relación de otros acuerdos adoptados:

"Segundo".

"texto de los restantes acuerdos adoptados". 

<<

5. Que el acta fue aprobada, previa su redacción y lectura, por la propia junta, al final de la reunión, constando en ella la firma del secretario, con el visto bueno del presidente, así como las de los socios asistentes que lo desearon.

Y para que así conste y surta los oportunos efectos, se expide la presente certificación, en *"localidad"*, a *"fecha"*.

Firma/s

"...El administrador único Fdo. "Don/Doña nombre y apellidos"..."

"...El administrador solidario Fdo. "Don/Doña nombre y apellidos"..."

"...Los administradores mancomunados Fdo. "Don/Doña nombre y apellidos"..."

"...El secretario del consejo de administración con el VºBº del presidente del consejo Fdo. "Don/Doña nombre y apellidos"..."

1015

3. Nombramiento de administrador persona jurídica

MSM nº 2120;
MSL nº 2920 s.

Nota preliminar:

1) El formulario, en el que se incluyen acta y certificación, supone que el acuerdo se adopta en **junta universal y por unanimidad,** supuesto que será el más frecuente en la práctica.

2) Para el caso de que el acuerdo se adopte en junta formalmente **convocada o/y sin unanimidad** de los socios, ver otros modelos de acta (nº 505 y nº 510) y certificación (nº 605 y nº 610).

3) Si la sociedad es unipersonal, ver modelos de acta (nº 520) y certificación (nº 620).

4) Este formulario responde a un **supuesto práctico real,** cuyas circunstancias, obviamente, pueden no coincidir plenamente con las que concurren en el supuesto para el que va a utilizarse. Se ha optado por mantenerlas para enriquecer el valor ejemplificativo del formulario, sin perjuicio de que el usuario las elimine o modifique al personalizar el modelo.

LSC art.212 y 214;
RRM art.143 y 192.2

a. Acta de la junta general y universal de *"denominación, S.R.L."*

Siendo las *"número/letra"* horas del día *"fecha"*, y hallándose presentes *"...en el domicilio social... O ... en "lugar"... "*, la totalidad de los socios de *"denominación, S.R.L. "*, quienes, a su vez, representan el total del capital de la sociedad, deciden constituirse de forma unánime en junta general y universal de socios; lo que llevan a efecto al amparo de lo dispuesto en el artículo 178 del texto refundido de la Ley de Sociedades de Capital, con el siguiente:

Orden del día

1. Nombramiento de administrador.

"– "texto de los otros puntos aceptados como orden del día de la junta".

Actúan como presidente y secretario de la junta, respectivamente, *"Don/Doña nombre y apellidos del presidente"* y *"Don/Doña nombre y apellidos del secretario" "...conforme a las reglas de designación de tales cargos contenidas en los estatutos de la sociedad... O ... conforme a las previsiones contenidas en el artículo 191 del texto refundido de la Ley de Sociedades de Capital ... O ... por designación, al comienzo de la reunión, por los socios concurrentes a la misma ... ".*

Los designados aceptan sus respectivos cargos y prometen desempeñar bien y fielmente las funciones inherentes a los mismos.

De conformidad con lo establecido en el artículo 97, número 1, apartado 4ª del Reglamento del Registro Mercantil, y en prueba de aceptación de todos los asistentes del orden del día fijado, se recoge, a continuación, relación nominal de los asistentes, seguida de la firma de cada uno de ellos:

- *"Don/Doña nombre y apellidos/razón social"*, titular de *"número/letra"* participaciones sociales, números *"número"* a *"número"*, ambos inclusive, representativas de un *"determinar porcentaje"* % del capital social. Asiste *"...personalmente ... O ... representado por "Don/Doña nombre y apellidos", según acredita debidamente ... ".*

Firma: *"Don/Doña nombre y apellidos/razón social"*

Se hace constar que la totalidad de las participaciones sociales tienen derecho de voto y que cada participación social da derecho a emitir un voto.

➢➢

o Si existen privilegios en materia de derecho de voto:

"indicar los privilegios que en materia de derecho de voto se prevén en los estatutos sociales". 

≺≺

Se hace constar asimismo que asisten a la reunión la totalidad de los administradores de la sociedad.

Capítulo V. Acuerdos sociales

Una vez constatada la asistencia a la reunión de la totalidad del capital social y la aceptación, por unanimidad de los asistentes, de su celebración con el carácter de universal, el secretario, por indicación del presidente, procede a dar lectura al orden del día fijado, adoptándose, previa deliberación de cada uno de cada uno de los asuntos y de las propuestas formuladas al respecto, por unanimidad los siguientes:

Acuerdos

Primero. Nombramiento de administrador.

La junta acuerda nombrar nuevo administrador de la sociedad por plazo *"...de "número/letra" años ... O ... indefinido ..."* previsto en los estatutos sociales a la entidad *"denominación/razón social"*, con CIF *"número"*, con domicilio social en *"localidad, calle y número"*, inscrita en el Registro Mercantil de *"provincia"*, *"indicar datos de inscripción registral"*.

A la entidad *"denominación/razón social"* se le comunicará su designación como administrador para su aceptación, en su caso, y para que proceda a la designación de la persona física que le represente.

En relación con el presente acuerdo *"...no se ha solicitado constancia en acta de ninguna intervención ... O ... el socio "Don/Doña nombre y apellidos/razón social" ha solicitado la constancia en acta de su intervención en los siguientes términos: "texto de la intervención cuya constancia en acta se solicita" ..."*.

>>

○ **Relación de otros acuerdos adoptados:**

"Segundo". *"texto de los restantes acuerdos adoptados"* 

<<

Una vez tratadas todas las cuestiones incluidas en el orden del día de la junta, se suspende momentáneamente la sesión, al objeto de que el secretario proceda a la redacción definitiva del acta, la cual, una vez redactada y leída, es aprobada por unanimidad de los asistentes, que la encuentran conforme a la realidad de lo acordado en la reunión, siendo firmada por el secretario, con el visto bueno del presidente *"...así como por los asistentes que lo desean ..."*; tras lo cual, se levanta la sesión a las *"número/letra"* horas del día y en el lugar que figuran en el encabezamiento.

Vº Bº — El Secretario

El Presidente

Fdo. *"Don/Doña nombre y apellidos del presidente"* — Fdo. *"Don/Doña nombre y apellidos del secretario"*

b. Certificación en extracto de acta de junta general universal

"Don/Doña nombre y apellidos" "...y "Don/Doña nombre y apellidos" ...", en su condición de *"...Administrador único ... O ... Administrador solidario ... O ... Administradores mancomunados ... O ... Secretario del consejo de administración ..."* de *"denominación, S.R.L."*

Certifica/n

1.

Que el día *"fecha"*, y en *"...el domicilio social ... O ... "lugar" ..."* se celebró junta general de socios con el carácter de universal, por asistir a la misma, presente o debidamente representado, la totalidad del capital social y aceptarlo así la totalidad de los asistentes, relación nominal de los cuales, con sus respectivas firmas, figura en la correspondiente acta, a continuación de la fecha, lugar y orden del día.

1015

2.

Que por unanimidad de los asistentes se aceptaron los siguientes puntos como orden del día de la sesión:

1. Nombramiento de administrador.

"– "texto de los otros puntos aceptados como orden del día de la junta". 

3.

Que *"Don/Doña nombre y apellidos del presidente"* y *"Don/Doña nombre y apellidos del secretario"* desempeñaron, respectivamente, los cargos de presidente y secretario de la junta *"...conforme a las reglas de designación de tales cargos contenidas en los estatutos de la sociedad... O... conforme a las previsiones contenidas en el artículo 191 del texto refundido de la Ley de Sociedades de Capital... O... por designación, al comienzo de la reunión, por los socios concurrentes a la misma..."*.

4.

Que previa deliberación de cada uno de cada uno de los asuntos y de las propuestas formuladas al respecto, y por unanimidad, se adoptaron los acuerdos que se transcriben literalmente:

Acuerdos

Primero. Nombramiento de administrador.

La junta acuerda nombrar nuevo administrador de la sociedad por plazo *"...de "número/letra" años... O... indefinido..."* previsto en los estatutos sociales a la entidad *"denominación/razón social"*, con CIF *"número"*, con domicilio social en *"localidad, calle y número"*, inscrita en el Registro Mercantil de *"provincia"*, *"indicar datos de inscripción registral"*.

A la entidad *"denominación/razón social"* se le comunicará su designación como administrador para su aceptación, en su caso, y para que proceda a la designación de la persona física que le represente.

○ **Relación de otros acuerdos adoptados:**

"Segundo".

"texto de los restantes acuerdos adoptados". 

<<

5.

Que el acta fue aprobada, previa su redacción y lectura, por la propia junta, al final de la reunión, constando en ella la firma del secretario, con el visto bueno del presidente, así como las de los socios asistentes que lo desearon.

Y para que así conste y surta los oportunos efectos, se expide la presente certificación, en *"localidad"*, a *"fecha"*.

Firma/s

"...El administrador único Fdo. "Don/Doña nombre y apellidos"..."

"...El administrador solidario Fdo. "Don/Doña nombre y apellidos"..."

"...Los administradores mancomunados Fdo. "Don/Doña nombre y apellidos"..."

"...El secretario del consejo de administración con el VºBº del presidente del consejo Fdo. "Don/Doña nombre y apellidos"..."

1020

4. Nombramiento de administrador suplente

MSM nº 2145;
MSL nº 2945

LSC art.216; RRM art.147.2.3º y 192

Nota preliminar:

1) El formulario, en el que se incluyen acta y certificación, supone que el acuerdo se adopta en **junta universal y por unanimidad,** supuesto que será el más frecuente en la práctica.

2) Para el caso de que el acuerdo se adopte en junta formalmente **convocada o/y sin unanimidad** de los socios, ver otros modelos de acta (nº 505 y nº 510) y certificación (nº 605 y nº 610).

3) Si la sociedad es unipersonal, ver modelos de acta (nº 520) y certificación (nº 620).

4) Este formulario responde a un **supuesto práctico real,** cuyas circunstancias, obviamente, pueden no coincidir plenamente con las que concurren en el supuesto para el que va a utilizarse. Se ha optado por mantenerlas para enriquecer el valor ejemplificativo del formulario, sin perjuicio de que el usuario las elimine o modifique al personalizar el modelo.

a. Acta de la junta general y universal de *"denominación, S.R.L."*

Siendo las *"número/letra"* horas del día *"fecha"*, y hallándose presentes *"...en el domicilio social... O ... en "lugar"..."*, la totalidad de los socios de *"denominación, S.R.L."*, quienes, a su vez, representan el total del capital de la sociedad, deciden constituirse de forma unánime en junta general y universal de socios; lo que llevan a efecto al amparo de lo dispuesto en el artículo 178 del texto refundido de la Ley de Sociedades de Capital, con el siguiente:

Orden del día

1. Nombramiento de administrador suplente.
2. *"texto de los otros puntos aceptados como orden del día de la junta".* 

Actúan como presidente y secretario de la junta, respectivamente, *"Don/Doña nombre y apellidos del presidente"* y *"Don/Doña nombre y apellidos del secretario" "...conforme a las reglas de designación de tales cargos contenidas en los estatutos de la sociedad... O... conforme a las previsiones contenidas en el artículo 191 del texto refundido de la Ley de Sociedades de Capital... O... por designación, al comienzo de la reunión, por los socios concurrentes a la misma...".*
Los designados aceptan sus respectivos cargos y prometen desempeñar bien y fielmente las funciones inherentes a los mismos.

De conformidad con lo establecido en el artículo 97, número 1, apartado 4ª del Reglamento del Registro Mercantil, y en prueba de aceptación de todos los asistentes del orden del día fijado, se recoge, a continuación, relación nominal de los asistentes, seguida de la firma de cada uno de ellos:

• *"Don/Doña nombre y apellidos/razón social"*, titular de *"número/letra"* participaciones sociales, números *"número"* a *"número"*, ambos inclusive, representativas de un *"determinar porcentaje"* % del capital social. Asiste *"...personalmente... O... representado por "Don/Doña nombre y apellidos", según acredita debidamente...".*
Firma: *"Don/Doña nombre y apellidos/razón social"* 

Se hace constar que la totalidad de las participaciones sociales tienen derecho de voto y que cada participación social da derecho a emitir un voto.

➢➢

○ **Si existen privilegios en materia de derecho de voto:**

"indicar los privilegios que en materia de derecho de voto se prevén en los estatutos sociales".

≺≺

Se hace constar asimismo que asisten a la reunión la totalidad de los administradores de la sociedad.

 1020

Una vez constatada la asistencia a la reunión de la totalidad del capital social y la aceptación, por unanimidad de los asistentes, de su celebración con el carácter de universal, el secretario, por indicación del presidente, procede a dar lectura al orden del día fijado, adoptándose, previa deliberación de cada uno de cada uno de los asuntos y de las propuestas formuladas al respecto, por unanimidad los siguientes:

Acuerdos

Primero. Nombramiento de administrador suplente.

De conformidad con lo previsto en el artículo *"número"* de los estatutos sociales, la junta acuerda nombrar administrador suplente, para el caso de que se produzca la baja por cualquier causa de cualquiera de los actuales administradores a:

"Don/Doña nombre y apellidos", mayor de edad, de nacionalidad *"nacionalidad"*, con domicilio en *"localidad, calle y número"*, y titular de NIF *"...pasaporte en vigor..."* número *"número"*.

"Don/Doña nombre y apellidos" ocupará la primera vacante que se genere en el seno del órgano de administración, aceptando el cargo tan pronto se produzca la vacante, en su caso.

En relación con el presente acuerdo *"...no se ha solicitado constancia en acta de ninguna intervención... O... el socio "Don/Doña nombre y apellidos/razón social" ha solicitado la constancia en acta de su intervención en los siguientes términos: "texto de la intervención cuya constancia en acta se solicita"..."*.

➤➤

❍ **Relación de otros acuerdos adoptados:**

"Segundo".

"texto de los restantes acuerdos adoptados". 

≺≺

Una vez tratadas todas las cuestiones incluidas en el orden del día de la junta, se suspende momentáneamente la sesión, al objeto de que el secretario proceda a la redacción definitiva del acta, la cual, una vez redactada y leída, es aprobada por unanimidad de los asistentes, que la encuentran conforme a la realidad de lo acordado en la reunión, siendo firmada por el secretario, con el visto bueno del presidente *"...así como por los asistentes que lo desean..."*; tras lo cual, se levanta la sesión a las *"número/letra"* horas del día y en el lugar que figuran en el encabezamiento.

Vº Bº	El Secretario
El Presidente	
Fdo. *"Don/Doña nombre y apellidos del presidente"*	Fdo. *"Don/Doña nombre y apellidos del secretario"*

b. Certificación en extracto de acta de junta general universal

"Don/Doña nombre y apellidos" "...y "Don/Doña nombre y apellidos"...", en su condición de *"...Administrador único... O... Administrador solidario... O... Administradores mancomunados... O ... Secretario del consejo de administración..."* de *"denominación, S.R.L."*

Certifica/n

1.

Que el día *"fecha"*, y en *"...el domicilio social... O... "lugar"..."* se celebró junta general de socios con el carácter de universal, por asistir a la misma, presente o debidamente representado, la totalidad del capital social y aceptarlo así la totalidad de los asistentes, relación nominal de los cuales, con sus respectivas firmas, figura en la correspondiente acta, a continuación de la fecha, lugar y orden del día.

1020

2.

Que por unanimidad de los asistentes se aceptaron los siguientes puntos como orden del día de la sesión:

1. Nombramiento de administrador suplente.

“– *“texto de los otros puntos aceptados como orden del día de la junta”*. 

3.

Que *“Don/Doña nombre y apellidos del presidente”* y *“Don/Doña nombre y apellidos del secretario”* desempeñaron, respectivamente, los cargos de presidente y secretario de la junta *“...conforme a las reglas de designación de tales cargos contenidas en los estatutos de la sociedad... O... conforme a las previsiones contenidas en el artículo 191 del texto refundido de la Ley de Sociedades de Capital... O... por designación, al comienzo de la reunión, por los socios concurrentes a la misma...”*.

4.

Que previa deliberación de cada uno de cada uno de los asuntos y de las propuestas formuladas al respecto, y por unanimidad, se adoptaron los acuerdos que se transcriben literalmente:

Acuerdos

Primero. Nombramiento de administrador suplente.

De conformidad con lo previsto en el artículo *“número”* de los estatutos sociales, la junta acuerda nombrar administrador suplente, para el caso de que se produzca la baja por cualquier causa de cualquiera de los actuales administradores a:

“Don/Doña nombre y apellidos”, mayor de edad, de nacionalidad *“nacionalidad”*, con domicilio en *“localidad, calle y número”*, y titular de NIF *“...pasaporte...”* en vigor número *“número”*.

“Don/Doña nombre y apellidos” ocupará la primera vacante que se genere en el seno del órgano de administración, aceptando el cargo tan pronto se produzca la vacante, en su caso.

>>

○ **Relación de otros acuerdos adoptados:**

“Segundo”. *“texto de los restantes acuerdos adoptados”*.

5.

Que el acta fue aprobada, previa su redacción y lectura, por la propia junta, al final de la reunión, constando en ella la firma del secretario, con el visto bueno del presidente, así como las de los socios asistentes que lo desearon.

Y para que así conste y surta los oportunos efectos, se expide la presente certificación, en *“localidad”*, a *“fecha”*.

Firma/s

“...El administrador único Fdo. “Don/Doña nombre y apellidos”...”

“...El administrador solidario Fdo. “Don/Doña nombre y apellidos”...”

“...Los administradores mancomunados Fdo. “Don/Doña nombre y apellidos”...”

“...El secretario del consejo de administración con el VºBº del presidente del consejo Fdo. “Don/Doña nombre y apellidos”...”

1025

5. Reelección de administrador

MSM nº 2195; MSL nº 3005

Nota preliminar:

1) El formulario, en el que se incluyen acta y certificación, supone que el acuerdo se adopta en **junta universal y por unanimidad,** supuesto que será el más frecuente en la práctica.

2) Para el caso de que el acuerdo se adopte en junta formalmente **convocada o/y sin unanimidad** de los socios, ver otros modelos de acta (nº 505 y nº 510) y certificación (nº 605 y nº 610).

3) Si la sociedad es unipersonal, ver modelos de acta (nº 520) y certificación (nº 620).

4) Este formulario responde a un **supuesto práctico real,** cuyas circunstancias, obviamente, pueden no coincidir plenamente con las que concurren en el supuesto para el que va a utilizarse. Se ha optado por mantenerlas para enriquecer el valor ejemplificativo del formulario, sin perjuicio de que el usuario las elimine o modifique al personalizar el modelo.

LSC art.221; RRM art.146 y 192.2

a. Acta de la junta general y universal de *"denominación, S.R.L."*

Siendo las *"número/letra"* horas del día *"fecha"*, y hallándose presentes *"...en el domicilio social... O ... en "lugar"..."*, la totalidad de los socios de *"denominación, S.R.L."*, quienes, a su vez, representan el total del capital de la sociedad, deciden constituirse de forma unánime en junta general y universal de socios; lo que llevan a efecto al amparo de lo dispuesto en el artículo 178 del texto refundido de la Ley de Sociedades de Capital, con el siguiente:

Orden del día

1. Reelección de administrador.

"– "texto de los otros puntos aceptados como orden del día de la junta".

Actúan como presidente y secretario de la junta, respectivamente, *"Don/Doña nombre y apellidos del presidente"* y *"Don/Doña nombre y apellidos del secretario" "...conforme a las reglas de designación de tales cargos contenidas en los estatutos de la sociedad... O... conforme a las previsiones contenidas en el artículo 191 del texto refundido de la Ley de Sociedades de Capital... O... por designación, al comienzo de la reunión, por los socios concurrentes a la misma..."*.
Los designados aceptan sus respectivos cargos y prometen desempeñar bien y fielmente las funciones inherentes a los mismos.

De conformidad con lo establecido en el artículo 97, número 1, apartado 4ª del Reglamento del Registro Mercantil, y en prueba de aceptación de todos los asistentes del orden del día fijado, se recoge, a continuación, relación nominal de los asistentes, seguida de la firma de cada uno de ellos:

- *"Don/Doña nombre y apellidos/razón social"*, titular de *"número/letra"* participaciones sociales, números *"número"* a *"número"*, ambos inclusive, representativas de un *"determinar porcentaje"* % del capital social. Asiste *"...personalmente... O... representado por "Don/Doña nombre y apellidos", según acredita debidamente..."*.

Firma: *"Don/Doña nombre y apellidos/razón social"*

Se hace constar que la totalidad de las participaciones sociales tienen derecho de voto y que cada participación social da derecho a emitir un voto.

➤➤

○ **Si existen privilegios en materia de derecho de voto:**

"indicar los privilegios que en materia de derecho de voto se prevén en los estatutos sociales".

≺≺

Se hace constar asimismo que asisten a la reunión la totalidad de los administradores de la sociedad.

1025 ## Capítulo V. Acuerdos sociales

Una vez constatada la asistencia a la reunión de la totalidad del capital social y la aceptación, por unanimidad de los asistentes, de su celebración con el carácter de universal, el secretario, por indicación del presidente, procede a dar lectura al orden del día fijado, adoptándose, previa deliberación de cada uno de cada uno de los asuntos y de las propuestas formuladas al respecto, por unanimidad los siguientes:

Acuerdos

Primero. Reelección de administrador.

La junta acuerda reelegir a *"Don/Doña nombre y apellidos"*, cuyos datos personales constan debidamente inscritos en el Registro Mercantil, dejándose constancia de que no se han producido variaciones en los mismos, como administrador de la sociedad, por el plazo de *"número/letra"* años previsto en los estatutos sociales.

>>

○ **Aceptación del cargo de administrador de forma presencial:**

"Don/Doña nombre y apellidos", presente en la reunión, acepta su reelección declarando no estar incurso en ninguno de los supuestos de incompatibilidad previstos en la legalidad vigente y, en particular, en ninguna de las previstas en la Ley 5/2006, de 10 de abril y otras específicas de las Comunidades Autónomas.

○ **Comunicación del nombramiento de administrador para su aceptación:**

A *"Don/Doña nombre y apellidos"* se le comunicará su reelección para su aceptación, en su caso.

En relación con el presente acuerdo *"...no se ha solicitado constancia en acta de ninguna intervención ... O ... el socio "Don/Doña nombre y apellidos/razón social" ha solicitado la constancia en acta de su intervención en los siguientes términos: "texto de la intervención cuya constancia en acta se solicita" ..."*.

>>

○ **Relación de otros acuerdos adoptados:**

"Segundo".

"texto de los restantes acuerdos adoptados".

Una vez tratadas todas las cuestiones incluidas en el orden del día de la junta, se suspende momentáneamente la sesión, al objeto de que el secretario proceda a la redacción definitiva del acta, la cual, una vez redactada y leída, es aprobada por unanimidad de los asistentes, que la encuentran conforme a la realidad de lo acordado en la reunión, siendo firmada por el secretario, con el visto bueno del presidente *"...así como por los asistentes que lo desean..."*; tras lo cual, se levanta la sesión a las *"número/letra"* horas del día y en el lugar que figuran en el encabezamiento.

Vº Bº

El Presidente

Fdo. *"Don/Doña nombre y apellidos del presidente"*

El Secretario

Fdo. *"Don/Doña nombre y apellidos del secretario"*

b. Certificación en extracto de acta de junta general universal

“Don/Doña nombre y apellidos” “...y “Don/Doña nombre y apellidos” ...”, en su condición de *“...Administrador único ... O ... Administrador solidario ... O ... Administradores mancomunados ... O ... Secretario del consejo de administración ...”* de *“denominación, S.R.L.”*

Certifica/n

1. Que el día *“fecha”*, y en *“...el domicilio social ... O ... “lugar” ...”* se celebró junta general de socios con el carácter de universal, por asistir a la misma, presente o debidamente representado, la totalidad del capital social y aceptarlo así la totalidad de los asistentes, relación nominal de los cuales, con sus respectivas firmas, figura en la correspondiente acta, a continuación de la fecha, lugar y orden del día.

2. Que por unanimidad de los asistentes se aceptaron los siguientes puntos como orden del día de la sesión:

1. Reelección de administrador.

“– “texto de los otros puntos aceptados como orden del día de la junta”.

3. Que *“Don/Doña nombre y apellidos del presidente”* y *“Don/Doña nombre y apellidos del secretario”* desempeñaron, respectivamente, los cargos de presidente y secretario de la junta *“...conforme a las reglas de designación de tales cargos contenidas en los estatutos de la sociedad ... O ... conforme a las previsiones contenidas en el artículo 191 del texto refundido de la Ley de Sociedades de Capital ... O ... por designación, al comienzo de la reunión, por los socios concurrentes a la misma ...”*.

4. Que previa deliberación de cada uno de cada uno de los asuntos y de las propuestas formuladas al respecto, y por unanimidad, se adoptaron los acuerdos que se transcriben literalmente:

Acuerdos

Primero. Reelección de administrador.

La junta acuerda reelegir a *“Don/Doña nombre y apellidos”*, cuyos datos personales constan debidamente inscritos en el Registro Mercantil, dejándose constancia de que no se han producido variaciones en los mismos, como administrador de la sociedad, por el plazo de *“número/letra”* años previsto en los estatutos sociales.

○ Aceptación del cargo de administrador de forma presencial:

“Don/Doña nombre y apellidos”, presente en la reunión, acepta su reelección declarando no estar incurso en ninguno de los supuestos de incompatibilidad previstos en la legalidad vigente y, en particular, en ninguna de las previstas en la Ley 5/2006, de 10 de abril y otras específicas de las Comunidades Autónomas.

○ Comunicación del nombramiento de administrador para su aceptación:

A *“Don/Doña nombre y apellidos”* se le comunicará su reelección para su aceptación, en su caso.

<<

>>

○ Relación de otros acuerdos adoptados:

“Segundo”. *“texto de los restantes acuerdos adoptados”.*

5. Que el acta fue aprobada, previa su redacción y lectura, por la propia junta, al final de la reunión, constando en ella la firma del secretario, con el visto bueno del presidente, así como las de los socios asistentes que lo desearon.

Y para que así conste y surta los oportunos efectos, se expide la presente certificación, en *"localidad"*, a *"fecha"*.

Firma/s

"...El administrador único Fdo. "Don/Doña nombre y apellidos" ..."

"...El administrador solidario Fdo. "Don/Doña nombre y apellidos" ..."

"...Los administradores mancomunados Fdo. "Don/Doña nombre y apellidos" ..."

"...El secretario del consejo de administración con el V°B° del presidente del consejo Fdo. "Don/Doña nombre y apellidos" ..."

6. Separación de administrador

MSM nº 2210;
MSL nº 3015

Nota preliminar:

1) El formulario, en el que se incluyen acta y certificación, supone que el acuerdo se adopta en **junta universal y por unanimidad,** supuesto que será el más frecuente en la práctica.

2) Para el caso de que el acuerdo se adopte en junta formalmente **convocada o/y sin unanimidad** de los socios, ver otros modelos de acta (nº 505 y nº 510) y certificación (nº 605 y nº 610).

3) Si la sociedad es unipersonal, ver modelos de acta (nº 520) y certificación (nº 620).

4) Este formulario responde a un **supuesto práctico real,** cuyas circunstancias, obviamente, pueden no coincidir plenamente con las que concurren en el supuesto para el que va a utilizarse. Se ha optado por mantenerlas para enriquecer el valor ejemplificativo del formulario, sin perjuicio de que el usuario las elimine o modifique al personalizar el modelo.

LSC art.223; RRM art.142, 148 y 192.2

a. Acta de la junta general y universal de *"denominación, S.R.L."*

Siendo las *"número/letra"* horas del día *"fecha"*, y hallándose presentes *"...en el domicilio social... O ... en "lugar"..."*, la totalidad de los socios de *"denominación, S.R.L."*, quienes, a su vez, representan el total del capital de la sociedad, deciden constituirse de forma unánime en junta general y universal de socios; lo que llevan a efecto al amparo de lo dispuesto en el artículo 178 del texto refundido de la Ley de Sociedades de Capital, con el siguiente:

Orden del día

1. Separación de administrador.
"– "texto de los otros puntos aceptados como orden del día de la junta".

Actúan como presidente y secretario de la junta, respectivamente, *"Don/Doña nombre y apellidos del presidente"* y *"Don/Doña nombre y apellidos del secretario" "...conforme a las reglas de designación de tales cargos contenidas en los estatutos de la sociedad... O... conforme a las previsiones contenidas en el artículo 191 del texto refundido de la Ley de Sociedades de Capital... O... por designación, al comienzo de la reunión, por los socios concurrentes a la misma..."*.
Los designados aceptan sus respectivos cargos y prometen desempeñar bien y fielmente las funciones inherentes a los mismos.

De conformidad con lo establecido en el artículo 97, número 1, apartado 4ª del Reglamento del Registro Mercantil, y en prueba de aceptación de todos los asistentes del orden del día fijado, se recoge, a continuación, relación nominal de los asistentes, seguida de la firma de cada uno de ellos:

- *"Don/Doña nombre y apellidos/razón social"*, titular de *"número/letra"* participaciones sociales, números *"número"* a *"número"*, ambos inclusive, representativas de un *"determinar porcentaje"* % del capital social. Asiste *"...personalmente... O... representado por "Don/Doña nombre y apellidos", según acredita debidamente..."*.
Firma: *"Don/Doña nombre y apellidos/razón social"*

Se hace constar que la totalidad de las participaciones sociales tienen derecho de voto y que cada participación social da derecho a emitir un voto.

>>
○ Si existen privilegios en materia de derecho de voto:

"indicar los privilegios que en materia de derecho de voto se prevén en los estatutos sociales".

<<
Se hace constar asimismo que asisten a la reunión la totalidad de los administradores de la sociedad.

Una vez constatada la asistencia a la reunión de la totalidad del capital social y la aceptación, por unanimidad de los asistentes, de su celebración con el carácter de universal, el secretario, por indicación del presidente, procede a dar lectura al orden del día fijado, adoptándose, previa deliberación de cada uno de cada uno de los asuntos y de las propuestas formuladas al respecto, por unanimidad los siguientes:

Acuerdos

Primero. Separación de administrador.

La junta acuerda cesar, con efectos a *"fecha igual o posterior a la de adopción del acuerdo"* a *"Don/Doña nombre y apellidos"* como administrador de la sociedad, *"...agradeciéndole expresamente los servicios prestados durante su cargo y aprobando íntegramente su gestión ..."*.

En relación con el presente acuerdo *"...no se ha solicitado constancia en acta de ninguna intervención ... O ... el socio "Don/Doña nombre y apellidos/razón social" ha solicitado la constancia en acta de su intervención en los siguientes términos: "texto de la intervención cuya constancia en acta se solicita" ..."*.

>>

○ **Relación de otros acuerdos adoptados:**

"Segundo".

"texto de los restantes acuerdos adoptados".

<<

Una vez tratadas todas las cuestiones incluidas en el orden del día de la junta, se suspende momentáneamente la sesión, al objeto de que el secretario proceda a la redacción definitiva del acta, la cual, una vez redactada y leída, es aprobada por unanimidad de los asistentes, que la encuentran conforme a la realidad de lo acordado en la reunión, siendo firmada por el secretario, con el visto bueno del presidente *"...así como por los asistentes que lo desean ..."*; tras lo cual, se levanta la sesión a las *"número/letra"* horas del día y en el lugar que figuran en el encabezamiento.

Vº Bº El Secretario

El Presidente

Fdo. *"Don/Doña nombre y apellidos del presidente"*

Fdo. *"Don/Doña nombre y apellidos del secretario"*

b. Certificación en extracto de acta de junta general universal

"Don/Doña nombre y apellidos" "...y "Don/Doña nombre y apellidos" ...", en su condición de *"...Administrador único ... O ... Administrador solidario ... O ... Administradores mancomunados ... O ... Secretario del consejo de administración ..."* de *"denominación, S.R.L."*

Certifica/n

1. Que el día *"fecha"*, y en *"...el domicilio social ... O ... "lugar" ..."* se celebró junta general de socios con el carácter de universal, por asistir a la misma, presente o debidamente representado, la totalidad del capital social y aceptarlo así la totalidad de los asistentes, relación nominal de los cuales, con sus respectivas firmas, figura en la correspondiente acta, a continuación de la fecha, lugar y orden del día.

2. Que por unanimidad de los asistentes se aceptaron los siguientes puntos como orden del día de la sesión:

1. Separación de administrador.

"– "texto de los otros puntos aceptados como orden del día de la junta".

3. Que *"Don/Doña nombre y apellidos del presidente"* y *"Don/Doña nombre y apellidos del secretario"* desempeñaron, respectivamente, los cargos de presidente y secretario de la junta *"...conforme a las reglas de designación de tales cargos contenidas en los estatutos de la sociedad... O... conforme a las previsiones contenidas en el artículo 191 del texto refundido de la Ley de Sociedades de Capital... O ... por designación, al comienzo de la reunión, por los socios concurrentes a la misma..."*.

4. Que previa deliberación de cada uno de cada uno de los asuntos y de las propuestas formuladas al respecto, y por unanimidad, se adoptaron los acuerdos que se transcriben literalmente:

Acuerdos

Primero. Separación de administrador.

La junta acuerda cesar, con efectos a *"fecha igual o posterior a la de adopción del acuerdo"* a *"Don/Doña nombre y apellidos"* como administrador de la sociedad, *"...agradeciéndole expresamente los servicios prestados durante su cargo y aprobando íntegramente su gestión..."*.

>>

○ **Relación de otros acuerdos adoptados:**

"Segundo". *"texto de los restantes acuerdos adoptados"*.

5.

Que el acta fue aprobada, previa su redacción y lectura, por la propia junta, al final de la reunión, constando en ella la firma del secretario, con el visto bueno del presidente, así como las de los socios asistentes que lo desearon.

Y para que así conste y surta los oportunos efectos, se expide la presente certificación, en *"localidad"*, a *"fecha"*.

Firma/s

"...El administrador único Fdo. "Don/Doña nombre y apellidos"..."

"...El administrador solidario Fdo. "Don/Doña nombre y apellidos"..."

"...Los administradores mancomunados Fdo. "Don/Doña nombre y apellidos"..."

"...El secretario del consejo de administración con el VºBº del presidente del consejo Fdo. "Don/Doña nombre y apellidos"..."

7. Nombramiento de consejero delegado y delegación permanente de facultades

MSM nº 3316; MSL nº 4372

LSC art.249; RRM art.149, 150 y 151

Nota preliminar:

1) El formulario, en el que se incluyen acta y certificación, supone que el acuerdo se adopta por **unanimidad,** supuesto que será el más frecuente en la práctica.

2) Este formulario responde a un **supuesto práctico real,** cuyas circunstancias, obviamente, pueden no coincidir plenamente con las que concurren en el supuesto para el que va a utilizarse. Se ha optado por mantenerlas para enriquecer el valor ejemplificativo del formulario, sin perjuicio de que el usuario las elimine o modifique al personalizar el modelo.

a. Acta del consejo de administración de *"denominación, S.R.L."*

Siendo las *"número/letra"* horas del día *"fecha"*, y en *"...el domicilio social ... O ... "lugar" ..."*, se reúne el consejo de administración de *"denominación, S.R.L."*, el cual fue convocado por su presidente, con observancia de los requisitos previstos al efecto en los estatutos sociales, mediante *"medio empleado para la convocatoria (p.e., carta, burofax, etc.)"*, cuyo texto de convocatoria se transcribe a continuación:

"texto íntegro de la convocatoria".

Asisten a la reunión los siguientes miembros del consejo de administración:

1. Personalmente:
– *"Don/Doña nombre y apellidos".*

2. Representados por otro miembro del consejo:
– *"Don/Doña nombre y apellidos/razón social"*, representado por el consejero *"Don/Doña nombre y apellidos".*

Las citadas representaciones se acreditan debidamente a satisfacción del propio consejo.
Constatada la asistencia a la reunión -personal o por representación- de más de la mitad más uno de sus componentes, el presidente lo declara válidamente constituido, sin que se exprese reserva o protesta alguna por ninguno los consejeros asistentes.

Previa deliberación de cada uno de cada uno de los asuntos, así como de las propuestas formuladas al respecto, se adoptan por unanimidad de los asistentes los siguientes:

Acuerdos

Primero. Nombramiento de consejero delegado y delegación permanente de facultades.

El consejo de administración acuerda nombrar al consejero *"Don/Doña nombre y apellidos"*, *"...mayor de edad, de nacionalidad "nacionalidad", con domicilio en "localidad, calle y número", y titular de NIF "En su caso: pasaporte en vigor" número "número", ... O ... cuyos datos personales constan debidamente inscritos en el Registro Mercantil, dejándose expresa constancia de que no se han producido variaciones en los mismos ..."* como consejero delegado de la sociedad, delegando a su favor todas las facultades del consejo de administración, salvo las indelegables por Ley o los estatutos sociales.

Aceptación de la designación de forma presencial:

"Don/Doña nombre y apellidos", presente, acepta su designación así como la delegación de facultades a su favor, declarando no estar incurso en ninguno de los supuestos de incompatibilidad previstos en la legalidad vigente y, en particular, en ninguna de las previstas en la Ley 5/2006, de 10 de abril y otras específicas de las Comunidades Autónomas, y toma posesión del cargo.

Comunicación de la elección para su aceptación:

A *"Don/Doña nombre y apellidos"* se le comunicará su elección para su aceptación, en su caso.

En relación con el presente acuerdo *"...no se ha solicitado constancia en acta de ninguna intervención ... O ... el consejero "Don/Doña nombre y apellidos" ha solicitado la constancia en acta de su intervención en los siguientes términos: "texto de la intervención cuya constancia en acta se solicita". ... "*.

Relación de otros acuerdos adoptados:

"Segundo".

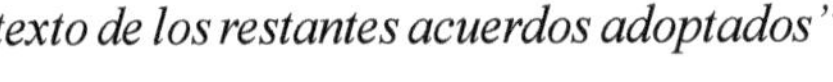

"texto de los restantes acuerdos adoptados".

En caso de que el acta sea aprobada al final de la sesión:

Una vez tratadas todas las cuestiones incluidas en el orden del día de la junta, se suspende momentáneamente la sesión, al objeto de que el secretario proceda a la redacción definitiva del acta, la cual, una vez redactada y leída, es aprobada por unanimidad de los consejeros asistentes, que la encuentran conforme a la realidad de lo acordado en la reunión, siendo firmada por el secretario, con el visto bueno del presidente *"...así como por los consejeros asistentes que lo desean..."*; tras lo cual, se levanta la sesión a las *"número/letra"* horas del día y en el lugar que figuran en el encabezamiento.

Vº Bº

El Presidente

Fdo. *"Don/Doña nombre y apellidos del presidente"*

El Secretario

Fdo. *"Don/Doña nombre y apellidos del secretario"*

b. Certificación en extracto de acta del consejo de administración

"Don/Doña nombre y apellidos", en su condición de secretario del consejo de administración de *"denominación, S.R.L."*

Certifica

1. Que el día *"fecha"*, y en *"...el domicilio social... O... "lugar"..."* se celebró la reunión del consejo de administración de *"denominación, S.R.L."*, el cual fue convocado por su presidente, con observancia de los requisitos previstos al efecto en los estatutos sociales, mediante *"medio empleado para la convocatoria (p.e., carta, burofax, etc.)"*, cuyo texto de convocatoria se transcribe a continuación:

"texto íntegro de la convocatoria".

2. Que asistieron a la reunión, presentes o debidamente representados, los siguientes miembros del consejo de administración:

- *"Don/Doña nombre y apellidos"*, personalmente.
- *"Don/Doña nombre y apellidos"*, representado por el consejero *"Don/Doña nombre y apellidos"*. 

3. Que previa deliberación de cada uno de cada uno de los asuntos, así como de las propuestas formuladas al respecto, se adoptaron por unanimidad de los asistentes los siguientes:

Acuerdos

Primero. Nombramiento de consejero delegado y delegación permanente de facultades.

El consejo de administración acuerda nombrar al consejero *"Don/Doña nombre y apellidos"*, *"...mayor de edad, de nacionalidad "nacionalidad", con domicilio en "localidad, calle y número", y titular de NIF "En su caso: pasaporte en vigor" número "número", ... O ... cuyos datos personales constan debidamente inscritos en el Registro Mercantil, dejándose expresa constancia de que no se han producido variaciones en los mismos ..."* como consejero delegado de la sociedad, delegando a su favor todas las facultades del consejo de administración, salvo las indelegables por Ley o los estatutos sociales.

○ Aceptación de la designación de forma presencial:

"Don/Doña nombre y apellidos", presente, acepta su designación así como la delegación de facultades a su favor, declarando no estar incurso en ninguno de los supuestos de incompatibilidad previstos en la legalidad vigente y, en particular, en ninguna de las previstas en la Ley 5/2006, de 10 de abril y otras específicas de las Comunidades Autónomas, y toma posesión del cargo.

○ Comunicación de la elección para su aceptación:

A *"Don/Doña nombre y apellidos"* se le comunicará su elección para su aceptación, en su caso.

En relación con el presente acuerdo *"...no se ha solicitado constancia en acta de ninguna intervención ... O ... el consejero "Don/Doña nombre y apellidos" ha solicitado la constancia en acta de su intervención en los siguientes términos: "texto de la intervención cuya constancia en acta se solicita". ..."*.

○ Relación de otros acuerdos adoptados:

"Segundo". *"texto de los restantes acuerdos adoptados"*.

4.

Que el acta de la reunión fue aprobada *"...previa su redacción y lectura, por el propio consejo, al final de la sesión ... O ... en la siguiente reunión del consejo celebrada el "fecha" ..."*, constando en ella la firma del secretario, con el visto bueno del presidente, así como la de los asistentes que lo desearon.

Y para que así conste y surta los oportunos efectos, se expide la presente certificación, en *"localidad"*, a *"fecha"*.

VºBº

El Presidente

Fdo. *"Don/Doña nombre y apellidos del presidente"*

El Secretario

Fdo. *"Don/Doña nombre y apellidos del secretario"*

1040

8. Modificación de la estructura del órgano de administración

MSM nº 7515; MSL nº 5660

LSC art.210.4, 285, 286, 288.1 y 290; RRM art.193 y 195

Nota preliminar:

1) El formulario, en el que se incluyen acta y certificación, supone que el acuerdo se adopta en **junta universal y por unanimidad,** supuesto que será el más frecuente en la práctica.

2) Para el caso de que el acuerdo se adopte en junta formalmente **convocada o/y sin unanimidad** de los socios, ver otros modelos de acta (nº 505 y nº 510) y certificación (nº 605 y nº 610).

3) Si la sociedad es unipersonal, ver modelos de acta (nº 520) y certificación (nº 620).

4) El acuerdo deberá ser completado con el nombramiento de quienes pasan a ocupar cargo de administrador en la nueva estructura adoptada. Ver nº 1010 y nº 1015.

a. Acta de la junta general y universal de *"denominación, S.R.L."*

Siendo las *"número/letra"* horas del día *"fecha"*, y hallándose presentes *"...en el domicilio social ... O ... en "lugar" ... "*, la totalidad de los socios de *"denominación, S.R.L. "*, quienes, a su vez, representan el total del capital de la sociedad, deciden constituirse de forma unánime en junta general y universal de socios; lo que llevan a efecto al amparo de lo dispuesto en el artículo 178 del texto refundido de la Ley de Sociedades de Capital, con el siguiente:

Orden del día

1. Modificación de la estructura del órgano de administración.

"– "texto de los otros puntos aceptados como orden del día de la junta".

Actúan como presidente y secretario de la junta, respectivamente, *"Don/Doña nombre y apellidos del presidente"* y *"Don/Doña nombre y apellidos del secretario" "...conforme a las reglas de designación de tales cargos contenidas en los estatutos de la sociedad ... O ... conforme a las previsiones contenidas en el artículo 191 del texto refundido de la Ley de Sociedades de Capital ... O ... por designación, al comienzo de la reunión, por los socios concurrentes a la misma ... ".*
Los designados aceptan sus respectivos cargos y prometen desempeñar bien y fielmente las funciones inherentes a los mismos.

De conformidad con lo establecido en el artículo 97, número 1, apartado 4ª del Reglamento del Registro Mercantil, y en prueba de aceptación de todos los asistentes del orden del día fijado, se recoge, a continuación, relación nominal de los asistentes, seguida de la firma de cada uno de ellos:

- *"Don/Doña nombre y apellidos/razón social"*, titular de *"número/letra"* participaciones sociales, números *"número"* a *"número"*, ambos inclusive, representativas de un *"determinar porcentaje"* % del capital social. Asiste *"...personalmente ... O ... representado por "Don/Doña nombre y apellidos", según acredita debidamente ... ".*
Firma: *"Don/Doña nombre y apellidos/razón social"*

Se hace constar que la totalidad de las participaciones sociales tienen derecho de voto y que cada participación social da derecho a emitir un voto.

o Si existen privilegios en materia de derecho de voto:

"indicar los privilegios que en materia de derecho de voto se prevén en los estatutos sociales".

<<

Se hace constar asimismo que asisten a la reunión la totalidad de los administradores de la sociedad.

1040

Capítulo V. Acuerdos sociales

Una vez constatada la asistencia a la reunión de la totalidad del capital social y la aceptación, por unanimidad de los asistentes, de su celebración con el carácter de universal, el secretario, por indicación del presidente, procede a dar lectura al orden del día fijado, adoptándose, previa deliberación de cada uno de cada uno de los asuntos y de las propuestas formuladas al respecto, por unanimidad los siguientes:

Acuerdos

Primero. Modificación de la estructura del órgano de administración.

De conformidad con lo previsto en el artículo *"número/letra"* de los estatutos sociales, a junta acuerda modificar la estructura del órgano de administración social que actualmente es la de *"...un administrador único ... O ... "número/letra" administradores solidarios ... O ... dos administradores mancomunados ... O ... consejo de administración ..."* por la de

Opción I:

un administrador único.

Opción II:

"número/letra" administradores solidarios.

Opción III:

dos administradores mancomunados.

Opción IV:

consejo de administración, el cual estará formado por *"...un número de miembros no inferior a tres ni superior a "número/letra" ... O ... "número/letra" miembros ..."*.

En relación con el presente acuerdo *"...no se ha solicitado constancia en acta de ninguna intervención ... O ... el socio "Don/Doña nombre y apellidos/razón social" ha solicitado la constancia en acta de su intervención en los siguientes términos: "texto de la intervención cuya constancia en acta se solicita" ..."*.

>>

Relación de otros acuerdos adoptados:

"Segundo".

"texto de los restantes acuerdos adoptados". 

<<

Una vez tratadas todas las cuestiones incluidas en el orden del día de la junta, se suspende momentáneamente la sesión, al objeto de que el secretario proceda a la redacción definitiva del acta, la cual, una vez redactada y leída, es aprobada por unanimidad de los asistentes, que la encuentran conforme a la realidad de lo acordado en la reunión, siendo firmada por el secretario, con el visto bueno del presidente *"...así como por los asistentes que lo desean ..."*; tras lo cual, se levanta la sesión a las *"número/letra"* horas del día y en el lugar que figuran en el encabezamiento.

Vº Bº — El Secretario

El Presidente

Fdo. *"Don/Doña nombre y apellidos del presidente"*

Fdo. *"Don/Doña nombre y apellidos del secretario"*

b. Certificación en extracto de acta de junta general universal

"Don/Doña nombre y apellidos" "...y "Don/Doña nombre y apellidos" ...", en su condición de *"...Administrador único ... O ... Administrador solidario ... O ... Administradores mancomunados ... O ... Secretario del consejo de administración ..."* de *"denominación, S.R.L."*

Certifica/n

1.
Que el día *"fecha"*, y en *"...el domicilio social ... O ... "lugar" ..."* se celebró junta general de socios con el carácter de universal, por asistir a la misma, presente o debidamente representado, la totalidad del capital social y aceptarlo así la totalidad de los asistentes, relación nominal de los cuales, con sus respectivas firmas, figura en la correspondiente acta, a continuación de la fecha, lugar y orden del día.

2.
Que por unanimidad de los asistentes se aceptaron los siguientes puntos como orden del día de la sesión:

1. Modificación de la estructura del órgano de administración.

"– "texto de los otros puntos aceptados como orden del día de la junta".

3.
Que *"Don/Doña nombre y apellidos del presidente"* y *"Don/Doña nombre y apellidos del secretario"* desempeñaron, respectivamente, los cargos de presidente y secretario de la junta *"...conforme a las reglas de designación de tales cargos contenidas en los estatutos de la sociedad ... O ... conforme a las previsiones contenidas en el artículo 191 del texto refundido de la Ley de Sociedades de Capital ... O ... por designación, al comienzo de la reunión, por los socios concurrentes a la misma ..."*.

4.
Que previa deliberación de cada uno de cada uno de los asuntos y de las propuestas formuladas al respecto, y por unanimidad, se adoptaron los acuerdos que se transcriben literalmente:

Acuerdos

Primero. Modificación de la estructura del órgano de administración.

De conformidad con lo previsto en el artículo *"número/letra"* de los estatutos sociales, a junta acuerda modificar la estructura del órgano de administración social que actualmente es la de *"...un administrador único ... O ... "número/letra" administradores solidarios ... O ... dos administradores mancomunados ... O ... consejo de administración ..."* por la de

○ Opción I:

un administrador único.

○ Opción II:

"número/letra" administradores solidarios.

○ Opción III:

dos administradores mancomunados.

○ Opción IV:

consejo de administración, el cual estará formado por *"...un número de miembros no inferior a tres ni superior a "número/letra" ... O ... "número/letra" miembros ..."*.

1040

o Relación de otros acuerdos adoptados:

"Segundo". *"texto de los restantes acuerdos adoptados".*

5.

Que el acta fue aprobada, previa su redacción y lectura, por la propia junta, al final de la reunión, constando en ella la firma del secretario, con el visto bueno del presidente, así como las de los socios asistentes que lo desearon.

Y para que así conste y surta los oportunos efectos, se expide la presente certificación, en *"localidad"*, a *"fecha"*.

Firma/s

"...El administrador único Fdo. "Don/Doña nombre y apellidos"..."

"...El administrador solidario Fdo. "Don/Doña nombre y apellidos"..."

"...Los administradores mancomunados Fdo. "Don/Doña nombre y apellidos"..."

"...El secretario del consejo de administración con el V°B° del presidente del consejo Fdo. "Don/Doña nombre y apellidos"..."

9. Modificación de la duración de la sociedad

MSM nº 7460; MSL nº 5635

LSC art.25, 285, 286, 288.1 y 290; RRM art.206, 208 y 238

Nota preliminar:

1) El formulario, en el que se incluyen acta y certificación, supone que el acuerdo se adopta en **junta universal y por unanimidad,** supuesto que será el más frecuente en la práctica.

2) Para el caso de que el acuerdo se adopte en junta formalmente **convocada o/y sin unanimidad** de los socios, ver otros modelos de acta (nº 505 y nº 510) y certificación (nº 605 y nº 610).

3) Si la sociedad es unipersonal, ver modelos de acta (nº 520) y certificación (nº 620).

4) Este formulario responde a un **supuesto práctico real,** cuyas circunstancias, obviamente, pueden no coincidir plenamente con las que concurren en el supuesto para el que va a utilizarse. Se ha optado por mantenerlas para enriquecer el valor ejemplificativo del formulario, sin perjuicio de que el usuario las elimine o modifique al personalizar el modelo.

a. Acta de la junta general y universal de *"denominación, S.R.L."*

Siendo las *"número/letra"* horas del día *"fecha"*, y hallándose presentes *"...en el domicilio social... O ... en "lugar"..."*, la totalidad de los socios de *"denominación, S.R.L."*, quienes, a su vez, representan el total del capital de la sociedad, deciden constituirse de forma unánime en junta general y universal de socios; lo que llevan a efecto al amparo de lo dispuesto en el artículo 178 del texto refundido de la Ley de Sociedades de Capital, con el siguiente:

Orden del día

1. Modificación de la duración de la sociedad y consiguiente modificación del artículo *"número/letra"* de los estatutos sociales.
"– "texto de los otros puntos aceptados como orden del día de la junta".

Actúan como presidente y secretario de la junta, respectivamente, *"Don/Doña nombre y apellidos del presidente"* y *"Don/Doña nombre y apellidos del secretario" "...conforme a las reglas de designación de tales cargos contenidas en los estatutos de la sociedad... O... conforme a las previsiones contenidas en el artículo 191 del texto refundido de la Ley de Sociedades de Capital... O... por designación, al comienzo de la reunión, por los socios concurrentes a la misma..."*.
Los designados aceptan sus respectivos cargos y prometen desempeñar bien y fielmente las funciones inherentes a los mismos.

De conformidad con lo establecido en el artículo 97, número 1, apartado 4ª del Reglamento del Registro Mercantil, y en prueba de aceptación de todos los asistentes del orden del día fijado, se recoge, a continuación, relación nominal de los asistentes, seguida de la firma de cada uno de ellos:

- *"Don/Doña nombre y apellidos/razón social"*, titular de *"número/letra"* participaciones sociales, números *"número"* a *"número"*, ambos inclusive, representativas de un *"determinar porcentaje"* % del capital social. Asiste *"...personalmente... O... representado por "Don/Doña nombre y apellidos", según acredita debidamente..."*.
Firma: *"Don/Doña nombre y apellidos/razón social"*

Se hace constar que la totalidad de las participaciones sociales tienen derecho de voto y que cada participación social da derecho a emitir un voto.

➤➤
○ **Si existen privilegios en materia de derecho de voto:**

"indicar los privilegios que en materia de derecho de voto se prevén en los estatutos sociales".

≺≺

Se hace constar asimismo que asisten a la reunión la totalidad de los administradores de la sociedad.

Una vez constatada la asistencia a la reunión de la totalidad del capital social y la aceptación, por unanimidad de los asistentes, de su celebración con el carácter de universal, el secretario, por indicación del presidente, procede a dar lectura al orden del día fijado, adoptándose, previa deliberación de cada uno de cada uno de los asuntos y de las propuestas formuladas al respecto, por unanimidad los siguientes:

Acuerdos

Primero. Modificación de la duración de la sociedad y consiguiente modificación del artículo *"número/letra"* de los estatutos sociales.

>>

○ **Modificación del plazo de duración limitado a indefinido:**

Se acuerda modificar el plazo de duración de la sociedad inicialmente establecido en un plazo de *"número/letra"* años, por un período de duración indefinida, modificándose, consiguientemente el artículo *"número/letra"* de los estatutos sociales, que en lo sucesivo tendrá la siguiente redacción:

"Artículo "número/letra". La sociedad tiene duración indefinida."

○ **Modificación del plazo de duración indefinido a limitado:**

Se acuerda modificar el plazo de duración de la sociedad establecido inicialmente por duración indefinida, por un período de duración de *"número"* años, esto es, hasta el *"día, mes y año"*, modificándose, consiguientemente el artículo *"número/letra"* de los estatutos sociales, que en lo sucesivo tendrá la siguiente redacción:

"Artículo "número/letra". La sociedad tiene duración limitada, esto es, hasta el "día, mes y año", fecha en que, salvo que hubiese sido expresamente prorrogada su duración, la sociedad quedará disuelta de pleno derecho."

En relación con el presente acuerdo *"...no se ha solicitado constancia en acta de ninguna intervención ... O ... el socio "Don/Doña nombre y apellidos/razón social" ha solicitado la constancia en acta de su intervención en los siguientes términos: "texto de la intervención cuya constancia en acta se solicita" ..."*.

>>

○ **Relación de otros acuerdos adoptados:**

"Segundo".

"texto de los restantes acuerdos adoptados". 

<<

Una vez tratadas todas las cuestiones incluidas en el orden del día de la junta, se suspende momentáneamente la sesión, al objeto de que el secretario proceda a la redacción definitiva del acta, la cual, una vez redactada y leída, es aprobada por unanimidad de los asistentes, que la encuentran conforme a la realidad de lo acordado en la reunión, siendo firmada por el secretario, con el visto bueno del presidente *"...así como por los asistentes que lo desean..."*; tras lo cual, se levanta la sesión a las *"número/letra"* horas del día y en el lugar que figuran en el encabezamiento.

Vº Bº	El Secretario
El Presidente	
Fdo. *"Don/Doña nombre y apellidos del presidente"*	Fdo. *"Don/Doña nombre y apellidos del secretario"*

b. Certificación en extracto de acta de junta general universal

"Don/Doña nombre y apellidos" "...y "Don/Doña nombre y apellidos" ...", en su condición de *"...Administrador único ... O ... Administrador solidario ... O ... Administradores mancomunados ... O ... Secretario del consejo de administración ..."* de *"denominación, S.R.L."*

Certifica/n

1.
Que el día *"fecha"*, y en *"...el domicilio social ... O ... "lugar" ..."* se celebró junta general de socios con el carácter de universal, por asistir a la misma, presente o debidamente representado, la totalidad del capital social y aceptarlo así la totalidad de los asistentes, relación nominal de los cuales, con sus respectivas firmas, figura en la correspondiente acta, a continuación de la fecha, lugar y orden del día.

2.
Que por unanimidad de los asistentes se aceptaron los siguientes puntos como orden del día de la sesión:

1. Modificación de la duración de la sociedad y consiguiente modificación del artículo *"número/letra"* de los estatutos sociales.
"– "texto de los otros puntos aceptados como orden del día de la junta".

3.
Que *"Don/Doña nombre y apellidos del presidente"* y *"Don/Doña nombre y apellidos del presidente"* desempeñaron, respectivamente, los cargos de presidente y secretario de la junta *"...conforme a las reglas de designación de tales cargos contenidas en los estatutos de la sociedad ... O ... conforme a las previsiones contenidas en el artículo 191 del texto refundido de la Ley de Sociedades de Capital ... O ... por designación, al comienzo de la reunión, por los socios concurrentes a la misma ..."*.

4.
Que previa deliberación de cada uno de cada uno de los asuntos y de las propuestas formuladas al respecto, y por unanimidad, se adoptaron los acuerdos que se transcriben literalmente:

Acuerdos

Primero. Modificación de la duración de la sociedad y consiguiente modificación del artículo *"número/letra"* de los estatutos sociales.

>>

- **Modificación del plazo de duración limitado a indefinido:**

Se acuerda modificar el plazo de duración de la sociedad inicialmente establecido en un plazo de *"número/letra"* años, por un período de duración indefinida, modificándose, consiguientemente el artículo *"número/letra"* de los estatutos sociales, que en lo sucesivo tendrá la siguiente redacción:

"Artículo "número/letra". La sociedad tiene duración indefinida."

- **Modificación del plazo de duración indefinido a limitado:**

Se acuerda modificar el plazo de duración de la sociedad establecido inicialmente por duración indefinida, por un período de duración de *"número"* años, esto es, hasta el *"día, mes y año"*, modificándose, consiguientemente el artículo *"número/letra"* de los estatutos sociales, que en lo sucesivo tendrá la siguiente redacción:

"Artículo "número/letra". La sociedad tiene duración limitada, esto es, hasta el "día, mes y año", fecha en que, salvo que hubiese sido expresamente prorrogada su duración, la sociedad quedará disuelta de pleno derecho."

<<

1045

○ **Relación de otros acuerdos adoptados:**

"Segundo".

"texto de los restantes acuerdos adoptados".

≺≺

5.

Que el acta fue aprobada, previa su redacción y lectura, por la propia junta, al final de la reunión, constando en ella la firma del secretario, con el visto bueno del presidente, así como las de los socios asistentes que lo desearon.

Y para que así conste y surta los oportunos efectos, se expide la presente certificación, en *"localidad"*, a *"fecha"*.

Firma/s

"...El administrador único Fdo. "Don/Doña nombre y apellidos"..."

"...El administrador solidario Fdo. "Don/Doña nombre y apellidos"..."

"...Los administradores mancomunados Fdo. "Don/Doña nombre y apellidos"..."

"...El secretario del consejo de administración con el V°B° del presidente del consejo Fdo. "Don/Doña nombre y apellidos"..."

10. Cambio de denominación social

MSM nº 7430; MSL nº 5565

Nota preliminar:

1) El formulario, en el que se incluyen acta y certificación, supone que el acuerdo se adopta en **junta universal y por unanimidad,** supuesto que será el más frecuente en la práctica.

2) Para el caso de que el acuerdo se adopte en junta formalmente **convocada o/y sin unanimidad** de los socios, ver otros modelos de acta (nº 505 y nº 510) y certificación (nº 605 y nº 610).

3) Si la sociedad es unipersonal, ver modelos de acta (nº 520) y certificación (nº 620).

4) Este formulario responde a un **supuesto práctico real,** cuyas circunstancias, obviamente, pueden no coincidir plenamente con las que concurren en el supuesto para el que va a utilizarse. Se ha optado por mantenerlas para enriquecer el valor ejemplificativo del formulario, sin perjuicio de que el usuario las elimine o modifique al personalizar el modelo.

LSC art.285, 286, 288 y 290; RRM art.413 y 416

a. Acta de la junta general y universal de *"denominación, S.R.L."*

Siendo las *"número/letra"* horas del día *"fecha"*, y hallándose presentes *"...en el domicilio social... O ... en "lugar"... "*, la totalidad de los socios de *"denominación, S.R.L. "*, quienes, a su vez, representan el total del capital de la sociedad, deciden constituirse de forma unánime en junta general y universal de socios; lo que llevan a efecto al amparo de lo dispuesto en el artículo 178 del texto refundido de la Ley de Sociedades de Capital, con el siguiente:

Orden del día

1. Cambio de denominación social y consiguiente modificación del artículo *"número/letra"* de los estatutos sociales.

"– "texto de los otros puntos aceptados como orden del día de la junta".

Actúan como presidente y secretario de la junta, respectivamente, *"Don/Doña nombre y apellidos del presidente"* y *"Don/Doña nombre y apellidos del secretario" "...conforme a las reglas de designación de tales cargos contenidas en los estatutos de la sociedad... O ... conforme a las previsiones contenidas en el artículo 191 del texto refundido de la Ley de Sociedades de Capital ... O ... por designación, al comienzo de la reunión, por los socios concurrentes a la misma ... "*.
Los designados aceptan sus respectivos cargos y prometen desempeñar bien y fielmente las funciones inherentes a los mismos.

De conformidad con lo establecido en el artículo 97, número 1, apartado 4ª del Reglamento del Registro Mercantil, y en prueba de aceptación de todos los asistentes del orden del día fijado, se recoge, a continuación, relación nominal de los asistentes, seguida de la firma de cada uno de ellos:

- *"Don/Doña nombre y apellidos/razón social"*, titular de *"número/letra"* participaciones sociales, números *"número"* a *"número"*, ambos inclusive, representativas de un *"determinar porcentaje"* % del capital social. Asiste *"...personalmente ... O ... representado por "Don/Doña nombre y apellidos", según acredita debidamente ... "*.

Firma: *"Don/Doña nombre y apellidos/razón social"*

Se hace constar que la totalidad de las participaciones sociales tienen derecho de voto y que cada participación social da derecho a emitir un voto.

>>

o Si existen privilegios en materia de derecho de voto:

"indicar los privilegios que en materia de derecho de voto se prevén en los estatutos sociales".

<<

1050

Se hace constar asimismo que asisten a la reunión la totalidad de los administradores de la sociedad.

Una vez constatada la asistencia a la reunión de la totalidad del capital social y la aceptación, por unanimidad de los asistentes, de su celebración con el carácter de universal, el secretario, por indicación del presidente, procede a dar lectura al orden del día fijado, adoptándose, previa deliberación de cada uno de cada uno de los asuntos y de las propuestas formuladas al respecto, por unanimidad los siguientes:

Acuerdos

Primero. Cambio de denominación social y consiguiente modificación del artículo *"número/letra"* de los estatutos sociales.

La junta acuerda cambiar la denominación de la sociedad de *"denominación social anterior"* a la nueva denominación de *"nueva denominación social"*, modificando en consecuencia el artículo *"número/letra"* de los estatutos sociales, que tendrá en adelante la siguiente nueva redacción:

"Artículo "número/letra".

"texto íntegro y literal del artículo estatutario modificado"".

En relación con el presente acuerdo *"...no se ha solicitado constancia en acta de ninguna intervención ... O ... el socio "Don/Doña nombre y apellidos/razón social" ha solicitado la constancia en acta de su intervención en los siguientes términos: "texto de la intervención cuya constancia en acta se solicita" ..."*.

≻≻

○ **Relación de otros acuerdos adoptados:**

"Segundo."

"texto de los restantes acuerdos adoptados" 

≺≺

Una vez tratadas todas las cuestiones incluidas en el orden del día de la junta, se suspende momentáneamente la sesión, al objeto de que el secretario proceda a la redacción definitiva del acta, la cual, una vez redactada y leída, es aprobada por unanimidad de los asistentes, que la encuentran conforme a la realidad de lo acordado en la reunión, siendo firmada por el secretario, con el visto bueno del presidente *"...así como por los asistentes que lo desean ..."*; tras lo cual, se levanta la sesión a las *"número/letra"* horas del día y en el lugar que figuran en el encabezamiento.

Vº Bº	El Secretario
El Presidente	
Fdo. *"Don/Doña nombre y apellidos del presidente"*	Fdo. *"Don/Doña nombre y apellidos del secretario"*

b. Certificación en extracto de acta de junta general universal

"Don/Doña nombre y apellidos" "...y "Don/Doña nombre y apellidos" ...", en su condición de *"...Administrador único ... O ... Administrador solidario ... O ... Administradores mancomunados ... O ... Secretario del consejo de administración ..."* de *"denominación, S.R.L."*

Certifica/n

1.

Que el día *"fecha"*, y en *"...el domicilio social ... O ... "lugar" ..."* se celebró junta general de socios con el carácter de universal, por asistir a la misma, presente o debidamente representado, la totalidad del capital social y aceptarlo así la totalidad de los asistentes, relación nominal de los cuales, con sus respectivas firmas, figura en la correspondiente acta, a continuación de la fecha, lugar y orden del día.

1050

2.

Que por unanimidad de los asistentes se aceptaron los siguientes puntos como orden del día de la sesión:

1. Cambio de denominación social y consiguiente modificación del artículo *"número/letra"* de los estatutos sociales.

"– "texto de los otros puntos aceptados como orden del día de la junta". 

3.

Que *"Don/Doña nombre y apellidos del presidente"* y *"Don/Doña nombre y apellidos del secretario"* desempeñaron, respectivamente, los cargos de presidente y secretario de la junta *"...conforme a las reglas de designación de tales cargos contenidas en los estatutos de la sociedad... O... conforme a las previsiones contenidas en el artículo 191 del texto refundido de la Ley de Sociedades de Capital... O... por designación, al comienzo de la reunión, por los socios concurrentes a la misma..."*.

4.

Que previa deliberación de cada uno de cada uno de los asuntos y de las propuestas formuladas al respecto, y por unanimidad, se adoptaron los acuerdos que se transcriben literalmente:

Acuerdos

Primero. Cambio de denominación social y consiguiente modificación del artículo *"número/letra"* de los estatutos sociales.

La junta acuerda cambiar la denominación de la sociedad de *"denominación social anterior"* a la nueva denominación de *"nueva denominación social"*, modificando en consecuencia el artículo *"número/letra"* de los estatutos sociales, que tendrá en adelante la siguiente nueva redacción:

"Artículo "número/letra".

"texto íntegro y literal del artículo estatutario modificado"".

➢➢

○ **Relación de otros acuerdos adoptados:**

"Segundo."

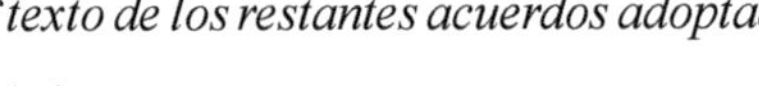

"texto de los restantes acuerdos adoptados".

≺≺

5.

Que el acta fue aprobada, previa su redacción y lectura, por la propia junta, al final de la reunión, constando en ella la firma del secretario, con el visto bueno del presidente, así como las de los socios asistentes que lo desearon.

Y para que así conste y surta los oportunos efectos, se expide la presente certificación, en *"localidad"*, a *"fecha"*.

Firma/s

"...El administrador único Fdo. "Don/Doña nombre y apellidos"..."

"...El administrador solidario Fdo. "Don/Doña nombre y apellidos"..."

"...Los administradores mancomunados Fdo. "Don/Doña nombre y apellidos"..."

"...El secretario del consejo de administración con el VºBº del presidente del consejo Fdo. "Don/Doña nombre y apellidos"..."

1055

11. Ampliación del objeto social

MSM nº 7435; MSL nº 5575

LSC art.285, 286, 288.1 y 290; RRM art.94 y 195

Nota preliminar:

1) El formulario, en el que se incluyen acta y certificación, supone que el acuerdo se adopta en **junta universal y por unanimidad,** supuesto que será el más frecuente en la práctica.

2) Para el caso de que el acuerdo se adopte en junta formalmente **convocada o/y sin unanimidad** de los socios, ver otros modelos de acta (nº 505 y nº 510) y certificación (nº 605 y nº 610).

3) Si la sociedad es unipersonal, ver modelos de acta (nº 520) y certificación (nº 620).

4) Este formulario responde a un **supuesto práctico real,** cuyas circunstancias, obviamente, pueden no coincidir plenamente con las que concurren en el supuesto para el que va a utilizarse. Se ha optado por mantenerlas para enriquecer el valor ejemplificativo del formulario, sin perjuicio de que el usuario las elimine o modifique al personalizar el modelo.

a. Acta de la junta general y universal de *"denominación, S.R.L."*

Siendo las *"número/letra"* horas del día *"fecha"*, y hallándose presentes *"...en el domicilio social... O ... en "lugar"..."*, la totalidad de los socios de *"denominación, S.R.L."*, quienes, a su vez, representan el total del capital de la sociedad, deciden constituirse de forma unánime en junta general y universal de socios; lo que llevan a efecto al amparo de lo dispuesto en el artículo 178 del texto refundido de la Ley de Sociedades de Capital, con el siguiente:

Orden del día

1. Ampliación del objeto social y consiguiente modificación del artículo *"número/letra"* de los estatutos sociales.

"– "texto de los otros puntos aceptados como orden del día de la junta".

Actúan como presidente y secretario de la junta, respectivamente, *"Don/Doña nombre y apellidos del presidente"* y *"Don/Doña nombre y apellidos del secretario" "...conforme a las reglas de designación de tales cargos contenidas en los estatutos de la sociedad... O... conforme a las previsiones contenidas en el artículo 191 del texto refundido de la Ley de Sociedades de Capital... O... por designación, al comienzo de la reunión, por los socios concurrentes a la misma..."*.
Los designados aceptan sus respectivos cargos y prometen desempeñar bien y fielmente las funciones inherentes a los mismos.

De conformidad con lo establecido en el artículo 97, número 1, apartado 4ª del Reglamento del Registro Mercantil, y en prueba de aceptación de todos los asistentes del orden del día fijado, se recoge, a continuación, relación nominal de los asistentes, seguida de la firma de cada uno de ellos:

- *"Don/Doña nombre y apellidos/razón social"*, titular de *"número/letra"* participaciones sociales, números *"número"* a *"número"*, ambos inclusive, representativas de un *"determinar porcentaje"* % del capital social. Asiste *"...personalmente... O... representado por "Don/Doña nombre y apellidos", según acredita debidamente..."*.

Firma: *"Don/Doña nombre y apellidos/razón social"*

Se hace constar que la totalidad de las participaciones sociales tienen derecho de voto y que cada participación social da derecho a emitir un voto.

»

○ Si existen privilegios en materia de derecho de voto:

"indicar los privilegios que en materia de derecho de voto se prevén en los estatutos sociales".

Se hace constar asimismo que asisten a la reunión la totalidad de los administradores de la sociedad.

Una vez constatada la asistencia a la reunión de la totalidad del capital social y la aceptación, por unanimidad de los asistentes, de su celebración con el carácter de universal, el secretario, por indicación del presidente, procede a dar lectura al orden del día fijado, adoptándose, previa deliberación de cada uno de cada uno de los asuntos y de las propuestas formuladas al respecto, por unanimidad los siguientes:

Acuerdos

Primero. Ampliación del objeto social y consiguiente modificación del artículo *"número/letra"* de los estatutos sociales.

La junta acuerda ampliar el objeto social de la sociedad para permitir la realización de actividades adicionales, modificando en consecuencia el artículo *"número/letra"* de los vigentes estatutos sociales, que queda con la siguiente nueva redacción:

"Artículo "número/letra".

"texto íntegro y literal del artículo estatutario modificado"".

En relación con el presente acuerdo *"...no se ha solicitado constancia en acta de ninguna intervención ... O ... el socio "Don/Doña nombre y apellidos/razón social" ha solicitado la constancia en acta de su intervención en los siguientes términos: "texto de la intervención cuya constancia en acta se solicita" ..."*.

○ **Relación de otros acuerdos adoptados:**

"Segundo."

"texto de los restantes acuerdos adoptados"

Una vez tratadas todas las cuestiones incluidas en el orden del día de la junta, se suspende momentáneamente la sesión, al objeto de que el secretario proceda a la redacción definitiva del acta, la cual, una vez redactada y leída, es aprobada por unanimidad de los asistentes, que la encuentran conforme a la realidad de lo acordado en la reunión, siendo firmada por el secretario, con el visto bueno del presidente *"...así como por los asistentes que lo desean ..."*; tras lo cual, se levanta la sesión a las *"número/letra"* horas del día y en el lugar que figuran en el encabezamiento.

Vº Bº	El Secretario
El Presidente	
Fdo. *"Don/Doña nombre y apellidos del presidente"*	Fdo. *"Don/Doña nombre y apellidos del secretario"*

b. Certificación en extracto de acta de junta general universal

"Don/Doña nombre y apellidos" "...y "Don/Doña nombre y apellidos" ...", en su condición de *"...Administrador único ... O ... Administrador solidario ... O ... Administradores mancomunados ... O ... Secretario del consejo de administración ..."* de *"denominación, S.R.L."*

Certifica/n

1. Que el día *"fecha"*, y en *"...el domicilio social ... O ... "lugar" ..."* se celebró junta general de socios con el carácter de universal, por asistir a la misma, presente o debidamente representado, la totalidad del capital social y aceptarlo así la totalidad de los asistentes, relación nominal de los cuales, con sus respectivas firmas, figura en la correspondiente acta, a continuación de la fecha, lugar y orden del día.

1055

2.

Que por unanimidad de los asistentes se aceptaron los siguientes puntos como orden del día de la sesión:

1. Ampliación del objeto social y consiguiente modificación del artículo *"número/letra"* de los estatutos sociales.

"– "texto de los otros puntos aceptados como orden del día de la junta". 

3.

Que *"Don/Doña nombre y apellidos presidente"* y *"Don/Doña nombre y apellidos del secretario"* desempeñaron, respectivamente, los cargos de presidente y secretario de la junta *"...conforme a las reglas de designación de tales cargos contenidas en los estatutos de la sociedad... O... conforme a las previsiones contenidas en el artículo 191 del texto refundido de la Ley de Sociedades de Capital... O... por designación, al comienzo de la reunión, por los socios concurrentes a la misma...".*

4.

Que previa deliberación de cada uno de cada uno de los asuntos y de las propuestas formuladas al respecto, y por unanimidad, se adoptaron los acuerdos que se transcriben literalmente:

Acuerdos

Primero. Ampliación del objeto social y consiguiente modificación del artículo *"número/letra"* de los estatutos sociales.

La junta acuerda ampliar el objeto social de la sociedad para permitir la realización de actividades adicionales, modificando en consecuencia el artículo *"número/letra"* de los vigentes estatutos sociales, que queda con la siguiente nueva redacción:

"Artículo "número/letra".

"texto íntegro y literal del artículo estatutario modificado"".

>>

○ **Relación de otros acuerdos adoptados:**

"Segundo."

"texto de los restantes acuerdos adoptados".

5.

Que el acta fue aprobada, previa su redacción y lectura, por la propia junta, al final de la reunión, constando en ella la firma del secretario, con el visto bueno del presidente, así como las de los socios asistentes que lo desearon.

Y para que así conste y surta los oportunos efectos, se expide la presente certificación, en *"localidad"*, a *"fecha"*.

Firma/s

"...El administrador único Fdo. "Don/Doña nombre y apellidos"..."

"...El administrador solidario Fdo. "Don/Doña nombre y apellidos"..."

"...Los administradores mancomunados Fdo. "Don/Doña nombre y apellidos"..."

"...El secretario del consejo de administración con el V°B° del presidente del consejo Fdo. "Don/Doña nombre y apellidos"..."

1060

12. Sustitución del objeto social

MSM nº 7435;
MSL nº 5575

Nota preliminar:

1) El formulario, en el que se incluyen acta y certificación, supone que el acuerdo se adopta en **junta universal y por unanimidad,** supuesto que será el más frecuente en la práctica.

2) Para el caso de que el acuerdo se adopte en junta formalmente **convocada o/y sin unanimidad** de los socios, ver otros modelos de acta (nº 505 y nº 510) y certificación (nº 605 y nº 610).

3) Si la sociedad es unipersonal, ver modelos de acta (nº 520) y certificación (nº 620).

4) Este formulario responde a un **supuesto práctico real,** cuyas circunstancias, obviamente, pueden no coincidir plenamente con las que concurren en el supuesto para el que va a utilizarse. Se ha optado por mantenerlas para enriquecer el valor ejemplificativo del formulario, sin perjuicio de que el usuario las elimine o modifique al personalizar el modelo.

LSC art.285, 286, 288.1 y 346.1.a; RRM art.94 y 195

a. Acta de la junta general y universal de *"denominación, S.R.L."*

Siendo las *"número/letra"* horas del día *"fecha"*, y hallándose presentes *"...en el domicilio social... O ... en "lugar"... "*, la totalidad de los socios de *"denominación, S.R.L."*, quienes, a su vez, representan el total del capital de la sociedad, deciden constituirse de forma unánime en junta general y universal de socios; lo que llevan a efecto al amparo de lo dispuesto en el artículo 178 del texto refundido de la Ley de Sociedades de Capital, con el siguiente:

Orden del día

1. Sustitución del objeto social y consiguiente modificación del artículo *"número/letra"* de los estatutos sociales.

"– "texto de los otros puntos aceptados como orden del día de la junta".

Actúan como presidente y secretario de la junta, respectivamente, *"Don/Doña nombre y apellidos del presidente"* y *"Don/Doña nombre y apellidos del secretario" "...conforme a las reglas de designación de tales cargos contenidas en los estatutos de la sociedad... O ... conforme a las previsiones contenidas en el artículo 191 del texto refundido de la Ley de Sociedades de Capital ... O ... por designación, al comienzo de la reunión, por los socios concurrentes a la misma ..."*.
Los designados aceptan sus respectivos cargos y prometen desempeñar bien y fielmente las funciones inherentes a los mismos.

De conformidad con lo establecido en el artículo 97, número 1, apartado 4ª del Reglamento del Registro Mercantil, y en prueba de aceptación de todos los asistentes del orden del día fijado, se recoge, a continuación, relación nominal de los asistentes, seguida de la firma de cada uno de ellos:

- *"Don/Doña nombre y apellidos/razón social"*, titular de *"número/letra"* participaciones sociales, números *"número"* a *"número"*, ambos inclusive, representativas de un *"determinar porcentaje"* % del capital social. Asiste *"...personalmente ... O ... representado por "Don/Doña nombre y apellidos", según acredita debidamente ..."*.

Firma: *"Don/Doña nombre y apellidos/razón social"*

Se hace constar que la totalidad de las participaciones sociales tienen derecho de voto y que cada participación social da derecho a emitir un voto.

»

❍ **Si existen privilegios en materia de derecho de voto:**

"indicar los privilegios que en materia de derecho de voto se prevén en los estatutos sociales".

Capítulo V. Acuerdos sociales

Se hace constar asimismo que asisten a la reunión la totalidad de los administradores de la sociedad.

Una vez constatada la asistencia a la reunión de la totalidad del capital social y la aceptación, por unanimidad de los asistentes, de su celebración con el carácter de universal, el secretario, por indicación del presidente, procede a dar lectura al orden del día fijado, adoptándose, previa deliberación de cada uno de cada uno de los asuntos y de las propuestas formuladas al respecto, por unanimidad los siguientes:

Acuerdos

Primero. Sustitución del objeto social y consiguiente modificación del artículo *"número/letra"* de los estatutos sociales.

Se acuerda sustituir el actual objeto social de la compañía, modificando consecuentemente, el artículo *"número"* de los estatutos sociales, que, en lo sucesivo, tendrá la siguiente redacción:

"Artículo "número/letra".

"texto íntegro y literal del artículo estatutario modificado"".

>>

○ **Modificación de la denominación social de la Sociedad:**

Como consecuencia de la sustitución del objeto social de la Sociedad se acuerda modificar la denominación social de la Sociedad.

Nota:

Ver modelo nº 1050.

<<

En relación con el presente acuerdo *"...no se ha solicitado constancia en acta de ninguna intervención ... O ... el socio "Don/Doña nombre y apellidos/razón social" ha solicitado la constancia en acta de su intervención en los siguientes términos: "texto de la intervención cuya constancia en acta se solicita" ...".*

>>

○ **Relación de otros acuerdos adoptados:**

"Segundo."

"texto de los restantes acuerdos adoptados" 

<<

Una vez tratadas todas las cuestiones incluidas en el orden del día de la junta, se suspende momentáneamente la sesión, al objeto de que el secretario proceda a la redacción definitiva del acta, la cual, una vez redactada y leída, es aprobada por unanimidad de los asistentes, que la encuentran conforme a la realidad de lo acordado en la reunión, siendo firmada por el secretario, con el visto bueno del presidente *"...así como por los asistentes que lo desean..."*; tras lo cual, se levanta la sesión a las *"número/letra"* horas del día y en el lugar que figuran en el encabezamiento.

Vº Bº

El Presidente

Fdo. *"Don/Doña nombre y apellidos del presidente"*

El Secretario

Fdo. *"Don/Doña nombre y apellidos del secretario"*

b. Certificación en extracto de acta de junta general universal

"Don/Doña nombre y apellidos" "...y "Don/Doña nombre y apellidos" ...", en su condición de *"...Administrador único ... O ... Administrador solidario ... O ... Administradores mancomunados ... O ... Secretario del consejo de administración ..."* de *"denominación, S.R.L."*

Certifica/n

1.
Que el día *"fecha"*, y en *"...el domicilio social ... O ... "lugar" ..."* se celebró junta general de socios con el carácter de universal, por asistir a la misma, presente o debidamente representado, la totalidad del capital social y aceptarlo así la totalidad de los asistentes, relación nominal de los cuales, con sus respectivas firmas, figura en la correspondiente acta, a continuación de la fecha, lugar y orden del día.

2.
Que por unanimidad de los asistentes se aceptaron los siguientes puntos como orden del día de la sesión:

1. Sustitución del objeto social y consiguiente modificación del artículo *"número/letra"* de los estatutos sociales.
"– "texto de los otros puntos aceptados como orden del día de la junta".

3.
Que *"Don/Doña nombre y apellidos del presidente"* y *"Don/Doña nombre y apellidos del secretario"* desempeñaron, respectivamente, los cargos de presidente y secretario de la junta *"...conforme a las reglas de designación de tales cargos contenidas en los estatutos de la sociedad ... O ... conforme a las previsiones contenidas en el artículo 191 del texto refundido de la Ley de Sociedades de Capital ... O ... por designación, al comienzo de la reunión, por los socios concurrentes a la misma ..."*.

4.
Que previa deliberación de cada uno de cada uno de los asuntos y de las propuestas formuladas al respecto, y por unanimidad, se adoptaron los acuerdos que se transcriben literalmente:

Acuerdos

Primero. Sustitución del objeto social y consiguiente modificación del artículo *"número/letra"* de los estatutos sociales.

Se acuerda sustituir el actual objeto social de la compañía, modificando consecuentemente, el artículo *"número"* de los estatutos sociales, que, en lo sucesivo, tendrá la siguiente redacción:

"Artículo "número/letra".

"texto íntegro y literal del artículo estatutario modificado"".

➤➤

○ **Modificación de la denominación social de la Sociedad:**

Como consecuencia de la sustitución del objeto social de la Sociedad se acuerda modificar la denominación social de la Sociedad.

Nota:

Ver modelo nº 1050.

◄◄

1060

○ Relación de otros acuerdos adoptados:

"Segundo."

"texto de los restantes acuerdos adoptados".

5.

Que el acta fue aprobada, previa su redacción y lectura, por la propia junta, al final de la reunión, constando en ella la firma del secretario, con el visto bueno del presidente, así como las de los socios asistentes que lo desearon.

Y para que así conste y surta los oportunos efectos, se expide la presente certificación, en *"localidad"*, a *"fecha"*.

Firma/s

"...El administrador único Fdo. "Don/Doña nombre y apellidos"..."

"...El administrador solidario Fdo. "Don/Doña nombre y apellidos"..."

"...Los administradores mancomunados Fdo. "Don/Doña nombre y apellidos"..."

"...El secretario del consejo de administración con el V°B° del presidente del consejo Fdo. "Don/Doña nombre y apellidos"..."

1065

13. Traslado del domicilio social dentro del mismo término municipal

MSM nº 7449; MSL nº 5590

Nota preliminar:

1) El formulario, en el que se incluyen acta y certificación, supone que el acuerdo se adopta en **junta universal y por unanimidad,** supuesto que será el más frecuente en la práctica. LSC art.285.2

2) Para el caso de que el acuerdo se adopte en junta formalmente **convocada o/y sin unanimidad** de los socios, ver otros modelos de acta (nº 505 y nº 510) y certificación (nº 605 y nº 610).

3) Si la sociedad es unipersonal, ver modelos de acta (nº 520) y certificación (nº 620).

4) Téngase en cuenta que, salvo diposición contraria de los estatutos, el traslado del domicilio social dentro del territorio nacional también puede ser acordado por el órgano de administración, directamente y sin necesidad de intervención de la junta. Para el caso de **consejo de administración**, ver modelos de acta (nº 515) y certificación (nº 615).

5) Este formulario responde a un **supuesto práctico real,** cuyas circunstancias, obviamente, pueden no coincidir plenamente con las que concurren en el supuesto para el que va a utilizarse. Se ha optado por mantenerlas para enriquecer el valor ejemplificativo del formulario, sin perjuicio de que el usuario las elimine o modifique al personalizar el modelo.

a. Acta de la junta general y universal de *"denominación, S.R.L."*

Siendo las *"número/letra"* horas del día *"fecha"*, y hallándose presentes *"...en el domicilio social... O ... en "lugar"..."*, la totalidad de los socios de *"denominación, S.R.L."*, quienes, a su vez, representan el total del capital de la sociedad, deciden constituirse de forma unánime en junta general y universal de socios; lo que llevan a efecto al amparo de lo dispuesto en el artículo 178 del texto refundido de la Ley de Sociedades de Capital, con el siguiente:

Orden del día

1. Traslado del domicilio social y consiguiente modificación del artículo *"número/letra"* de los estatutos sociales.
"– "texto de los otros puntos aceptados como orden del día de la junta".

Actúan como presidente y secretario de la junta, respectivamente, *"Don/Doña nombre y apellidos del presidente"* y *"Don/Doña nombre y apellidos del secretario" "...conforme a las reglas de designación de tales cargos contenidas en los estatutos de la sociedad... O ... conforme a las previsiones contenidas en el artículo 191 del texto refundido de la Ley de Sociedades de Capital ... O ... por designación, al comienzo de la reunión, por los socios concurrentes a la misma ..."*.
Los designados aceptan sus respectivos cargos y prometen desempeñar bien y fielmente las funciones inherentes a los mismos.

De conformidad con lo establecido en el artículo 97, número 1, apartado 4ª del Reglamento del Registro Mercantil, y en prueba de aceptación de todos los asistentes del orden del día fijado, se recoge, a continuación, relación nominal de los asistentes, seguida de la firma de cada uno de ellos:

- *"Don/Doña nombre y apellidos/razón social"*, titular de *"número/letra"* participaciones sociales, números *"número"* a *"número"*, ambos inclusive, representativas de un *"determinar porcentaje"* % del capital social. Asiste *"...personalmente ... O ... representado por "Don/Doña nombre y apellidos", según acredita debidamente ..."*.

Firma: *"Don/Doña nombre y apellidos/razón social"* 

Se hace constar que la totalidad de las participaciones sociales tienen derecho de voto y que cada participación social da derecho a emitir un voto.

○ Si existen privilegios en materia de derecho de voto:

"indicar los privilegios que en materia de derecho de voto se prevén en los estatutos sociales".

<<

Se hace constar asimismo que asisten a la reunión la totalidad de los administradores de la sociedad.

Una vez constatada la asistencia a la reunión de la totalidad del capital social y la aceptación, por unanimidad de los asistentes, de su celebración con el carácter de universal, el secretario, por indicación del presidente, procede a dar lectura al orden del día fijado, adoptándose, previa deliberación de cada uno de cada uno de los asuntos y de las propuestas formuladas al respecto, por unanimidad los siguientes:

Acuerdos

Primero. Traslado del domicilio social y consiguiente modificación del artículo *"número/letra"* de los estatutos sociales.

La junta *"...el órgano de administración ..."* acuerda trasladar el domicilio social de *"calle y número"* a *"calle y número"*, también de *"localidad"*, modificando en consecuencia el artículo *"número"* de los estatutos sociales, que tendrá en lo sucesivo la siguiente nueva redacción:

"Artículo "número/letra".

"texto íntegro y literal del artículo estatutario modificado"".

En relación con el presente acuerdo *"...no se ha solicitado constancia en acta de ninguna intervención ... O ... el socio "Don/Doña nombre y apellidos/razón social" ha solicitado la constancia en acta de su intervención en los siguientes términos: "texto de la intervención cuya constancia en acta se solicita" ...".*

>>

○ Relación de otros acuerdos adoptados:

"Segundo."

"texto de los restantes acuerdos adoptados" 

<<

Una vez tratadas todas las cuestiones incluidas en el orden del día de la junta, se suspende momentáneamente la sesión, al objeto de que el secretario proceda a la redacción definitiva del acta, la cual, una vez redactada y leída, es aprobada por unanimidad de los asistentes, que la encuentran conforme a la realidad de lo acordado en la reunión, siendo firmada por el secretario, con el visto bueno del presidente *"...así como por los asistentes que lo desean ..."*; tras lo cual, se levanta la sesión a las *"número/letra"* horas del día y en el lugar que figuran en el encabezamiento.

Vº Bº

El Presidente

Fdo. *"Don/Doña nombre y apellidos del presidente"*

El Secretario

Fdo. *"Don/Doña nombre y apellidos del secretario"*

b. Certificación en extracto de acta de junta general universal

"Don/Doña nombre y apellidos" "...y "Don/Doña nombre y apellidos" ... ", en su condición de *"...Administrador único ... O ... Administrador solidario ... O ... Administradores mancomunados ... O ... Secretario del consejo de administración ... "* de *"denominación, S.R.L."*

Certifica/n

1.
Que el día *"fecha"*, y en *"...el domicilio social ... O ... "lugar" ... "* se celebró junta general de socios con el carácter de universal, por asistir a la misma, presente o debidamente representado, la totalidad del capital social y aceptarlo así la totalidad de los asistentes, relación nominal de los cuales, con sus respectivas firmas, figura en la correspondiente acta, a continuación de la fecha, lugar y orden del día.

2.
Que por unanimidad de los asistentes se aceptaron los siguientes puntos como orden del día de la sesión:

1. Traslado del domicilio social y consiguiente modificación del artículo *"número/letra"* de los estatutos sociales.
"– "texto de los otros puntos aceptados como orden del día de la junta".

3.
Que *"Don/Doña nombre y apellidos del presidente"* y *"Don/Doña nombre y apellidos del secretario"* desempeñaron, respectivamente, los cargos de presidente y secretario de la junta *"...conforme a las reglas de designación de tales cargos contenidas en los estatutos de la sociedad ... O ... conforme a las previsiones contenidas en el artículo 191 del texto refundido de la Ley de Sociedades de Capital ... O ... por designación, al comienzo de la reunión, por los socios concurrentes a la misma ... ".*

4.
Que previa deliberación de cada uno de cada uno de los asuntos y de las propuestas formuladas al respecto, y por unanimidad, se adoptaron los acuerdos que se transcriben literalmente:

Acuerdos

Primero. Traslado del domicilio social y consiguiente modificación del artículo *"número/letra"* de los estatutos sociales.

La junta *"...el órgano de administración ... "* acuerda trasladar el domicilio social de *"calle y número"* a *"calle y número"*, también de *"localidad"*, modificando en consecuencia el artículo *"número"* de los estatutos sociales, que tendrá en lo sucesivo la siguiente nueva redacción:

"Artículo "número/letra".

"texto íntegro y literal del artículo estatutario modificado"".

➢➢

○ **Relación de otros acuerdos adoptados:**

"Segundo."

"texto de los restantes acuerdos adoptados".

≺≺

5.

Que el acta fue aprobada, previa su redacción y lectura, por la propia junta, al final de la reunión, constando en ella la firma del secretario, con el visto bueno del presidente, así como las de los socios asistentes que lo desearon.

Y para que así conste y surta los oportunos efectos, se expide la presente certificación, en *"localidad"*, a *"fecha"*.

Firma/s

"...El administrador único Fdo. "Don/Doña nombre y apellidos" ..."

"...El administrador solidario Fdo. "Don/Doña nombre y apellidos" ..."

"...Los administradores mancomunados Fdo. "Don/Doña nombre y apellidos" ..."

"...El secretario del consejo de administración con el V°B° del presidente del consejo Fdo. "Don/Doña nombre y apellidos" ..."

1070

14. Traslado del domicilio social a distinto término municipal de la misma provincia

MSM nº 7449;
MSL nº 5590

LSC art.285, 286, 288.1 y 290

Nota preliminar:

1) El formulario, en el que se incluyen acta y certificación, supone que el acuerdo se adopta en **junta universal y por unanimidad,** supuesto que será el más frecuente en la práctica.

2) Para el caso de que el acuerdo se adopte en junta formalmente **convocada o/y sin unanimidad** de los socios, ver otros modelos de acta (nº 505 y nº 510) y certificación (nº 605 y nº 610).

3) Si la sociedad es unipersonal, ver modelos de acta (nº 520) y certificación (nº 620).

4) Téngase en cuenta que, salvo diposición contraria de los estatutos, el traslado del domicilio social dentro del territorio nacional también puede ser acordado por el órgano de administración, directamente y sin necesidad de intervención de la junta. Para el caso de **consejo de administración**, ver modelos de acta (nº 515) y certificación (nº 615).

5) Este formulario responde a un **supuesto práctico real,** cuyas circunstancias, obviamente, pueden no coincidir plenamente con las que concurren en el supuesto para el que va a utilizarse. Se ha optado por mantenerlas para enriquecer el valor ejemplificativo del formulario, sin perjuicio de que el usuario las elimine o modifique al personalizar el modelo.

a. Acta de la junta general y universal de *"denominación, S.R.L."*

Siendo las *"número/letra"* horas del día *"fecha"*, y hallándose presentes *"...en el domicilio social... O ... en "lugar" ... "*, la totalidad de los socios de *"denominación, S.R.L."*, quienes, a su vez, representan el total del capital de la sociedad, deciden constituirse de forma unánime en junta general y universal de socios; lo que llevan a efecto al amparo de lo dispuesto en el artículo 178 del texto refundido de la Ley de Sociedades de Capital, con el siguiente:

Orden del día

Traslado del domicilio social y consiguiente modificación del artículo *"número/letra"* de los estatutos sociales.
"texto de los otros puntos aceptados como orden del día de la junta""

Actúan como presidente y secretario de la junta, respectivamente, *"Don/Doña nombre y apellidos del presidente"* y *"Don/Doña nombre y apellidos del secretario" "...conforme a las reglas de designación de tales cargos contenidas en los estatutos de la sociedad... O ... conforme a las previsiones contenidas en el artículo 191 del texto refundido de la Ley de Sociedades de Capital ... O ... por designación, al comienzo de la reunión, por los socios concurrentes a la misma ... "*.
Los designados aceptan sus respectivos cargos y prometen desempeñar bien y fielmente las funciones inherentes a los mismos.

De conformidad con lo establecido en el artículo 97, número 1, apartado 4ª del Reglamento del Registro Mercantil, y en prueba de aceptación de todos los asistentes del orden del día fijado, se recoge, a continuación, relación nominal de los asistentes, seguida de la firma de cada uno de ellos:

"Don/Doña nombre y apellidos/razón social", titular de *"número/letra"* participaciones sociales, números *"número"* a *"número"*, ambos inclusive, representativas de un *"determinar porcentaje"* % del capital social. Asiste *"...personalmente ... O ... representado por "Don/Doña nombre y apellidos", según acredita debidamente ... "*
Firma: *"Don/Doña nombre y apellidos/razón social"*

1070

Se hace constar que la totalidad de las participaciones sociales tienen derecho de voto y que cada participación social da derecho a emitir un voto.

○ **Si existen privilegios en materia de derecho de voto:**

"indicar los privilegios que en materia de derecho de voto se prevén en los estatutos sociales".

Se hace constar asimismo que asisten a la reunión la totalidad de los administradores de la sociedad.

Una vez constatada la asistencia a la reunión de la totalidad del capital social y la aceptación, por unanimidad de los asistentes, de su celebración con el carácter de universal, el secretario, por indicación del presidente, procede a dar lectura al orden del día fijado, adoptándose, previa deliberación de cada uno de cada uno de los asuntos y de las propuestas formuladas al respecto, por unanimidad los siguientes:

Acuerdos

Primero. Traslado del domicilio social y consiguiente modificación del artículo *"número/letra"* de los estatutos sociales.

La junta acuerda trasladar el domicilio social de *"localidad, calle y número"* a *"localidad, calle y número"*, modificando en consecuencia el artículo *"número"* de los estatutos sociales, que tendrá en lo sucesivo la siguiente nueva redacción:

Artículo "número/letra"

"texto íntegro y literal del artículo estatutario modificado"

En relación con el presente acuerdo *"...no se ha solicitado constancia en acta de ninguna intervención ... O ... el socio "Don/Doña nombre y apellidos/razón social" ha solicitado la constancia en acta de su intervención en los siguientes términos: "texto de la intervención cuya constancia en acta se solicita" ...".*

○ **Relación de otros acuerdos adoptados:**

"Segundo".

"texto de los restantes acuerdos adoptados"

Una vez tratadas todas las cuestiones incluidas en el orden del día de la junta, se suspende momentáneamente la sesión, al objeto de que el secretario proceda a la redacción definitiva del acta, la cual, una vez redactada y leída, es aprobada por unanimidad de los asistentes, que la encuentran conforme a la realidad de lo acordado en la reunión, siendo firmada por el secretario, con el visto bueno del presidente *"...así como por los asistentes que lo desean..."*; tras lo cual, se levanta la sesión a las *"número/letra"* horas del día y en el lugar que figuran en el encabezamiento.

Vº Bº	El Secretario
El Presidente	
Fdo. *"Don/Doña nombre y apellidos del presidente"*	Fdo. *"Don/Doña nombre y apellidos del secretario"*

1070

b. Certificación en extracto de acta de junta general universal

"Don/Doña nombre y apellidos" "...y "Don/Doña nombre y apellidos" ...", en su condición de *"...Administrador único ... O ... Administrador solidario ... O ... Administradores mancomunados ... O ... Secretario del consejo de administración ..."* de *"denominación, S.R.L."*

Certifica/n

1.
Que el día *"fecha"*, y en *"...el domicilio social ... O ... lugar ..."* se celebró junta general de socios con el carácter de universal, por asistir a la misma, presente o debidamente representado, la totalidad del capital social y aceptarlo así la totalidad de los asistentes, relación nominal de los cuales, con sus respectivas firmas, figura en la correspondiente acta, a continuación de la fecha, lugar y orden del día.

2.
Que por unanimidad de los asistentes se aceptaron los siguientes puntos como orden del día de la sesión:

Traslado del domicilio social y consiguiente modificación del artículo *"número/letra"* de los estatutos sociales.
"texto de los otros puntos aceptados como orden del día de la junta""

3.
Que *"Don/Doña nombre y apellidos del presidente"* y *"Don/Doña nombre y apellidos del secretario"* desempeñaron, respectivamente, los cargos de presidente y secretario de la junta *"...conforme a las reglas de designación de tales cargos contenidas en los estatutos de la sociedad ... O ... conforme a las previsiones contenidas en el artículo 191 del texto refundido de la Ley de Sociedades de Capital ... O ... por designación, al comienzo de la reunión, por los socios concurrentes a la misma ..."*.

4.
Que previa deliberación de cada uno de cada uno de los asuntos y de las propuestas formuladas al respecto, y por unanimidad, se adoptaron los acuerdos que se transcriben literalmente:

Acuerdos

Primero. Traslado del domicilio social y consiguiente modificación del artículo *"número/letra"* de los estatutos sociales.

La junta acuerda trasladar el domicilio social de *"localidad, calle y número"* a *"localidad, calle y número"*, modificando en consecuencia el artículo *"número"* de los estatutos sociales, que tendrá en lo sucesivo la siguiente nueva redacción:

Artículo "número/letra"

"texto íntegro y literal del artículo estatutario modificado".

>>

- **Relación de otros acuerdos adoptados:**

"Segundo".

"texto de los restantes acuerdos adoptados"

5.
Que el acta fue aprobada, previa su redacción y lectura, por la propia junta, al final de la reunión, constando en ella la firma del secretario, con el visto bueno del presidente, así como las de los socios asistentes que lo desearon.

Y para que así conste y surta los oportunos efectos, se expide la presente certificación, en *"localidad"* a *"fecha"*.

Firma/s

"...El administrador único Fdo. "Don/Doña nombre y apellidos" ..."

"...El administrador solidario Fdo. "Don/Doña nombre y apellidos" ..."

"...Los administradores mancomunados Fdo. "Don/Doña nombre y apellidos" ..."

"...El secretario del consejo de administración con el V°B° del presidente del consejo Fdo. "Don/Doña nombre y apellidos" ..."

15. Traslado del domicilio social a provincia distinta

MSM nº 7453;
MSL nº 5598

Nota preliminar:

1) El formulario, en el que se incluyen acta y certificación, supone que el acuerdo se adopta en **junta universal y por unanimidad,** supuesto que será el más frecuente en la práctica.

2) Para el caso de que el acuerdo se adopte en junta formalmente **convocada o/y sin unanimidad** de los socios, ver otros modelos de acta (nº 505 y nº 510) y certificación (nº 605 y nº 610).

3) Si la sociedad es unipersonal, ver modelos de acta (nº 520) y certificación (nº 620).

4) Téngase en cuenta que, salvo diposición contraria de los estatutos, el traslado del domicilio social dentro del territorio nacional también puede ser acordado por el órgano de administración, directamente y sin necesidad de intervención de la junta. Para el caso de **consejo de administración**, ver modelos de acta (nº 515) y certificación (nº 615).

5) Este formulario responde a un **supuesto práctico real,** cuyas circunstancias, obviamente, pueden no coincidir plenamente con las que concurren en el supuesto para el que va a utilizarse. Se ha optado por mantenerlas para enriquecer el valor ejemplificativo del formulario, sin perjuicio de que el usuario las elimine o modifique al personalizar el modelo.

LSC art.285, 286, 288.1 y 290; RRM art.19

a. Acta de la junta general y universal de *"denominación, S.R.L."*

Siendo las *"número/letra"* horas del día *"fecha"*, y hallándose presentes *"...en el domicilio social... O ... en "lugar"..."*, la totalidad de los socios de *"denominación, S.R.L."*, quienes, a su vez, representan el total del capital de la sociedad, deciden constituirse de forma unánime en junta general y universal de socios; lo que llevan a efecto al amparo de lo dispuesto en el artículo 178 del texto refundido de la Ley de Sociedades de Capital, con el siguiente:

Orden del día

1. Traslado del domicilio social y consiguiente modificación del artículo *"número/letra"* de los estatutos sociales.

"– "texto de los otros puntos aceptados como orden del día de la junta"

Actúan como presidente y secretario de la junta, respectivamente, *"Don/Doña nombre y apellidos del presidente"* y *"Don/Doña nombre y apellidos del secretario" "...conforme a las reglas de designación de tales cargos contenidas en los estatutos de la sociedad... O ... conforme a las previsiones contenidas en el artículo 191 del texto refundido de la Ley de Sociedades de Capital ... O ... por designación, al comienzo de la reunión, por los socios concurrentes a la misma..."*.
Los designados aceptan sus respectivos cargos y prometen desempeñar bien y fielmente las funciones inherentes a los mismos.

De conformidad con lo establecido en el artículo 97, número 1, apartado 4ª del Reglamento del Registro Mercantil, y en prueba de aceptación de todos los asistentes del orden del día fijado, se recoge, a continuación, relación nominal de los asistentes, seguida de la firma de cada uno de ellos:

• *"Don/Doña nombre y apellidos/razón social"*, titular de *"número/letra"* participaciones sociales, números *"número"* a *"número"*, ambos inclusive, representativas de un *"determinar porcentaje"* % del capital social. Asiste *"...personalmente ... O ... representado por "Don/Doña nombre y apellidos", según acredita debidamente ..."*.
Firma: *"Don/Doña nombre y apellidos/razón social"*

Se hace constar que la totalidad de las participaciones sociales tienen derecho de voto y que cada participación social da derecho a emitir un voto.

Capítulo V. Acuerdos sociales

Si existen privilegios en materia de derecho de voto:

"indicar los privilegios que en materia de derecho de voto se prevén en los estatutos sociales".

Se hace constar asimismo que asisten a la reunión la totalidad de los administradores de la sociedad.

Una vez constatada la asistencia a la reunión de la totalidad del capital social y la aceptación, por unanimidad de los asistentes, de su celebración con el carácter de universal, el secretario, por indicación del presidente, procede a dar lectura al orden del día fijado, adoptándose, previa deliberación de cada uno de cada uno de los asuntos y de las propuestas formuladas al respecto, por unanimidad los siguientes:

Acuerdos

Primero. Traslado del domicilio social y consiguiente modificación del artículo *"número/letra"* de los estatutos sociales.

La junta acuerda trasladar el domicilio social de *"provincia, localidad, calle y número"* a *"provincia, localidad, calle y número"*, modificando en consecuencia el artículo *"número/letra"* de los estatutos sociales, que tendrá en lo sucesivo la siguiente nueva redacción:

"Artículo "número/letra".

"texto íntegro y literal del artículo estatutario modificado"".

En consecuencia, adoptado el acuerdo, se solicitará al Registro Mercantil de origen en *"provincia"*, una certificación literal comprensiva de todas las inscripciones de la sociedad para su traslado al Registro Mercantil de destino en *"provincia"*, a fin de que abra la correspondiente hoja registral de la sociedad.

En relación con el presente acuerdo *"...no se ha solicitado constancia en acta de ninguna intervención ... O... el socio "Don/Doña nombre y apellidos/razón social" ha solicitado la constancia en acta de su intervención en los siguientes términos: "texto de la intervención cuya constancia en acta se solicita" ...".*

➢➢

Relación de otros acuerdos adoptados:

"Segundo."

"texto de los restantes acuerdos adoptados" 

≺≺

Una vez tratadas todas las cuestiones incluidas en el orden del día de la junta, se suspende momentáneamente la sesión, al objeto de que el secretario proceda a la redacción definitiva del acta, la cual, una vez redactada y leída, es aprobada por unanimidad de los asistentes, que la encuentran conforme a la realidad de lo acordado en la reunión, siendo firmada por el secretario, con el visto bueno del presidente *"...así como por los asistentes que lo desean..."*; tras lo cual, se levanta la sesión a las *"número/letra"* horas del día y en el lugar que figuran en el encabezamiento.

Vº Bº

El Presidente

Fdo. *"Don/Doña nombre y apellidos del presidente"*

El Secretario

Fdo. *"Don/Doña nombre y apellidos del secretario"*

 1075

b. Certificación en extracto de acta de junta general universal

"Don/Doña nombre y apellidos" "...y "Don/Doña nombre y apellidos" ... ", en su condición de *"...Administrador único ... O ... Administrador solidario ... O ... Administradores mancomunados ... O ... Secretario del consejo de administración ... "* de *"denominación, S.R.L."*

Certifica/n

1.
Que el día *"fecha"*, y en *"...el domicilio social ... O ... "lugar" ... "* se celebró junta general de socios con el carácter de universal, por asistir a la misma, presente o debidamente representado, la totalidad del capital social y aceptarlo así la totalidad de los asistentes, relación nominal de los cuales, con sus respectivas firmas, figura en la correspondiente acta, a continuación de la fecha, lugar y orden del día.

2.
Que por unanimidad de los asistentes se aceptaron los siguientes puntos como orden del día de la sesión:

1. Traslado del domicilio social y consiguiente modificación del artículo *"número/letra"* de los estatutos sociales.
"– "texto de los otros puntos aceptados como orden del día de la junta".

3.
Que *"Don/Doña nombre y apellidos del presidente"* y *"Don/Doña nombre y apellidos del presidente"* desempeñaron, respectivamente, los cargos de presidente y secretario de la junta *"...conforme a las reglas de designación de tales cargos contenidas en los estatutos de la sociedad ... O ... conforme a las previsiones contenidas en el artículo 191 del texto refundido de la Ley de Sociedades de Capital ... O ... por designación, al comienzo de la reunión, por los socios concurrentes a la misma ... "*.

4.
Que previa deliberación de cada uno de cada uno de los asuntos y de las propuestas formuladas al respecto, y por unanimidad, se adoptaron los acuerdos que se transcriben literalmente:

Acuerdos

Primero. Traslado del domicilio social y consiguiente modificación del artículo *"número/letra"* de los estatutos sociales.

La junta acuerda trasladar el domicilio social de *"provincia, localidad, calle y número"* a *"provincia, localidad, calle y número"*, modificando en consecuencia el artículo *"número/letra"* de los estatutos sociales, que tendrá en lo sucesivo la siguiente nueva redacción:

"Artículo "número/letra".

"texto íntegro y literal del artículo estatutario modificado"".

En consecuencia, adoptado el acuerdo, se solicitará al Registro Mercantil de origen en *"provincia"*, una certificación literal comprensiva de todas las inscripciones de la sociedad para su traslado al Registro Mercantil de destino en *"provincia"*, a fin de que abra la correspondiente hoja registral de la sociedad.

≻≻
○ Relación de otros acuerdos adoptados:

"Segundo."

"texto de los restantes acuerdos adoptados".

Capítulo V. Acuerdos sociales

5.
Que el acta fue aprobada, previa su redacción y lectura, por la propia junta, al final de la reunión, constando en ella la firma del secretario, con el visto bueno del presidente, así como las de los socios asistentes que lo desearon.

Y para que así conste y surta los oportunos efectos, se expide la presente certificación, en *"localidad"*, a *"fecha"*.

Firma/s

"...El administrador único Fdo. "Don/Doña nombre y apellidos" ... "

"...El administrador solidario Fdo. "Don/Doña nombre y apellidos" ... "

"...Los administradores mancomunados Fdo. "Don/Doña nombre y apellidos" ... "

"...El secretario del consejo de administración con el VºBº del presidente del consejo Fdo. "Don/Doña nombre y apellidos" ... "

16. Modificación del ejercicio social

MSM nº 7510;
MSL nº 5655

Nota preliminar:

1) El formulario, en el que se incluyen acta y certificación, supone que el acuerdo se adopta en **junta universal y por unanimidad,** supuesto que será el más frecuente en la práctica.

2) Para el caso de que el acuerdo se adopte en junta formalmente **convocada o/y sin unanimidad** de los socios, ver otros modelos de acta (nº 505 y nº 510) y certificación (nº 605 y nº 610).

3) Si la sociedad es unipersonal, ver modelos de acta (nº 520) y certificación (nº 620).

4) Este formulario responde a un **supuesto práctico real,** cuyas circunstancias, obviamente, pueden no coincidir plenamente con las que concurren en el supuesto para el que va a utilizarse. Se ha optado por mantenerlas para enriquecer el valor ejemplificativo del formulario, sin perjuicio de que el usuario las elimine o modifique al personalizar el modelo.

LSC art.26, 285, 286, 288.1 y 290; RRM art.195

a. Acta de la junta general y universal de *"denominación, S.R.L."*

Siendo las *"número/letra"* horas del día *"fecha"*, y hallándose presentes *"...en el domicilio social... O ... en "lugar" ..."*, la totalidad de los socios de *"denominación, S.R.L."*, quienes, a su vez, representan el total del capital de la sociedad, deciden constituirse de forma unánime en junta general y universal de socios; lo que llevan a efecto al amparo de lo dispuesto en el artículo 178 del texto refundido de la Ley de Sociedades de Capital, con el siguiente:

Orden del día

1. Modificación del ejercicio social y consiguiente modificación del artículo *"número/letra"* de los estatutos sociales.
"– "texto de los otros puntos aceptados como orden del día de la junta".

Actúan como presidente y secretario de la junta, respectivamente, *"Don/Doña nombre y apellidos del presidente"* y *"Don/Doña nombre y apellidos del secretario" "...conforme a las reglas de designación de tales cargos contenidas en los estatutos de la sociedad... O ... conforme a las previsiones contenidas en el artículo 191 del texto refundido de la Ley de Sociedades de Capital ... O ... por designación, al comienzo de la reunión, por los socios concurrentes a la misma ..."*.
Los designados aceptan sus respectivos cargos y prometen desempeñar bien y fielmente las funciones inherentes a los mismos.

De conformidad con lo establecido en el artículo 97, número 1, apartado 4ª del Reglamento del Registro Mercantil, y en prueba de aceptación de todos los asistentes del orden del día fijado, se recoge, a continuación, relación nominal de los asistentes, seguida de la firma de cada uno de ellos:

- *"Don/Doña nombre y apellidos/razón social"*, titular de *"número/letra"* participaciones sociales, números *"número"* a *"número"*, ambos inclusive, representativas de un *"determinar porcentaje"* % del capital social. Asiste *"...personalmente ... O ... representado por "Don/Doña nombre y apellidos", según acredita debidamente ..."*.
Firma: *"Don/Doña nombre y apellidos/razón social"*

Se hace constar que la totalidad de las participaciones sociales tienen derecho de voto y que cada participación social da derecho a emitir un voto.

>>
o Si existen privilegios en materia de derecho de voto:

"indicar los privilegios que en materia de derecho de voto se prevén en los estatutos sociales".

<<

Se hace constar asimismo que asisten a la reunión la totalidad de los administradores de la sociedad.

Una vez constatada la asistencia a la reunión de la totalidad del capital social y la aceptación, por unanimidad de los asistentes, de su celebración con el carácter de universal, el secretario, por indicación del presidente, procede a dar lectura al orden del día fijado, adoptándose, previa deliberación de cada uno de cada uno de los asuntos y de las propuestas formuladas al respecto, por unanimidad los siguientes:

Acuerdos

Primero. Modificación del ejercicio social y consiguiente modificación del artículo *"número/letra"* de los estatutos sociales.

La junta acuerda modificar las fechas del ejercicio social, que pasará a ser del *"día y mes"* al *"día y mes"* de cada año *"...del año siguiente ..."*.

Por tanto el ejercicio comenzado el *"día, mes y año"* finalizará el próximo *"día, mes y año"*, iniciándose un ejercicio el *"día, mes y año"* que finalizará *"día, mes y año"*.

Se modifica, por tanto, la redacción del artículo *"número/letra"* de los estatutos sociales, que tendrá en adelante la siguiente nueva redacción:

"Artículo "número/letra".

"texto íntegro y literal del artículo estatutario modificado"".

En relación con el presente acuerdo *"...no se ha solicitado constancia en acta de ninguna intervención ... O ... el socio "Don/Doña nombre y apellidos/razón social" ha solicitado la constancia en acta de su intervención en los siguientes términos: "texto de la intervención cuya constancia en acta se solicita" ..."*.

➤➤

○ **Relación de otros acuerdos adoptados:**

"Segundo."

"texto de los restantes acuerdos adoptados" 

≺≺

Una vez tratadas todas las cuestiones incluidas en el orden del día de la junta, se suspende momentáneamente la sesión, al objeto de que el secretario proceda a la redacción definitiva del acta, la cual, una vez redactada y leída, es aprobada por unanimidad de los asistentes, que la encuentran conforme a la realidad de lo acordado en la reunión, siendo firmada por el secretario, con el visto bueno del presidente *"...así como por los asistentes que lo desean ..."*; tras lo cual, se levanta la sesión a las *"número/letra"* horas del día y en el lugar que figuran en el encabezamiento.

Vº Bº El Presidente	El Secretario
Fdo. *"Don/Doña nombre y apellidos del presidente"*	Fdo. *"Don/Doña nombre y apellidos del secretario"*

b. Certificación en extracto de acta de junta general universal

"Don/Doña nombre y apellidos" "...y "Don/Doña nombre y apellidos" ...", en su condición de *"...Administrador único ... O ... Administrador solidario ... O ... Administradores mancomunados ... O ... Secretario del consejo de administración ..."* de *"denominación, S.R.L."*

Certifica/n

1.
Que el día *"fecha"*, y en *"...el domicilio social ... O ... "lugar" ..."* se celebró junta general de socios con el carácter de universal, por asistir a la misma, presente o debidamente representado, la totalidad del capital social y aceptarlo así la totalidad de los asistentes, relación nominal de los cuales, con sus respectivas firmas, figura en la correspondiente acta, a continuación de la fecha, lugar y orden del día.

2.
Que por unanimidad de los asistentes se aceptaron los siguientes puntos como orden del día de la sesión:

1. Modificación del ejercicio social y consiguiente modificación del artículo *"número/letra"* de los estatutos sociales.

"– "texto de los otros puntos aceptados como orden del día de la junta".

3.
Que *"Don/Doña nombre y apellidos del presidente"* y *"Don/Doña nombre y apellidos del secretario"* desempeñaron, respectivamente, los cargos de presidente y secretario de la junta *"...conforme a las reglas de designación de tales cargos contenidas en los estatutos de la sociedad ... O ... conforme a las previsiones contenidas en el artículo 191 del texto refundido de la Ley de Sociedades de Capital ... O ... por designación, al comienzo de la reunión, por los socios concurrentes a la misma ..."*.

4.
Que previa deliberación de cada uno de cada uno de los asuntos y de las propuestas formuladas al respecto, y por unanimidad, se adoptaron los acuerdos que se transcriben literalmente:

Acuerdos

Primero. Modificación del ejercicio social y consiguiente modificación del artículo *"número/letra"* de los estatutos sociales.

La junta acuerda modificar las fechas del ejercicio social, que pasará a ser del *"día y mes"* al *"día y mes"* de cada año *"...del año siguiente ..."*.

Por tanto el ejercicio comenzado el *"día, mes y año"* finalizará el próximo *"día, mes y año"*, iniciándose un ejercicio el *"día, mes y año"* que finalizará *"día, mes y año"*.

Se modifica, por tanto, la redacción del artículo *"número/letra"* de los estatutos sociales, que tendrá en adelante la siguiente nueva redacción:

"Artículo "número/letra".

"texto íntegro y literal del artículo estatutario modificado"".

>>

○ **Relación de otros acuerdos adoptados:**

"Segundo."

"texto de los restantes acuerdos adoptados".

<<

5.

Que el acta fue aprobada, previa su redacción y lectura, por la propia junta, al final de la reunión, constando en ella la firma del secretario, con el visto bueno del presidente, así como las de los socios asistentes que lo desearon.

Y para que así conste y surta los oportunos efectos, se expide la presente certificación, en *"localidad"*, a *"fecha"*.

Firma/s

"...El administrador único Fdo. "Don/Doña nombre y apellidos" ... "

"...El administrador solidario Fdo. "Don/Doña nombre y apellidos" ... "

"...Los administradores mancomunados Fdo. "Don/Doña nombre y apellidos" ... "

"...El secretario del consejo de administración con el VºBº del presidente del consejo Fdo. "Don/Doña nombre y apellidos" ... "

17. Aumento de capital social mediante la creación de participaciones sociales y con aportaciones no dinerarias

MSM nº 6550 y nº 6729; MSL nº 5730 y nº 5960

LSC art.58.1, 60, 63 a 66, 70, 71, 295, 296, 298, 300 y 304 s.; RRM art.199.2

Nota preliminar:

1) El formulario, en el que se incluyen acta y certificación, supone que el acuerdo se adopta en **junta universal y por unanimidad,** supuesto que será el más frecuente en la práctica.

2) Para el caso de que el acuerdo se adopte en junta formalmente **convocada o/y sin unanimidad** de los socios, ver otros modelos de acta (nº 505 y nº 510) y certificación (nº 605 y nº 610).

3) Si la sociedad es unipersonal, ver modelos de acta (nº 520) y certificación (nº 620).

4) Este formulario responde a un **supuesto práctico real,** cuyas circunstancias, obviamente, pueden no coincidir plenamente con las que concurren en el supuesto para el que va a utilizarse. Se ha optado por mantenerlas para enriquecer el valor ejemplificativo del formulario, sin perjuicio de que el usuario las elimine o modifique al personalizar el modelo.

a. Acta de la junta general y universal de *"denominación, S.R.L."*

Siendo las *"número/letra"* horas del día *"fecha"*, y hallándose presentes *"...en el domicilio social... O ... en "lugar" ..."*, la totalidad de los socios de *"denominación, S.R.L."*, quienes, a su vez, representan el total del capital de la sociedad, deciden constituirse de forma unánime en junta general y universal de socios; lo que llevan a efecto al amparo de lo dispuesto en el artículo 178 del texto refundido de la Ley de Sociedades de Capital, con el siguiente:

Orden del día

1. Aumento de capital mediante la creación de participaciones sociales y con aportaciones no dinerarias y consiguiente modificación del artículo *"número/letra"* de los estatutos sociales.
"– "texto de los otros puntos aceptados como orden del día de la junta".

Actúan como presidente y secretario de la junta, respectivamente, *"Don/Doña nombre y apellidos del presidente"* y *"Don/Doña nombre y apellidos del secretario"* *"...conforme a las reglas de designación de tales cargos contenidas en los estatutos de la sociedad... O ... conforme a las previsiones contenidas en el artículo 191 del texto refundido de la Ley de Sociedades de Capital ... O ... por designación, al comienzo de la reunión, por los socios concurrentes a la misma ..."*.
Los designados aceptan sus respectivos cargos y prometen desempeñar bien y fielmente las funciones inherentes a los mismos.

De conformidad con lo establecido en el artículo 97, número 1, apartado 4ª del Reglamento del Registro Mercantil, y en prueba de aceptación de todos los asistentes del orden del día fijado, se recoge, a continuación, relación nominal de los asistentes, seguida de la firma de cada uno de ellos:

- *"Don/Doña nombre y apellidos/razón social"*, titular de *"número/letra"* participaciones sociales, números *"número"* a *"número"*, ambos inclusive, representativas de un *"determinar porcentaje"* % del capital social. Asiste *"...personalmente ... O ... representado por "Don/Doña nombre y apellidos", según acredita debidamente ..."*.
Firma: *"Don/Doña nombre y apellidos/razón social"*

Se hace constar que la totalidad de las participaciones sociales tienen derecho de voto y que cada participación social da derecho a emitir un voto.

1085

Capítulo V. Acuerdos sociales

- **Si existen privilegios en materia de derecho de voto:**

"indicar los privilegios que en materia de derecho de voto se prevén en los estatutos sociales".

≺≺

Se hace constar asimismo que asisten a la reunión la totalidad de los administradores de la sociedad.

Una vez constatada la asistencia a la reunión de la totalidad del capital social y la aceptación, por unanimidad de los asistentes, de su celebración con el carácter de universal, el secretario, por indicación del presidente, procede a dar lectura al orden del día fijado, adoptándose, previa deliberación de cada uno de cada uno de los asuntos y de las propuestas formuladas al respecto, por unanimidad los siguientes:

Acuerdos

Primero. Aumento de capital mediante la creación de participaciones sociales y con aportaciones no dinerarias y consiguiente modificación del artículo *"número/letra"* de los estatutos sociales.

La junta acuerda aumentar el capital en la cifra de *"número/letra"* euros, mediante la creación de *"número/letra"* participaciones sociales números *"número"* a la *"número"*, ambas inclusive, de *"número/letra"* euros de valor nominal cada una, que se crean *"...a la par... O... con una prima de asunción de "número/letra" euros cada una de ellas..."*, por lo que el capital social, tras la ampliación, quedará fijado en la cifra de *"número/letra"* euros.

Previa renuncia de los restantes socios total o parcialmente a su derecho de asunción preferente, en su caso, el desembolso de las participaciones sociales asumidas *"...más la totalidad de la prima de asunción correspondiente a las mismas..."*en dicha ampliación se lleva a cabo mediante aportaciones no dinerarias consistentes en *"detallar los bienes y derechos objeto de aportación, incluyendo sus datos registrales, en su caso; el título o concepto de la aportación y el valor que se asigna a cada uno de ellos, así como las garantías adoptadas en función de la naturaleza de los bienes aportados"* que realizará *"detallar -con datos de identificación completos- las personas que realizarán las aportaciones, las participaciones sociales que asume cada una de ellas, y el importe total aportado".*

El importe exacto de las aportaciones es de *"número/letra"* euros, según el Informe del órgano de administración de la sociedad que ha sido puesto a disposición de los señores socios y que se acompaña como Anexo, y corresponde exactamente al valor nominal de las participaciones sociales asumidas *"...más la totalidad de la prima de asunción correspondiente a las mismas...".*

La junta general acepta expresamente dicha valoración.

Se hará constar la titularidad de las nuevas participaciones sociales en el Libro Registro de socios de la sociedad.

Como consecuencia de la operación de ampliación de capital descrita, se modifica el artículo *"número/letra"* de los estatutos sociales, que tendrá en adelante la siguiente nueva redacción:

"Artículo "número/letra".

"texto íntegro y literal del artículo estatutario modificado"".

En relación con el presente acuerdo *"...no se ha solicitado constancia en acta de ninguna intervención... O... el socio "Don/Doña nombre y apellidos/razón social" ha solicitado la constancia en acta de su intervención en los siguientes términos: "texto de la intervención cuya constancia en acta se solicita"...".*

- **Relación de otros acuerdos adoptados:**

"Segundo."

"texto de los restantes acuerdos adoptados" 

≺≺

Una vez tratadas todas las cuestiones incluidas en el orden del día de la junta, se suspende momentáneamente la sesión, al objeto de que el secretario proceda a la redacción definitiva del acta, la cual, una vez redactada y leída, es aprobada por unanimidad de los asistentes, que la encuentran conforme a la realidad de lo acordado en la reunión, siendo firmada por el secretario, con el visto bueno del presidente *"...así como por los asistentes que lo desean ..."*; tras lo cual, se levanta la sesión a las *"número/letra"* horas del día y en el lugar que figuran en el encabezamiento.

Vº Bº El Secretario

El Presidente

Fdo. *"Don/Doña nombre y apellidos del presidente"* Fdo. *"Don/Doña nombre y apellidos del secretario"*

b. Certificación en extracto de acta de junta general universal

"Don/Doña nombre y apellidos" "...y "Don/Doña nombre y apellidos" ...", en su condición de *"...Administrador único ... O ... Administrador solidario ... O ... Administradores mancomunados ... O ... Secretario del consejo de administración ..."* de *"denominación, S.R.L."*

Certifica/n

1.
Que el día *"fecha"*, y en *"...el domicilio social ... O ... "lugar" ..."* se celebró junta general de socios con el carácter de universal, por asistir a la misma, presente o debidamente representado, la totalidad del capital social y aceptarlo así la totalidad de los asistentes, relación nominal de los cuales, con sus respectivas firmas, figura en la correspondiente acta, a continuación de la fecha, lugar y orden del día.

2.
Que por unanimidad de los asistentes se aceptaron los siguientes puntos como orden del día de la sesión:

1. Aumento de capital mediante la creación de participaciones sociales y con aportaciones no dinerarias y consiguiente modificación del artículo *"número/letra"* de los estatutos sociales.
"– "texto de los otros puntos aceptados como orden del día de la junta"."

3.
Que *"Don/Doña nombre y apellidos del presidente"* y *"Don/Doña nombre y apellidos del secretario"* desempeñaron, respectivamente, los cargos de presidente y secretario de la junta *"...conforme a las reglas de designación de tales cargos contenidas en los estatutos de la sociedad ... O ... conforme a las previsiones contenidas en el artículo 191 del texto refundido de la Ley de Sociedades de Capital ... O ... por designación, al comienzo de la reunión, por los socios concurrentes a la misma ..."*.

4.
Que previa deliberación de cada uno de cada uno de los asuntos y de las propuestas formuladas al respecto, y por unanimidad, se adoptaron los acuerdos que se transcriben literalmente:

Acuerdos

Primero. Aumento de capital mediante la creación de participaciones sociales y con aportaciones no dinerarias y consiguiente modificación del artículo *"número/letra"* de los estatutos sociales.

La junta acuerda aumentar el capital en la cifra de *"número/letra"* euros, mediante la creación de *"número/letra"* participaciones sociales números *"número"* a la *"número"*, ambas inclusive, de *"número/letra"* euros de valor nominal cada una, que se crean *"...a la par ... O ... con una prima de asunción de "número/letra" euros cada una de ellas ..."*, por lo que el capital social, tras la ampliación, quedará fijado en la cifra de *"número/letra"* euros.

Previa renuncia de los restantes socios total o parcialmente a su derecho de asunción preferente, en su caso, el desembolso de las participaciones sociales asumidas *"...más la totalidad de la prima de asunción correspondiente a las mismas..."* en dicha ampliación se lleva a cabo mediante aportaciones no dinerarias consistentes en *"detallar los bienes y derechos objeto de aportación, incluyendo sus datos registrales, en su caso; el título o concepto de la aportación y el valor que se asigna a cada uno de ellos, así como las garantías adoptadas en función de la naturaleza de los bienes aportados"* que realizará *"detallar -con datos de identificación completos- las personas que realizarán las aportaciones, las participaciones sociales que asume cada una de ellas, y el importe total aportado"*.

El importe exacto de las aportaciones es de *"número/letra"* euros, según el Informe del órgano de administración de la sociedad que ha sido puesto a disposición de los señores socios y que se acompaña como Anexo, y corresponde exactamente al valor nominal de las participaciones sociales asumidas *"...más la totalidad de la prima de asunción correspondiente a las mismas..."*.

La junta general acepta expresamente dicha valoración.

Se hará constar la titularidad de las nuevas participaciones sociales en el Libro Registro de socios de la sociedad.

Como consecuencia de la operación de ampliación de capital descrita, se modifica el artículo *"número/letra"* de los estatutos sociales, que tendrá en adelante la siguiente nueva redacción:

"*Artículo "número/letra"*.

"texto íntegro y literal del artículo estatutario modificado"".

➤➤

○ **Relación de otros acuerdos adoptados:**

"Segundo."

"texto de los restantes acuerdos adoptados".

⮜⮜

5.

Que el acta fue aprobada, previa su redacción y lectura, por la propia junta, al final de la reunión, constando en ella la firma del secretario, con el visto bueno del presidente, así como las de los socios asistentes que lo desearon.

Y para que así conste y surta los oportunos efectos, se expide la presente certificación, en *"localidad"*, a *"fecha"*.

Firma/s

"...El administrador único Fdo. "Don/Doña nombre y apellidos"..."

"...El administrador solidario Fdo. "Don/Doña nombre y apellidos"..."

"...Los administradores mancomunados Fdo. "Don/Doña nombre y apellidos"..."

"...El secretario del consejo de administración con el V°B° del presidente del consejo Fdo. "Don/Doña nombre y apellidos"..."

1090

18. Aumento de capital mediante la creación de participaciones sociales y con contravalor de capitalización de crédito

MSM nº 6550 y nº 6745; MSL nº 5730 y nº 5980

LSC art.295, 296, 298, 301 y 304; RRM art.199.3

Nota preliminar:

1) El formulario, en el que se incluyen acta y certificación, supone que el acuerdo se adopta en **junta universal y por unanimidad,** supuesto que será el más frecuente en la práctica.

2) Para el caso de que el acuerdo se adopte en junta formalmente **convocada o/y sin unanimidad** de los socios, ver otros modelos de acta (nº 505 y nº 510) y certificación (nº 605 y nº 610).

3) Si la sociedad es unipersonal, ver modelos de acta (nº 520) y certificación (nº 620).

4) Este formulario responde a un **supuesto práctico real,** cuyas circunstancias, obviamente, pueden no coincidir plenamente con las que concurren en el supuesto para el que va a utilizarse. Se ha optado por mantenerlas para enriquecer el valor ejemplificativo del formulario, sin perjuicio de que el usuario las elimine o modifique al personalizar el modelo.

a. Acta de la junta general y universal de *"denominación, S.R.L."*

Siendo las *"número/letra"* horas del día *"fecha"*, y hallándose presentes *"...en el domicilio social... O ... en "lugar"..."*, la totalidad de los socios de *"denominación, S.R.L."*, quienes, a su vez, representan el total del capital de la sociedad, deciden constituirse de forma unánime en junta general y universal de socios; lo que llevan a efecto al amparo de lo dispuesto en el artículo 178 del texto refundido de la Ley de Sociedades de Capital, con el siguiente:

Orden del día

1. Aumento de capital mediante la creación de participaciones sociales y con contravalor de capitalización de crédito y consiguiente modificación del artículo *"número/letra"* de los estatutos sociales.
"– "texto de los otros puntos aceptados como orden del día de la junta".

Actúan como presidente y secretario de la junta, respectivamente, *"Don/Doña nombre y apellidos del presidente"* y *"Don/Doña nombre y apellidos del secretario" "...conforme a las reglas de designación de tales cargos contenidas en los estatutos de la sociedad... O... conforme a las previsiones contenidas en el artículo 191 del texto refundido de la Ley de Sociedades de Capital... O... por designación, al comienzo de la reunión, por los socios concurrentes a la misma..."*.
Los designados aceptan sus respectivos cargos y prometen desempeñar bien y fielmente las funciones inherentes a los mismos.

De conformidad con lo establecido en el artículo 97, número 1, apartado 4ª del Reglamento del Registro Mercantil, y en prueba de aceptación de todos los asistentes del orden del día fijado, se recoge, a continuación, relación nominal de los asistentes, seguida de la firma de cada uno de ellos:

- *"Don/Doña nombre y apellidos/razón social"*, titular de *"número/letra"* participaciones sociales, números *"número"* a *"número"*, ambos inclusive, representativas de un *"determinar porcentaje"* % del capital social. Asiste *"...personalmente... O... representado por "Don/Doña nombre y apellidos", según acredita debidamente..."*.
Firma: *"Don/Doña nombre y apellidos/razón social"*

Se hace constar que la totalidad de las participaciones sociales tienen derecho de voto y que cada participación social da derecho a emitir un voto.

1090

○ **Si existen privilegios en materia de derecho de voto:**

"indicar los privilegios que en materia de derecho de voto se prevén en los estatutos sociales".

<<

Se hace constar asimismo que asisten a la reunión la totalidad de los administradores de la sociedad.

Una vez constatada la asistencia a la reunión de la totalidad del capital social y la aceptación, por unanimidad de los asistentes, de su celebración con el carácter de universal, el secretario, por indicación del presidente, procede a dar lectura al orden del día fijado, adoptándose, previa deliberación de cada uno de cada uno de los asuntos y de las propuestas formuladas al respecto, por unanimidad los siguientes:

Acuerdos

Primero. Aumento de capital mediante la creación de participaciones sociales y con contravalor de capitalización de crédito y consiguiente modificación del artículo *"número/letra"* de los estatutos sociales.

La junta acuerda aumentar el capital en la cifra de *"número/letra"* euros, mediante la creación de *"número/letra"* participaciones sociales números *"número"* a la *"número"*, ambas inclusive, de *"número/letra"* euros de valor nominal cada una, que se crean *"...a la par ... O ... con una prima de asunción de "número/letra" euros cada una de ellas ..."*, por lo que el capital social, tras la ampliación, quedará fijado en la cifra de *"número/letra"* euros.

Previa renuncia de los restantes socios total o parcialmente a su derecho de asunción preferente, el desembolso de las participaciones sociales asumidas *"...más la totalidad de la prima de asunción correspondiente a las mismas ..."* en dicha ampliación se lleva a cabo mediante la compensación de los siguientes créditos de los socios contra la sociedad, y que a esta fecha son totalmente líquidos y exigibles: *"detallar los créditos, su naturaleza y fecha de contabilización de los mismos "* que realizará *"indicar -con datos de identificación completos- las personas que realizarán las aportaciones, las participaciones sociales que asume cada una de ellas, y el importe total del crédito compensado".*

El importe exacto de los créditos compensados es de *"número/letra"* euros, según el Informe del órgano de administración de la sociedad que manifiesta la concordancia de lo anterior con la contabilidad social, y que ha sido puesto a disposición de los señores socios y se acompaña como Anexo, corresponde exactamente al valor nominal de las participaciones sociales asumidas *"...más la totalidad de la prima de asunción correspondiente a las mismas ..."*.

Se hará constar la titularidad de las nuevas participaciones sociales en el Libro Registro de socios de la sociedad.

Como consecuencia de la operación de ampliación de capital descrita, se modifica el artículo *"número/letra"* de los estatutos sociales, que tendrá en adelante la siguiente nueva redacción:

"Artículo "número/letra".

"texto íntegro y literal del artículo estatutario modificado"".

En relación con el presente acuerdo *"...no se ha solicitado constancia en acta de ninguna intervención ... O ... el socio "Don/Doña nombre y apellidos/razón social" ha solicitado la constancia en acta de su intervención en los siguientes términos: "texto de la intervención cuya constancia en acta se solicita" ..."*.

>>

○ **Relación de otros acuerdos adoptados:**

"Segundo."

"texto de los restantes acuerdos adoptados" 

<<

Una vez tratadas todas las cuestiones incluidas en el orden del día de la junta, se suspende momentáneamente la sesión, al objeto de que el secretario proceda a la redacción definitiva del acta, la cual, una vez redactada y leída, es aprobada por unanimidad de los asistentes, que la encuentran conforme a la realidad de lo acordado en la reunión, siendo firmada por el secretario, con el visto bueno del presidente *"...así como por los asistentes que lo desean ..."*; tras lo cual, se levanta la sesión a las *"número/letra"* horas del día y en el lugar que figuran en el encabezamiento.

Vº Bº El Secretario

El Presidente

Fdo. *"Don/Doña nombre y apellidos del presidente"* Fdo. *"Don/Doña nombre y apellidos del secretario"*

b. Certificación en extracto de acta de junta general universal

"Don/Doña nombre y apellidos" "...y "Don/Doña nombre y apellidos" ...", en su condición de *"...Administrador único ... O ... Administrador solidario ... O ... Administradores mancomunados ... O ... Secretario del consejo de administración ..."* de *"denominación, S.R.L."*

Certifica/n

1. Que el día *"fecha"*, y en *"...el domicilio social ... O ... "lugar" ..."* se celebró junta general de socios con el carácter de universal, por asistir a la misma, presente o debidamente representado, la totalidad del capital social y aceptarlo así la totalidad de los asistentes, relación nominal de los cuales, con sus respectivas firmas, figura en la correspondiente acta, a continuación de la fecha, lugar y orden del día.

2. Que por unanimidad de los asistentes se aceptaron los siguientes puntos como orden del día de la sesión:

1. Aumento de capital mediante la creación de participaciones sociales y con contravalor de capitalización de crédito y consiguiente modificación del artículo *"número/letra"* de los estatutos sociales.
"– "texto de los otros puntos aceptados como orden del día de la junta".

3. Que *"Don/Doña nombre y apellidos del presidente"* y *"Don/Doña nombre y apellidos del secretario"* desempeñaron, respectivamente, los cargos de presidente y secretario de la junta *"...conforme a las reglas de designación de tales cargos contenidas en los estatutos de la sociedad ... O ... conforme a las previsiones contenidas en el artículo 191 del texto refundido de la Ley de Sociedades de Capital ... O ... por designación, al comienzo de la reunión, por los socios concurrentes a la misma ..."*.

4. Que previa deliberación de cada uno de cada uno de los asuntos y de las propuestas formuladas al respecto, y por unanimidad, se adoptaron los acuerdos que se transcriben literalmente:

Acuerdos

Primero. Aumento de capital mediante la creación de participaciones sociales y con contravalor de capitalización de crédito y consiguiente modificación del artículo *"número/letra"* de los estatutos sociales.

La junta acuerda aumentar el capital en la cifra de *"número/letra"* euros, mediante la creación de *"número/letra"* participaciones sociales números *"número"* a la *"número"*, ambas inclusive, de *"número/letra"* euros de valor nominal cada una, que se crean *"...a la par ... O ... con una prima de asunción de "número/letra" euros cada una de ellas ..."*, por lo que el capital social, tras la ampliación, quedará fijado en la cifra de *"número/letra"* euros.

1090

Previa renuncia de los restantes socios total o parcialmente a su derecho de asunción preferente, el desembolso de las participaciones sociales asumidas *"...más la totalidad de la prima de asunción correspondiente a las mismas ..."* en dicha ampliación se lleva a cabo mediante la compensación de los siguientes créditos de los socios contra la sociedad, y que a esta fecha son totalmente líquidos y exigibles: *"detallar los créditos, su naturaleza y fecha de contabilización de los mismos "* que realizará *"indicar -con datos de identificación completos- las personas que realizarán las aportaciones, las participaciones sociales que asume cada una de ellas, y el importe total del crédito compensado"*.

El importe exacto de los créditos compensados es de *"número/letra"* euros, según el Informe del órgano de administración de la sociedad que manifiesta la concordancia de lo anterior con la contabilidad social, y que ha sido puesto a disposición de los señores socios y se acompaña como Anexo, corresponde exactamente al valor nominal de las participaciones sociales asumidas *"...más la totalidad de la prima de asunción correspondiente a las mismas ..."*.

Se hará constar la titularidad de las nuevas participaciones sociales en el Libro Registro de socios de la sociedad.

Como consecuencia de la operación de ampliación de capital descrita, se modifica el artículo *"número/letra"* de los estatutos sociales, que tendrá en adelante la siguiente nueva redacción:

"Artículo "número/letra".

"texto íntegro y literal del artículo estatutario modificado"".

≻≻

○ **Relación de otros acuerdos adoptados:**

"Segundo."

"texto de los restantes acuerdos adoptados".

≺≺

5.

Que el acta fue aprobada, previa su redacción y lectura, por la propia junta, al final de la reunión, constando en ella la firma del secretario, con el visto bueno del presidente, así como las de los socios asistentes que lo desearon.

Y para que así conste y surta los oportunos efectos, se expide la presente certificación, en *"localidad"*, a *"fecha"*.

Firma/s

"...El administrador único Fdo. "Don/Doña nombre y apellidos" ..."

"...El administrador solidario Fdo. "Don/Doña nombre y apellidos" ..."

"...Los administradores mancomunados Fdo. "Don/Doña nombre y apellidos" ..."

"...El secretario del consejo de administración con el V°B° del presidente del consejo Fdo. "Don/Doña nombre y apellidos" ..."

19. Aumento de capital mediante la creación de participaciones sociales y con aportaciones dinerarias

MSM nº 6550 y 6717; MSL nº 5730 y nº 5955

Nota preliminar:

1) El formulario incluye el acta de **junta universal y la certificación** del **órgano de administración** acreditativa de la ejecución y cierre de la operación, supuesto que será el más frecuente en la práctica.

2) Este formulario responde a un **supuesto práctico real,** cuyas circunstancias, obviamente, pueden no coincidir plenamente con las que concurren en el supuesto para el que va a utilizarse. Se ha optado por mantenerlas para enriquecer el valor ejemplificativo del formulario, sin perjuicio de que el usuario las elimine o modifique al personalizar el modelo.

LSC art.61, 62, 295, 296, 298 y 299; RRM art.189 y 199.1

a. Acta de la junta general y universal de *"denominación, S.R.L."*

Siendo las *"número/letra"* horas del día *"fecha"*, y hallándose presentes *"...en el domicilio social... O ... en "lugar"...",* la totalidad de los socios de *"denominación, S.R.L."*, quienes, a su vez, representan el total del capital de la sociedad, deciden constituirse de forma unánime en junta general y universal de socios; lo que llevan a efecto al amparo de lo dispuesto en el artículo 178 del texto refundido de la Ley de Sociedades de Capital, con el siguiente:

Orden del día

1. Aumento de capital mediante la creación de participaciones sociales y con aportaciones dinerarias.
"– "texto de los otros puntos aceptados como orden del día de la junta".

Actúan como presidente y secretario de la junta, respectivamente, *"Don/Doña nombre y apellidos del presidente"* y *"Don/Doña nombre y apellidos del secretario" "...conforme a las reglas de designación de tales cargos contenidas en los estatutos de la sociedad... O ... conforme a las previsiones contenidas en el artículo 191 del texto refundido de la Ley de Sociedades de Capital ... O ... por designación, al comienzo de la reunión, por los socios concurrentes a la misma ...".*
Los designados aceptan sus respectivos cargos y prometen desempeñar bien y fielmente las funciones inherentes a los mismos.

De conformidad con lo establecido en el artículo 97, número 1, apartado 4ª del Reglamento del Registro Mercantil, y en prueba de aceptación de todos los asistentes del orden del día fijado, se recoge, a continuación, relación nominal de los asistentes, seguida de la firma de cada uno de ellos:

- *"Don/Doña nombre y apellidos/razón social"*, titular de *"número/letra"* participaciones sociales, números *"número"* a *"número"*, ambos inclusive, representativas de un *"determinar porcentaje"* % del capital social. Asiste *"...personalmente ... O ... representado por "Don/Doña nombre y apellidos", según acredita debidamente ...".*
Firma: *"Don/Doña nombre y apellidos/razón social"*

Se hace constar que la totalidad de las participaciones sociales tienen derecho de voto y que cada participación social da derecho a emitir un voto.

»

○ Si existen privilegios en materia de derecho de voto:

"indicar los privilegios que en materia de derecho de voto se prevén en los estatutos sociales".

«
Se hace constar asimismo que asisten a la reunión la totalidad de los administradores de la sociedad.

1095

Capítulo V. Acuerdos sociales

Una vez constatada la asistencia a la reunión de la totalidad del capital social y la aceptación, por unanimidad de los asistentes, de su celebración con el carácter de universal, el secretario, por indicación del presidente, procede a dar lectura al orden del día fijado, adoptándose, previa deliberación de cada uno de cada uno de los asuntos y de las propuestas formuladas al respecto, por unanimidad los siguientes:

Acuerdos

Primero. Aumento de capital mediante la creación de participaciones sociales y con aportación dineraria.

La junta acuerda aumentar el capital en la cifra de *"número/letra"* euros, mediante la creación de *"número/letra"* participaciones sociales números *"número"* a la *"número"*, ambas inclusive, de *"número/letra"* euros de valor nominal cada una, que se crean *"...a la par ... O ... con una prima de asunción de "número/letra" euros cada una de ellas ..."*, por lo que el capital social, tras la ampliación, quedará fijado en la cifra de *"número/letra"* euros.

Los socios, en ejercicio de su derecho de asunción preferente, tendrán derecho a asumir un número de participaciones proporcional al valor nominal de las que posea, pudiendo ejercitar dicho derecho dentro del plazo de *"indicar plazo que deberá ser como mínimo de un mes"* desde la publicación del anuncio de oferta de asunción en el Boletín Oficial del Registro Mercantil o, si así lo decidiera el órgano de administración, desde la recepción de dicha oferta de asunción por comunicación escrita.

De conformidad con lo dispuesto en el artículo 110 del texto refundido de la Ley de Sociedades de Capital, la junta autoriza expresamente el aumento incompleto, en la cifra que se hubiera desembolsado íntegramente una vez finalizado el plazo indicado en el párrafo anterior.

La junta autoriza expresamente al órgano de administración a ejecutar el aumento acordado, dando nueva redacción al artículo *"número/letra"* de los estatutos sociales, y haciendo constar la titularidad de las nuevas participaciones sociales asumidas en el Libro Registro de socios.

En relación con el presente acuerdo *"...no se ha solicitado constancia en acta de ninguna intervención ... O ... el socio "Don/Doña nombre y apellidos/razón social" ha solicitado la constancia en acta de su intervención en los siguientes términos: "texto de la intervención cuya constancia en acta se solicita" ..."*.

➤➤

○ **Relación de otros acuerdos adoptados:**

"Segundo."

"texto de los restantes acuerdos adoptados" 

≺≺

Una vez tratadas todas las cuestiones incluidas en el orden del día de la junta, se suspende momentáneamente la sesión, al objeto de que el secretario proceda a la redacción definitiva del acta, la cual, una vez redactada y leída, es aprobada por unanimidad de los asistentes, que la encuentran conforme a la realidad de lo acordado en la reunión, siendo firmada por el secretario, con el visto bueno del presidente *"...así como por los asistentes que lo desean ..."*; tras lo cual, se levanta la sesión a las *"número/letra"* horas del día y en el lugar que figuran en el encabezamiento.

Vº Bº El Presidente	El Secretario
Fdo. *"Don/Doña nombre y apellidos del presidente"*	Fdo. *"Don/Doña nombre y apellidos del secretario"*

b. Certificación del órgano de administración acreditativa de la ejecución y cierre de la ampliación del capital

"Don/Doña nombre y apellidos" "...y "Don/Doña nombre y apellidos" ...", en su condición de *"...Administrador único ... O ... Administrador solidario ... O ... Administradores mancomunados ... O ... Secretario del consejo de administración ..."* de *"denominación, S.R.L."*

Certifica/n

Que habiendo transcurrido el plazo concedido a los señores socios a través *"...del anuncio publicado en Boletín Oficial del Registro Mercantil con fecha "fecha" ... O ... de comunicación individual a los mismos remitida por correo certificado con fecha "fecha" ..."*, comunicando la oferta de asunción de participaciones sociales creadas en acuerdo de aumento de capital social acordado por la junta general celebrada con fecha *"fecha"*, para ejercitar su derecho de asunción preferente, los administradores dejan expresa constancia de que se han asumido y desembolsado las participaciones sociales creadas como sigue:

"incluir relación detallada de: socios con datos identificativos completos de dada uno, número de participaciones sociales asumidas y totalidad del importe correspondiente a su total valor nominal más, en su caso, totalidad de prima de asunción acordada".

Por lo que las participaciones sociales creadas han quedado debidamente adjudicadas de conformidad con la relación anterior, habiéndose inscrito la titularidad de las nuevas participaciones sociales en el Libro Registro de socios de la sociedad.

Con la asunción y total desembolso del aumento de capital acordado por la junta general, queda modificado el artículo *"número/letra"* de los estatutos sociales que tendrá la siguiente nueva redacción:

"Artículo "número/letra".

"texto íntegro y literal del artículo estatutario modificado"".

Y para que así conste y surta los oportunos efectos, se expide la presente certificación, en *"localidad"*, a *"fecha"*.

Firma/s

"...El administrador único Fdo. "Don/Doña nombre y apellidos" ..."

"...El administrador solidario Fdo. "Don/Doña nombre y apellidos" ..."

"...Los administradores mancomunados Fdo. "Don/Doña nombre y apellidos" ..."

"...El secretario del consejo de administración con el VºBº del presidente del consejo Fdo. "Don/Doña nombre y apellidos" ..."

20. Aumento de capital por transformación de reservas y mediante la elevación del valor nominal de las participaciones sociales

MSM nº 6550 y nº 6770; MSL nº 5730 y nº 6000

LSC art.295, 296, 298 y 303; RRM art.198.3, 199.4 y 200.2º

Nota preliminar:

1) El formulario, en el que se incluyen acta y certificación, supone que el acuerdo se adopta en **junta universal y por unanimidad,** supuesto que será el más frecuente en la práctica.

2) Para el caso de que el acuerdo se adopte en junta formalmente **convocada o/y sin unanimidad** de los socios, ver otros modelos de acta (nº 505 y nº 510) y certificación (nº 605 y nº 610).

3) Si la sociedad es unipersonal, ver modelos de acta (nº 520) y certificación (nº 620).

4) Este formulario responde a un **supuesto práctico real,** cuyas circunstancias, obviamente, pueden no coincidir plenamente con las que concurren en el supuesto para el que va a utilizarse. Se ha optado por mantenerlas para enriquecer el valor ejemplificativo del formulario, sin perjuicio de que el usuario las elimine o modifique al personalizar el modelo.

a. Acta de la junta general y universal de *"denominación, S.R.L."*

Siendo las *"número/letra"* horas del día *"fecha"*, y hallándose presentes *"...en el domicilio social... O ... en "lugar"..."*, la totalidad de los socios de *"denominación, S.R.L."*, quienes, a su vez, representan el total del capital de la sociedad, deciden constituirse de forma unánime en junta general y universal de socios; lo que llevan a efecto al amparo de lo dispuesto en el artículo 178 del texto refundido de la Ley de Sociedades de Capital, con el siguiente:

Orden del día

1. Aumento de capital por transformación de reservas, mediante la elevación del valor nominal de las participaciones sociales y consiguiente modificación del artículo *"número/letra"* de los estatutos sociales.

"– "texto de los otros puntos aceptados como orden del día de la junta".

Actúan como presidente y secretario de la junta, respectivamente, *"Don/Doña nombre y apellidos del presidente"* y *"Don/Doña nombre y apellidos del secretario" "...conforme a las reglas de designación de tales cargos contenidas en los estatutos de la sociedad... O ... conforme a las previsiones contenidas en el artículo 191 del texto refundido de la Ley de Sociedades de Capital... O ... por designación, al comienzo de la reunión, por los socios concurrentes a la misma..."*.
Los designados aceptan sus respectivos cargos y prometen desempeñar bien y fielmente las funciones inherentes a los mismos.

De conformidad con lo establecido en el artículo 97, número 1, apartado 4ª del Reglamento del Registro Mercantil, y en prueba de aceptación de todos los asistentes del orden del día fijado, se recoge, a continuación, relación nominal de los asistentes, seguida de la firma de cada uno de ellos:

• *"Don/Doña nombre y apellidos/razón social"*, titular de *"número/letra"* participaciones sociales, números *"número"* a *"número"*, ambos inclusive, representativas de un *"determinar porcentaje"* % del capital social. Asiste *"...personalmente... O ... representado por "Don/Doña nombre y apellidos", según acredita debidamente..."*.
Firma: *"Don/Doña nombre y apellidos/razón social"*

Se hace constar que la totalidad de las participaciones sociales tienen derecho de voto y que cada participación social da derecho a emitir un voto.

○ Si existen privilegios en materia de derecho de voto:

"indicar los privilegios que en materia de derecho de voto se prevén en los estatutos sociales".

Se hace constar asimismo que asisten a la reunión la totalidad de los administradores de la sociedad.

Una vez constatada la asistencia a la reunión de la totalidad del capital social y la aceptación, por unanimidad de los asistentes, de su celebración con el carácter de universal, el secretario, por indicación del presidente, procede a dar lectura al orden del día fijado, adoptándose, previa deliberación de cada uno de cada uno de los asuntos y de las propuestas formuladas al respecto, por unanimidad los siguientes:

Acuerdos

Primero. Aumento de capital por transformación de reservas, mediante la elevación del valor nominal de las participaciones sociales y consiguiente modificación del artículo *"número/letra"* de los estatutos sociales.

Se acuerda aumentar el capital social en la cifra de *"número/letra"* euros, es decir, hasta la nueva cifra de *"número/letra"* euros contra reservas de libre disposición, de conformidad con lo establecido en el artículo 303 del texto refundido de la Ley de Sociedades de Capital.

Dicho aumento tiene como base el balance de la sociedad cerrado a fecha *"necesariamente dentro de los seis meses inmediatamente anteriores a la fecha del acuerdo"*, aprobado por la junta general y verificado por la firma de auditores *"...de la sociedad, "denominación social de los auditores"... O... designados al efecto por los administradores, al no estar obligada la sociedad a la verificación de sus cuentas anuales...".*

Se adjuntan al acta como anexo, copia del balance aprobado así como del citado informe.

El aumento se realiza íntegramente contra la cuenta de reservas de libre disposición, mediante el aumento del valor nominal de todas las participaciones sociales en que se encuentra dividido el capital social, que de su actual valor nominal de *"número/letra"* euros por participación, pasan a tener un valor nominal de *"número/letra"* euros por participación.

Como consecuencia de dicho aumento la junta acuerda modificar el artículo *"número/letra"* de los estatutos sociales, que tendrá en adelante la siguiente nueva redacción:

"Artículo "número/letra".

"texto íntegro y literal del artículo estatutario modificado"".

En relación con el presente acuerdo *"...no se ha solicitado constancia en acta de ninguna intervención ... O... el socio "Don/Doña nombre y apellidos/razón social" ha solicitado la constancia en acta de su intervención en los siguientes términos: "texto de la intervención cuya constancia en acta se solicita" ...".*

○ Relación de otros acuerdos adoptados:

"Segundo."

"texto de los restantes acuerdos adoptados"

Capítulo V. Acuerdos sociales

Una vez tratadas todas las cuestiones incluidas en el orden del día de la junta, se suspende momentáneamente la sesión, al objeto de que el secretario proceda a la redacción definitiva del acta, la cual, una vez redactada y leída, es aprobada por unanimidad de los asistentes, que la encuentran conforme a la realidad de lo acordado en la reunión, siendo firmada por el secretario, con el visto bueno del presidente *"...así como por los asistentes que lo desean..."*; tras lo cual, se levanta la sesión a las *"número/letra"* horas del día y en el lugar que figuran en el encabezamiento.

Vº Bº El Secretario

El Presidente

Fdo. *"Don/Doña nombre y apellidos del presidente"*

Fdo. *"Don/Doña nombre y apellidos del secretario"*

b. Certificación en extracto de acta de junta general universal

"Don/Doña nombre y apellidos" "...y "Don/Doña nombre y apellidos"...", en su condición de *"...Administrador único... O... Administrador solidario... O... Administradores mancomunados... O ... Secretario del consejo de administración..."* de *"denominación, S.R.L."*

Certifica/n

1. Que el día *"fecha"*, y en *"...el domicilio social... O... "lugar"..."* se celebró junta general de socios con el carácter de universal, por asistir a la misma, presente o debidamente representado, la totalidad del capital social y aceptarlo así la totalidad de los asistentes, relación nominal de los cuales, con sus respectivas firmas, figura en la correspondiente acta, a continuación de la fecha, lugar y orden del día.

2. Que por unanimidad de los asistentes se aceptaron los siguientes puntos como orden del día de la sesión:

1. Aumento de capital mediante la creación de participaciones sociales y con contravalor de capitalización de crédito y consiguiente modificación del artículo *"número/letra"* de los estatutos sociales.
"– "texto de los otros puntos aceptados como orden del día de la junta".

3. Que *"Don/Doña nombre y apellidos del presidente"* y *"Don/Doña nombre y apellidos del secretario"* desempeñaron, respectivamente, los cargos de presidente y secretario de la junta *"...conforme a las reglas de designación de tales cargos contenidas en los estatutos de la sociedad... O... conforme a las previsiones contenidas en el artículo 191 del texto refundido de la Ley de Sociedades de Capital... O ...por designación, al comienzo de la reunión, por los socios concurrentes a la misma..."*.

4. Que previa deliberación de cada uno de cada uno de los asuntos y de las propuestas formuladas al respecto, y por unanimidad, se adoptaron los acuerdos que se transcriben literalmente:

Acuerdos

Primero. Aumento de capital mediante la creación de participaciones sociales y con contravalor de capitalización de crédito y consiguiente modificación del artículo *"número/letra"* de los estatutos sociales.

Se acuerda aumentar el capital social en la cifra de *"número/letra"* euros, es decir, hasta la nueva cifra de *"número/letra"* euros contra reservas de libre disposición, de conformidad con lo establecido en el artículo 303 del texto refundido de la Ley de Sociedades de Capital.

Dicho aumento tiene como base el balance de la sociedad cerrado a fecha *"necesariamente dentro de los seis meses inmediatamente anteriores a la fecha del acuerdo"*, aprobado por la junta general y verificado por la firma de auditores *"...de la sociedad, "denominación social de los auditores"... O... designados al efecto por los administradores, al no estar obligada la sociedad a la verificación de sus cuentas anuales..."*.

El aumento se realiza íntegramente contra la cuenta de reservas de libre disposición, mediante el aumento del valor nominal de todas las participaciones sociales en que se encuentra dividido el capital social, que de su actual valor nominal de *"número/letra"* euros por participación, pasan a tener un valor nominal de *"número/letra"* euros por participación.

Como consecuencia de dicho aumento la junta acuerda modificar el artículo *"número/letra"* de los estatutos sociales, que tendrá en adelante la siguiente nueva redacción:

"Artículo "número/letra".

"texto íntegro y literal del artículo estatutario modificado"".

○ **Relación de otros acuerdos adoptados:**

"Segundo."

"texto de los restantes acuerdos adoptados".

<<

5.

Que el acta fue aprobada, previa su redacción y lectura, por la propia junta, al final de la reunión, constando en ella la firma del secretario, con el visto bueno del presidente, así como las de los socios asistentes que lo desearon.

Y para que así conste y surta los oportunos efectos, se expide la presente certificación, en *"localidad"*, a *"fecha"*.

Firma/s

"...El administrador único Fdo. "Don/Doña nombre y apellidos"..."

"...El administrador solidario Fdo. "Don/Doña nombre y apellidos"..."

"...Los administradores mancomunados Fdo. "Don/Doña nombre y apellidos"..."

"...El secretario del consejo de administración con el V°B° del presidente del consejo Fdo. "Don/Doña nombre y apellidos"..."

21. Reducción del capital mediante la amortización de participaciones, con el objeto de restituir aportaciones de los socios

MSM nº 7035, nº 7149 y nº 7170; MSL nº 6065, nº 6125 y nº 6155

LSC art.317, 318, 329 y 331 a 333; RRM art.201.2 y 3

Nota preliminar:

1) El formulario, en el que se incluyen acta y certificación, supone que el acuerdo se adopta en **junta universal y por unanimidad,** supuesto que será el más frecuente en la práctica.

2) Para el caso de que el acuerdo se adopte en junta formalmente **convocada o/y sin unanimidad** de los socios, ver otros modelos de acta (nº 505 y nº 510) y certificación (nº 605 y nº 610).

3) Si la sociedad es unipersonal, ver modelos de acta (nº 520) y certificación (nº 620).

4) Este formulario responde a un **supuesto práctico real,** cuyas circunstancias, obviamente, pueden no coincidir plenamente con las que concurren en el supuesto para el que va a utilizarse. Se ha optado por mantenerlas para enriquecer el valor ejemplificativo del formulario, sin perjuicio de que el usuario las elimine o modifique al personalizar el modelo.

a. Acta de la junta general y universal de *"denominación, S.R.L."*

Siendo las *"número/letra"* horas del día *"fecha"*, y hallándose presentes *"...en el domicilio social... O ... en "lugar" ... "*, la totalidad de los socios de *"denominación, S.R.L."*, quienes, a su vez, representan el total del capital de la sociedad, deciden constituirse de forma unánime en junta general y universal de socios; lo que llevan a efecto al amparo de lo dispuesto en el artículo 178 del texto refundido de la Ley de Sociedades de Capital, con el siguiente:

Orden del día

1. Reducción del capital mediante la amortización de participaciones, con el objeto de restituir aportaciones de los socios y consiguiente modificación del artículo *"número/letra"* de los estatutos sociales.
"– "texto de los otros puntos aceptados como orden del día de la junta".

Actúan como presidente y secretario de la junta, respectivamente, *"Don/Doña nombre y apellidos del presidente"* y *"Don/Doña nombre y apellidos del secretario" "...conforme a las reglas de designación de tales cargos contenidas en los estatutos de la sociedad... O... conforme a las previsiones contenidas en el artículo 191 del texto refundido de la Ley de Sociedades de Capital... O... por designación, al comienzo de la reunión, por los socios concurrentes a la misma..."*.
Los designados aceptan sus respectivos cargos y prometen desempeñar bien y fielmente las funciones inherentes a los mismos.

De conformidad con lo establecido en el artículo 97, número 1, apartado 4ª del Reglamento del Registro Mercantil, y en prueba de aceptación de todos los asistentes del orden del día fijado, se recoge, a continuación, relación nominal de los asistentes, seguida de la firma de cada uno de ellos:

- *"Don/Doña nombre y apellidos/razón social"*, titular de *"número/letra"* participaciones sociales, números *"número"* a *"número"*, ambos inclusive, representativas de un *"determinar porcentaje"* % del capital social. Asiste *"...personalmente... O... representado por "Don/Doña nombre y apellidos", según acredita debidamente..."*.
Firma: *"Don/Doña nombre y apellidos/razón social"*

Se hace constar que la totalidad de las participaciones sociales tienen derecho de voto y que cada participación social da derecho a emitir un voto.

≻≻

○ **Si existen privilegios en materia de derecho de voto:**

"indicar los privilegios que en materia de derecho de voto se prevén en los estatutos sociales".

≺≺

Se hace constar asimismo que asisten a la reunión la totalidad de los administradores de la sociedad.

Una vez constatada la asistencia a la reunión de la totalidad del capital social y la aceptación, por unanimidad de los asistentes, de su celebración con el carácter de universal, el secretario, por indicación del presidente, procede a dar lectura al orden del día fijado, adoptándose, previa deliberación de cada uno de cada uno de los asuntos y de las propuestas formuladas al respecto, por unanimidad los siguientes:

Acuerdos

Primero. Reducción del capital mediante la amortización de participaciones, con el objeto de restituir aportaciones de los socios y consiguiente modificación del artículo *"número/letra"* de los estatutos sociales.

La junta acuerda reducir el capital social en la cifra de *"número/letra"* euros, mediante amortización de un total de *"número/letra"* participaciones sociales, de *"número/letra"* euros de valor nominal cada una, numeradas de la *"número"* a la *"número"*, ambos inclusive, de las que son titulares los socios *"Don/Doña nombres y apellidos/denominación o razón social"*, según el detalle siguiente:

A. *"Don/Doña nombre y apellidos/razón social"*, *"número/letra"* participaciones sociales, numeradas de la *"número"* a la *"número"*, ambas inclusive, representativas del *"número"* % del capital social.

La citada reducción de capital se realiza con la finalidad de restituir aportaciones a los socios mencionados, fijándose el precio de reembolso en la cantidad de *"número/letra"* euros por participación social, siendo el importe efectivo de dicho reembolso de *"número/letra"* euros.

De conformidad con lo previsto en el artículo 329 del texto refundido de la Ley de Sociedades de Capital, se hace constar que el presente acuerdo se adopta con la conformidad de todos los socios.

≻≻

○ **Responsabilidad de los socios conforme al art.331 LSC:**

En virtud de lo dispuesto en el artículo 331 del texto refundido de la Ley de Sociedades de Capital, los socios citados responden solidariamente entre sí, hasta el límite del importe percibido en concepto de restitución de aportación social, de las deudas sociales contraídas con anterioridad a la fecha en que el presente acuerdo sea oponible a terceros.

○ **Responsabilidad de los socios conforme al art.332 LSC:**

En virtud de lo dispuesto en el artículo 332 del texto refundido de la Ley de Sociedades de Capital, se deja expresa constancia de que se dota una reserva con cargo a reservas de libre disposición por el importe igual al restituido a los socios como consecuencia de la presente reducción de capital.

≺≺

≻≻

○ **Si los estatutos sociales exigen notificación previa a acreedores, dejar constancia de que el reembolso efectivo no se producirá hasta que transcurra el plazo de tres meses desde la fecha de notificación a acreedores:**

"detallar".

≺≺

1105

Como consecuencia de la citada amortización de participaciones sociales, se acuerda, por unanimidad, renumerar las participaciones sociales de la *"número"* a la *"número"* y se acuerda modificar el artículo *"número/letra"* de los estatutos sociales que, en lo sucesivo, quedará redactado como sigue:

"Artículo "número/letra".

"texto íntegro y literal del artículo estatutario modificado"".

En relación con el presente acuerdo *"...no se ha solicitado constancia en acta de ninguna intervención ... O ... el socio "Don/Doña nombre y apellidos/razón social" ha solicitado la constancia en acta de su intervención en los siguientes términos: "texto de la intervención cuya constancia en acta se solicita" ...".*

➤➤

○ **Relación de otros acuerdos adoptados:**

"Segundo."

"texto de los restantes acuerdos adoptados"

Una vez tratadas todas las cuestiones incluidas en el orden del día de la junta, se suspende momentáneamente la sesión, al objeto de que el secretario proceda a la redacción definitiva del acta, la cual, una vez redactada y leída, es aprobada por unanimidad de los asistentes, que la encuentran conforme a la realidad de lo acordado en la reunión, siendo firmada por el secretario, con el visto bueno del presidente *"...así como por los asistentes que lo desean..."*; tras lo cual, se levanta la sesión a las *"número/letra"* horas del día y en el lugar que figuran en el encabezamiento.

Vº Bº El Presidente	El Secretario
Fdo. *"Don/Doña nombre y apellidos del presidente"*	Fdo. *"Don/Doña nombre y apellidos del secretario"*

b. Certificación en extracto de acta de junta general universal

"Don/Doña nombre y apellidos" "...y "Don/Doña nombre y apellidos" ...", en su condición de *"...Administrador único ... O ... Administrador solidario ... O ... Administradores mancomunados ... O ... Secretario del consejo de administración ..."* de *"denominación, S.R.L."*

Certifica/n

1.

Que el día *"fecha"*, y en *"...el domicilio social ... O ... "lugar" ..."* se celebró junta general de socios con el carácter de universal, por asistir a la misma, presente o debidamente representado, la totalidad del capital social y aceptarlo así la totalidad de los asistentes, relación nominal de los cuales, con sus respectivas firmas, figura en la correspondiente acta, a continuación de la fecha, lugar y orden del día.

2.

Que por unanimidad de los asistentes se aceptaron los siguientes puntos como orden del día de la sesión:

1. Reducción del capital mediante la amortización de participaciones, con el objeto de restituir aportaciones de los socios y consiguiente modificación del artículo *"número/letra"* de los estatutos sociales.
"– "texto de los otros puntos aceptados como orden del día de la junta".

1105

3.

Que *"Don/Doña nombre y apellidos del presidente"* y *"Don/Doña nombre y apellidos del secretario"* desempeñaron, respectivamente, los cargos de presidente y secretario de la junta *"...conforme a las reglas de designación de tales cargos contenidas en los estatutos de la sociedad... O... conforme a las previsiones contenidas en el artículo 191 del texto refundido de la Ley de Sociedades de Capital... O... por designación, al comienzo de la reunión, por los socios concurrentes a la misma..."*.

4.

Que previa deliberación de cada uno de cada uno de los asuntos y de las propuestas formuladas al respecto, y por unanimidad, se adoptaron los acuerdos que se transcriben literalmente:

Acuerdos

Primero. Reducción del capital mediante la amortización de participaciones, con el objeto de restituir aportaciones de los socios y consiguiente modificación del artículo *"número/letra"* de los estatutos sociales.

La junta acuerda reducir el capital social en la cifra de *"número/letra"* euros, mediante amortización de un total de *"número/letra"* participaciones sociales, de *"número/letra"* euros de valor nominal cada una, numeradas de la *"número"* a la *"número"*, ambos inclusive, de las que son titulares los socios *"Don/Doña nombres y apellidos/denominación o razón social"*, según el detalle siguiente:

A. *"Don/Doña nombre y apellidos/razón social"*, *"número/letra"* participaciones sociales, numeradas de la *"número"* a la *"número"*, ambas inclusive, representativas del *"número"* % del capital social.

La citada reducción de capital se realiza con la finalidad de restituir aportaciones a los socios mencionados, fijándose el precio de reembolso en la cantidad de *"número/letra"* euros por participación social, siendo el importe efectivo de dicho reembolso de *"número/letra"* euros.

De conformidad con lo previsto en el artículo 329 del texto refundido de la Ley de Sociedades de Capital, se hace constar que el presente acuerdo se adopta con la conformidad de todos los socios.

≻≻

- **Responsabilidad de los socios conforme al art.331 LSC:**

En virtud de lo dispuesto en el artículo 331 del texto refundido de la Ley de Sociedades de Capital, los socios citados responden solidariamente entre sí, hasta el límite del importe percibido en concepto de restitución de aportación social, de las deudas sociales contraídas con anterioridad a la fecha en que el presente acuerdo sea oponible a terceros.

- **Responsabilidad de los socios conforme al art.332 LSC:**

En virtud de lo dispuesto en el artículo 332 del texto refundido de la Ley de Sociedades de Capital, se deja expresa constancia de que se dota una reserva con cargo a reservas de libre disposición por el importe igual al restituido a los socios como consecuencia de la presente reducción de capital.

≺≺

≻≻

- **Si los estatutos sociales exigen notificación previa a acreedores, dejar constancia de que el reembolso efectivo no se producirá hasta que transcurra el plazo de tres meses desde la fecha de notificación a acreedores:**

"detallar".

≺≺

Como consecuencia de la citada amortización de participaciones sociales, se acuerda, por unanimidad, renumerar las participaciones sociales de la *"número"* a la *"número"* y se acuerda modificar el artículo *"número/letra"* de los estatutos sociales que, en lo sucesivo, quedará redactado como sigue:

"Artículo "número/letra".

"texto íntegro y literal del artículo estatutario modificado"".

➤➤

○ **Relación de otros acuerdos adoptados:**

"Segundo."

"texto de los restantes acuerdos adoptados". 

≺≺

5.

Que el acta fue aprobada, previa su redacción y lectura, por la propia junta, al final de la reunión, constando en ella la firma del secretario, con el visto bueno del presidente, así como las de los socios asistentes que lo desearon.

Y para que así conste y surta los oportunos efectos, se expide la presente certificación, en *"localidad"*, a *"fecha"*.

Firma/s

"...El administrador único Fdo. "Don/Doña nombre y apellidos"..."

"...El administrador solidario Fdo. "Don/Doña nombre y apellidos"..."

"...Los administradores mancomunados Fdo. "Don/Doña nombre y apellidos"..."

"...El secretario del consejo de administración con el V°B° del presidente del consejo Fdo. "Don/Doña nombre y apellidos"..."

22. Reducción del capital mediante la disminución del valor nominal de las participaciones sociales con el objeto de restituir aportaciones a los socios

MSM nº 7035, nº 7147 y nº 7170; MSL nº 6065, nº 6120 y nº 6155

LSC art.317, 318, 329 y 330 a 333; RRM art.201.2 y 3

Nota preliminar:

1) El formulario, en el que se incluyen acta y certificación, supone que el acuerdo se adopta en **junta universal y por unanimidad,** supuesto que será el más frecuente en la práctica.

2) Para el caso de que el acuerdo se adopte en junta formalmente **convocada o/y sin unanimidad** de los socios, ver otros modelos de acta (nº 505 y nº 510) y certificación (nº 605 y nº 610).

3) Si la sociedad es unipersonal, ver modelos de acta (nº 520) y certificación (nº 620).

4) Este formulario responde a un **supuesto práctico real,** cuyas circunstancias, obviamente, pueden no coincidir plenamente con las que concurren en el supuesto para el que va a utilizarse. Se ha optado por mantenerlas para enriquecer el valor ejemplificativo del formulario, sin perjuicio de que el usuario las elimine o modifique al personalizar el modelo.

a. Acta de la junta general y universal de *"denominación, S.R.L."*

Siendo las *"número/letra"* horas del día *"fecha"*, y hallándose presentes *"...en el domicilio social... O ... en "lugar"..."*, la totalidad de los socios de *"denominación, S.R.L."*, quienes, a su vez, representan el total del capital de la sociedad, deciden constituirse de forma unánime en junta general y universal de socios; lo que llevan a efecto al amparo de lo dispuesto en el artículo 178 del texto refundido de la Ley de Sociedades de Capital, con el siguiente:

Orden del día

1. Reducción del capital mediante la disminución del valor nominal de las participaciones sociales con el objeto de restituir aportaciones a los socios y consiguiente modificación del artículo *"número/letra"* de los estatutos sociales.
"– "texto de los otros puntos aceptados como orden del día de la junta".

Actúan como presidente y secretario de la junta, respectivamente, *"Don/Doña nombre y apellidos del presidente"* y *"Don/Doña nombre y apellidos del secretario" "...conforme a las reglas de designación de tales cargos contenidas en los estatutos de la sociedad... O ... conforme a las previsiones contenidas en el artículo 191 del texto refundido de la Ley de Sociedades de Capital... O ... por designación, al comienzo de la reunión, por los socios concurrentes a la misma..."*.
Los designados aceptan sus respectivos cargos y prometen desempeñar bien y fielmente las funciones inherentes a los mismos.

De conformidad con lo establecido en el artículo 97, número 1, apartado 4ª del Reglamento del Registro Mercantil, y en prueba de aceptación de todos los asistentes del orden del día fijado, se recoge, a continuación, relación nominal de los asistentes, seguida de la firma de cada uno de ellos:

- *"Don/Doña nombre y apellidos/razón social"*, titular de *"número/letra"* participaciones sociales, números *"número"* a *"número"*, ambos inclusive, representativas de un *"determinar porcentaje"* % del capital social. Asiste *"...personalmente... O ... representado por "Don/Doña nombre y apellidos", según acredita debidamente..."*.
Firma: *"Don/Doña nombre y apellidos/razón social"*

Se hace constar que la totalidad de las participaciones sociales tienen derecho de voto y que cada participación social da derecho a emitir un voto.

1110

○ Si existen privilegios en materia de derecho de voto:

"indicar los privilegios que en materia de derecho de voto se prevén en los estatutos sociales".

<<

Se hace constar asimismo que asisten a la reunión la totalidad de los administradores de la sociedad.

Una vez constatada la asistencia a la reunión de la totalidad del capital social y la aceptación, por unanimidad de los asistentes, de su celebración con el carácter de universal, el secretario, por indicación del presidente, procede a dar lectura al orden del día fijado, adoptándose, previa deliberación de cada uno de cada uno de los asuntos y de las propuestas formuladas al respecto, por unanimidad los siguientes:

Acuerdos

Primero. Reducción del capital mediante la disminución del valor nominal de las participaciones sociales con el objeto de restituir aportaciones a los socios y consiguiente modificación del artículo *"número/letra"* de los estatutos sociales.

La junta acuerda reducir el capital social en la cifra de *"número/letra"* euros, por lo que el mismo, tras la reducción, quedará fijado en *"número/letra"* euros.

La citada reducción de capital se realiza con la finalidad de restituir aportaciones a los socios y se lleva a cabo mediante la reducción del valor nominal de la totalidad de las *"número/letra"* participaciones sociales, números *"número"* a *"número"*, ambas inclusive, en que se divide el capital social, que de su actual valor nominal de *"número/letra"* euros pasarán al nuevo valor nominal *"número/letra"* euros cada una de ellas.

>>

○ Responsabilidad de los socios conforme al art.331 LSC:

En virtud de lo dispuesto en el artículo 331 del texto refundido de la Ley de Sociedades de Capital, se deja constancia de que todos los socios responden solidariamente entre sí, hasta el límite del importe percibido en concepto de restitución de aportación social, de las deudas sociales contraídas con anterioridad a la fecha en que el presente acuerdo sea oponible a terceros.

○ Responsabilidad de los socios conforme al art.332 LSC:

En virtud de lo dispuesto en el artículo 332 del texto refundido de la Ley de Sociedades de Capital, se deja expresa constancia de que se dota una reserva con cargo a reservas de libre disposición por el importe igual al restituido a los socios como consecuencia de la presente reducción de capital.

<<

○ Si los estatutos sociales exigen notificación previa a acreedores, dejar constancia de que el reembolso efectivo no se producirá hasta que transcurra el plazo de tres meses desde la fecha de notificación a acreedores:

"detallar".

Como consecuencia de la reducción de capital descrita, se modifica el artículo *"número/letra"* de los estatutos sociales que, en lo sucesivo, tendrá la siguiente nueva redacción:

"Artículo "número/letra".

"texto íntegro y literal del artículo estatutario modificado"".

En relación con el presente acuerdo *"...no se ha solicitado constancia en acta de ninguna intervención... O... el socio "Don/Doña nombre y apellidos/razón social" ha solicitado la constancia en acta de su intervención en los siguientes términos: "texto de la intervención cuya constancia en acta se solicita"...".*

○ **Relación de otros acuerdos adoptados:**

"Segundo."

"texto de los restantes acuerdos adoptados" 

<<

Una vez tratadas todas las cuestiones incluidas en el orden del día de la junta, se suspende momentáneamente la sesión, al objeto de que el secretario proceda a la redacción definitiva del acta, la cual, una vez redactada y leída, es aprobada por unanimidad de los asistentes, que la encuentran conforme a la realidad de lo acordado en la reunión, siendo firmada por el secretario, con el visto bueno del presidente *"...así como por los asistentes que lo desean ..."*; tras lo cual, se levanta la sesión a las *"número/letra"* horas del día y en el lugar que figuran en el encabezamiento.

Vº Bº	El Secretario
El Presidente	
Fdo. *"Don/Doña nombre y apellidos del presidente"*	Fdo. *"Don/Doña nombre y apellidos del secretario"*

b. Certificación en extracto de acta de junta general universal

"Don/Doña nombre y apellidos" "...y "Don/Doña nombre y apellidos" ...", en su condición de *"...Administrador único ... O ... Administrador solidario ... O ... Administradores mancomunados ... O ... Secretario del consejo de administración ..."* de *"denominación, S.R.L."*

Certifica/n

1.

Que el día *"fecha"*, y en *"...el domicilio social ... O ... "lugar" ..."* se celebró junta general de socios con el carácter de universal, por asistir a la misma, presente o debidamente representado, la totalidad del capital social y aceptarlo así la totalidad de los asistentes, relación nominal de los cuales, con sus respectivas firmas, figura en la correspondiente acta, a continuación de la fecha, lugar y orden del día.

2.

Que por unanimidad de los asistentes se aceptaron los siguientes puntos como orden del día de la sesión:

1. Reducción del capital mediante la disminución del valor nominal de las participaciones sociales con el objeto de restituir aportaciones a los socios y consiguiente modificación del artículo *"número/letra"* de los estatutos sociales.

"– "texto de los otros puntos aceptados como orden del día de la junta".

3.

Que *"Don/Doña nombre y apellidos del presidente"* y *"Don/Doña nombre y apellidos del secretario"* desempeñaron, respectivamente, los cargos de presidente y secretario de la junta *"...conforme a las reglas de designación de tales cargos contenidas en los estatutos de la sociedad ... O ... conforme a las previsiones contenidas en el artículo 191 del texto refundido de la Ley de Sociedades de Capital ... O ... por designación, al comienzo de la reunión, por los socios concurrentes a la misma ..."*.

4.

Que previa deliberación de cada uno de cada uno de los asuntos y de las propuestas formuladas al respecto, y por unanimidad, se adoptaron los acuerdos que se transcriben literalmente:

Acuerdos

Primero. Reducción del capital mediante la disminución del valor nominal de las participaciones sociales con el objeto de restituir aportaciones a los socios y consiguiente modificación del artículo *"número/letra"* de los estatutos sociales.

La junta acuerda reducir el capital social en la cifra de *"número/letra"* euros, por lo que el mismo, tras la reducción, quedará fijado en *"número/letra"* euros.

La citada reducción de capital se realiza con la finalidad de restituir aportaciones a los socios y se lleva a cabo mediante la reducción del valor nominal de la totalidad de las *"número/letra"* participaciones sociales, números *"número"* a *"número"*, ambas inclusive, en que se divide el capital social, que de su actual valor nominal de *"número/letra"* euros pasarán al nuevo valor nominal *"número/letra"* euros cada una de ellas.

>>

○ **Responsabilidad de los socios conforme al art.331 LSC:**

En virtud de lo dispuesto en el artículo 331 del texto refundido de la Ley de Sociedades de Capital, se deja constancia de que todos los socios responden solidariamente entre sí, hasta el límite del importe percibido en concepto de restitución de aportación social, de las deudas sociales contraídas con anterioridad a la fecha en que el presente acuerdo sea oponible a terceros.

○ **Responsabilidad de los socios conforme al art.332 LSC:**

En virtud de lo dispuesto en el artículo 332 del texto refundido de la Ley de Sociedades de Capital, se deja expresa constancia de que se dota una reserva con cargo a reservas de libre disposición por el importe igual al restituido a los socios como consecuencia de la presente reducción de capital.

<<

>>

○ **Si los estatutos sociales exigen notificación previa a acreedores, dejar constancia de que el reembolso efectivo no se producirá hasta que transcurra el plazo de tres meses desde la fecha de notificación a acreedores:**

"detallar".

<<

Como consecuencia de la reducción de capital descrita, se modifica el artículo *"número/letra"* de los estatutos sociales que, en lo sucesivo, tendrá la siguiente nueva redacción:

"Artículo "número/letra".

"texto íntegro y literal del artículo estatutario modificado"".

>>

○ **Relación de otros acuerdos adoptados:**

"Segundo."

"texto de los restantes acuerdos adoptados". 

<<

5.

Que el acta fue aprobada, previa su redacción y lectura, por la propia junta, al final de la reunión, constando en ella la firma del secretario, con el visto bueno del presidente, así como las de los socios asistentes que lo desearon.

Y para que así conste y surta los oportunos efectos, se expide la presente certificación, en *"localidad"*, a *"fecha"*.

Firma/s

"...El administrador único Fdo. "Don/Doña nombre y apellidos" ... "

"...El administrador solidario Fdo. "Don/Doña nombre y apellidos" ... "

"...Los administradores mancomunados Fdo. "Don/Doña nombre y apellidos" ... "

"...El secretario del consejo de administración con el VºBº del presidente del consejo Fdo. "Don/Doña nombre y apellidos" ... "

23. Reducción del capital para compensar pérdidas

MSM nº 7035 y nº 7215; MSL nº 6065 y nº 6185

LSC art.317, 318, 320, 321, 322, 323, 325, 326 y 327; RRM art.201.4

Nota preliminar:

1) El formulario, en el que se incluyen acta y certificación, supone que el acuerdo se adopta en **junta universal y por unanimidad,** supuesto que será el más frecuente en la práctica.

2) Para el caso de que el acuerdo se adopte en junta formalmente **convocada o/y sin unanimidad** de los socios, ver otros modelos de acta (nº 505 y nº 510) y certificación (nº 605 y nº 610).

3) Si la sociedad es unipersonal, ver modelos de acta (nº 520) y certificación (nº 620).

4) Este formulario responde a un **supuesto práctico real,** cuyas circunstancias, obviamente, pueden no coincidir plenamente con las que concurren en el supuesto para el que va a utilizarse. Se ha optado por mantenerlas para enriquecer el valor ejemplificativo del formulario, sin perjuicio de que el usuario las elimine o modifique al personalizar el modelo.

a. Acta de la junta general y universal de *"denominación, S.R.L."*

Siendo las *"número/letra"* horas del día *"fecha"*, y hallándose presentes *"...en el domicilio social... O ... en "lugar"...",* la totalidad de los socios de *"denominación, S.R.L."*, quienes, a su vez, representan el total del capital de la sociedad, deciden constituirse de forma unánime en junta general y universal de socios; lo que llevan a efecto al amparo de lo dispuesto en el artículo 178 del texto refundido de la Ley de Sociedades de Capital, con el siguiente:

Orden del día

1. Reducción del capital para compensar pérdidas y consiguiente modificación del artículo *"número/letra"* de los estatutos sociales.
"– "texto de los otros puntos aceptados como orden del día de la junta".

Actúan como presidente y secretario de la junta, respectivamente, *"Don/Doña nombre y apellidos del presidente"* y *"Don/Doña nombre y apellidos del secretario" "...conforme a las reglas de designación de tales cargos contenidas en los estatutos de la sociedad... O... conforme a las previsiones contenidas en el artículo 191 del texto refundido de la Ley de Sociedades de Capital... O... por designación, al comienzo de la reunión, por los socios concurrentes a la misma...".*
Los designados aceptan sus respectivos cargos y prometen desempeñar bien y fielmente las funciones inherentes a los mismos.

De conformidad con lo establecido en el artículo 97, número 1, apartado 4ª del Reglamento del Registro Mercantil, y en prueba de aceptación de todos los asistentes del orden del día fijado, se recoge, a continuación, relación nominal de los asistentes, seguida de la firma de cada uno de ellos:

• *"Don/Doña nombre y apellidos/razón social"*, titular de *"número/letra"* participaciones sociales, números *"número"* a *"número"*, ambos inclusive, representativas de un *"determinar porcentaje"* % del capital social. Asiste *"...personalmente... O... representado por "Don/Doña nombre y apellidos", según acredita debidamente...".*
Firma: *"Don/Doña nombre y apellidos/razón social"*

Se hace constar que la totalidad de las participaciones sociales tienen derecho de voto y que cada participación social da derecho a emitir un voto.

>>

○ **Si existen privilegios en materia de derecho de voto:**

"indicar los privilegios que en materia de derecho de voto se prevén en los estatutos sociales".

<<

1115

Se hace constar asimismo que asisten a la reunión la totalidad de los administradores de la sociedad.

Una vez constatada la asistencia a la reunión de la totalidad del capital social y la aceptación, por unanimidad de los asistentes, de su celebración con el carácter de universal, el secretario, por indicación del presidente, procede a dar lectura al orden del día fijado, adoptándose, previa deliberación de cada uno de cada uno de los asuntos y de las propuestas formuladas al respecto, por unanimidad los siguientes:

Acuerdos

Primero. Reducción del capital para compensar pérdidas y consiguiente modificación del artículo *"número/letra"* de los estatutos sociales.

Con la única finalidad de restablecer el equilibrio entre el capital social y el patrimonio neto contable, y dejando expresa constancia de que la sociedad no cuenta con ningún tipo de reservas, la junta acuerda reducir el capital en un importe de *"número/letra"* euros, para compensar pérdidas, por lo que el mismo actualmente de *"número/letra"* euros, quedará en la nueva cifra de *"número/letra"* euros.

Dicha reducción se lleva a cabo mediante la reducción del valor nominal de todas las participaciones sociales representativas del capital social, que de su valor nominal actual de *"número/letra"* euros por participación, pasarán a tener un valor nominal de *"número/letra"* euros por participación.

Sirve de base a la operación de reducción, el balance cerrado a fecha *"necesariamente dentro de los seis meses inmediatamente anteriores a la fecha del acuerdo"*, aprobado por la junta general y verificado por la firma de auditores *"...de la sociedad, "denominación social de los auditores" ... O ... designados al efecto por los administradores, al no estar obligada la sociedad a la verificación de sus cuentas anuales ... "*.

Se adjuntan al acta como anexo, copia del balance aprobado así como del citado informe.

Como consecuencia de lo anterior, se modifica el artículo *"número/letra"* de los estatutos sociales que tendrá en adelante la siguiente nueva redacción:

"Artículo "número/letra".

"texto íntegro y literal del artículo estatutario modificado"".

En relación con el presente acuerdo *"...no se ha solicitado constancia en acta de ninguna intervención ... O ... el socio "Don/Doña nombre y apellidos/razón social" ha solicitado la constancia en acta de su intervención en los siguientes términos: "texto de la intervención cuya constancia en acta se solicita" ... "*.

○ **Relación de otros acuerdos adoptados:**

"Segundo."

"texto de los restantes acuerdos adoptados" 

⋞⋞

Una vez tratadas todas las cuestiones incluidas en el orden del día de la junta, se suspende momentáneamente la sesión, al objeto de que el secretario proceda a la redacción definitiva del acta, la cual, una vez redactada y leída, es aprobada por unanimidad de los asistentes, que la encuentran conforme a la realidad de lo acordado en la reunión, siendo firmada por el secretario, con el visto bueno del presidente *"...así como por los asistentes que lo desean ... "*; tras lo cual, se levanta la sesión a las *"número/letra"* horas del día y en el lugar que figuran en el encabezamiento.

Vº Bº	El Secretario
El Presidente	
Fdo. *"Don/Doña nombre y apellidos del presidente"*	Fdo. *"Don/Doña nombre y apellidos del secretario"*

b. Certificación en extracto de acta de junta general universal

"Don/Doña nombre y apellidos" "...y "Don/Doña nombre y apellidos" ...", en su condición de *"...Administrador único ... O ... Administrador solidario ... O ... Administradores mancomunados ... O ... Secretario del consejo de administración ..."* de *"denominación, S.R.L."*

Certifica/n

1.

Que el día *"fecha"*, y en *"...el domicilio social ... O ... "lugar" ..."* se celebró junta general de socios con el carácter de universal, por asistir a la misma, presente o debidamente representado, la totalidad del capital social y aceptarlo así la totalidad de los asistentes, relación nominal de los cuales, con sus respectivas firmas, figura en la correspondiente acta, a continuación de la fecha, lugar y orden del día.

2.

Que por unanimidad de los asistentes se aceptaron los siguientes puntos como orden del día de la sesión:

1. Reducción del capital para compensar pérdidas y consiguiente modificación del artículo *"número/letra"* de los estatutos sociales.

"– "texto de los otros puntos aceptados como orden del día de la junta".

3.

Que *"Don/Doña nombre y apellidos del presidente"* y *"Don/Doña nombre y apellidos del secretario"* desempeñaron, respectivamente, los cargos de presidente y secretario de la junta *"...conforme a las reglas de designación de tales cargos contenidas en los estatutos de la sociedad ... O ... conforme a las previsiones contenidas en el artículo 191 del texto refundido de la Ley de Sociedades de Capital ... O ... por designación, al comienzo de la reunión, por los socios concurrentes a la misma ...".*

4.

Que previa deliberación de cada uno de cada uno de los asuntos y de las propuestas formuladas al respecto, y por unanimidad, se adoptaron los acuerdos que se transcriben literalmente:

Acuerdos

Primero. Reducción del capital para compensar pérdidas y consiguiente modificación del artículo *"número/letra"* de los estatutos sociales.

Con la única finalidad de restablecer el equilibrio entre el capital social y el patrimonio neto contable, y dejando expresa constancia de que la sociedad no cuenta con ningún tipo de reservas, la junta acuerda reducir el capital en un importe de *"número/letra"* euros, para compensar pérdidas, por lo que el mismo actualmente de *"número/letra"* euros, quedará en la nueva cifra de *"número/letra"* euros.

Dicha reducción se lleva a cabo mediante la reducción del valor nominal de todas las participaciones sociales representativas del capital social, que de su valor nominal actual de *"número/letra"* euros por participación, pasarán a tener un valor nominal de *"número/letra"* euros por participación.

Sirve de base a la operación de reducción, el balance cerrado a fecha *"necesariamente dentro de los seis meses inmediatamente anteriores a la fecha del acuerdo"*, aprobado por la junta general y verificado por la firma de auditores *"...de la sociedad, "denominación social de los auditores" ... O ... designados al efecto por los administradores, al no estar obligada la sociedad a la verificación de sus cuentas anuales ...".*

Se adjuntan al acta como anexo, copia del balance aprobado así como del citado informe.

Como consecuencia de lo anterior, se modifica el artículo *"número/letra"* de los estatutos sociales que tendrá en adelante la siguiente nueva redacción:

"Artículo "número/letra".

"texto íntegro y literal del artículo estatutario modificado"".

o Relación de otros acuerdos adoptados:

"Segundo."

"texto de los restantes acuerdos adoptados". 

≺≺

5.

Que el acta fue aprobada, previa su redacción y lectura, por la propia junta, al final de la reunión, constando en ella la firma del secretario, con el visto bueno del presidente, así como las de los socios asistentes que lo desearon.

Y para que así conste y surta los oportunos efectos, se expide la presente certificación, en *"localidad"*, a *"fecha"*.

Firma/s

"...El administrador único Fdo. "Don/Doña nombre y apellidos"..."

"...El administrador solidario Fdo. "Don/Doña nombre y apellidos"..."

"...Los administradores mancomunados Fdo. "Don/Doña nombre y apellidos"..."

"...El secretario del consejo de administración con el VºBº del presidente del consejo Fdo. "Don/Doña nombre y apellidos"..."

MSM nº 7330;
MSL nº 6210

24. Reducción del capital para amortizar participaciones propias

LSC art.140, 141 y 338 a 342

Nota preliminar:

1) El formulario, en el que se incluyen acta y certificación, supone que el acuerdo se adopta en **junta universal y por unanimidad,** supuesto que será el más frecuente en la práctica.

2) Para el caso de que el acuerdo se adopte en junta formalmente **convocada o/y sin unanimidad** de los socios, ver otros modelos de acta (nº 505 y nº 510) y certificación (nº 605 y nº 610).

3) Si la sociedad es unipersonal, ver modelos de acta (nº 520) y certificación (nº 620).

4) Este formulario responde a un **supuesto práctico real,** cuyas circunstancias, obviamente, pueden no coincidir plenamente con las que concurren en el supuesto para el que va a utilizarse. Se ha optado por mantenerlas para enriquecer el valor ejemplificativo del formulario, sin perjuicio de que el usuario las elimine o modifique al personalizar el modelo.

a. Acta de la junta general y universal de *"denominación, S.R.L."*

Siendo las *"número/letra"* horas del día *"fecha"*, y hallándose presentes *"...en el domicilio social ... O ... en "lugar" ... "*, la totalidad de los socios de *"denominación, S.R.L."*, quienes, a su vez, representan el total del capital de la sociedad, deciden constituirse de forma unánime en junta general y universal de socios; lo que llevan a efecto al amparo de lo dispuesto en el artículo 178 del texto refundido de la Ley de Sociedades de Capital, con el siguiente:

Orden del día

1. Reducción del capital para amortizar aportaciones propias y consiguiente modificación del artículo *"número/letra"* de los estatutos sociales.
"– "texto de los otros puntos aceptados como orden del día de la junta".

Actúan como presidente y secretario de la junta, respectivamente, *"Don/Doña nombre y apellidos del presidente"* y *"Don/Doña nombre y apellidos del secretario" "...conforme a las reglas de designación de tales cargos contenidas en los estatutos de la sociedad ... O ... conforme a las previsiones contenidas en el artículo 191 del texto refundido de la Ley de Sociedades de Capital ... O ... por designación, al comienzo de la reunión, por los socios concurrentes a la misma ... "*.
Los designados aceptan sus respectivos cargos y prometen desempeñar bien y fielmente las funciones inherentes a los mismos.

De conformidad con lo establecido en el artículo 97, número 1, apartado 4ª del Reglamento del Registro Mercantil, y en prueba de aceptación de todos los asistentes del orden del día fijado, se recoge, a continuación, relación nominal de los asistentes, seguida de la firma de cada uno de ellos:

• *"Don/Doña nombre y apellidos/razón social"*, titular de *"número/letra"* participaciones sociales, números *"número"* a *"número"*, ambos inclusive, representativas de un *"determinar porcentaje"* % del capital social. Asiste *"...personalmente ... O ... representado por "Don/Doña nombre y apellidos", según acredita debidamente ... "*.
Firma: *"Don/Doña nombre y apellidos/razón social"*

Se hace constar que la totalidad de las participaciones sociales tienen derecho de voto y que cada participación social da derecho a emitir un voto.

Si existen privilegios en materia de derecho de voto:

"indicar los privilegios que en materia de derecho de voto se prevén en los estatutos sociales".

Se hace constar asimismo que asisten a la reunión la totalidad de los administradores de la sociedad.

Una vez constatada la asistencia a la reunión de la totalidad del capital social y la aceptación, por unanimidad de los asistentes, de su celebración con el carácter de universal, el secretario, por indicación del presidente, procede a dar lectura al orden del día fijado, adoptándose, previa deliberación de cada uno de cada uno de los asuntos y de las propuestas formuladas al respecto, por unanimidad los siguientes:

Acuerdos

Primero. Reducción del capital para amortizar participaciones propias y consiguiente modificación del artículo *"número/letra"* de los estatutos sociales.

La junta acuerda reducir el capital social con el objeto de amortizar participaciones propias, en cumplimiento de los establecido en el artículo 141.1 del texto refundido de la Ley de Sociedades de Capital.

La reducción de capital se efectúa por el valor nominal total de las participaciones sociales números *"número"* a *"número"* que la sociedad mantiene en autocartera; es decir por importe de *"número/letra"* euros, por lo que el mismo actualmente de *"número/letra"* euros, quedará en la nueva cifra de *"número/letra"* euros.

Como consecuencia de lo anterior, se modifica el artículo *"número/letra"* de los estatutos sociales que tendrá en adelante la siguiente nueva redacción:

"Artículo "número/letra".

"texto íntegro y literal del artículo estatutario modificado"".

En relación con el presente acuerdo *"...no se ha solicitado constancia en acta de ninguna intervención ... O... el socio "Don/Doña nombre y apellidos/razón social" ha solicitado la constancia en acta de su intervención en los siguientes términos: "texto de la intervención cuya constancia en acta se solicita" ...".*

Relación de otros acuerdos adoptados:

"Segundo."

"texto de los restantes acuerdos adoptados" 

Una vez tratadas todas las cuestiones incluidas en el orden del día de la junta, se suspende momentáneamente la sesión, al objeto de que el secretario proceda a la redacción definitiva del acta, la cual, una vez redactada y leída, es aprobada por unanimidad de los asistentes, que la encuentran conforme a la realidad de lo acordado en la reunión, siendo firmada por el secretario, con el visto bueno del presidente *"...así como por los asistentes que lo desean..."*; tras lo cual, se levanta la sesión a las *"número/letra"* horas del día y en el lugar que figuran en el encabezamiento.

Vº Bº

El Presidente

Fdo. *"Don/Doña nombre y apellidos del presidente"*

El Secretario

Fdo. *"Don/Doña nombre y apellidos del secretario"*

b. Certificación en extracto de acta de junta general universal

"Don/Doña nombre y apellidos" "...y "Don/Doña nombre y apellidos" ...", en su condición de *"...Administrador único ... O ... Administrador solidario ... O ... Administradores mancomunados ... O ... Secretario del consejo de administración ..."* de *"denominación, S.R.L."*

Certifica/n

1.

Que el día *"fecha"*, y en *"...el domicilio social ... O ... "lugar" ..."* se celebró junta general de socios con el carácter de universal, por asistir a la misma, presente o debidamente representado, la totalidad del capital social y aceptarlo así la totalidad de los asistentes, relación nominal de los cuales, con sus respectivas firmas, figura en la correspondiente acta, a continuación de la fecha, lugar y orden del día.

2.

Que por unanimidad de los asistentes se aceptaron los siguientes puntos como orden del día de la sesión:

1. Reducción del capital para amortizar participaciones propias y consiguiente modificación del artículo *"número/letra"* de los estatutos sociales.
"– "texto de los otros puntos aceptados como orden del día de la junta".

3.

Que *"Don/Doña nombre y apellidos del presidente"* y *"Don/Doña nombre y apellidos del secretario"* desempeñaron, respectivamente, los cargos de presidente y secretario de la junta *"...conforme a las reglas de designación de tales cargos contenidas en los estatutos de la sociedad ... O ... conforme a las previsiones contenidas en el artículo 191 del texto refundido de la Ley de Sociedades de Capital ... O ... por designación, al comienzo de la reunión, por los socios concurrentes a la misma ...".*

4.

Que previa deliberación de cada uno de cada uno de los asuntos y de las propuestas formuladas al respecto, y por unanimidad, se adoptaron los acuerdos que se transcriben literalmente:

Acuerdos

Primero. Reducción del capital para amortizar participaciones propias y consiguiente modificación del artículo *"número/letra"* de los estatutos sociales.

La junta acuerda reducir el capital social con el objeto de amortizar participaciones propias, en cumplimiento de los establecido en el artículo 141.1 del texto refundido de la Ley de Sociedades de Capital.

La reducción de capital se efectúa por el valor nominal total de las participaciones sociales números *"número"* a *"número"* que la sociedad mantiene en autocartera; es decir por importe de *"número/letra"* euros, por lo que el mismo actualmente de *"número/letra"* euros, quedará en la nueva cifra de *"número/letra"* euros.

Como consecuencia de lo anterior, se modifica el artículo *"número/letra"* de los estatutos sociales que tendrá en adelante la siguiente nueva redacción:

"Artículo "número/letra".

"texto íntegro y literal del artículo estatutario modificado"".

➢➢

○ **Relación de otros acuerdos adoptados:**

"Segundo."

"texto de los restantes acuerdos adoptados".

⋞⋞

5.
Que el acta fue aprobada, previa su redacción y lectura, por la propia junta, al final de la reunión, constando en ella la firma del secretario, con el visto bueno del presidente, así como las de los socios asistentes que lo desearon.

Y para que así conste y surta los oportunos efectos, se expide la presente certificación, en *"localidad"*, a *"fecha"*.

Firma/s

"...El administrador único Fdo. "Don/Doña nombre y apellidos" ... "

"...El administrador solidario Fdo. "Don/Doña nombre y apellidos" ... "

"...Los administradores mancomunados Fdo. "Don/Doña nombre y apellidos" ... "

"...El secretario del consejo de administración con el V°B° del presidente del consejo Fdo. "Don/Doña nombre y apellidos" ... "

25. Reposición de pérdidas: aportación y cancelación de préstamo de socio

MSM nº 8894; MSL nº 8115

Nota preliminar:

1) El formulario, en el que se incluyen acta y certificación, supone que el acuerdo se adopta en **junta universal y por unanimidad,** supuesto que será el más frecuente en la práctica.

2) Para el caso de que el acuerdo se adopte en junta formalmente **convocada o/y sin unanimidad** de los socios, ver otros modelos de acta (nº 505 y nº 510) y certificación (nº 605 y nº 610).

3) Si la sociedad es unipersonal, ver modelos de acta (nº 520) y certificación (nº 620).

4) Este formulario responde a un **supuesto práctico real,** cuyas circunstancias, obviamente, pueden no coincidir plenamente con las que concurren en el supuesto para el que va a utilizarse. Se ha optado por mantenerlas para enriquecer el valor ejemplificativo del formulario, sin perjuicio de que el usuario las elimine o modifique al personalizar el modelo.

a. Acta de la junta general y universal de *"denominación, S.R.L."*

Siendo las *"número/letra"* horas del día *"fecha"*, y hallándose presentes *"...en el domicilio social... O ... en "lugar"... "*, la totalidad de los socios de *"denominación, S.R.L."*, quienes, a su vez, representan el total del capital de la sociedad, deciden constituirse de forma unánime en junta general y universal de socios; lo que llevan a efecto al amparo de lo dispuesto en el artículo 178 del texto refundido de la Ley de Sociedades de Capital, con el siguiente:

Orden del día

1. Reposición de pérdidas.

"– "texto de los otros puntos aceptados como orden del día de la junta". 

Actúan como presidente y secretario de la junta, respectivamente, *"Don/Doña nombre y apellidos del presidente"* y *"Don/Doña nombre y apellidos del secretario" "...conforme a las reglas de designación de tales cargos contenidas en los estatutos de la sociedad... O ... conforme a las previsiones contenidas en el artículo 191 del texto refundido de la Ley de Sociedades de Capital... O ... por designación, al comienzo de la reunión, por los socios concurrentes a la misma... "*.
Los designados aceptan sus respectivos cargos y prometen desempeñar bien y fielmente las funciones inherentes a los mismos.

De conformidad con lo establecido en el artículo 97, número 1, apartado 4ª del Reglamento del Registro Mercantil, y en prueba de aceptación de todos los asistentes del orden del día fijado, se recoge, a continuación, relación nominal de los asistentes, seguida de la firma de cada uno de ellos:

- *"Don/Doña nombre y apellidos/razón social"*, titular de *"número/letra"* participaciones sociales, números *"número"* a *"número"*, ambos inclusive, representativas de un *"determinar porcentaje"* % del capital social. Asiste *"...personalmente... O ... representado por "Don/Doña nombre y apellidos", según acredita debidamente... "*.

Firma: *"Don/Doña nombre y apellidos/razón social"* 

Se hace constar que la totalidad de las participaciones sociales tienen derecho de voto y que cada participación social da derecho a emitir un voto.

➤➤

○ **Si existen privilegios en materia de derecho de voto:**

"indicar los privilegios que en materia de derecho de voto se prevén en los estatutos sociales".

≺≺

Se hace constar asimismo que asisten a la reunión la totalidad de los administradores de la sociedad.

Una vez constatada la asistencia a la reunión de la totalidad del capital social y la aceptación, por unanimidad de los asistentes, de su celebración con el carácter de universal, el secretario, por indicación del presidente, procede a dar lectura al orden del día fijado, adoptándose, previa deliberación de cada uno de cada uno de los asuntos y de las propuestas formuladas al respecto, por unanimidad los siguientes:

Acuerdos

Primero. Reposición de pérdidas.

A la vista de que de acuerdo con el balance de la sociedad cerrado a *"fecha"*, aprobado por la junta en este mismo acto, se ha contabilizado una pérdida de *"número/letra"* euros, y con el objeto de sanear la situación patrimonial de la sociedad, el socio *"denominación social/nombre y apellidos"* procede a la aportación y cancelación del préstamo concedido a la sociedad y que la misma tiene contabilizado como préstamo a corto plazo con *"empresas del grupo/socios"* por importe de *"número/letra"* euros y que a la fecha de adopción del presente acuerdo está vencido y es líquido y exigible.

Tal préstamo es cancelado en el importe mencionado mediante anotación contable contra la cuenta de pérdidas.

En relación con el presente acuerdo *"...no se ha solicitado constancia en acta de ninguna intervención ... O... el socio "Don/Doña nombre y apellidos/razón social" ha solicitado la constancia en acta de su intervención en los siguientes términos: "texto de la intervención cuya constancia en acta se solicita" ..."*.

○ **Relación de otros acuerdos adoptados:**

"Segundo."

"texto de los restantes acuerdos adoptados" 

≺≺

Una vez tratadas todas las cuestiones incluidas en el orden del día de la junta, se suspende momentáneamente la sesión, al objeto de que el secretario proceda a la redacción definitiva del acta, la cual, una vez redactada y leída, es aprobada por unanimidad de los asistentes, que la encuentran conforme a la realidad de lo acordado en la reunión, siendo firmada por el secretario, con el visto bueno del presidente *"...así como por los asistentes que lo desean ..."*; tras lo cual, se levanta la sesión a las *"número/letra"* horas del día y en el lugar que figuran en el encabezamiento.

Vº Bº El Secretario

El Presidente

Fdo. *"Don/Doña nombre y apellidos del presidente"*

Fdo. *"Don/Doña nombre y apellidos del secretario"*

b. Certificación en extracto de acta de junta general universal

"Don/Doña nombre y apellidos" "...y "Don/Doña nombre y apellidos" ...", en su condición de *"...Administrador único ... O ... Administrador solidario ... O ... Administradores mancomunados ... O ... Secretario del consejo de administración ..."* de *"denominación, S.R.L."*

1125

Certifica/n

1.
Que el día *"fecha"*, y en *"...el domicilio social... O... "lugar"..."* se celebró junta general de socios con el carácter de universal, por asistir a la misma, presente o debidamente representado, la totalidad del capital social y aceptarlo así la totalidad de los asistentes, relación nominal de los cuales, con sus respectivas firmas, figura en la correspondiente acta, a continuación de la fecha, lugar y orden del día.

2.
Que por unanimidad de los asistentes se aceptaron los siguientes puntos como orden del día de la sesión:

1. Reposición de pérdidas.

"– "texto de los otros puntos aceptados como orden del día de la junta". 

3.
Que *"Don/Doña nombre y apellidos del presidente"* y *"Don/Doña nombre y apellidos del secretario"* desempeñaron, respectivamente, los cargos de presidente y secretario de la junta *"...conforme a las reglas de designación de tales cargos contenidas en los estatutos de la sociedad... O... conforme a las previsiones contenidas en el artículo 191 del texto refundido de la Ley de Sociedades de Capital... O... por designación, al comienzo de la reunión, por los socios concurrentes a la misma..."*.

4.
Que previa deliberación de cada uno de cada uno de los asuntos y de las propuestas formuladas al respecto, y por unanimidad, se adoptaron los acuerdos que se transcriben literalmente:

Acuerdos

Primero. Reposición de pérdidas.

A la vista de que de acuerdo con el balance de la sociedad cerrado a *"fecha"*, aprobado por la junta en este mismo acto, se ha contabilizado una pérdida de *"número/letra"* euros, y con el objeto de sanear la situación patrimonial de la sociedad, el socio *"denominación social/nombre y apellidos"* procede a la aportación y cancelación del préstamo concedido a la sociedad y que la misma tiene contabilizado como préstamo a corto plazo con *"empresas del grupo/socios"* por importe de *"número/letra"* euros y que a la fecha de adopción del presente acuerdo está vencido y es líquido y exigible.

Tal préstamo es cancelado en el importe mencionado mediante anotación contable contra la cuenta de pérdidas.

➢➢

○ **Relación de otros acuerdos adoptados:**

"Segundo."

"texto de los restantes acuerdos adoptados". 

≺≺

5.
Que el acta fue aprobada, previa su redacción y lectura, por la propia junta, al final de la reunión, constando en ella la firma del secretario, con el visto bueno del presidente, así como las de los socios asistentes que lo desearon.

1125

Y para que así conste y surta los oportunos efectos, se expide la presente certificación, en *"localidad"*, a *"fecha"*.

Firma/s

"...El administrador único Fdo. "Don/Doña nombre y apellidos" ... "

"...El administrador solidario Fdo. "Don/Doña nombre y apellidos" ... "

"...Los administradores mancomunados Fdo. "Don/Doña nombre y apellidos" ... "

"...El secretario del consejo de administración con el VºBº del presidente del consejo Fdo. "Don/Doña nombre y apellidos" ... "

1130

26. Reposición de pérdidas: aportación de efectivo

MSM nº 8894;
MSL nº 8115

Nota preliminar:

1) El formulario, en el que se incluyen acta y certificación, supone que el acuerdo se adopta en **junta universal y por unanimidad,** supuesto que será el más frecuente en la práctica.

2) Para el caso de que el acuerdo se adopte en junta formalmente **convocada o/y sin unanimidad** de los socios, ver otros modelos de acta (nº 505 y nº 510) y certificación (nº 605 y nº 610).

3) Si la sociedad es unipersonal, ver modelos de acta (nº 520) y certificación (nº 620).

4) Este formulario responde a un **supuesto práctico real,** cuyas circunstancias, obviamente, pueden no coincidir plenamente con las que concurren en el supuesto para el que va a utilizarse. Se ha optado por mantenerlas para enriquecer el valor ejemplificativo del formulario, sin perjuicio de que el usuario las elimine o modifique al personalizar el modelo.

a. Acta de la junta general y universal de *"denominación, S.R.L."*

Siendo las *"número/letra"* horas del día *"fecha"*, y hallándose presentes *"...en el domicilio social... O ... en "lugar"... "*, la totalidad de los socios de *"denominación, S.R.L. "*, quienes, a su vez, representan el total del capital de la sociedad, deciden constituirse de forma unánime en junta general y universal de socios; lo que llevan a efecto al amparo de lo dispuesto en el artículo 178 del texto refundido de la Ley de Sociedades de Capital, con el siguiente:

Orden del día

1. Reposición de pérdidas.

"– "texto de los otros puntos aceptados como orden del día de la junta".

Actúan como presidente y secretario de la junta, respectivamente, *"Don/Doña nombre y apellidos del presidente"* y *"Don/Doña nombre y apellidos del secretario" "...conforme a las reglas de designación de tales cargos contenidas en los estatutos de la sociedad... O... conforme a las previsiones contenidas en el artículo 191 del texto refundido de la Ley de Sociedades de Capital... O... por designación, al comienzo de la reunión, por los socios concurrentes a la misma... "*.

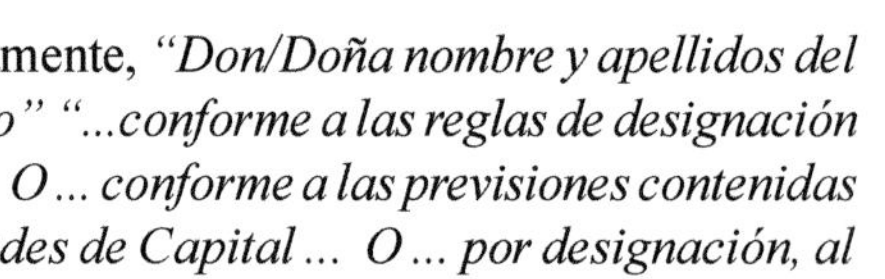

Los designados aceptan sus respectivos cargos y prometen desempeñar bien y fielmente las funciones inherentes a los mismos.

De conformidad con lo establecido en el artículo 97, número 1, apartado 4ª del Reglamento del Registro Mercantil, y en prueba de aceptación de todos los asistentes del orden del día fijado, se recoge, a continuación, relación nominal de los asistentes, seguida de la firma de cada uno de ellos:

- *"Don/Doña nombre y apellidos/razón social"*, titular de *"número/letra"* participaciones sociales, números *"número"* a *"número"*, ambos inclusive, representativas de un *"determinar porcentaje"* % del capital social. Asiste *"...personalmente... O... representado por "Don/Doña nombre y apellidos", según acredita debidamente... "*.

Firma: *"Don/Doña nombre y apellidos/razón social"*

Se hace constar que la totalidad de las participaciones sociales tienen derecho de voto y que cada participación social da derecho a emitir un voto.

➢➢

○ **Si existen privilegios en materia de derecho de voto:**

"indicar los privilegios que en materia de derecho de voto se prevén en los estatutos sociales".

⋞⋞

Se hace constar asimismo que asisten a la reunión la totalidad de los administradores de la sociedad.

Capítulo V. Acuerdos sociales

Una vez constatada la asistencia a la reunión de la totalidad del capital social y la aceptación, por unanimidad de los asistentes, de su celebración con el carácter de universal, el secretario, por indicación del presidente, procede a dar lectura al orden del día fijado, adoptándose, previa deliberación de cada uno de cada uno de los asuntos y de las propuestas formuladas al respecto, por unanimidad los siguientes:

Acuerdos

Primero. Reposición de pérdidas.

A la vista de que de acuerdo con el balance de la sociedad cerrado a *"fecha"*, aprobado por la junta en este mismo acto, se ha contabilizado una pérdida de *"número/letra"* euros, y con el objeto de sanear la situación patrimonial de la sociedad, el socio *"nombre y apellidos/denominación o razón social"* procede a la aportación de un total de *"número/letra"* euros para reponer dichas pérdidas.

Dicho importe *"...ha sido ingresado en la cuenta de la sociedad con anterioridad a la fecha de este acuerdo ... O ... será ingresado en la cuenta de la sociedad dentro de los "número" días siguientes al presente acuerdo ..."*.

En relación con el presente acuerdo *"...no se ha solicitado constancia en acta de ninguna intervención ... O ... el socio "Don/Doña nombre y apellidos/razón social" ha solicitado la constancia en acta de su intervención en los siguientes términos: "texto de la intervención cuya constancia en acta se solicita" ..."*.

○ **Relación de otros acuerdos adoptados:**

"Segundo."

"texto de los restantes acuerdos adoptados" 

≺≺

Una vez tratadas todas las cuestiones incluidas en el orden del día de la junta, se suspende momentáneamente la sesión, al objeto de que el secretario proceda a la redacción definitiva del acta, la cual, una vez redactada y leída, es aprobada por unanimidad de los asistentes, que la encuentran conforme a la realidad de lo acordado en la reunión, siendo firmada por el secretario, con el visto bueno del presidente *"...así como por los asistentes que lo desean ..."*; tras lo cual, se levanta la sesión a las *"número/letra"* horas del día y en el lugar que figuran en el encabezamiento.

Vº Bº — El Secretario

El Presidente

Fdo. *"Don/Doña nombre y apellidos del presidente"* — Fdo. *"Don/Doña nombre y apellidos del secretario"*

b. Certificación en extracto de acta de junta general universal

"Don/Doña nombre y apellidos" "...y "Don/Doña nombre y apellidos" ...", en su condición de *"...Administrador único ... O ... Administrador solidario ... O ... Administradores mancomunados ... O ... Secretario del consejo de administración ..."* de *"denominación, S.R.L."*

Certifica/n

1.
Que el día *"fecha"*, y en *"...el domicilio social ... O ... "lugar" ..."* se celebró junta general de socios con el carácter de universal, por asistir a la misma, presente o debidamente representado, la totalidad del capital social y aceptarlo así la totalidad de los asistentes, relación nominal de los cuales, con sus respectivas firmas, figura en la correspondiente acta, a continuación de la fecha, lugar y orden del día.

1130

2.

Que por unanimidad de los asistentes se aceptaron los siguientes puntos como orden del día de la sesión:

1. Reposición de pérdidas.

"– "texto de los otros puntos aceptados como orden del día de la junta". 

3.

Que *"Don/Doña nombre y apellidos del presidente"* y *"Don/Doña nombre y apellidos del secretario"* desempeñaron, respectivamente, los cargos de presidente y secretario de la junta *"...conforme a las reglas de designación de tales cargos contenidas en los estatutos de la sociedad... O... conforme a las previsiones contenidas en el artículo 191 del texto refundido de la Ley de Sociedades de Capital... O... por designación, al comienzo de la reunión, por los socios concurrentes a la misma...".*

4.

Que previa deliberación de cada uno de cada uno de los asuntos y de las propuestas formuladas al respecto, y por unanimidad, se adoptaron los acuerdos que se transcriben literalmente:

Acuerdos

Primero. Reposición de pérdidas.

A la vista de que de acuerdo con el balance de la sociedad cerrado a *"fecha"*, aprobado por la junta en este mismo acto, se ha contabilizado una pérdida de *"número/letra"* euros, y con el objeto de sanear la situación patrimonial de la sociedad, el socio *"nombre y apellidos/denominación o razón social"* procede a la aportación de un total de *"número/letra"* euros para reponer dichas pérdidas.

Dicho importe *"...ha sido ingresado en la cuenta de la sociedad con anterioridad a la fecha de este acuerdo... O... será ingresado en la cuenta de la sociedad dentro de los "número" días siguientes al presente acuerdo...".*

➤➤

○ **Relación de otros acuerdos adoptados:**

"Segundo."

"texto de los restantes acuerdos adoptados".

5.

Que el acta fue aprobada, previa su redacción y lectura, por la propia junta, al final de la reunión, constando en ella la firma del secretario, con el visto bueno del presidente, así como las de los socios asistentes que lo desearon.

Y para que así conste y surta los oportunos efectos, se expide la presente certificación, en *"localidad"*, a *"fecha"*.

Firma/s

"...El administrador único Fdo. "Don/Doña nombre y apellidos"..."

"...El administrador solidario Fdo. "Don/Doña nombre y apellidos"..."

"...Los administradores mancomunados Fdo. "Don/Doña nombre y apellidos"..."

"...El secretario del consejo de administración con el VºBº del presidente del consejo Fdo. "Don/Doña nombre y apellidos"..."

1135

27. Reducción y aumento del capital simultáneos: acuerdo y ejecución en unidad de acto

MSM nº 7385 s.; MSL nº 6245 s.

LSC art.343 y 344; RRM art.9, 200 y 202

Nota preliminar:

1) El formulario, en el que se incluyen acta y certificación, supone que el acuerdo se adopta en **junta universal y por unanimidad,** supuesto que será el más frecuente en la práctica.

2) Para el caso de que el acuerdo se adopte en junta formalmente **convocada o/y sin unanimidad** de los socios, ver otros modelos de acta (nº 505 y nº 510) y certificación (nº 605 y nº 610).

3) Si la sociedad es unipersonal, ver modelos de acta (nº 520) y certificación (nº 620).

4) Este formulario responde a un **supuesto práctico real,** cuyas circunstancias, obviamente, pueden no coincidir plenamente con las que concurren en el supuesto para el que va a utilizarse. Se ha optado por mantenerlas para enriquecer el valor ejemplificativo del formulario, sin perjuicio de que el usuario las elimine o modifique al personalizar el modelo.

a. Acta de la junta general y universal de *"denominación, S.R.L."*

Siendo las *"número/letra"* horas del día *"fecha"*, y hallándose presentes *"...en el domicilio social... O ... en "lugar"..."*, la totalidad de los socios de *"denominación, S.R.L."*, quienes, a su vez, representan el total del capital de la sociedad, deciden constituirse de forma unánime en junta general y universal de socios; lo que llevan a efecto al amparo de lo dispuesto en el artículo 178 del texto refundido de la Ley de Sociedades de Capital, con el siguiente:

Orden del día

1. Reducción y aumento del capital simultáneos y consiguiente modificación del artículo *"número/letra"* de los estatutos sociales.
"– "texto de los otros puntos aceptados como orden del día de la junta".

Actúan como presidente y secretario de la junta, respectivamente, *"Don/Doña nombre y apellidos del presidente"* y *"Don/Doña nombre y apellidos del secretario" "...conforme a las reglas de designación de tales cargos contenidas en los estatutos de la sociedad... O... conforme a las previsiones contenidas en el artículo 191 del texto refundido de la Ley de Sociedades de Capital... O... por designación, al comienzo de la reunión, por los socios concurrentes a la misma..."*.
Los designados aceptan sus respectivos cargos y prometen desempeñar bien y fielmente las funciones inherentes a los mismos.

De conformidad con lo establecido en el artículo 97, número 1, apartado 4ª del Reglamento del Registro Mercantil, y en prueba de aceptación de todos los asistentes del orden del día fijado, se recoge, a continuación, relación nominal de los asistentes, seguida de la firma de cada uno de ellos:

- *"Don/Doña nombre y apellidos/razón social"*, titular de *"número/letra"* participaciones sociales, números *"número"* a *"número"*, ambos inclusive, representativas de un *"determinar porcentaje"* % del capital social. Asiste *"...personalmente... O... representado por "Don/Doña nombre y apellidos", según acredita debidamente..."*.
Firma: *"Don/Doña nombre y apellidos/razón social"*

Se hace constar que la totalidad de las participaciones sociales tienen derecho de voto y que cada participación social da derecho a emitir un voto.

1135

- **Si existen privilegios en materia de derecho de voto:**

"indicar los privilegios que en materia de derecho de voto se prevén en los estatutos sociales".

<<

Se hace constar asimismo que asisten a la reunión la totalidad de los administradores de la sociedad.

Una vez constatada la asistencia a la reunión de la totalidad del capital social y la aceptación, por unanimidad de los asistentes, de su celebración con el carácter de universal, el secretario, por indicación del presidente, procede a dar lectura al orden del día fijado, adoptándose, previa deliberación de cada uno de cada uno de los asuntos y de las propuestas formuladas al respecto, por unanimidad los siguientes:

Acuerdos

Primero. Reducción y aumento del capital simultáneos y consiguiente modificación del artículo *"número/letra"* de los estatutos sociales.

A la vista de las pérdidas acumuladas de la sociedad, los socios constatan que la misma se encuentra incursa en la causa de disolución prevista en el artículo 363.1.d) del texto refundido de la Ley de Sociedades de Capital.

Dado que la sociedad no cuenta con ningún tipo de reservas, y con la única finalidad de restablecer el equilibrio entre el capital social y el patrimonio neto contable, la junta acuerda reducir el capital de *"número/letra"* euros a cero mediante la amortización de las *"número/letra"* participaciones sociales que representan el capital de la sociedad, numeradas del *"número"* al *"número"*, ambos inclusive, de *"número/letra"* euros de valor nominal cada una.

Sirve de base a la operación de reducción, el balance cerrado a fecha *"fecha necesariamente dentro de los seis meses inmediatamente anteriores a la fecha del acuerdo"*, aprobado por la junta general y verificado por la firma de auditores *"...de la sociedad, "denominación social de los auditores"... O... designados al efecto por los Administradores, al no estar obligada la sociedad a la verificación de sus cuentas anuales "denominación social de los auditores"...".*

Se adjuntan al acta como anexo, copia del balance aprobado así como del citado informe.

Con simultaneidad a la reducción de capital acordada, cuya eficacia queda condicionada a la ejecución, en su caso, de este aumento, la junta acuerda aumentar el capital social en la cantidad de *"número/letra"* euros mediante la creación de *"número/letra"* participaciones sociales iguales y con derecho a voto, de *"número/letra"* euros de valor nominal cada una, numeradas correlativamente del 1 al *"número"*, ambos inclusive, *"...las nuevas participaciones sociales se crean con una prima de asunción de "número/letra" euros cada una de ellas..."* por lo que el capital social, tras la ampliación, quedará fijado en la cifra de *"número/letra"* euros.

En este mismo acto, los socios proceden a suscribir la totalidad de las participaciones sociales constitutivas del aumento de capital en proporción exacta a su participación en el capital social con anterioridad al momento de su reducción a cero y declaran que ha quedado depositado en la cuenta de la sociedad el 100% del valor nominal de las mismas, es decir, *"número/letra"* euros, *"...así como la prima total correspondiente, es decir, "número/letra" euros, haciendo un total de "número/letra" euros..."*, según acreditará cada socio con el correspondiente certificado bancario.

En virtud de lo cual las participaciones sociales se adjudican a los socios según el siguiente detalle:

– *"datos identificativos socio"*, *"número/letra"* nuevas participaciones sociales numeradas correlativamente del *"número"* al *"número"*, ambos inclusive.

La titularidad de las nuevas participaciones sociales asumidas se hará constar en el Libro Registro de Socios.

1135

Como consecuencia de lo anterior, se modifica el artículo *"número/letra"* de los estatutos sociales que, tendrá la siguiente nueva redacción:

"Artículo "número/letra".

"texto íntegro y literal del artículo estatutario modificado"".

En relación con el presente acuerdo *"...no se ha solicitado constancia en acta de ninguna intervención ... O ... el socio "Don/Doña nombre y apellidos/razón social" ha solicitado la constancia en acta de su intervención en los siguientes términos: "texto de la intervención cuya constancia en acta se solicita" ...".*

➢➢

❍ **Relación de otros acuerdos adoptados:**

"Segundo."

"texto de los restantes acuerdos adoptados"

Una vez tratadas todas las cuestiones incluidas en el orden del día de la junta, se suspende momentáneamente la sesión, al objeto de que el secretario proceda a la redacción definitiva del acta, la cual, una vez redactada y leída, es aprobada por unanimidad de los asistentes, que la encuentran conforme a la realidad de lo acordado en la reunión, siendo firmada por el secretario, con el visto bueno del presidente *"...así como por los asistentes que lo desean..."*; tras lo cual, se levanta la sesión a las *"número/letra"* horas del día y en el lugar que figuran en el encabezamiento.

Vº Bº	El Secretario
El Presidente	
Fdo. *"Don/Doña nombre y apellidos del presidente"*	Fdo. *"Don/Doña nombre y apellidos del secretario"*

b. Certificación en extracto de acta de junta general universal

"Don/Doña nombre y apellidos" "...y "Don/Doña nombre y apellidos"...", en su condición de *"...Administrador único... O... Administrador solidario... O... Administradores mancomunados... O ... Secretario del consejo de administración..."* de *"denominación, S.R.L."*

Certifica/n

1.
Que el día *"fecha"*, y en *"...el domicilio social... O... "lugar"..."* se celebró junta general de socios con el carácter de universal, por asistir a la misma, presente o debidamente representado, la totalidad del capital social y aceptarlo así la totalidad de los asistentes, relación nominal de los cuales, con sus respectivas firmas, figura en la correspondiente acta, a continuación de la fecha, lugar y orden del día.

2.
Que por unanimidad de los asistentes se aceptaron los siguientes puntos como orden del día de la sesión:

1. Reducción y aumento del capital simultáneos y consiguiente modificación del artículo *"número/letra"* de los estatutos sociales.
"– "texto de los otros puntos aceptados como orden del día de la junta". 

3.

Que *"Don/Doña nombre y apellidos del presidente"* y *"Don/Doña nombre y apellidos del secretario"* desempeñaron, respectivamente, los cargos de presidente y secretario de la junta *"...conforme a las reglas de designación de tales cargos contenidas en los estatutos de la sociedad... O... conforme a las previsiones contenidas en el artículo 191 del texto refundido de la Ley de Sociedades de Capital... O... por designación, al comienzo de la reunión, por los socios concurrentes a la misma..."*.

4.

Que previa deliberación de cada uno de cada uno de los asuntos y de las propuestas formuladas al respecto, y por unanimidad, se adoptaron los acuerdos que se transcriben literalmente:

Acuerdos

Primero. Reducción y aumento del capital simultáneos y consiguiente modificación del artículo *"número/letra"* de los estatutos sociales.

A la vista de las pérdidas acumuladas de la sociedad, los socios constatan que la misma se encuentra incursa en la causa de disolución prevista en el artículo 363.1.d) del texto refundido de la Ley de Sociedades de Capital.

Dado que la sociedad no cuenta con ningún tipo de reservas, y con la única finalidad de restablecer el equilibrio entre el capital social y el patrimonio neto contable, la junta acuerda reducir el capital de *"número/letra"* euros a cero mediante la amortización de las *"número/letra"* participaciones sociales que representan el capital de la sociedad, numeradas del *"número"* al *"número"*, ambos inclusive, de *"número/letra"* euros de valor nominal cada una.

Sirve de base a la operación de reducción, el balance cerrado a fecha *"fecha necesariamente dentro de los seis meses inmediatamente anteriores a la fecha del acuerdo"*, aprobado por la junta general y verificado por la firma de auditores *"...de la sociedad, "denominación social de los auditores"... O... designados al efecto por los Administradores, al no estar obligada la sociedad a la verificación de sus cuentas anuales "denominación social de los auditores"..."*.

Se adjuntan al acta como anexo, copia del balance aprobado así como del citado informe.

Con simultaneidad a la reducción de capital acordada, cuya eficacia queda condicionada a la ejecución, en su caso, de este aumento, la junta acuerda aumentar el capital social en la cantidad de *"número/letra"* euros mediante la creación de *"número/letra"* participaciones sociales iguales y con derecho a voto, de *"número/letra"* euros de valor nominal cada una, numeradas correlativamente del 1 al *"número"*, ambos inclusive, *"...las nuevas participaciones sociales se crean con una prima de asunción de "número/letra" euros cada una de ellas..."* por lo que el capital social, tras la ampliación, quedará fijado en la cifra de *"número/letra"* euros.

En este mismo acto, los socios proceden a suscribir la totalidad de las participaciones sociales constitutivas del aumento de capital en proporción exacta a su participación en el capital social con anterioridad al momento de su reducción a cero y declaran que ha quedado depositado en la cuenta de la sociedad el 100% del valor nominal de las mismas, es decir, *"número/letra"* euros, *"...así como la prima total correspondiente, es decir, "número/letra" euros, haciendo un total de "número/letra" euros..."*, según acreditará cada socio con el correspondiente certificado bancario.

En virtud de lo cual las participaciones sociales se adjudican a los socios según el siguiente detalle:

– *"datos identificativos socio"*, *"número/letra"* nuevas participaciones sociales numeradas correlativamente del *"número"* al *"número"*, ambos inclusive.

La titularidad de las nuevas participaciones sociales asumidas se hará constar en el Libro Registro de Socios.

Como consecuencia de lo anterior, se modifica el artículo *"número/letra"* de los estatutos sociales que, tendrá la siguiente nueva redacción:

"Artículo "número/letra".

"texto íntegro y literal del artículo estatutario modificado"".

○ Relación de otros acuerdos adoptados:

"Segundo."

"texto de los restantes acuerdos adoptados". 

<<

5.

Que el acta fue aprobada, previa su redacción y lectura, por la propia junta, al final de la reunión, constando en ella la firma del secretario, con el visto bueno del presidente, así como las de los socios asistentes que lo desearon.

Y para que así conste y surta los oportunos efectos, se expide la presente certificación, en *"localidad"*, a *"fecha"*.

Firma/s

"...El administrador único Fdo. "Don/Doña nombre y apellidos"..."

"...El administrador solidario Fdo. "Don/Doña nombre y apellidos"..."

"...Los administradores mancomunados Fdo. "Don/Doña nombre y apellidos"..."

"...El secretario del consejo de administración con el V°B° del presidente del consejo Fdo. "Don/Doña nombre y apellidos"..."

1140

28. Aprobación de las cuentas anuales, la gestión social y la aplicación del resultado

MSM nº 9620 y nº 9765; MSL nº 6665 y nº 6815 s.

LSC art.164, 272 a 278; RRM art.365 a 371

Nota preliminar:

1) El formulario, en el que se incluyen acta y certificación, supone que el acuerdo se adopta en **junta universal y por unanimidad,** supuesto que será el más frecuente en la práctica.

2) Para el caso de que el acuerdo se adopte en junta formalmente **convocada o/y sin unanimidad** de los socios, ver otros modelos de acta (nº 505 y nº 510) y certificación (nº 605 y nº 610).

3) Si la sociedad es unipersonal, ver modelos de acta (nº 520) y certificación (nº 620).

4) Este formulario responde a **un supuesto práctico real,** cuyas circunstancias, obviamente, pueden no coincidir plenamente con las que concurren en el supuesto para el que va a utilizarse. Se ha optado por mantenerlas para enriquecer el valor ejemplificativo del formulario, sin perjuicio de que el usuario las elimine o modifique al personalizar el modelo.

a. Acta de la junta general y universal de *"denominación, S.R.L."*

Siendo las *"número/letra"* horas del día *"fecha"*, y hallándose presentes *"...en el domicilio social... O ... en "lugar"..."*, la totalidad de los socios de *"denominación, S.R.L."*, quienes, a su vez, representan el total del capital de la sociedad, deciden constituirse de forma unánime en junta general y universal de socios; lo que llevan a efecto al amparo de lo dispuesto en el artículo 178 de la Ley de Sociedades de Capital, con el siguiente:

Orden del día

1. Examen y aprobación, si procede, de las cuentas anuales comprensivas de balance, cuenta de pérdidas y ganancias, memoria, estado de cambios en el patrimonio neto *"...y estado de flujos de efectivo..."*, de la gestión social del órgano de administración y de la aplicación del resultado, todo ello referido al ejercicio cerrado el *"fecha"*.
"– "texto de los otros puntos aceptados como orden del día de la junta".

Actúan como presidente y secretario de la junta, respectivamente, *"Don/Doña nombre y apellidos del presidente"* y *"Don/Doña nombre y apellidos del secretario" "...conforme a las reglas de designación de tales cargos contenidas en los estatutos de la sociedad... O ... conforme a las previsiones contenidas en el artículo 191 de la Ley de Sociedades de Capital... O ... por designación, al comienzo de la reunión, por los socios concurrentes a la misma..."*.
Los designados aceptan sus respectivos cargos y prometen desempeñar bien y fielmente las funciones inherentes a los mismos.

De conformidad con lo establecido en el artículo 97, número 1, apartado 4ª del Reglamento del Registro Mercantil, y en prueba de aceptación de todos los asistentes del orden del día fijado, se recoge, a continuación, relación nominal de los asistentes, seguida de la firma de cada uno de ellos:

- *"Don/Doña nombre y apellidos/razón social"*, titular de *"número/letra"* participaciones sociales, números *"número"* a *"número"*, ambos inclusive, representativas de un *"determinar porcentaje"* % del capital social. Asiste *"...personalmente... O ... representado por "Don/Doña nombre y apellidos", según acredita debidamente..."*.
Firma: *"Don/Doña nombre y apellidos/razón social"*

Se hace constar que la totalidad de las participaciones sociales tienen derecho de voto y que cada participación social da derecho a emitir un voto.

Si existen privilegios en materia de derecho de voto:

"indicar los privilegios que en materia de derecho de voto se prevén en los estatutos sociales".

Se hace constar asimismo que asisten a la reunión la totalidad de los administradores de la sociedad.

Una vez constatada la asistencia a la reunión de la totalidad del capital social y la aceptación, por unanimidad de los asistentes, de su celebración con el carácter de universal, el secretario, por indicación del presidente, procede a dar lectura al orden del día fijado, adoptándose, previa deliberación de cada uno de cada uno de los asuntos y de las propuestas formuladas al respecto, por unanimidad los siguientes:

Acuerdos

Primero. Examen y aprobación, si procede, de las cuentas anuales comprensivas de balance, cuenta de pérdidas y ganancias, memoria, estado de cambios en el patrimonio neto *"...y estado de flujos de efectivo..."*, de la gestión social del órgano de administración y de la aplicación del resultado, todo ello referido al ejercicio cerrado el *"fecha"*.

Se acuerda aprobar la gestión social durante el ejercicio cerrado a *"día, mes y año"*, ratificando la confianza depositada en los actuales administradores.

Opción I:

Asimismo, se acuerda aprobar las cuentas anuales de la sociedad comprensivas del Balance, la Cuenta de Perdidas y Ganancias, la Memoria y el Estado de Cambios en el Patrimonio Neto, correspondientes al ejercicio cerrado a *"día, mes y año"*, que fueron formuladas y firmadas por los administradores de la sociedad con cargo vigente.

La sociedad formula cuentas abreviadas y no está obligada a someter las mismas a verificación ni a elaborar Informe de Gestión, ni el Estado de Flujos de Efectivo, de conformidad con los artículos 257, 258, 261 y 262.3 de la Ley de Sociedades de Capital.

Opción II:

Asimismo, se acuerda aprobar las cuentas anuales de la sociedad comprensivas del Balance, la Cuenta de Perdidas y Ganancias, la Memoria, el Estado de Cambios en el Patrimonio Neto, el Estado de Flujos de Efectivo y el Informe de Gestión, correspondientes al ejercicio cerrado a *"día, mes y año"*, que han sido formulados y firmados por todos los Administradores de la sociedad con cargo vigente.

Obligatoriedad de auditar las Cuentas Anuales:

Se hace constar que, tanto el Informe de Gestión, como las Cuentas Anuales, han sido revisados por los auditores de cuentas de la sociedad, la entidad *"datos identificativos"*, por encontrarse la misma obligada a auditar sus Cuentas Anuales conforme al artículo 263 de la Ley de Sociedades de Capital. Los auditores han emitido su informe, que se somete también a la consideración de la junta.

En caso de existencia de pérdidas:

De la Cuenta de Resultados se deduce la existencia de unas pérdidas por importe de *"numero"* euros, aprobándose su traspaso a la cuenta de resultados negativos de ejercicios anteriores.

1140

○ En caso de existencia de ganancias:

De la Cuenta de Resultados se deduce la existencia de unas ganancias por importe de *"número"* euros que se acuerda destinar a: *"indicar el destino del resultado positivo (p.e., reserva legal y/o estatutarias, reserva legal o dividendo)"*.

≺≺

En relación con el presente acuerdo *"...no se ha solicitado constancia en acta de ninguna intervención ... O ... el socio "Don/Doña nombre y apellidos/razón social" ha solicitado la constancia en acta de su intervención en los siguientes términos: "texto de la intervención cuya constancia en acta se solicita" ..."*.

≻≻

○ Relación de otros acuerdos adoptados:

"Segundo."

"texto de los restantes acuerdos adoptados" 

≺≺

Una vez tratadas todas las cuestiones incluidas en el orden del día de la junta, se suspende momentáneamente la sesión, al objeto de que el secretario proceda a la redacción definitiva del acta, la cual, una vez redactada y leída, es aprobada por unanimidad de los asistentes, que la encuentran conforme a la realidad de lo acordado en la reunión, siendo firmada por el secretario, con el visto bueno del presidente *"...así como por los asistentes que lo desean..."*; tras lo cual, se levanta la sesión a las *"número/letra"* horas del día y en el lugar que figuran en el encabezamiento.

Vº Bº	El Secretario
El Presidente	
Fdo. *"Don/Doña nombre y apellidos del presidente"*	Fdo. *"Don/Doña nombre y apellidos del secretario"*

b. Certificación en extracto de acta de junta general universal

"Don/Doña nombre y apellidos" "...y "Don/Doña nombre y apellidos" ...", en su condición de *"...Administrador único ... O ... Administrador solidario ... O ... Administradores mancomunados ... O ... Secretario del consejo de administración..."* de *"denominación, S.R.L."*

Certifica/n

1.

Que el día *"fecha"*, y en *"...el domicilio social ... O ... "lugar" ..."* se celebró junta general de socios con el carácter de universal, por asistir a la misma, presente o debidamente representado, la totalidad del capital social y aceptarlo así la totalidad de los asistentes, relación nominal de los cuales, con sus respectivas firmas, figura en la correspondiente acta, a continuación de la fecha, lugar y orden del día.

2.

Que por unanimidad de los asistentes se aceptaron los siguientes puntos como orden del día de la sesión:

1. Examen y aprobación, si procede, de las cuentas anuales comprensivas de balance, cuenta de pérdidas y ganancias, memoria, estado de cambios en el patrimonio neto *"...y estado de flujos de efectivo..."*, de la gestión social del órgano de administración y de la aplicación del resultado, todo ello referido al ejercicio cerrado el *"fecha"*.

"– "texto de los otros puntos aceptados como orden del día de la junta". 

3.
Que *"Don/Doña nombre y apellidos del presidente"* y *"Don/Doña nombre y apellidos del secretario"* desempeñaron, respectivamente, los cargos de presidente y secretario de la junta *"...conforme a las reglas de designación de tales cargos contenidas en los estatutos de la sociedad... O... conforme a las previsiones contenidas en el artículo 191 de la Ley de Sociedades de Capital... O... por designación, al comienzo de la reunión, por los socios concurrentes a la misma..."*.

4.
Que previa deliberación de cada uno de cada uno de los asuntos y de las propuestas formuladas al respecto, y por unanimidad, se adoptaron los acuerdos que se transcriben literalmente:

Acuerdos

Primero. Examen y aprobación, si procede, de las cuentas anuales comprensivas de balance, cuenta de pérdidas y ganancias, memoria, estado de cambios en el patrimonio neto *"...y estado de flujos de efectivo..."*, de la gestión social del órgano de administración y de la aplicación del resultado, todo ello referido al ejercicio cerrado el *"fecha"*.

Se acuerda aprobar la gestión social durante el ejercicio cerrado a *"día, mes y año"*, ratificando la confianza depositada en los actuales administradores.

○ **Opción I:**

Asimismo, se acuerda aprobar las cuentas anuales de la sociedad comprensivas del Balance, la Cuenta de Perdidas y Ganancias, la Memoria y el Estado de Cambios en el Patrimonio Neto, correspondientes al ejercicio cerrado a *"día, mes y año"*, que fueron formuladas y firmadas por los administradores de la sociedad con cargo vigente.

La sociedad formula cuentas abreviadas y no está obligada a someter las mismas a verificación ni a elaborar Informe de Gestión, ni el Estado de Flujos de Efectivo, de conformidad con los artículos 257, 258, 261 y 262.3 de la Ley de Sociedades de Capital.

○ **Opción II:**

Asimismo, se acuerda aprobar las cuentas anuales de la sociedad comprensivas del Balance, la Cuenta de Perdidas y Ganancias, la Memoria, el Estado de Cambios en el Patrimonio Neto, el Estado de Flujos de Efectivo y el Informe de Gestión, correspondientes al ejercicio cerrado a *"día, mes y año"*, que han sido formulados y firmados por todos los Administradores de la sociedad con cargo vigente.

≺≺

○ **Obligatoriedad de auditar las Cuentas Anuales:**

Se hace constar que, tanto el Informe de Gestión, como las Cuentas Anuales, han sido revisados por los auditores de cuentas de la sociedad, la entidad *"datos identificativos"*, por encontrarse la misma obligada a auditar sus Cuentas Anuales conforme al artículo 263 de la Ley de Sociedades de Capital. Los auditores han emitido su informe, que se somete también a la consideración de la junta.

≺≺

○ **En caso de existencia de pérdidas:**

De la Cuenta de Resultados se deduce la existencia de unas pérdidas por importe de *"numero"* euros, aprobándose su traspaso a la cuenta de resultados negativos de ejercicios anteriores.

○ En caso de existencia de ganancias:

De la Cuenta de Resultados se deduce la existencia de unas ganancias por importe de *"número"* euros que se acuerda destinar a: *"indicar el destino del resultado positivo (p.e., reserva legal y/o estatutarias, reserva legal o dividendo)"*.

○ Relación de otros acuerdos adoptados:

"Segundo."

"texto de los restantes acuerdos adoptados".

≺≺

5.

Que el acta fue aprobada, previa su redacción y lectura, por la propia junta, al final de la reunión, constando en ella la firma del secretario, con el visto bueno del presidente, así como las de los socios asistentes que lo desearon.

Y para que así conste y surta los oportunos efectos, se expide la presente certificación, en *"localidad"*, a *"fecha"*.

Firma/s

"...El administrador único Fdo. "Don/Doña nombre y apellidos"..."

"...El administrador solidario Fdo. "Don/Doña nombre y apellidos"..."

"...Los administradores mancomunados Fdo. "Don/Doña nombre y apellidos"..."

"...El secretario del consejo de administración con el V°B° del presidente del consejo Fdo. "Don/Doña nombre y apellidos"..."

1145

29. Distribución de dividendo a cuenta

MSM nº 9843;
MSL nº 6890

Nota preliminar:

1) El formulario, en el que se incluyen acta y certificación, supone que el acuerdo se adopta en **junta universal y por unanimidad,** supuesto que será el más frecuente en la práctica.

2) Para el caso de que el acuerdo se adopte en junta formalmente **convocada o/y sin unanimidad** de los socios, ver otros modelos de acta (nº 505 y nº 510) y certificación (nº 605 y nº 610).

LSC art.277

3) Si la sociedad es unipersonal, ver modelos de acta (nº 520) y certificación (nº 620).

4) Este formulario responde a un **supuesto práctico real,** cuyas circunstancias, obviamente, pueden no coincidir plenamente con las que concurren en el supuesto para el que va a utilizarse. Se ha optado por mantenerlas para enriquecer el valor ejemplificativo del formulario, sin perjuicio de que el usuario las elimine o modifique al personalizar el modelo.

a. Acta de la junta general y universal de *“denominación, S.R.L.”*

Siendo las *“número/letra”* horas del día *“fecha”*, y hallándose presentes *“...en el domicilio social... O ... en “lugar”...”*, la totalidad de los socios de *“denominación, S.R.L.”*, quienes, a su vez, representan el total del capital de la sociedad, deciden constituirse de forma unánime en junta general y universal de socios; lo que llevan a efecto al amparo de lo dispuesto en el artículo 178 del texto refundido de la Ley de Sociedades de Capital, con el siguiente:

Orden del día

1. Distribución de dividendo a cuenta.

“– “texto de los otros puntos aceptados como orden del día de la junta”. 

Actúan como presidente y secretario de la junta, respectivamente, *“Don/Doña nombre y apellidos del presidente”* y *“Don/Doña nombre y apellidos del secretario” “...conforme a las reglas de designación de tales cargos contenidas en los estatutos de la sociedad... O... conforme a las previsiones contenidas en el artículo 191 del texto refundido de la Ley de Sociedades de Capital... O... por designación, al comienzo de la reunión, por los socios concurrentes a la misma...”.*
Los designados aceptan sus respectivos cargos y prometen desempeñar bien y fielmente las funciones inherentes a los mismos.

De conformidad con lo establecido en el artículo 97, número 1, apartado 4ª del Reglamento del Registro Mercantil, y en prueba de aceptación de todos los asistentes del orden del día fijado, se recoge, a continuación, relación nominal de los asistentes, seguida de la firma de cada uno de ellos:

• *“Don/Doña nombre y apellidos/razón social”*, titular de *“número/letra”* participaciones sociales, números *“número”* a *“número”*, ambos inclusive, representativas de un *“determinar porcentaje”* % del capital social. Asiste *“...personalmente... O... representado por “Don/Doña nombre y apellidos”, según acredita debidamente...”.*
Firma: *“Don/Doña nombre y apellidos/razón social”*

Se hace constar que la totalidad de las participaciones sociales tienen derecho de voto y que cada participación social da derecho a emitir un voto.

❍ Si existen privilegios en materia de derecho de voto:

“indicar los privilegios que en materia de derecho de voto se prevén en los estatutos sociales”.

1145

Se hace constar asimismo que asisten a la reunión la totalidad de los administradores de la sociedad.

Una vez constatada la asistencia a la reunión de la totalidad del capital social y la aceptación, por unanimidad de los asistentes, de su celebración con el carácter de universal, el secretario, por indicación del presidente, procede a dar lectura al orden del día fijado, adoptándose, previa deliberación de cada uno de cada uno de los asuntos y de las propuestas formuladas al respecto, por unanimidad los siguientes:

Acuerdos

Primero. Distribución de dividendo a cuenta.

A la vista del resultado de la sociedad durante el ejercicio fiscal en curso y teniendo en cuenta el estado contable formulado por los administradores de la sociedad cerrado a *"fecha"*, el cual se adjunta a la presente acta como anexo, se acuerda repartir un dividendo a cuenta de los beneficios del ejercicio fiscal comprendido entre el *"día, mes y año"* y el *"día, mes y año"*, por importe de *"número/letra"* euros por participación social.

El dividendo será pagadero y puesto a disposición de los socios a partir de *"...el día siguiente al de la presente resolución... O... "fecha"..."*.

Asimismo, se hace constar que el importe que se va a distribuir como dividendo a cuenta no excede de la cuantía de los resultados obtenidos desde el cierre del pasado ejercicio, una vez compensadas las pérdidas acumuladas de la sociedad de ejercicios anteriores, la cantidad estimada del impuesto a pagar sobre dichos resultados, y la dotación a la reserva legal y estatutarias.

En relación con el presente acuerdo *"...no se ha solicitado constancia en acta de ninguna intervención ... O... el socio "Don/Doña nombre y apellidos/razón social" ha solicitado la constancia en acta de su intervención en los siguientes términos: "texto de la intervención cuya constancia en acta se solicita" ..."*.

❍ **Relación de otros acuerdos adoptados:**

"Segundo."

"texto de los restantes acuerdos adoptados" 

≺≺

Una vez tratadas todas las cuestiones incluidas en el orden del día de la junta, se suspende momentáneamente la sesión, al objeto de que el secretario proceda a la redacción definitiva del acta, la cual, una vez redactada y leída, es aprobada por unanimidad de los asistentes, que la encuentran conforme a la realidad de lo acordado en la reunión, siendo firmada por el secretario, con el visto bueno del presidente *"...así como por los asistentes que lo desean..."*; tras lo cual, se levanta la sesión a las *"número/letra"* horas del día y en el lugar que figuran en el encabezamiento.

Vº Bº	El Secretario
El Presidente	
Fdo. *"Don/Doña nombre y apellidos del presidente"*	Fdo. *"Don/Doña nombre y apellidos del secretario"*

1145

b. Certificación en extracto de acta de junta general universal

"Don/Doña nombre y apellidos" "...y "Don/Doña nombre y apellidos" ...", en su condición de *"...Administrador único ... O ... Administrador solidario ... O ... Administradores mancomunados ... O ... Secretario del consejo de administración ..."* de *"denominación, S.R.L."*

Certifica/n

1.
Que el día *"fecha"*, y en *"...el domicilio social ... O ... "lugar" ..."* se celebró junta general de socios con el carácter de universal, por asistir a la misma, presente o debidamente representado, la totalidad del capital social y aceptarlo así la totalidad de los asistentes, relación nominal de los cuales, con sus respectivas firmas, figura en la correspondiente acta, a continuación de la fecha, lugar y orden del día.

2.
Que por unanimidad de los asistentes se aceptaron los siguientes puntos como orden del día de la sesión:

1. Distribución de dividendo a cuenta.

"– "texto de los otros puntos aceptados como orden del día de la junta".

3.
Que *"Don/Doña nombre y apellidos del presidente"* y *"Don/Doña nombre y apellidos del secretario"* desempeñaron, respectivamente, los cargos de presidente y secretario de la junta *"...conforme a las reglas de designación de tales cargos contenidas en los estatutos de la sociedad ... O ... conforme a las previsiones contenidas en el artículo 191 del texto refundido de la Ley de Sociedades de Capital ... O ... por designación, al comienzo de la reunión, por los socios concurrentes a la misma ...".*

4.
Que previa deliberación de cada uno de cada uno de los asuntos y de las propuestas formuladas al respecto, y por unanimidad, se adoptaron los acuerdos que se transcriben literalmente:

Acuerdos

Primero. Distribución de dividendo a cuenta.

A la vista del resultado de la sociedad durante el ejercicio fiscal en curso y teniendo en cuenta el estado contable formulado por los administradores de la sociedad cerrado a *"fecha"*, el cual se adjunta a la presente acta como anexo, se acuerda repartir un dividendo a cuenta de los beneficios del ejercicio fiscal comprendido entre el *"día, mes y año"* y el *"día, mes y año"*, por importe de *"número/letra"* euros por participación social.

El dividendo será pagadero y puesto a disposición de los socios a partir de *"...el día siguiente al de la presente resolución ... O ... "fecha" ...".*

Asimismo, se hace constar que el importe que se va a distribuir como dividendo a cuenta no excede de la cuantía de los resultados obtenidos desde el cierre del pasado ejercicio, una vez compensadas las pérdidas acumuladas de la sociedad de ejercicios anteriores, la cantidad estimada del impuesto a pagar sobre dichos resultados, y la dotación a la reserva legal y estatutarias.

➤➤

○ **Relación de otros acuerdos adoptados:**

"Segundo."

"texto de los restantes acuerdos adoptados".

5.

Que el acta fue aprobada, previa su redacción y lectura, por la propia junta, al final de la reunión, constando en ella la firma del secretario, con el visto bueno del presidente, así como las de los socios asistentes que lo desearon.

Y para que así conste y surta los oportunos efectos, se expide la presente certificación, en *"localidad"*, a *"fecha"*.

Firma/s

"...El administrador único Fdo. "Don/Doña nombre y apellidos" ..."

"...El administrador solidario Fdo. "Don/Doña nombre y apellidos" ..."

"...Los administradores mancomunados Fdo. "Don/Doña nombre y apellidos" ..."

"...El secretario del consejo de administración con el V°B° del presidente del consejo Fdo. "Don/Doña nombre y apellidos" ..."

1150

30. Nombramiento de auditor para verificación de cuentas anuales

MSM nº 9919 s.;
MSL nº 7020 s.

L 22/2015 art.40;
LSC art.263 y 264;
RRM art.350

Nota preliminar:

1) El formulario, en el que se incluyen acta y certificación, supone que el acuerdo se adopta en **junta universal y por unanimidad,** supuesto que será el más frecuente en la práctica.

2) Para el caso de que el acuerdo se adopte en junta formalmente **convocada o/y sin unanimidad** de los socios, ver otros modelos de acta (nº 505 y nº 510) y certificación (nº 605 y nº 610).

3) Si la sociedad es unipersonal, ver modelos de acta (nº 520) y certificación (nº 620).

4) Este formulario responde a un **supuesto práctico real,** cuyas circunstancias, obviamente, pueden no coincidir plenamente con las que concurren en el supuesto para el que va a utilizarse. Se ha optado por mantenerlas para enriquecer el valor ejemplificativo del formulario, sin perjuicio de que el usuario las elimine o modifique al personalizar el modelo.

a. Acta de la junta general y universal de *"denominación, S.R.L."*

Siendo las *"número/letra"* horas del día *"fecha"*, y hallándose presentes *"...en el domicilio social... O ... en "lugar"..."*, la totalidad de los socios de *"denominación, S.R.L."*, quienes, a su vez, representan el total del capital de la sociedad, deciden constituirse de forma unánime en junta general y universal de socios; lo que llevan a efecto al amparo de lo dispuesto en el artículo 178 del texto refundido de la Ley de Sociedades de Capital, con el siguiente:

Orden del día

1. Nombramiento de auditor para verificación de cuentas anuales.

"– "texto de los otros puntos aceptados como orden del día de la junta".

Actúan como presidente y secretario de la junta, respectivamente, *"Don/Doña nombre y apellidos del presidente"* y *"Don/Doña nombre y apellidos del secretario" "...conforme a las reglas de designación de tales cargos contenidas en los estatutos de la sociedad... O... conforme a las previsiones contenidas en el artículo 191 del texto refundido de la Ley de Sociedades de Capital... O... por designación, al comienzo de la reunión, por los socios concurrentes a la misma..."*.
Los designados aceptan sus respectivos cargos y prometen desempeñar bien y fielmente las funciones inherentes a los mismos.

De conformidad con lo establecido en el artículo 97, número 1, apartado 4ª del Reglamento del Registro Mercantil, y en prueba de aceptación de todos los asistentes del orden del día fijado, se recoge, a continuación, relación nominal de los asistentes, seguida de la firma de cada uno de ellos:

- *"Don/Doña nombre y apellidos/razón social"*, titular de *"número/letra"* participaciones sociales, números *"número"* a *"número"*, ambos inclusive, representativas de un *"determinar porcentaje"* % del capital social. Asiste *"...personalmente... O... representado por "Don/Doña nombre y apellidos", según acredita debidamente..."*.
Firma: *"Don/Doña nombre y apellidos/razón social"*

Se hace constar que la totalidad de las participaciones sociales tienen derecho de voto y que cada participación social da derecho a emitir un voto.

○ Si existen privilegios en materia de derecho de voto:

"indicar los privilegios que en materia de derecho de voto se prevén en los estatutos sociales".

<<

Se hace constar asimismo que asisten a la reunión la totalidad de los administradores de la sociedad.

Una vez constatada la asistencia a la reunión de la totalidad del capital social y la aceptación, por unanimidad de los asistentes, de su celebración con el carácter de universal, el secretario, por indicación del presidente, procede a dar lectura al orden del día fijado, adoptándose, previa deliberación de cada uno de cada uno de los asuntos y de las propuestas formuladas al respecto, por unanimidad los siguientes:

Acuerdos

Primero. Nombramiento de auditor para verificación de cuentas anuales.

La junta acuerda nombrar a la entidad *"denominación/razón social"*, con CIF *"número"*, con domicilio en *"localidad, calle y número"*, inscrita en el Registro Mercantil de *"provincia"*, al *"datos de inscripción registral"*, y en el R.O.A.C. bajo el número *"número"*, como auditores de cuentas de la sociedad, por un período de *"número/letra"* años a contar desde el *"día, mes y año" "...fecha en que dio comienzo el ejercicio en curso ..."*.

La prestación de los servicios de auditoría estará sujeta a los términos y condiciones que oportunamente se pacten entre la sociedad y la firma de auditoría mencionada.

En relación con el presente acuerdo *"...no se ha solicitado constancia en acta de ninguna intervención ... O ... el socio "Don/Doña nombre y apellidos/razón social" ha solicitado la constancia en acta de su intervención en los siguientes términos: "texto de la intervención cuya constancia en acta se solicita" ..."*.

>>

○ Relación de otros acuerdos adoptados:

"Segundo."

"texto de los restantes acuerdos adoptados"

Una vez tratadas todas las cuestiones incluidas en el orden del día de la junta, se suspende momentáneamente la sesión, al objeto de que el secretario proceda a la redacción definitiva del acta, la cual, una vez redactada y leída, es aprobada por unanimidad de los asistentes, que la encuentran conforme a la realidad de lo acordado en la reunión, siendo firmada por el secretario, con el visto bueno del presidente *"...así como por los asistentes que lo desean ..."*; tras lo cual, se levanta la sesión a las *"número/letra"* horas del día y en el lugar que figuran en el encabezamiento.

Vº Bº El Secretario

El Presidente

Fdo. *"Don/Doña nombre y apellidos del presidente"*

Fdo. *"Don/Doña nombre y apellidos del secretario"*

b. Certificación en extracto de acta de junta general universal

"Don/Doña nombre y apellidos" "...y "Don/Doña nombre y apellidos" ...", en su condición de *"...Administrador único ... O ... Administrador solidario ... O ... Administradores mancomunados ... O ... Secretario del consejo de administración ..."* de *"denominación, S.R.L."*

Certifica/n

1.
Que el día *"fecha"*, y en *"...el domicilio social ... O ... "lugar" ..."* se celebró junta general de socios con el carácter de universal, por asistir a la misma, presente o debidamente representado, la totalidad del capital social y aceptarlo así la totalidad de los asistentes, relación nominal de los cuales, con sus respectivas firmas, figura en la correspondiente acta, a continuación de la fecha, lugar y orden del día.

2.
Que por unanimidad de los asistentes se aceptaron los siguientes puntos como orden del día de la sesión:

1. Nombramiento de auditor para verificación de cuentas anuales.

"– "texto de los otros puntos aceptados como orden del día de la junta".

3.
Que *"Don/Doña nombre y apellidos del presidente"* y *"Don/Doña nombre y apellidos del secretario"* desempeñaron, respectivamente, los cargos de presidente y secretario de la junta *"...conforme a las reglas de designación de tales cargos contenidas en los estatutos de la sociedad ... O ... conforme a las previsiones contenidas en el artículo 191 del texto refundido de la Ley de Sociedades de Capital ... O ... por designación, al comienzo de la reunión, por los socios concurrentes a la misma ..."*.

4.
Que previa deliberación de cada uno de cada uno de los asuntos y de las propuestas formuladas al respecto, y por unanimidad, se adoptaron los acuerdos que se transcriben literalmente:

Acuerdos

Primero. Nombramiento de auditor para verificación de cuentas anuales.

La junta acuerda nombrar a la entidad *"denominación/razón social"*, con CIF *"número"*, con domicilio en *"localidad, calle y número"*, inscrita en el Registro Mercantil de *"provincia"*, al *"datos de inscripción registral"*, y en el R.O.A.C. bajo el número *"número"*, como auditores de cuentas de la sociedad, por un período de *"número/letra"* años a contar desde el *"día, mes y año" "...fecha en que dio comienzo el ejercicio en curso ..."*.

La prestación de los servicios de auditoría estará sujeta a los términos y condiciones que oportunamente se pacten entre la sociedad y la firma de auditoría mencionada.

➤➤

❍ **Relación de otros acuerdos adoptados:**

"Segundo."

"texto de los restantes acuerdos adoptados".

5.
Que el acta fue aprobada, previa su redacción y lectura, por la propia junta, al final de la reunión, constando en ella la firma del secretario, con el visto bueno del presidente, así como las de los socios asistentes que lo desearon.

Y para que así conste y surta los oportunos efectos, se expide la presente certificación, en *"localidad"*, a *"fecha"*.

Firma/s

"...El administrador único Fdo. "Don/Doña nombre y apellidos" ..."

"...El administrador solidario Fdo. "Don/Doña nombre y apellidos" ..."

"...Los administradores mancomunados Fdo. "Don/Doña nombre y apellidos" ..."

"...El secretario del consejo de administración con el V°B° del presidente del consejo Fdo. "Don/Doña nombre y apellidos" ..."

1155

31. Transformación en SA

MSM nº 7570 s.; MSL nº 7200 s.

Nota preliminar:

1) El formulario, en el que se incluyen acta y certificación, supone que el acuerdo se adopta en **junta universal y** por **unanimidad,** supuesto que será el más frecuente en la práctica.

2) Para el caso de que el acuerdo se adopte en junta formalmente **convocada o/y sin unanimidad** de los socios, ver otros modelos de acta (nº 505 y nº 510) y certificación (nº 605 y nº 610).

3) Si la sociedad es unipersonal, ver modelos de acta (nº 520) y certificación (nº 620).

RDL 5/2023 art.3 s.; RRM art.216 s

a. Acta de la junta general y universal de *"denominación, S.R.L."*

Siendo las *"número/letra"* horas del día *"fecha"*, y hallándose presentes *"...en el domicilio social... O ... en "lugar"... "*, la totalidad de los socios de *"denominación, S.R.L. "*, quienes, a su vez, representan el total del capital de la sociedad, deciden constituirse de forma unánime en junta general y universal de socios; lo que llevan a efecto al amparo de lo dispuesto en el artículo 178 del texto refundido de la Ley de Sociedades de Capital, con el siguiente:

Orden del día

1. Transformación de la sociedad en Sociedad Anónima y adopción de los acuerdos complementarios para ello, en particular, la aprobación del balance transformación, de los estatutos, adjudicación de acciones y renovación de cargos sociales.
"– "texto de los otros puntos aceptados como orden del día de la junta".

Actúan como presidente y secretario de la junta, respectivamente, *"Don/Doña nombre y apellidos del presidente"* y *"Don/Doña nombre y apellidos del secretario" "...conforme a las reglas de designación de tales cargos contenidas en los estatutos de la sociedad... O... conforme a las previsiones contenidas en el artículo 191 del texto refundido de la Ley de Sociedades de Capital... O... por designación, al comienzo de la reunión, por los socios concurrentes a la misma... "*.
Los designados aceptan sus respectivos cargos y prometen desempeñar bien y fielmente las funciones inherentes a los mismos.

De conformidad con lo establecido en el artículo 97, número 1, apartado 4ª del Reglamento del Registro Mercantil, y en prueba de aceptación de todos los asistentes del orden del día fijado, se recoge, a continuación, relación nominal de los asistentes, seguida de la firma de cada uno de ellos:

- *"Don/Doña nombre y apellidos/razón social"*, titular de *"número/letra"* participaciones sociales, números *"número"* a *"número"*, ambos inclusive, representativas de un *"determinar porcentaje"* % del capital social. Asiste *"...personalmente... O... representado por "Don/Doña nombre y apellidos", según acredita debidamente... "*.
Firma: *"Don/Doña nombre y apellidos/razón social"*

No existen en la sociedad titulares de derechos especiales distintos de las participaciones sociales.

Se hace constar que la totalidad de las participaciones sociales tienen derecho de voto y que cada participación social da derecho a emitir un voto.

○ Si existen privilegios en materia de derecho de voto:

"indicar los privilegios que en materia de derecho de voto se prevén en los estatutos sociales".

Capítulo V. Acuerdos sociales

Se hace constar asimismo que asisten a la reunión la totalidad de los administradores de la sociedad.

Una vez constatada la asistencia a la reunión de la totalidad del capital social y la aceptación, por unanimidad de los asistentes, de su celebración con el carácter de universal, el secretario, por indicación del presidente, procede a dar lectura al orden del día fijado, adoptándose, previa deliberación de cada uno de cada uno de los asuntos y de las propuestas formuladas al respecto, y por las mayorías que a continuación se indican los siguientes:

Acuerdos

Primero. Transformación de la sociedad en Sociedad Anónima y adopción de los acuerdos complementarios para ello, en particular, la aprobación del balance transformación, de los estatutos, adjudicación de las participaciones sociales y renovación de cargos sociales.

1. Transformar la sociedad en Sociedad Anónima, conservando la personalidad jurídica de la sociedad que continúa subsistiendo bajo la nueva forma social, con la denominación de *"denominación, S.A."*.

2. Aprobar el proyecto de transformación de fecha *"fecha"* y el balance de transformación de la sociedad, cerrado a fecha *"fecha"*.

Copia de dicho proyecto y balance se unen, como anexos 1 y 2 respectivamente, a la presente acta *"...así como del informe sobre las modificaciones patrimoniales significativas que han tenido lugar con posterioridad al mismo ..." "...y del informe del auditor de cuentas sobre el mismo ..."*.

A efectos de lo dispuesto en el art.9 del Real Decreto-Ley 5/2023, se pone de manifiesto que el presente acuerdo de transformación se aprueba sin necesidad de publicar o depositar previamente los documentos exigidos por la ley, como el proyecto de transformación -sin perjuicio de su necesaria incorporación a la escritura pública-, y sin anuncio sobre la posibilidad de formular observaciones ni informe de los administradores sobre el proyecto dirigido a los socios.

3. Adjudicar a los socios las nuevas acciones, en proporción al valor nominal de las acciones que anteriormente poseían, conforme al siguiente detalle:

– A *"Don/Doña nombre y apellidos"*, titular de *"número/letra"* participaciones sociales, se le adjudican *"número/letra"* acciones, números *"número."* a *"número."*, por su valor conjunto de *"número/letra"* euros, equivalentes al total valor nominal de las antiguas participaciones.
A los oportunos efectos se hace constar que el capital social está íntegramente suscrito y desembolsado.

4. Aprobar los nuevos estatutos sociales por los que se regirá la Sociedad Anónima, transcripción literal de los cuales queda unida, como anexo número 3, a la presente acta.

5. Cesar a todos los miembros del órgano de administración, fijando la estructura del órgano de administración, conforme al artículo *"número/letra"* de los estatutos sociales en *"determinar la estructura del órgano de administración social"*.

6. Nombrar, de conformidad con la estructura del órgano de administración social y por el plazo de *"número/letra"* años previsto en los estatutos sociales, administrador/es a:

– *"Don/Doña nombre y apellidos"*, mayor de edad, de nacionalidad *"nacionalidad"*, con domicilio en *"localidad, calle y número"*, y titular de NIF *"...pasaporte ..."* en vigor número *"número"*.
Los nombrados aceptan los cargos y manifiestan no estar incursos en incapacidad o incompatibilidad alguna para su ejercicio, en especial de las fijadas en la legislación específica, de carácter estatal o autonómica, sobre incompatibilidad de altos cargos.

En relación con el presente acuerdo *"...no se ha solicitado constancia en acta de ninguna intervención ... O... el socio "Don/Doña nombre y apellidos/razón social" ha solicitado la constancia en acta de su intervención en los siguientes términos: "texto de la intervención cuya constancia en acta se solicita" ..."*.

1155

❍ Relación de otros acuerdos adoptados:

"Segundo."

"texto de los restantes acuerdos adoptados" 

≺≺

Una vez tratadas todas las cuestiones incluidas en el orden del día de la junta, se suspende momentáneamente la sesión, al objeto de que el secretario proceda a la redacción definitiva del acta, la cual, una vez redactada y leída, es aprobada por unanimidad de los asistentes, que la encuentran conforme a la realidad de lo acordado en la reunión, siendo firmada por el secretario, con el visto bueno del presidente *"...así como por los asistentes que lo desean ..."*; tras lo cual, se levanta la sesión a las *"número/letra"* horas del día y en el lugar que figuran en el encabezamiento.

Vº Bº — El Secretario

El Presidente

Fdo. *"Don/Doña nombre y apellidos del presidente"*

Fdo. *"Don/Doña nombre y apellidos del secretario"*

b. Certificación en extracto de acta de junta general universal

"Don/Doña nombre y apellidos" "...y "Don/Doña nombre y apellidos" ... ", en su condición de *"...Administrador único ... O ... Administrador solidario ... O ... Administradores mancomunados ... O ... Secretario del consejo de administración ..."* de *"denominación, S.R.L."*

Certifica/n

1.

Que el día *"fecha"*, y en *"...el domicilio social ... O ... "lugar" ... "* se celebró junta general de socios con el carácter de universal, por asistir a la misma, presente o debidamente representado, la totalidad del capital social y aceptarlo así la totalidad de los asistentes, relación nominal de los cuales, con sus respectivas firmas, figura en la correspondiente acta, a continuación de la fecha, lugar y orden del día.

2.

Que por unanimidad de los asistentes se aceptaron los siguientes puntos como orden del día de la sesión:

1. Transformación de la sociedad en Sociedad Anónima y adopción de los acuerdos complementarios para ello, en particular, la aprobación del balance transformación, de los estatutos, adjudicación de acciones y renovación de cargos sociales.

"– "texto de los otros puntos aceptados como orden del día de la junta".

3.

Que *"Don/Doña nombre y apellidos del presidente"* y *"Don/Doña nombre y apellidos del secretario"* desempeñaron, respectivamente, los cargos de presidente y secretario de la junta *"...conforme a las reglas de designación de tales cargos contenidas en los estatutos de la sociedad ... O ... conforme a las previsiones contenidas en el artículo 191 del texto refundido de la Ley de Sociedades de Capital ... O ... por designación, al comienzo de la reunión, por los socios concurrentes a la misma ... "*.

4.

Que previa deliberación de cada uno de cada uno de los asuntos y de las propuestas formuladas al respecto, y por unanimidad, se adoptaron los acuerdos que se transcriben literalmente:

Acuerdos

Primero. Transformación de la sociedad en Sociedad Anónima y adopción de los acuerdos complementarios para ello, en particular, la aprobación del balance transformación, de los estatutos, adjudicación de las participaciones sociales y renovación de cargos sociales.

1. Transformar la sociedad en Sociedad Anónima, conservando la personalidad jurídica de la sociedad que continúa subsistiendo bajo la nueva forma social, con la denominación de *"denominación, S.A."*.

2. Aprobar el proyecto de transformación de fecha *"fecha"* y el balance de transformación de la sociedad, cerrado a fecha *"fecha"*.

Copia de dicho proyecto y balance se unen, como anexos 1 y 2 respectivamente, a la presente acta *"...así como del informe sobre las modificaciones patrimoniales significativas que han tenido lugar con posterioridad al mismo ..." "...y del informe del auditor de cuentas sobre el mismo ..."*.

A efectos de lo dispuesto en el art.9 del Real Decreto-Ley 5/2023, se pone de manifiesto que el presente acuerdo de transformación se aprueba sin necesidad de publicar o depositar previamente los documentos exigidos por la ley, como el proyecto de transformación -sin perjuicio de su necesaria incorporación a la escritura pública-, y sin anuncio sobre la posibilidad de formular observaciones ni informe de los administradores sobre el proyecto dirigido a los socios.

3. Adjudicar a los socios las nuevas acciones, en proporción al valor nominal de las acciones que anteriormente poseían, conforme al siguiente detalle:

- A *"Don/Doña nombre y apellidos"*, titular de *"número/letra"* participaciones sociales, se le adjudican *"número/letra"* acciones, números *"número"* a *"número"*, por su valor conjunto de *"número/letra"* euros, equivalentes al total valor nominal de las antiguas participaciones.

A los oportunos efectos se hace constar que el capital social está íntegramente suscrito y desembolsado.

4. Aprobar los nuevos estatutos sociales por los que se regirá la Sociedad Anónima, transcripción literal de los cuales queda unida, como anexo número 3, a la presente acta.

5. Cesar a todos los miembros del órgano de administración, fijando la estructura del órgano de administración, conforme al artículo *"número/letra"* de los estatutos sociales en *"determinar la estructura del órgano de administración social"*.

6. Nombrar, de conformidad con la estructura del órgano de administración social y por el plazo de *"número/letra"* años previsto en los estatutos sociales, administrador/es a:

- *"Don/Doña nombre y apellidos"*, mayor de edad, de nacionalidad *"nacionalidad"*, con domicilio en *"localidad, calle y número"*, y titular de NIF *"...pasaporte ..."* en vigor número *"número"*.

Los nombrados aceptan los cargos y manifiestan no estar incursos en incapacidad o incompatibilidad alguna para su ejercicio, en especial de las fijadas en la legislación específica, de carácter estatal o autonómica, sobre incompatibilidad de altos cargos.

➤➤

○ **Relación de otros acuerdos adoptados:**

"Segundo."

"texto de los restantes acuerdos adoptados".

≺≺

5.

Que el acta fue aprobada, previa su redacción y lectura, por la propia junta, al final de la reunión, constando en ella la firma del secretario, con el visto bueno del presidente, así como las de los socios asistentes que lo desearon.

Y para que así conste y surta los oportunos efectos, se expide la presente certificación, en *"localidad"*, a *"fecha"*.

Firma/s

"...El administrador único Fdo. "Don/Doña nombre y apellidos" ... "

"...El administrador solidario Fdo. "Don/Doña nombre y apellidos" ... "

"...Los administradores mancomunados Fdo. "Don/Doña nombre y apellidos" ... "

"...El secretario del consejo de administración con el V°B° del presidente del consejo Fdo. "Don/Doña nombre y apellidos" ... "

1160

32. Fusión por absorción

MSM nº 7815 s.;
MSL nº 7450 s.

RDL 5/2023 art. 34.2

Nota preliminar:

1) El formulario, en el que se incluyen acta y certificación, supone que el acuerdo se adopta en **junta universal y** por **unanimidad**, supuesto que será el más frecuente en la práctica.

2) Para el caso de que el acuerdo se adopte en junta formalmente **convocada o/y sin unanimidad** de los socios, ver otros modelos de acta (nº 505 y nº 510) y certificación (nº 605 y nº 610).

3) Si la sociedad es unipersonal, ver modelos de acta (nº 520) y certificación (nº 620).

a. Acta de la junta general y universal de *"denominación, S.R.L."*

Siendo las *"número/letra"* horas del día *"fecha"*, y hallándose presentes *"...en el domicilio social... O ... en "lugar"..."*, la totalidad de los socios de *"denominación, S.R.L."*, quienes, a su vez, representan el total del capital de la sociedad, deciden constituirse de forma unánime en junta general y universal de socios; lo que llevan a efecto al amparo de lo dispuesto en el artículo 178 del texto refundido de la Ley de Sociedades de Capital, con el siguiente:

Orden del día

1. Examen y, en su caso, aprobación del balance de fusión cerrado a *"fecha"*.

2. Examen y, en su caso, aprobación del proyecto común de fusión por absorción de *"denominación, S.R.L."*, como sociedad absorbida, por *"denominación, S.R.L."*, como sociedad absorbente, así como el Informe emitido por la administración social sobre el mismo.

3. Adopción, en su caso, del acuerdo de fusión por absorción.

- Sometimiento de la fusión al régimen especial de neutralidad fiscal.

- *"Texto de los restantes puntos aceptados como orden del día de la junta"*.

Actúan como presidente y secretario de la junta, respectivamente, *"Don/Doña nombre y apellidos del presidente"* y *"Don/Doña nombre y apellidos del secretario"* *"...conforme a las reglas de designación de tales cargos contenidas en los estatutos de la sociedad... O... conforme a las previsiones contenidas en el artículo 191 del texto refundido de la Ley de Sociedades de Capital... O... por designación, al comienzo de la reunión, por los socios concurrentes a la misma..."*.

Los designados aceptan sus respectivos cargos y prometen desempeñar bien y fielmente las funciones inherentes a los mismos.

De conformidad con lo establecido en el artículo 97, número 1, apartado 4ª del Reglamento del Registro Mercantil, y en prueba de aceptación de todos los asistentes del orden del día fijado, se recoge, a continuación, relación nominal de los asistentes, seguida de la firma de cada uno de ellos:

• *"Don/Doña nombre y apellidos/razón social"*, titular de *"número/letra"* participaciones sociales, números *"número"* a *"número"*, ambos inclusive, representativas de un *"determinar porcentaje"* % del capital social. Asiste *"...personalmente... O... representado por "Don/Doña nombre y apellidos", según acredita debidamente..."*.
Firma: *"Don/Doña nombre y apellidos/razón social"*

Se hace constar que la totalidad de las participaciones sociales tienen derecho de voto y que cada participación social da derecho a emitir un voto.

1160

>>

- **Si existen privilegios en materia de derecho de voto:**

"indicar los privilegios que en materia de derecho de voto se prevén en los estatutos sociales".

<<

Se hace constar asimismo que asisten a la reunión la totalidad de los administradores de la sociedad.

Una vez constatada la asistencia a la reunión de la totalidad del capital social y la aceptación, por unanimidad de los asistentes, de su celebración con el carácter de universal, el secretario, por indicación del presidente, procede a dar lectura al orden del día fijado, adoptándose, previa deliberación de cada uno de cada uno de los asuntos y de las propuestas formuladas al respecto, por unanimidad los siguientes:

Acuerdos

Primero. Examen y, en su caso, aprobación del balance de fusión cerrado a *"fecha"*.
Con vistas a la adopción del acuerdo de fusión de la Sociedad, y con anterioridad a ello, los asistentes acuerdan tomar como base de esta operación el balance de la Sociedad cerrado a *"fecha"*, que es aprobado por unanimidad de los asistentes en este mismo acto y que se acompaña como anexo 1 a la presente acta.

En relación con dicho balance se hace constar:

a) Que el mismo cumple el requisito que fija el art.43 del Real Decreto-Ley 5/2023, toda vez que *"...siendo el último balance anual, entre su fecha de cierre y la fecha del proyecto de fusión no han transcurrido más de seis meses... O... no siendo el último balance anual, sino un balance específico, su fecha de cierre es posterior al primer día del tercer mes precedente a la fecha del proyecto de fusión..."*.

b) Que, de conformidad con el art.44 del Real Decreto-Ley 5/2023, el balance está verificado por el auditor de cuentas de la sociedad, por estar ésta obligada a auditar sus cuentas anuales conforme a lo establecido en el art.263 de la Ley de Sociedades de Capital.

c) Que, con posterioridad a la fecha del balance de fusión, no ha acontecido ningún hecho extraordinario que modifique el patrimonio activo o pasivo en él reflejado.

En relación con el presente acuerdo *"...no se ha solicitado constancia en acta de ninguna intervención ... O... el socio "Don/Doña nombre y apellidos/razón social" ha solicitado la constancia en acta de su intervención en los siguientes términos: "texto de la intervención cuya constancia en acta se solicita" ..."*.

Segundo. Examen y, en su caso, aprobación del proyecto común de fusión por absorción de *"denominación, S.R.L."*, como sociedad absorbida, por *"denominación, S.R.L."*, como sociedad absorbente.
A la vista del informe de los administradores, así como de las opiniones y observaciones presentadas, en su caso, por los socios, acreedores y/o trabajadores, se acuerda, por unanimidad del capital asistente aprobar el proyecto común de fusión por absorción de las sociedad *"denominación S.R.L."* por *"denominación, S.R.L."*, *"...que se ha publicado en la página web de la sociedad absorbente y absorbida... O ... que ha quedado depositado en el Registro Mercantil de "provincia" con fecha "fecha"..."* y publicado en el Boletín Oficial del Registro Mercantil, número *"núm. BORME"* de *"fecha"*.

Se acompaña el proyecto a la presente acta como anexo 2.

En relación con el presente acuerdo *"...no se ha solicitado constancia en acta de ninguna intervención ... O... el socio "Don/Doña nombre y apellidos/razón social" ha solicitado la constancia en acta de su intervención en los siguientes términos: "texto de la intervención cuya constancia en acta se solicita" ..."*.

Tercero. Adopción, en su caso, del acuerdo de fusión por absorción.
Se acuerda, por unanimidad del capital asistente, aprobar la fusión por absorción de la sociedad *"denominación, S.R.L."*, como sociedad absorbente, y la sociedad *"denominación, S.R.L."*, como sociedad absorbida, con entera transmisión de los patrimonios de la sociedad absorbida, que quedará disuelta y extinguida sin liquidación, incorporando en bloque todo su activo y pasivo a la sociedad absorbente.

A efectos de lo dispuesto en el art.47.1 del Real Decreto-Ley 5/2023, se manifiesta que el acuerdo de fusión se aprueba en los mismos términos que el proyecto común de fusión, de *"fecha"*, ajustándose estrictamente a su contenido y, en concreto, a los siguientes aspectos:

1. Identificación de las sociedades intervinientes en la fusión.
1.1. Sociedad Absorbente :
Denominación social: *"denominación"*

Domicilio social: *"calle, número, localidad"*.

Datos registrales: *"datos registrales"*.

C.I.F.: *"número"*.

1.2. Sociedad Absorbida:
Denominación social: *"denominación"*

Domicilio social: *"calle, número, localidad"*.

Datos registrales: *"datos registrales"*.

C.I.F.: *"número"*.

2. Calendario indicativo de la fusión.
De conformidad con lo dispuesto en el art.4.1.2º del RDL 5/2023, se incorpora a este Proyecto como Anexo 1 un calendario indicativo que recoge los hitos principales que deberán cumplirse para la ejecución de la fusión.

3. Tipo de canje, compensación en metálico y procedimiento de canje.
3.1. Tipo de canje.
A los efectos de determinar el tipo de canje, debe entenderse que la fusión se realiza al amparo de lo dispuesto en el art.35 y 36 del Real Decreto-ley 5/2023, resultando una atribución a los socios de *"denominación, S.R.L."*, de un número de participaciones sociales de la Sociedad Absorbente, *"denominación, S.R.L."*, proporcional a sus respectivas participaciones en aquella sociedad.

El tipo de canje se ha fijado sobre la base de los valores razonables del patrimonio de las sociedades que se fusionan, teniendo en cuenta el valor de sus respectivos activos y pasivos conforme a lo establecido en el apartado 10 siguiente.

Como consecuencia de la aplicación de los anteriores criterios, la ecuación de canje será: *"número"* participaciones sociales de *"número"* euros de valor nominal cada una, de la Sociedad Absorbida, *"denominación, S.R.L."*, por cada *"número"* participaciones sociales de *"número"* euros de valor nominal cada una, de la Sociedad Absorbente, *"denominación, S.R.L."*.

- Además, dado que el número de participaciones sociales resultante no es exacto, la Sociedad Absorbente abonará una compensación en metálico de *"número"* euros, por cada una de las participaciones sociales que entregue a los socios de la Sociedad Absorbida.

Conforme al Real Decreto-Ley 5/2023 art.49, los socios de las sociedades que se fusionen, que consideren que la relación de canje establecida en el proyecto no es adecuada, pueden impugnarla y reclamar un pago en efectivo ante el Juzgado de lo Mercantil del domicilio social, cuya competencia será exclusiva, o el tribunal arbitral estatutariamente previsto, siempre que no hayan votado a favor de la aprobación del acuerdo de fusión o no tengan derecho de voto, dentro del plazo de dos meses desde la fecha de publicación del acuerdo de la junta general. La decisión del Juzgado o tribunal arbitral será vinculante para la sociedad resultante de la fusión. La sociedad resultante podrá compensar a los socios con acciones o participaciones propias en lugar del pago en efectivo.

La impugnación de la relación de canje no paralizará la fusión ni impedirá su inscripción en el Registro Mercantil.

3.2. Procedimiento de canje.
No habrá intercambio físico de títulos, dado que las sociedades participantes en la fusión son sociedades de responsabilidad limitada.

4. Incidencia de la fusión sobre las aportaciones de industria o las prestaciones accesorias.
No existe en la Sociedad Absorbida ningún socio industrial (que haya aportado trabajo, servicios o su actividad a la empresa), ni participaciones sociales que lleven aparejadas prestaciones accesorias, por lo que no es preciso considerar esta cuestión en la fusión.

5. Titulares de derechos especiales o tenedores de títulos distintos de las participaciones sociales.
No existe en ninguna de las sociedades participantes en la fusión ninguna clase de participaciones sociales especiales o privilegiadas, ni persona que tenga derechos especiales distintos de las participaciones sociales, ni se otorgarán en la Sociedad Absorbente participaciones sociales o derechos especiales como consecuencia de la fusión

6. Ventajas concretas a expertos y administradores.
No se atribuirán ventajas de ninguna clase en la Sociedad Absorbente a los miembros del órgano de administración, dirección, supervisión o control de las sociedades participantes en la operación.

7. Fecha de participación en las ganancias.
Las nuevas participaciones sociales a crear por *"Sociedad de Responsabilidad Limitada, S.R.L."* como consecuencia de la fusión, darán derecho a sus titulares a participar en las ganancias sociales a partir de *"fecha"*.

8. Fecha de efectividad de la fusión a efectos contables.
Las operaciones de la Sociedad Absorbida habrán de considerarse realizadas, a efectos contables, por cuenta de la Sociedad Absorbente a partir de *"fecha"*.

9. Estatutos de la sociedad resultante.
Sin perjuicio de que, al tiempo de la convocatoria de la junta general de socios de la Sociedad Absorbente que vaya a deliberar sobre la aprobación del presente proyecto común de fusión, puedan someterse a la aprobación de dicha junta otras modificaciones estatutarias que sean convenientes u oportunas, el Consejo de Administración de la Sociedad Absorbente tiene previsto someter a la aprobación la junta general la adopción de las siguientes modificaciones estatutarias:

9.1. Ampliación de capital.
Conforme a la relación de canje establecida, para hacer frente a la fusión, la Sociedad Absorbente habrá de aumentar su capital social en un importe nominal de *"número"* euros, mediante la creación de *"número"* participaciones sociales, de *"número"* euro de valor nominal cada una de ellas, numeradas correlativamente del *"intervalo"*, ambos inclusive, de la misma clase y serie que las existentes.

La asunción de estas participaciones sociales está reservada exclusivamente a los titulares de participaciones sociales de la Sociedad Absorbida, en proporción a su respectiva participación, sin que exista derecho de suscripción preferente, conforme a lo establecido en el art.304 de la Ley de Sociedades de Capital.

1160

Como consecuencia del citado aumento de capital, el capital social de *"denominación, S.R.L."* quedará fijado, tras la ejecución de la fusión, en *"número"* euros, dividido en *"número"* participaciones sociales, de *"número"* euros de valor nominal cada una de ellas, todas de la misma clase y serie.

Consecuentemente, habrá que modificar el artículo *"número"* de los estatutos sociales, que quedará redactado como sigue:

"Transcripción literal de la nueva redacción del artículo estatutario."

○ Otras modificaciones estatutarias:

9.2. *"Otras posibles modificaciones estatutarias denominación, objeto social, domicilio, etc."*

10. Valoración del activo y pasivo transmitido.
El tipo de canje que se detalla en el apartado 2.1., se ha fijado sobre la base del valor razonable de los patrimonios de la Sociedad Absorbida y la Sociedad Absorbente, teniendo en cuenta el valor de sus activos y pasivos en las circunstancias específicas en que se encuentran.

Para ello se ha contado con el asesoramiento de *"experto"*, quien ha valorado los patrimonios sociales conforme a los siguientes métodos y criterios de valoración generalmente aceptados: *"Métodos de valoración empleados"*.

11. Fecha de las cuentas utilizadas.
Las cuentas utilizadas para establecer las condiciones de la fusión son las cerradas a *"fecha"*, para ambas sociedades. En consecuencia, a efectos de lo previsto en el art.43 del Real Decreto-ley 5/2023, se considera como balance de fusión, *"...el último balance anual, por no haber transcurrido más de seis meses entre su fecha de cierre y la fecha del presente proyecto común de fusión... O... un balance específico, cerrado con posterioridad al primer día del tercer mes precedente a la fecha del presente proyecto común de fusión..."*.

○ Si se realizan correcciones de valor:

A dicho balance de fusión se le han realizado las correcciones de valor necesarias para reflejar los valores razonables de las distintas partidas contables, teniendo en cuenta, entre otras, las siguientes circunstancias:

- Valor real del patrimonio inmobiliario.

- Valor real de la maquinaria, instalaciones y en general, del aparato productivo.

- Plantilla, formación, edad media, productividad y costo de una posible regulación de empleo.

- Valor de marcas, clientela, etc., capacidad de generar beneficios y fondo de comercio.

- Valor cierto de realización y cobro de los bines del activo circulante.

- Valor cierto del pasivo exigible.

- Los balances de fusión *"...y las modificaciones de valoración contenidas en el mismo..."*, serán verificados por el auditor de cuentas de la sociedad y sometidos a la aprobación de la junta general de socios que haya de resolver sobre la fusión, con carácter previo a la adopción del propio acuerdo de fusión.

12. Consecuencias de la fusión sobre el empleo.
De acuerdo con lo dispuesto en el art.44 del texto refundido del Estatuto de los Trabajadores, como consecuencia de la fusión por absorción descrita, no se extinguirán las relaciones laborales existentes en las sociedades participantes. En su lugar, la Sociedad Absorbente se subrogará en los derechos y obligaciones laborales y de Seguridad Social de la Sociedad Absorbida, incluyendo los compromisos por pensiones y, en general, las obligaciones adquiridas en materia de protección social complementaria.

- *"Otras posibles consecuencias de la fusión sobre el empleo"*

Las sociedades participantes darán cumplimiento a sus obligaciones de información a los trabajadores de cada una de ellas conforme a lo dispuesto en la normativa laboral y en el Real Decreto-Ley 5/2023.

13. Implicaciones de la fusión para los acreedores.
De conformidad con lo establecido en el art.4.1.4º del Real Decreto-Ley 5/2023, se hace constar que la fusión no tiene implicaciones para los acreedores ni pone en riesgo la satisfacción de suslos créditos de los mismos y, en consecuencia, no van a ofrecerse garantías personales o reales a los acreedores de la Sociedad Absorbente ni a los acreedores de la Sociedad Absorbida, teniendo en cuenta que la Fusión supone la adquisición por sucesión universal del patrimonio de la Sociedad Absorbida por la Sociedad Absorbente.

- *"Otras menciones (En caso de ofrecerse garantías, describirlas, e incluir, en su caso, como Anexo una Declaración sobre la situación financiera de la sociedad conforme el* art.15 del RDL 5/2023*)"*

14. Oferta de compensación en efectivo a los socios que dispongan del derecho a enajenar sus participaciones.
De conformidad con lo dispuesto en el art.4.1.6º del Real Decreto-Ley 5/2023, se hace constar que, por la modalidad de fusión de que se trata, los no existen socios no tienen con derecho a enajenar sus participaciones (RDL 5/2023 art.12.1) y, por lo tanto, no va a realizarse oferta alguna de compensación en efectivo.

15. Acreditación de encontrarse al corriente en el cumplimiento de las obligaciones tributarias y frente a la Seguridad Social.
De conformidad con lo dispuesto en el art.40.9º del Real Decreto-Ley 5/2023, las sociedades participantes acreditan encontrarse al corriente en el cumplimiento de las obligaciones tributarias y frente a la Seguridad Social, mediante la aportación de los correspondientes certificados, válidos y emitidos por el órgano competente y que se adjuntan como Anexo 2.

16. Otras menciones.
16.1. Régimen fiscal.
La fusión goza de las exenciones y beneficios previstos en la Directiva 2009/133/CE y está sujeta al régimen del art.89 de la Ley 27/2014, de 27 de noviembre, del Impuesto sobre Sociedades, sin perjuicio de la pertinente comunicación a la Administración tributaria.

16.2. Informe de expertos independientes.
De acuerdo con lo previsto en el art.41 del Real Decreto-ley 5/2023, no existe obligación de someter el proyecto común de fusión al informe de experto independiente.

En relación con el presente acuerdo *"...no se ha solicitado constancia en acta de ninguna intervención ... O ... el socio "Don/Doña nombre y apellidos/razón social" ha solicitado la constancia en acta de su intervención en los siguientes términos: "texto de la intervención cuya constancia en acta se solicita" ...".*

Cuarto. Sometimiento de la fusión al régimen especial de neutralidad fiscal.
La fusión goza de las exenciones y beneficios previstos en la Directiva 2009/133/CE y está sujeta al régimen del art.89 de la Ley 27/2014, de 27 de noviembre, del Impuesto sobre Sociedades, sin perjuicio de la pertinente comunicación a la Administración tributaria.

1160

○ **Relación de otros acuerdos adoptados:**

"Quinto."

"texto de los restantes acuerdos adoptados"

<<

Una vez tratadas todas las cuestiones incluidas en el orden del día de la junta, se suspende momentáneamente la sesión, al objeto de que el secretario proceda a la redacción definitiva del acta, la cual, una vez redactada y leída, es aprobada por unanimidad de los asistentes, que la encuentran conforme a la realidad de lo acordado en la reunión, siendo firmada por el secretario, con el visto bueno del presidente *"...así como por los asistentes que lo desean..."*; tras lo cual, se levanta la sesión a las *"número/letra"* horas del día y en el lugar que figuran en el encabezamiento.

Vº Bº El Secretario

El Presidente

Fdo. *"Don/Doña nombre y apellidos del presidente"* Fdo. *"Don/Doña nombre y apellidos del secretario"*

b. Certificación en extracto de acta de junta general universal

"Don/Doña nombre y apellidos" "...y "Don/Doña nombre y apellidos"...", en su condición de *"...Administrador único... O... Administrador solidario... O... Administradores mancomunados... O ... Secretario del consejo de administración..."* de *"denominación, S.R.L."*

Certifica/n

1.

Que el día *"fecha"*, y en *"...el domicilio social... O... "lugar"..."* se celebró junta general de socios con el carácter de universal, por asistir a la misma, presente o debidamente representado, la totalidad del capital social y aceptarlo así la totalidad de los asistentes, relación nominal de los cuales, con sus respectivas firmas, figura en la correspondiente acta, a continuación de la fecha, lugar y orden del día.

2.

Que por unanimidad de los asistentes se aceptaron los siguientes puntos como orden del día de la sesión:

1. Examen y, en su caso, aprobación del balance de fusión cerrado a *"fecha"*.

2. Examen y, en su caso, aprobación del proyecto común de fusión por absorción de *"denominación, S.R.L."*, como sociedad absorbida, por *"denominación, S.R.L."*, como sociedad absorbente, así como el Informe emitido por la administración social sobre el mismo.

3. Adopción, en su caso, del acuerdo de fusión por absorción.

- *"texto de los restantes puntos aceptados como orden del día de la junta"*.

3.

Que *"Don/Doña nombre y apellidos del presidente"* y *"Don/Doña nombre y apellidos del secretario"* desempeñaron, respectivamente, los cargos de presidente y secretario de la junta *"...conforme a las reglas de designación de tales cargos contenidas en los estatutos de la sociedad... O... conforme a las previsiones contenidas en el artículo 191 del texto refundido de la Ley de Sociedades de Capital... O... por designación, al comienzo de la reunión, por los socios concurrentes a la misma..."*.

4.

Que previa deliberación de cada uno de cada uno de los asuntos y de las propuestas formuladas al respecto, y por unanimidad, se adoptaron los acuerdos que se transcriben literalmente:

Acuerdos

Primero. Examen y, en su caso, aprobación del balance de fusión cerrado a *"fecha"*.
Con vistas a la adopción del acuerdo de fusión de la Sociedad, y con anterioridad a ello, los asistentes acuerdan tomar como base de esta operación el balance de la Sociedad cerrado a *"fecha"*, que es aprobado por unanimidad de los asistentes en este mismo acto y que se acompaña como anexo 1 a la presente acta.

En relación con dicho balance se hace constar:

a) Que el mismo cumple el requisito que fija el art.43 del Real Decreto-Ley 5/2023, toda vez que *"...siendo el último balance anual, entre su fecha de cierre y la fecha del proyecto de fusión no han transcurrido más de seis meses ... O ... no siendo el último balance anual, sino un balance específico, su fecha de cierre es posterior al primer día del tercer mes precedente a la fecha del proyecto de fusión ... "*.

b) Que, de conformidad con el art.44 del Real Decreto-Ley 5/2023, el balance está verificado por el auditor de cuentas de la sociedad, por estar ésta obligada a auditar sus cuentas anuales conforme a lo establecido en el art.263 de la Ley de Sociedades de Capital.

c) Que, con posterioridad a la fecha del balance de fusión, no ha acontecido ningún hecho extraordinario que modifique el patrimonio activo o pasivo en él reflejado.

En relación con el presente acuerdo *"...no se ha solicitado constancia en acta de ninguna intervención ... O ... el socio "Don/Doña nombre y apellidos/razón social" ha solicitado la constancia en acta de su intervención en los siguientes términos: "texto de la intervención cuya constancia en acta se solicita" ... "*.

Segundo. Examen y, en su caso, aprobación del proyecto común de fusión por absorción de *"denominación, S.R.L."*, como sociedad absorbida, por *"denominación, S.R.L."*, como sociedad absorbente.
A la vista del informe de los administradores, así como de las opiniones y observaciones presentadas, en su caso, por los socios, acreedores y/o trabajadores, se acuerda, por unanimidad del capital asistente aprobar el proyecto común de fusión por absorción de las sociedad *"denominación, S.R.L."* por *"denominación, S.R.L."*, *"...que se ha publicado en la página web de la sociedad absorbente y absorbida ... O ... que ha quedado depositado en el Registro Mercantil de "provincia" con fecha "fecha" ... "* y publicado en el Boletín Oficial del Registro Mercantil, número *"núm. BORME"* de *"fecha"*.

Se acompaña el proyecto a la presente acta como anexo 2.

En relación con el presente acuerdo *"...no se ha solicitado constancia en acta de ninguna intervención ... O ... el socio "Don/Doña nombre y apellidos/razón social" ha solicitado la constancia en acta de su intervención en los siguientes términos: "texto de la intervención cuya constancia en acta se solicita" ... "*.

Tercero. Adopción, en su caso, del acuerdo de fusión por absorción.
Se acuerda, por unanimidad del capital asistente, aprobar la fusión por absorción de la sociedad *"denominación, S.R.L."*, como sociedad absorbente, y la sociedad *"denominación, S.R.L."*, como sociedad absorbida, con entera transmisión de los patrimonios de la sociedad absorbida, que quedará disuelta y extinguida sin liquidación, incorporando en bloque todo su activo y pasivo a la sociedad absorbente.

Capítulo V. Acuerdos sociales

A efectos de lo dispuesto en el art.47.1 del Real Decreto-Ley 5/2023, se manifiesta que el acuerdo de fusión se aprueba en los mismos términos que el proyecto común de fusión, de *"fecha"*, ajustándose estrictamente a su contenido y, en concreto, a los siguientes aspectos:

1. Identificación de las sociedades intervinientes en la fusión.
1.1. Sociedad Absorbente :
Denominación social: *"denominación"*

Domicilio social: *"calle, número, localidad"*.

Datos registrales: *"datos registrales"*.

C.I.F.: *"número"*.

1.2. Sociedad Absorbida :
Denominación social: *"denominación"*

Domicilio social: *"calle, número, localidad"*.

Datos registrales: *"datos registrales"*.

C.I.F.: *"número"*.

2. Calendario indicativo de la fusión.
De conformidad con lo dispuesto en el art.4.1.2º del RDL 5/2023, se incorpora a este Proyecto como Anexo 1 un calendario indicativo que recoge los hitos principales que deberán cumplirse para la ejecución de la fusión.

3. Tipo de canje, compensación en metálico y procedimiento de canje.
3.1. Tipo de canje.
A los efectos de determinar el tipo de canje, debe entenderse que la fusión se realiza al amparo de lo dispuesto en el art.35 y 36 del Real Decreto-ley 5/2023, resultando una atribución a los socios de *"denominación, S.R.L."*, de un número de participaciones sociales de la Sociedad Absorbente, *"denominación, S.R.L."*, proporcional a sus respectivas participaciones en aquella sociedad.

El tipo de canje se ha fijado sobre la base de los valores razonables del patrimonio de las sociedades que se fusionan, teniendo en cuenta el valor de sus respectivos activos y pasivos conforme a lo establecido en el apartado 10 siguiente.

Como consecuencia de la aplicación de los anteriores criterios, la ecuación de canje será: *"número"* participaciones sociales de *"número"* uros de valor nominal cada una, de la Sociedad Absorbida, *"denominación, S.R.L."*, por cada *"número"* participaciones sociales de *"número"* euros de valor nominal cada una, de la Sociedad Absorbente, *"denominación, S.R.L."*.

- Además, dado que el número de participaciones sociales resultante no es exacto, la Sociedad Absorbente abonará una compensación en metálico de *"número"* euros, por cada una de las participaciones sociales que entregue a los socios de la Sociedad Absorbida.

Conforme al Real Decreto-Ley 5/2023 art.49, los socios de las sociedades que se fusionen, que consideren que la relación de canje establecida en el proyecto no es adecuada, pueden impugnarla y reclamar un pago en efectivo ante el Juzgado de lo Mercantil del domicilio social, cuya competencia será exclusiva, o el tribunal arbitral estatutariamente previsto, siempre que no hayan votado a favor de la aprobación del acuerdo de fusión o no tengan derecho de voto, dentro del plazo de dos meses desde la fecha de publicación del acuerdo de la junta general. La decisión del Juzgado o tribunal arbitral será vinculante para la sociedad resultante de la fusión. La sociedad resultante podrá compensar a los socios con acciones o participaciones propias en lugar del pago en efectivo.

La impugnación de la relación de canje no paralizará la fusión ni impedirá su inscripción en el Registro Mercantil.

3.2. Procedimiento de canje.
No habrá intercambio físico de títulos, dado que las sociedades participantes en la fusión son sociedades de responsabilidad limitada.

4. Incidencia de la fusión sobre las aportaciones de industria o las prestaciones accesorias.
No existe en la Sociedad Absorbida ningún socio industrial (que haya aportado trabajo, servicios o su actividad a la empresa), ni participaciones sociales que lleven aparejadas prestaciones accesorias, por lo que no es preciso considerar esta cuestión en la fusión.

5. Titulares de derechos especiales o tenedores de títulos distintos de las participaciones sociales.
No existe en ninguna de las sociedades participantes en la fusión ninguna clase de participaciones sociales especiales o privilegiadas, ni persona que tenga derechos especiales distintos de las participaciones sociales, ni se otorgarán en la Sociedad Absorbente participaciones sociales o derechos especiales como consecuencia de la fusión.

6. Ventajas concretas a expertos y administradores.
No se atribuirán ventajas de ninguna clase en la Sociedad Absorbente a los miembros del órgano de administración, dirección, supervisión o control de las sociedades participantes en la operación.

7. Fecha de participación en las ganancias.
Las nuevas participaciones sociales a crear por *"Sociedad de Responsabilidad Limitada, S.R.L."* como consecuencia de la fusión, darán derecho a sus titulares a participar en las ganancias sociales a partir de *"fecha"*.

8. Fecha de efectividad de la fusión a efectos contables.
Las operaciones de la Sociedad Absorbida habrán de considerarse realizadas, a efectos contables, por cuenta de la Sociedad Absorbente a partir de *"fecha"*.

9. Estatutos de la sociedad resultante.
Sin perjuicio de que, al tiempo de la convocatoria de la junta general de socios de la Sociedad Absorbente que vaya a deliberar sobre la aprobación del presente proyecto común de fusión, puedan someterse a la aprobación de dicha junta otras modificaciones estatutarias que sean convenientes u oportunas, el Consejo de Administración de la Sociedad Absorbente tiene previsto someter a la aprobación la junta general la adopción de las siguientes modificaciones estatutarias:

9.1. Ampliación de capital.
Conforme a la relación de canje establecida, para hacer frente a la fusión, la Sociedad Absorbente habrá de aumentar su capital social en un importe nominal de *"número"* euros, mediante la creación de *"número"* participaciones sociales, de *"número"* euro de valor nominal cada una de ellas, numeradas correlativamente del *"intervalo"*, ambos inclusive, de la misma clase y serie que las existentes.

La asunción de estas participaciones sociales está reservada exclusivamente a los titulares de participaciones sociales de la Sociedad Absorbida, en proporción a su respectiva participación, sin que exista derecho de suscripción preferente, conforme a lo establecido en el art.304 de la Ley de Sociedades de Capital.

Como consecuencia del citado aumento de capital, el capital social de *"denominación, S.R.L."* quedará fijado, tras la ejecución de la fusión, en *"número"* euros, dividido en *"número"* participaciones sociales, de *"número"* euros de valor nominal cada una de ellas, todas de la misma clase y serie.

Consecuentemente, habrá que modificar el artículo *"número"* de los estatutos sociales, que quedará redactado como sigue:

"Transcripción literal de la nueva redacción del artículo estatutario."

1160

○ Otras modificaciones estatutarias:

9.2. *"Otras posibles modificaciones estatutarias denominación, objeto social, domicilio, etc."*

≺≺

10. Valoración del activo y pasivo transmitido.
El tipo de canje que se detalla en el apartado 2.1., se ha fijado sobre la base del valor razonable de los patrimonios de la Sociedad Absorbida y la Sociedad Absorbente, teniendo en cuenta el valor de sus activos y pasivos en las circunstancias específicas en que se encuentran.

Para ello se ha contado con el asesoramiento de *"experto"*, quien ha valorado los patrimonios sociales conforme a los siguientes métodos y criterios de valoración generalmente aceptados: *"Métodos de valoración empleados"*.

11. Fecha de las cuentas utilizadas.
Las cuentas utilizadas para establecer las condiciones de la fusión son las cerradas a *"fecha"*, para ambas sociedades. En consecuencia, a efectos de lo previsto en el art.43 del Real Decreto-ley 5/2023, se considera como balance de fusión, *"...el último balance anual, por no haber transcurrido más de seis meses entre su fecha de cierre y la fecha del presente proyecto común de fusión ... O ... un balance específico, cerrado con posterioridad al primer día del tercer mes precedente a la fecha del presente proyecto común de fusión ..."*.

○ Si se realizan correcciones de valor:

A dicho balance de fusión se le han realizado las correcciones de valor necesarias para reflejar los valores razonables de las distintas partidas contables, teniendo en cuenta, entre otras, las siguientes circunstancias:

- Valor real del patrimonio inmobiliario.

- Valor real de la maquinaria, instalaciones y en general, del aparato productivo.

- Plantilla, formación, edad media, productividad y costo de una posible regulación de empleo.

- Valor de marcas, clientela, etc., capacidad de generar beneficios y fondo de comercio.

- Valor cierto de realización y cobro de los bines del activo circulante.

- Valor cierto del pasivo exigible.

- Los balances de fusión *"...y las modificaciones de valoración contenidas en el mismo ..."*, serán verificados por el auditor de cuentas de la sociedad y sometidos a la aprobación de la junta general de socios que haya de resolver sobre la fusión, con carácter previo a la adopción del propio acuerdo de fusión.

12. Consecuencias de la fusión sobre el empleo.
De acuerdo con lo dispuesto en el art.44 del texto refundido del Estatuto de los Trabajadores, como consecuencia de la fusión por absorción descrita, no se extinguirán las relaciones laborales existentes en las sociedades participantes. En su lugar, la Sociedad Absorbente se subrogará en los derechos y obligaciones laborales y de Seguridad Social de la Sociedad Absorbida, incluyendo los compromisos por pensiones y, en general, las obligaciones adquiridas en materia de protección social complementaria.

- *"Otras posibles consecuencias de la fusión sobre el empleo"*

Las sociedades participantes darán cumplimiento a sus obligaciones de información a los trabajadores de cada una de ellas conforme a lo dispuesto en la normativa laboral y en el Real Decreto-Ley 5/2023.

13. Implicaciones de la fusión para los acreedores.
De conformidad con lo establecido en el art.4.1.4º del Real Decreto-Ley 5/2023, se hace constar que la fusión no tiene implicaciones para los acreedores ni pone en riesgo la satisfacción de suslos créditos de los mismos y, en consecuencia, no van a ofrecerse garantías personales o reales a los acreedores de la Sociedad Absorbente ni a los acreedores de la Sociedad Absorbida, teniendo en cuenta que la Fusión supone la adquisición por sucesión universal del patrimonio de la Sociedad Absorbida por la Sociedad Absorbente.

- *"Otras menciones (En caso de ofrecerse garantías, describirlas, e incluir, en su caso, como Anexo una Declaración sobre la situación financiera de la sociedad conforme el* art.15 del RDL 5/2023*)"*

14. Oferta de compensación en efectivo a los socios que dispongan del derecho a enajenar sus participaciones.
De conformidad con lo dispuesto en el art.4.1.6º del Real Decreto-Ley 5/2023, se hace constar que, por la modalidad de fusión de que se trata, los no existen socios no tienen con derecho a enajenar sus participaciones (RDL 5/2023 art.12.1) y, por lo tanto, no va a realizarse oferta alguna de compensación en efectivo.

15. Acreditación de encontrarse al corriente en el cumplimiento de las obligaciones tributarias y frente a la Seguridad Social.
De conformidad con lo dispuesto en el art.40.9º del Real Decreto-Ley 5/2023, las sociedades participantes acreditan encontrarse al corriente en el cumplimiento de las obligaciones tributarias y frente a la Seguridad Social, mediante la aportación de los correspondientes certificados, válidos y emitidos por el órgano competente y que se adjuntan como Anexo 2.

16. Otras menciones.
16.1. Régimen fiscal.
La fusión goza de las exenciones y beneficios previstos en la Directiva 2009/133/CE y está sujeta al régimen del art.89 de la Ley 27/2014, de 27 de noviembre, del Impuesto sobre Sociedades, sin perjuicio de la pertinente comunicación a la Administración tributaria.

16.2. Informe de expertos independientes.
De acuerdo con lo previsto en el art.41 del Real Decreto-ley 5/2023, no existe obligación de someter el proyecto común de fusión al informe de experto independiente.

5.
Que el acta fue aprobada, previa su redacción y lectura, por la propia junta, al final de la reunión, constando en ella la firma del secretario, con el visto bueno del presidente, así como las de los socios asistentes que lo desearon.

Y para que así conste y surta los oportunos efectos, se expide la presente certificación, en *"localidad"*, a *"fecha"*.

Firma/s

"...El administrador único Fdo. "Don/Doña nombre y apellidos"..."

"...El administrador solidario Fdo. "Don/Doña nombre y apellidos"..."

"...Los administradores mancomunados Fdo. "Don/Doña nombre y apellidos"..."

"...El secretario del consejo de administración con el VºBº del presidente del consejo Fdo. "Don/Doña nombre y apellidos"..."

1165 Capítulo V. Acuerdos sociales

33. Fusión por creación

MSM nº 8060 s.; MSL nº 7455 s.

Nota preliminar:

1) El formulario, en el que se incluyen acta y certificación, supone que el acuerdo se adopta en **junta universal y** por **unanimidad,** supuesto que será el más frecuente en la práctica.

2) Para el caso de que el acuerdo se adopte en junta formalmente **convocada o/y sin unanimidad** de los socios, ver otros modelos de acta (nº 505 y nº 510) y certificación (nº 605 y nº 610).

3) Si la sociedad es unipersonal, ver modelos de acta (nº 520) y certificación (nº 620).

RDL 5/2023 art.34.1

a. Acta de la junta general y universal de *"denominación, S.R.L."*

Siendo las *"número/letra"* horas del día *"fecha"*, y hallándose presentes *"...en el domicilio social ... O ... en "lugar" ... "*, la totalidad de los socios de *"denominación, S.R.L."*, quienes, a su vez, representan el total del capital de la sociedad, deciden constituirse de forma unánime en junta general y universal de socios; lo que llevan a efecto al amparo de lo dispuesto en el artículo 178 del texto refundido de la Ley de Sociedades de Capital, con el siguiente:

Orden del día

1. Aprobación de la fusión de las entidades *"denominación, S.R.L."* y *"denominación, S.R.L."*, con creación de la sociedad *"denominación, S.R.L."*.

2. Aprobación de los estatutos de la sociedad de nueva creación.

3. Nombramiento de administradores.

- *"Texto de los restantes puntos aceptados como orden del día de la junta"*.

Actúan como presidente y secretario de la junta, respectivamente, *"Don/Doña nombre y apellidos del presidente"* y *"Don/Doña nombre y apellidos del secretario" "...conforme a las reglas de designación de tales cargos contenidas en los estatutos de la sociedad ... O ... conforme a las previsiones contenidas en el artículo 191 del texto refundido de la Ley de Sociedades de Capital ... O ... por designación, al comienzo de la reunión, por los socios concurrentes a la misma ..."*.

Los designados aceptan sus respectivos cargos y prometen desempeñar bien y fielmente las funciones inherentes a los mismos.

De conformidad con lo establecido en el artículo 97, número 1, apartado 4ª del Reglamento del Registro Mercantil, y en prueba de aceptación de todos los asistentes del orden del día fijado, se recoge, a continuación, relación nominal de los asistentes, seguida de la firma de cada uno de ellos:

• *"Don/Doña nombre y apellidos/razón social"*, titular de *"número/letra"* participaciones sociales, números *"número"* a *"número"*, ambos inclusive, representativas de un *"determinar porcentaje"* % del capital social. Asiste *"...personalmente ... O ... representado por "Don/Doña nombre y apellidos", según acredita debidamente ..."*.
Firma: *"Don/Doña nombre y apellidos/razón social"*

Se hace constar que la totalidad de las participaciones sociales tienen derecho de voto y que cada participación social da derecho a emitir un voto.

≻≻

❍ **Si existen privilegios en materia de derecho de voto:**

"indicar los privilegios que en materia de derecho de voto se prevén en los estatutos sociales".

Se hace constar asimismo que asisten a la reunión la totalidad de los administradores de la sociedad.

Una vez constatada la asistencia a la reunión de la totalidad del capital social y la aceptación, por unanimidad de los asistentes, de su celebración con el carácter de universal, el secretario, por indicación del presidente, procede a dar lectura al orden del día fijado, adoptándose, previa deliberación de cada uno de cada uno de los asuntos y de las propuestas formuladas al respecto, por unanimidad los siguientes:

Acuerdos

Primero. Examen y, en su caso, aprobación del balance de fusión de la Sociedad cerrado a *"fecha"*.
Con vistas a la adopción del acuerdo de fusión de la Sociedad, y con anterioridad a ello, los asistentes acuerdan tomar como base de esta operación el balance de la sociedad cerrado a *"fecha"*, que es aprobado por unanimidad de los asistentes en este mismo acto y que se acompaña como anexo 1 a la presente acta.

En relación con dicho balance se hace constar:

a) Que el mismo cumple el requisito que fija el art.43 del Real Decreto-Ley 5/2023, toda vez que *"...siendo el último balance anual, entre su fecha de cierre y la fecha del proyecto común de fusión no han transcurrido más de seis meses ... O ... no siendo el último balance anual, sino un balance específico, su fecha de cierre es posterior al primer día del tercer mes precedente a la fecha del proyecto de fusión ..."*.

b) Que, de conformidad con el art.44 del Real Decreto-Ley 5/2023, el balance está verificado por el auditor de cuentas de la sociedad, por estar ésta obligada a auditar sus cuentas anuales conforme a lo establecido en el art.263 de la Ley de Sociedades de Capital.

c) Que, con posterioridad a la fecha del balance de fusión, no ha acontecido ningún hecho extraordinario que modifique el patrimonio activo o pasivo en él reflejado.

Segundo. Examen y, en su caso, aprobación del proyecto común de fusión de las entidades *"denominación, S.R.L."* y *"denominación, S.R.L."* con creación de la sociedad *"denominación, S.R.L."*.
A la vista del informe de los administradores, así como de las opiniones y observaciones presentadas, en su caso, por los socios, acreedores y/o trabajadores, se acuerda, por unanimidad del capital asistente, aprobar el proyecto común de fusión de *"denominación, S.R.L."* y *"denominación, S.R.L."*, mediante la creación de una nueva sociedad, *"denominación, S.R.L."*, *"...que se ha publicado en la página web de las sociedades participantes en la fusión ... O ... que ha quedado depositado en el Registro Mercantil de "provincia" con fecha "fecha" ..."* cuya *"...inserción ... O ... depósito ..."* se ha publicado en el Boletín Oficial del Registro Mercantil, número *"núm. BORME"*, de *"fecha"*.

Se acompaña el proyecto a la presente acta, como anexo 2.

Tercero. Adopción, en su caso, del acuerdo de fusión por creación.
Se acuerda, por unanimidad del capital asistente, aprobar la fusión de las sociedades *"denominación, S.R.L."* y *"denominación, S.R.L."*, que se extinguirán, traspasando en bloque sus respectivos patrimonios a la sociedad de nueva creación, *"denominación, S.R.L."*, que adquirirá por sucesión universal todos los derechos y obligaciones de las sociedades extinguidas.

A efectos de lo dispuesto en el art.47.1 del Real Decreto-Ley 5/2023 y 228 del Reglamento del Registro Mercantil, se manifiesta que el acuerdo de fusión se aprueba en los mismos términos que el proyecto común de fusión, de *"fecha"*, ajustándose estrictamente a su contenido y, en concreto, a los siguientes aspectos:

1165

1. Identificación de las sociedades participantes en la fusión y de la nueva sociedad.
1.1. Sociedades que se fusionan.
a) Denominación social: *"denominación"*

Domicilio social: *"calle, número, localidad"*

Datos registrales: *"datos registrales"*

C.I.F.: *"número"*

b) Denominación social: *"denominación"*

Domicilio social: *"calle, número, localidad"*

Datos registrales: *"datos registrales"*

C.I.F.: *"número"*

1.2. Sociedad de nueva creación.
La sociedad de nueva creación resultante de la fusión se denominará *"denominación, S.R.L."*, denominación que, previa petición efectuada al Registro Mercantil Central, ha sido reservada, según certificación número *"núm. certificación"*, expedida por el Registrador Mercantil Central, con fecha *"día, mes, año"*.

"denominación, S.R.L." tendrá su domicilio social en *"calle, número, localidad"* y se regirá por los Estatutos sociales que se acompañan al presente documento como anexo.

2. Calendario indicativo de la fusión.
De conformidad con lo dispuesto en el art.4.1.2º del RDL 5/2023, se incorpora a este Proyecto como Anexo 1 un calendario indicativo que recoge los hitos principales que deberán cumplirse para la ejecución de la fusión.

3. Tipo de canje, compensación en metálico y procedimiento de canje.
3.1. Tipo de canje.
A los efectos de determinar el tipo de canje, debe entenderse que la fusión se realiza al amparo de lo dispuesto en el art.35 y 36 del Real Decreto-Ley 5/2023, resultando una atribución a los socios de *"denominación, S.R.L."* y *"denominación, S.R.L."*, de un número de participaciones sociales de la sociedad de nueva creación, *"denominación, S.R.L."*, proporcional a sus respectivas participaciones en las sociedades que se fusionan.

El tipo de canje se ha fijado sobre la base del valor razonable de los patrimonios de las sociedades que se fusionan, teniendo en cuenta el valor de sus respectivos activos y pasivos conforme a lo establecido en el apartado 10 siguiente.

Como consecuencia de la aplicación de los anteriores criterios, la ecuación de canje será:

a) A los socios de *"denominación, S.R.L."* les corresponderá recibir, por cada participación de que son titulares en la citada sociedad, *"número"* participaciones sociales de la sociedad de nueva creación *"denominación, S.R.L."*.

b) A los socios de *"denominación, S.R.L."* les corresponderá recibir, por cada participación de que son titulares en la citada sociedad, *"número"* participaciones sociales de la sociedad de nueva creación *"denominación, S.R.L."*.

➤➤

○ **Si el número de participaciones resultantes no es exacto:**

Asimismo, dado que el número de participaciones sociales resultante de la ecuación de canje no es exacto, las fracciones de participación social se compensarán en metálico, del siguiente modo:

a) A los socios de *"denominación, S.R.L."* se les abonará, además, una compensación de *"número"* euros, por participación, en metálico.

1165

b) A los socios de *"denominación, S.R.L"* se les abonará, además, una compensación de *"número"* euros, por participación, en metálico.

<<

3.2. Procedimiento de canje.
No habrá intercambio físico de títulos, dado que las sociedades participantes en la escisión son sociedades de responsabilidad limitada.

4. Incidencia de la fusión sobre las aportaciones de industria o las prestaciones accesorias.
No existen en ninguna de las sociedades que se fusionan socios industriales (que hayan aportado trabajo, servicios o su actividad a la empresa), ni participaciones sociales que lleven aparejadas prestaciones accesorias, por lo que no es preciso considerar esta cuestión en la fusión.

5. Titulares de derechos especiales o tenedores de títulos distintos de las participaciones sociales.
No existen en las sociedades que se fusionan, *"denominación, S.R.L."* y *"denominación, S.R.L."*, ninguna clase de participaciones sociales especiales o privilegiadas, ni persona que tenga derechos especiales distintos de las participaciones sociales, ni se prevé el otorgamiento de derechos especiales en la sociedad de nueva creación *"denominación, S.R.L."*.

6. Ventajas concretas a expertos y administradores.
No se reconocerán ventajas de ninguna clase en la sociedad de nueva creación a los miembros del órgano de administración, dirección, supervisión o control de las sociedades que se fusionan de la nueva sociedad, ni tampoco, en su caso, a los expertos independientes, cuya intervención no es preceptiva.

7. Fecha de participación en las ganancias.
Las participaciones sociales de la sociedad de nueva creación, *"denominación, S.R.L."*, que se crearán como consecuencia de la fusión, y serán asumidas por los socios de *"denominación, S.R.L."* y *"denominación, S.R.L."*, darán derecho a sus titulares a participar en las ganancias sociales a partir de *"fecha"*.

8. Fecha de efectividad de la fusión a efectos contables.
Las operaciones de las sociedades que se extinguen, *"denominación, S.R.L."* y *"denominación, S.R.L."*, se considerarán realizadas a efectos contables por cuenta de la sociedad de nueva creación, *"denominación, S.R.L."*, a partir de *"fecha"*.

9. Estatutos de la sociedad resultante.
Sin perjuicio de que, al tiempo de la convocatoria de las juntas generales de las sociedades participantes en la operación que vayan a deliberar sobre la aprobación del presente proyecto común de fusión, puedan someterse a la aprobación de dichas juntas otras modificaciones estatutarias que sean convenientes u oportunas, se adjunta como anexo al presente proyecto común de fusión un borrador de los estatutos de la sociedad de nueva creación, *"denominación, S.R.L."*, tal y como quedarán incorporados en su escritura de constitución

9.1. Denominación social y domicilio.
La sociedad de nueva creación se denominará *"denominación, S.R.L."*; denominación que, previa petición efectuada al Registro Mercantil Central, ha sido reservada, según certificación número *"número"*, expedida por el Registrador Mercantil Central, con fecha *"fecha"*.

Esta sociedad tendrá su domicilio social en *"lugar"*.

9.2. Capital social.
Conforme al tipo de canje referido en el apartado 3.1 anterior, el capital social de la nueva sociedad, a constituir con las aportaciones de los patrimonios de las sociedades que se extinguen, *"denominación, S.R.L."* y *"denominación, S.R.L."*, asciende a la cifra de *"número"* euros, dividido en *"número"* participaciones sociales, de *"número"* euros de valor nominal cada una de ellas, numeradas correlativamente del 1 al *"número"*, ambos inclusive, todas de la misma clase y serie.

10. Valoración del activo y pasivo transmitido.
El tipo de canje que se detalla en el apartado 3.1. se ha fijado sobre la base del valor razonable de los patrimonios de las sociedades que se fusionan, teniendo en cuenta el valor de sus activos y pasivos en las circunstancias específicas en que se encuentran.

Para ello se ha contado con el asesoramiento de *"experto"*, quien ha valorado los patrimonios sociales conforme a los siguientes métodos y criterios de valoración generalmente aceptados:

"Métodos de valoración empleados"

11. Fecha de las cuentas utilizadas.
Las cuentas utilizadas para establecer las condiciones de la fusión son las cerradas a *"fecha"*, para ambas sociedades. En consecuencia, a efectos de lo previsto en el art.43 del Real Decreto-Ley 5/2023, se considera como balance de fusión *"...el último balance anual, por no haber transcurrido más de seis meses entre su fecha de cierre y la fecha del presente proyecto común de fusión ... O ... un balance específico, cerrado con posterioridad al primer día del tercer mes precedente a la fecha del presente proyecto común de fusión ..."*.

○ **Si se realizan correcciones de valor:**

A dicho balance de fusión se le han realizado las correcciones de valor necesarias para reflejar los valores razonables de las distintas partidas contables, teniendo en cuenta, entre otras, las siguientes circunstancias:

- Valor real del patrimonio inmobiliario.

- Valor real de la maquinaria, instalaciones y en general, del aparato productivo.

- Plantilla, formación, edad media, productividad y costo de una posible regulación de empleo.

- Valor de marcas, clientela, etc., capacidad de generar beneficios y fondo de comercio.

- Valor cierto de realización y cobro de los bines del activo circulante.

- Valor cierto del pasivo exigible.

Los balances de fusión *"...y las modificaciones de valoración contenidas en el mismo ..."*, serán verificados por el auditor de cuentas de la sociedad y sometidos a la aprobación de la junta general de socios que haya de resolver sobre la fusión, con carácter previo a la adopción del propio acuerdo de fusión.

12. Consecuencias de la fusión sobre el empleo.
Como consecuencia de la fusión por creación descrita, no se extinguirán las relaciones laborales existentes en las sociedades que se fusionan, subrogándose la sociedad de nueva creación, *"denominación, S.R.L."*, en los derechos y obligaciones laborales y de Seguridad Social de las sociedades que se extinguen, incluyendo los compromisos por pensiones y, en general, las obligaciones adquiridas en materia de protección social complementaria.

- *"Otras posibles consecuencias de la fusión sobre el empleo"*.

Las sociedades participantes darán cumplimiento a sus obligaciones de información a los trabajadores de cada una de ellas conforme a lo dispuesto en la normativa laboral y en el Real Decreto-Ley 5/2023.

13. Implicaciones de la fusión para los acreedores.
De conformidad con lo establecido en el art.4.1.4º del Real Decreto-Ley 5/2023, se hace constar que la fusión no tiene implicaciones para los acreedores ni pone en riesgo la satisfacción de sus créditos y, en consecuencia, no van a ofrecerse garantías personales o reales a los acreedores de las sociedades que participan en la fusión, teniendo en cuenta que la Fusión supone la adquisición por sucesión universal, por parte de la sociedad de nueva creación, del patrimonio de dichas sociedades participantes.

"Describir garantías"

14. Oferta de compensación en efectivo a los socios que dispongan del derecho a enajenar sus participaciones.

De conformidad con lo dispuesto en el art.4.1.6º del Real Decreto-Ley 5/2023, se hace constar que, por la modalidad de fusión de que se trata, los socios no tienen derecho a enajenar sus participaciones (RDL 5/2023 art.12.1) y, por lo tanto, no va a realizarse oferta alguna de compensación en efectivo.

15. Acreditación de encontrarse al corriente en el cumplimiento de las obligaciones tributarias y frente a la Seguridad Social.

De conformidad con lo dispuesto en el art.40.9º del Real Decreto-Ley 5/2023, las sociedades participantes acreditan encontrarse al corriente en el cumplimiento de las obligaciones tributarias y frente a la Seguridad Social, mediante la aportación de los correspondientes certificados, válidos y emitidos por el órgano competente y que se adjuntan como Anexo 2.

16. Otras menciones.

16.1. Régimen fiscal.

La presente fusión goza de las exenciones y beneficios previstos en la Directiva 2009/133/CE y está sujeta al régimen del art.89 de la Ley 27/2014, de 27 de noviembre, del Impuesto sobre Sociedades, sin perjuicio de la pertinente comunicación a la Administración tributaria.

16.2. Informe de experto independiente.

De acuerdo con lo previsto en el art.41.1 del Real Decreto-Ley 5/2023 no existe obligación de someter el proyecto común de fusión al informe de experto independiente.

Cuarto. Aprobación de los estatutos de la sociedad de nueva creación.

La fusión aprobada se realiza mediante la constitución de una nueva sociedad, de responsabilidad limitada, cuya denominación, objeto, duración, domicilio y demás circunstancias obran en los estatutos sociales, que se aprueban por unanimidad de los asistentes, y que se acompañan como anexo 4 a la presente acta.

a) La sociedad se denomina *"denominación, S.R.L."*. Dicha denominación no figura registrada en el Registro Mercantil Central, según resulta de certificación número *"núm. certificación"*, expedida por el mencionado Registro con fecha *"día, mes, año"*.

b) La cifra de capital social de la nueva sociedad asciende a la cifra de *"número"* euros, dividido en *"número"* participaciones sociales, de *"número"* euros de valor nominal cada una de ellas, numeradas de la 1 a la *"número"*, ambas inclusive, todas de la misma clase y serie.

Dicha cifra se ha establecido en atención a la relación de canje detallada en el proyecto común de fusión, así como al total patrimonio de la sociedad que se transmite a la entidad de nueva creación, según detalle que del mismo se adjunta a la presente acta como anexo *"5"*.

Las referidas participaciones sociales son adjudicadas a los socios de las sociedades que se extinguen por la fusión, de acuerdo con el siguiente detalle:

- A *"D./Dª nombre y apellidos"*, por las *"número"* participaciones sociales de *"denominación, S.R.L."*, se le adjudican *"número"* participaciones sociales de la sociedad de nueva creación, *"denominación, S.R.L."*, número *"número"* a *"número"*, ambos inclusive. *"...Adicionalmente, el citado socio recibirá, una compensación en metálico que, en total, asciende a "número" euros. ..."*

Quinto. Nombramiento de administradores.

De conformidad con los estatutos aprobados, la entidad de nueva creación *"denominación, S.R.L."*, estará administrada por un Administrador Único, cargo para el que, por unanimidad, es elegido, por el plazo fijados en los estatutos sociales, Don/Doña *"datos identificativos"*, que expresamente acepta su nombramiento y manifiesta no estar incursos en ninguna incapacidad o incompatibilidad para su ejercicio, en especial de las fijadas para los altos cargos en la Ley 3/2015, de 3 de marzo, y en disposiciones específicas de las Comunidades Autónomas.

El administrador de la sociedad de nueva creación queda expresamente facultado para realizar, en nombre de la nueva sociedad, antes de la inscripción de ésta en el Registro Mercantil, cuantos actos de administración o de dominio sean necesarios o convenientes para la realización del objeto social, especialmente en el orden interno y organizativo, como el otorgamiento y revocación de poderes de todas clases. Una vez inscrita la fusión, la sociedad quedará obligada por tales actos sin necesidad de ratificación.

≻≻

○ **Relación de otros acuerdos adoptados:**

"Quinto."

"texto de los restantes acuerdos adoptados" 

≺≺

Una vez tratadas todas las cuestiones incluidas en el orden del día de la junta, se suspende momentáneamente la sesión, al objeto de que el secretario proceda a la redacción definitiva del acta, la cual, una vez redactada y leída, es aprobada por unanimidad de los asistentes, que la encuentran conforme a la realidad de lo acordado en la reunión, siendo firmada por el secretario, con el visto bueno del presidente *"...así como por los asistentes que lo desean..."*; tras lo cual, se levanta la sesión a las *"número/letra"* horas del día y en el lugar que figuran en el encabezamiento.

Vº Bº

El Presidente

Fdo. *"Don/Doña nombre y apellidos del presidente"*

El Secretario

Fdo. *"Don/Doña nombre y apellidos del secretario"*

b. Certificación en extracto de acta de junta general universal

"Don/Doña nombre y apellidos" "...y "Don/Doña nombre y apellidos"...", en su condición de *"...Administrador único... O... Administrador solidario... O... Administradores mancomunados... O ... Secretario del consejo de administración..."* de *"denominación, S.R.L."*

Certifica/n

1.
Que el día *"fecha"*, y en *"...el domicilio social... O... "lugar"..."* se celebró junta general de socios con el carácter de universal, por asistir a la misma, presente o debidamente representado, la totalidad del capital social y aceptarlo así la totalidad de los asistentes, relación nominal de los cuales, con sus respectivas firmas, figura en la correspondiente acta, a continuación de la fecha, lugar y orden del día.

2.
Que por unanimidad de los asistentes se aceptaron los siguientes puntos como orden del día de la sesión:

1. Aprobación de la fusión de las entidades *"denominación, S.R.L."* y *"denominación, S.R.L."*, con creación de la sociedad *"denominación, S.R.L."*.

2. Aprobación de los estatutos de la sociedad de nueva creación.

3. Nombramiento de administradores.

"Texto de los restantes puntos aceptados como orden del día de la junta".

3.
Que *"Don/Doña nombre y apellidos del presidente"* y *"Don/Doña nombre y apellidos del secretario"* desempeñaron, respectivamente, los cargos de presidente y secretario de la junta *"...conforme a las reglas de designación de tales cargos contenidas en los estatutos de la sociedad... O... conforme a las previsiones contenidas en el artículo 191 del texto refundido de la Ley de Sociedades de Capital... O... por designación, al comienzo de la reunión, por los socios concurrentes a la misma..."*.

4.
Que previa deliberación de cada uno de cada uno de los asuntos y de las propuestas formuladas al respecto, y por unanimidad, se adoptaron los acuerdos que se transcriben literalmente:

Acuerdos

Primero. Examen y, en su caso, aprobación del balance de fusión de la Sociedad cerrado a *"fecha"*.
Con vistas a la adopción del acuerdo de fusión de la Sociedad, y con anterioridad a ello, los asistentes acuerdan tomar como base de esta operación el balance de la sociedad cerrado a *"fecha"*, que es aprobado por unanimidad de los asistentes en este mismo acto y que se acompaña como anexo 1 a la presente acta.

En relación con dicho balance se hace constar:

a) Que el mismo cumple el requisito que fija el art.43 del Real Decreto-Ley 5/2023, toda vez que *"...siendo el último balance anual, entre su fecha de cierre y la fecha del proyecto común de fusión no han transcurrido más de seis meses... O... no siendo el último balance anual, sino un balance específico, su fecha de cierre es posterior al primer día del tercer mes precedente a la fecha del proyecto de fusión..."*.

b) Que, de conformidad con el art.44 del Real Decreto-Ley 5/2023, el balance está verificado por el auditor de cuentas de la sociedad, por estar ésta obligada a auditar sus cuentas anuales conforme a lo establecido en el art.263 de la Ley de Sociedades de Capital.

c) Que, con posterioridad a la fecha del balance de fusión, no ha acontecido ningún hecho extraordinario que modifique el patrimonio activo o pasivo en él reflejado.

Segundo. Examen y, en su caso, aprobación del proyecto común de fusión de las entidades *"denominación, S.R.L."* y *"denominación, S.R.L."* con creación de la sociedad *"denominación, S.R.L."*.
A la vista del informe de los administradores, así como de las opiniones y observaciones presentadas, en su caso, por los socios, acreedores y/o trabajadores, se acuerda, por unanimidad del capital asistente, aprobar el proyecto común de fusión de *"denominación, S.R.L."* y *"denominación, S.R.L."*, mediante la creación de una nueva sociedad, *"denominación, S.R.L."*, *"...que se ha publicado en la página web de las sociedades participantes en la fusión... O... que ha quedado depositado en el Registro Mercantil de "provincia" con fecha "fecha"..."* cuya *"...inserción... O... depósito..."* se ha publicado en el Boletín Oficial del Registro Mercantil, número *"núm. BORME"*, de *"fecha"*.

Se acompaña el proyecto a la presente acta, como anexo 2.

Tercero. Adopción, en su caso, del acuerdo de fusión por creación.
Se acuerda, por unanimidad del capital asistente, aprobar la fusión de las sociedades *"denominación, S.R.L."* y *"denominación, S.R.L."*, que se extinguirán, traspasando en bloque sus respectivos patrimonios a la sociedad de nueva creación, *"denominación, S.R.L."*, que adquirirá por sucesión universal todos los derechos y obligaciones de las sociedades extinguidas.

1165 **Capítulo V. Acuerdos sociales**

A efectos de lo dispuesto en el art.47.1 del Real Decreto-Ley 5/2023 y 228 del Reglamento del Registro Mercantil, se manifiesta que el acuerdo de fusión se aprueba en los mismos términos que el proyecto común de fusión, de *"fecha"*, ajustándose estrictamente a su contenido y, en concreto, a los siguientes aspectos:

1. Identificación de las sociedades participantes en la fusión y de la nueva sociedad.
1.1. Sociedades que se fusionan.
a) Denominación social: *"denominación"*

Domicilio social: *"calle, número, localidad"*

Datos registrales: *"datos registrales"*

C.I.F.: *"número"*

b) Denominación social: *"denominación"*

Domicilio social: *"calle, número, localidad"*

Datos registrales: *"datos registrales"*

C.I.F.: *"número"*

1.2. Sociedad de nueva creación.
La sociedad de nueva creación resultante de la fusión se denominará *"denominación, S.R.L."*, denominación que, previa petición efectuada al Registro Mercantil Central, ha sido reservada, según certificación número *"núm. certificación"*, expedida por el Registrador Mercantil Central, con fecha *"día, mes, año"*.

"denominación, S.R.L." tendrá su domicilio social en *"calle, número, localidad"* y se regirá por los Estatutos sociales que se acompañan al presente documento como anexo.

2. Calendario indicativo de la fusión.
De conformidad con lo dispuesto en el art.4.1.2º del RDL 5/2023, se incorpora a este Proyecto como Anexo 1 un calendario indicativo que recoge los hitos principales que deberán cumplirse para la ejecución de la fusión.

3. Tipo de canje, compensación en metálico y procedimiento de canje.
3.1. Tipo de canje.
A los efectos de determinar el tipo de canje, debe entenderse que la fusión se realiza al amparo de lo dispuesto en el art.35 y 36 del Real Decreto-Ley 5/2023, resultando una atribución a los socios de *"denominación, S.R.L."* y *"denominación, S.R.L."*, de un número de participaciones sociales de la sociedad de nueva creación, *"denominación, S.R.L."*, proporcional a sus respectivas participaciones en las sociedades que se fusionan.

El tipo de canje se ha fijado sobre la base del valor razonable de los patrimonios de las sociedades que se fusionan, teniendo en cuenta el valor de sus respectivos activos y pasivos conforme a lo establecido en el apartado 10 siguiente.

Como consecuencia de la aplicación de los anteriores criterios, la ecuación de canje será:

a) A los socios de *"denominación, S.R.L."* les corresponderá recibir, por cada participación de que son titulares en la citada sociedad, *"número"* participaciones sociales de la sociedad de nueva creación *"denominación, S.R.L."*.

b) A los socios de *"denominación, S.R.L."* les corresponderá recibir, por cada participación de que son titulares en la citada sociedad, *"número"* participaciones sociales de la sociedad de nueva creación *"denominación, S.R.L."*.

Si el número de participaciones resultantes no es exacto:

Asimismo, dado que el número de participaciones sociales resultante de la ecuación de canje no es exacto, las fracciones de participación social se compensarán en metálico, del siguiente modo:

a) A los socios de *"denominación, S.R.L."* se les abonará, además, una compensación de *"número"* euros, por participación, en metálico.

b) A los socios de *"denominación, S.R.L"* se les abonará, además, una compensación de *"número"* euros, por participación, en metálico.

3.2. Procedimiento de canje.
No habrá intercambio físico de títulos, dado que las sociedades participantes en la escisión son sociedades de responsabilidad limitada.

4. Incidencia de la fusión sobre las aportaciones de industria o las prestaciones accesorias.
No existen en ninguna de las sociedades que se fusionan socios industriales (que hayan aportado trabajo, servicios o su actividad a la empresa), ni participaciones sociales que lleven aparejadas prestaciones accesorias, por lo que no es preciso considerar esta cuestión en la fusión.

5. Titulares de derechos especiales o tenedores de títulos distintos de las participaciones sociales.
No existen en las sociedades que se fusionan, *"denominación, S.R.L."* y *"denominación, S.R.L."*, ninguna clase de participaciones sociales especiales o privilegiadas, ni persona que tenga derechos especiales distintos de las participaciones sociales, ni se prevé el otorgamiento de derechos especiales en la sociedad de nueva creación *"denominación, S.R.L."*.

6. Ventajas concretas a expertos y administradores.
No se reconocerán ventajas de ninguna clase en la sociedad de nueva creación a los miembros del órgano de administración, dirección, supervisión o control de las sociedades que se fusionan de la nueva sociedad, ni tampoco, en su caso, a los expertos independientes, cuya intervención no es preceptiva.

7. Fecha de participación en las ganancias.
Las participaciones sociales de la sociedad de nueva creación, *"denominación, S.R.L."*, que se crearán como consecuencia de la fusión, y serán asumidas por los socios de *"denominación, S.R.L."* y *"denominación, S.R.L."*, darán derecho a sus titulares a participar en las ganancias sociales a partir de *"fecha"*.

8. Fecha de efectividad de la fusión a efectos contables.
Las operaciones de las sociedades que se extinguen, *"denominación, S.R.L."* y *"denominación, S.R.L."*, se considerarán realizadas a efectos contables por cuenta de la sociedad de nueva creación, *"denominación, S.R.L."*, a partir de *"fecha"*.

9. Estatutos de la sociedad resultante.
Sin perjuicio de que, al tiempo de la convocatoria de las juntas generales de las sociedades participantes en la operación que vayan a deliberar sobre la aprobación del presente proyecto común de fusión, puedan someterse a la aprobación de dichas juntas otras modificaciones estatutarias que sean convenientes u oportunas, se adjunta como anexo al presente proyecto común de fusión un borrador de los estatutos de la sociedad de nueva creación, *"denominación, S.R.L."*, tal y como quedarán incorporados en su escritura de constitución

9.1. Denominación social y domicilio.
La sociedad de nueva creación se denominará *"denominación, S.R.L."*; denominación que, previa petición efectuada al Registro Mercantil Central, ha sido reservada, según certificación número *"número"*, expedida por el Registrador Mercantil Central, con fecha *"fecha"*.

Esta sociedad tendrá su domicilio social en *"lugar"*.

9.2. Capital social.
Conforme al tipo de canje referido en el apartado 3.1 anterior, el capital social de la nueva sociedad, a constituir con las aportaciones de los patrimonios de las sociedades que se extinguen, *"denominación, S.R.L."* y *"denominación, S.R.L."*, asciende a la cifra de *"número"* euros, dividido en *"número"* participaciones sociales, de *"número"* euros de valor nominal cada una de ellas, numeradas correlativamente del 1 al *"número"*, ambos inclusive, todas de la misma clase y serie.

10. Valoración del activo y pasivo transmitido.
El tipo de canje que se detalla en el apartado 3.1. se ha fijado sobre la base del valor razonable de los patrimonios de las sociedades que se fusionan, teniendo en cuenta el valor de sus activos y pasivos en las circunstancias específicas en que se encuentran.

Para ello se ha contado con el asesoramiento de *"experto"*, quien ha valorado los patrimonios sociales conforme a los siguientes métodos y criterios de valoración generalmente aceptados:

"Métodos de valoración empleados"

11. Fecha de las cuentas utilizadas.
Las cuentas utilizadas para establecer las condiciones de la fusión son las cerradas a *"fecha"*, para ambas sociedades. En consecuencia, a efectos de lo previsto en el art.43 del Real Decreto-Ley 5/2023, se considera como balance de fusión *"...el último balance anual, por no haber transcurrido más de seis meses entre su fecha de cierre y la fecha del presente proyecto común de fusión ... O ... un balance específico, cerrado con posterioridad al primer día del tercer mes precedente a la fecha del presente proyecto común de fusión ..."*.

➤➤
○ **Si se realizan correcciones de valor:**

A dicho balance de fusión se le han realizado las correcciones de valor necesarias para reflejar los valores razonables de las distintas partidas contables, teniendo en cuenta, entre otras, las siguientes circunstancias:

- Valor real del patrimonio inmobiliario.

- Valor real de la maquinaria, instalaciones y en general, del aparato productivo.

- Plantilla, formación, edad media, productividad y costo de una posible regulación de empleo.

- Valor de marcas, clientela, etc., capacidad de generar beneficios y fondo de comercio.

- Valor cierto de realización y cobro de los bines del activo circulante.

- Valor cierto del pasivo exigible.

⮜⮜
Los balances de fusión *"...y las modificaciones de valoración contenidas en el mismo ..."*, serán verificados por el auditor de cuentas de la sociedad y sometidos a la aprobación de la junta general de socios que haya de resolver sobre la fusión, con carácter previo a la adopción del propio acuerdo de fusión.

12. Consecuencias de la fusión sobre el empleo.
Como consecuencia de la fusión por creación descrita, no se extinguirán las relaciones laborales existentes en las sociedades que se fusionan, subrogándose la sociedad de nueva creación, *"denominación, S.R.L."*, en los derechos y obligaciones laborales y de Seguridad Social de las sociedades que se extinguen, incluyendo los compromisos por pensiones y, en general, las obligaciones adquiridas en materia de protección social complementaria.

- *"Otras posibles consecuencias de la fusión sobre el empleo"*.

Las sociedades participantes darán cumplimiento a sus obligaciones de información a los trabajadores de cada una de ellas conforme a lo dispuesto en la normativa laboral y en el Real Decreto-Ley 5/2023.

13. Implicaciones de la fusión para los acreedores.
De conformidad con lo establecido en el art.4.1.4º del Real Decreto-Ley 5/2023, se hace constar que la fusión no tiene implicaciones para los acreedores ni pone en riesgo la satisfacción de sus créditos y, en consecuencia, no van a ofrecerse garantías personales o reales a los acreedores de las sociedades que participan en la fusión, teniendo en cuenta que la Fusión supone la adquisición por sucesión universal, por parte de la sociedad de nueva creación, del patrimonio de dichas sociedades participantes.

"Describir garantías"

14. Oferta de compensación en efectivo a los socios que dispongan del derecho a enajenar sus participaciones.
De conformidad con lo dispuesto en el art.4.1.6º del Real Decreto-Ley 5/2023, se hace constar que, por la modalidad de fusión de que se trata, los socios no tienen derecho a enajenar sus participaciones (RDL 5/2023 art.12.1) y, por lo tanto, no va a realizarse oferta alguna de compensación en efectivo.

15. Acreditación de encontrarse al corriente en el cumplimiento de las obligaciones tributarias y frente a la Seguridad Social.
De conformidad con lo dispuesto en el art.40.9º del Real Decreto-Ley 5/2023, las sociedades participantes acreditan encontrarse al corriente en el cumplimiento de las obligaciones tributarias y frente a la Seguridad Social, mediante la aportación de los correspondientes certificados, válidos y emitidos por el órgano competente y que se adjuntan como Anexo 2.

16. Otras menciones.
16.1. Régimen fiscal.
La presente fusión goza de las exenciones y beneficios previstos en la Directiva 2009/133/CE y está sujeta al régimen del art.89 de la Ley 27/2014, de 27 de noviembre, del Impuesto sobre Sociedades, sin perjuicio de la pertinente comunicación a la Administración tributaria.

16.2. Informe de experto independiente.
De acuerdo con lo previsto en el art.41.1 del Real Decreto-Ley 5/2023 no existe obligación de someter el proyecto común de fusión al informe de experto independiente.

Cuarto. Aprobación de los estatutos de la sociedad de nueva creación.
La fusión aprobada se realiza mediante la constitución de una nueva sociedad, de responsabilidad limitada, cuya denominación, objeto, duración, domicilio y demás circunstancias obran en los estatutos sociales, que se aprueban por unanimidad de los asistentes, y que se acompañan como anexo 4 a la presente acta.

a) La sociedad se denomina *"denominación, S.R.L."*. Dicha denominación no figura registrada en el Registro Mercantil Central, según resulta de certificación número *"núm. certificación"*, expedida por el mencionado Registro con fecha *"día, mes, año"*.

b) La cifra de capital social de la nueva sociedad asciende a la cifra de *"número"* euros, dividido en *"número"* participaciones sociales, de *"número"* euros de valor nominal cada una de ellas, numeradas de la 1 a la *"número"*, ambas inclusive, todas de la misma clase y serie.

Dicha cifra se ha establecido en atención a la relación de canje detallada en el proyecto común de fusión, así como al total patrimonio de la sociedad que se transmite a la entidad de nueva creación, según detalle que del mismo se adjunta a la presente acta como anexo *"5"*.

Las referidas participaciones sociales son adjudicadas a los socios de las sociedades que se extinguen por la fusión, de acuerdo con el siguiente detalle:

- A *"D./Dª nombre y apellidos"*, por las *"número"* participaciones sociales de *"denominación, S.R.L."*, se le adjudican *"número"* participaciones sociales de la sociedad de nueva creación, *"denominación, S.R.L."*, número *"número"* a *"número"*, ambos inclusive. *"...Adicionalmente, el citado socio recibirá, una compensación en metálico que, en total, asciende a "número" euros. ..."*

1165

Quinto. Nombramiento de administradores.
De conformidad con los estatutos aprobados, la entidad de nueva creación *"denominación, S.R.L."*, estará administrada por un Administrador Único, cargo para el que, por unanimidad, es elegido, por el plazo fijados en los estatutos sociales, Don/Doña *"datos identificativos"*, que expresamente acepta su nombramiento y manifiesta no estar incursos en ninguna incapacidad o incompatibilidad para su ejercicio, en especial de las fijadas para los altos cargos en la Ley 3/2015, de 3 de marzo, y en disposiciones específicas de las Comunidades Autónomas.

El administrador de la sociedad de nueva creación queda expresamente facultado para realizar, en nombre de la nueva sociedad, antes de la inscripción de ésta en el Registro Mercantil, cuantos actos de administración o de dominio sean necesarios o convenientes para la realización del objeto social, especialmente en el orden interno y organizativo, como el otorgamiento y revocación de poderes de todas clases. Una vez inscrita la fusión, la sociedad quedará obligada por tales actos sin necesidad de ratificación.

>>

○ **Relación de otros acuerdos adoptados:**

"Quinto."

"texto de los restantes acuerdos adoptados"

<<

5.
Que el acta fue aprobada, previa su redacción y lectura, por la propia junta, al final de la reunión, constando en ella la firma del secretario, con el visto bueno del presidente, así como las de los socios asistentes que lo desearon.

Y para que así conste y surta los oportunos efectos, se expide la presente certificación, en *"localidad"*, a *"fecha"*.

Firma/s

"...El administrador único Fdo. "Don/Doña nombre y apellidos"..."

"...El administrador solidario Fdo. "Don/Doña nombre y apellidos"..."

"...Los administradores mancomunados Fdo. "Don/Doña nombre y apellidos"..."

"...El secretario del consejo de administración con el V°B° del presidente del consejo Fdo. "Don/Doña nombre y apellidos"..."

1170

34. Escisión total

MSM nº 8295; MSL 7910 s.

Nota preliminar:

1) El formulario, en el que se incluyen acta y certificación, supone que el acuerdo se adopta en junta universal y por **unanimidad,** supuesto que será el más frecuente en la práctica.

2) Para el caso de que el acuerdo se adopte en junta formalmente **convocada o/y sin unanimidad** de los socios, ver otros modelos de acta (nº 505 y nº 510) y certificación (nº 605 y nº 610).

3) Si la sociedad es unipersonal, ver modelos de acta (nº 520) y certificación (nº 620).

RDL 5/2023 art.58 a 71

a. Acta de la junta general y universal de la sociedad escindida

Siendo las *"número/letra"* horas del día *"fecha"*, y hallándose presentes *"...en el domicilio social ... O ... en "lugar" ... "*, la totalidad de los socios de *"denominación, S.R.L."*, quienes, a su vez, representan el total del capital de la sociedad, deciden constituirse de forma unánime en junta general y universal de socios; lo que llevan a efecto al amparo de lo dispuesto en el artículo 178 del texto refundido de la Ley de Sociedades de Capital, con el siguiente:

Orden del día

1. Examen y, en su caso, aprobación del balance de escisión cerrado a *"fecha"*.

2. Examen y, en su caso, aprobación del proyecto de escisión total de *"denominación, S.R.L."* y las entidades beneficiarias *"denominación, S.R.L."* y *"denominación, S.R.L."*, así como el Informe emitido por la administración social sobre el mismo.

3. Adopción, en su caso, del acuerdo de escisión total.

- Sometimiento de la escisión al régimen especial de neutralidad fiscal.

- *"Texto de los restantes puntos aceptados como orden del día de la junta"*.

Actúan como presidente y secretario de la junta, respectivamente, *"Don/Doña nombre y apellidos del presidente"* y *"Don/Doña nombre y apellidos del secretario"* *"...conforme a las reglas de designación de tales cargos contenidas en los estatutos de la sociedad ... O ... conforme a las previsiones contenidas en el artículo 191 del texto refundido de la Ley de Sociedades de Capital ... O ... por designación, al comienzo de la reunión, por los socios concurrentes a la misma ..."*.

Los designados aceptan sus respectivos cargos y prometen desempeñar bien y fielmente las funciones inherentes a los mismos.

De conformidad con lo establecido en el artículo 97, número 1, apartado 4ª del Reglamento del Registro Mercantil, y en prueba de aceptación de todos los asistentes del orden del día fijado, se recoge, a continuación, relación nominal de los asistentes, seguida de la firma de cada uno de ellos:

• *"Don/Doña nombre y apellidos/razón social"*, titular de *"número/letra"* participaciones sociales, números *"número"* a *"número"*, ambos inclusive, representativas de un *"determinar porcentaje"* % del capital social. Asiste *"...personalmente ... O ... representado por "Don/Doña nombre y apellidos", según acredita debidamente ..."*.
Firma: *"Don/Doña nombre y apellidos/razón social"*

Se hace constar que la totalidad de las participaciones sociales tienen derecho de voto y que cada participación social da derecho a emitir un voto.

1170

○ **Si existen privilegios en materia de derecho de voto:**

"indicar los privilegios que en materia de derecho de voto se prevén en los estatutos sociales".

Se hace constar asimismo que asisten a la reunión la totalidad de los administradores de la sociedad.

Una vez constatada la asistencia a la reunión de la totalidad del capital social y la aceptación, por unanimidad de los asistentes, de su celebración con el carácter de universal, el secretario, por indicación del presidente, procede a dar lectura al orden del día fijado, adoptándose, previa deliberación de cada uno de cada uno de los asuntos y de las propuestas formuladas al respecto, por unanimidad los siguientes:

Acuerdos

Primero. Examen y aprobación del balance de escisión cerrado a *"fecha"*.
Con vistas a la adopción del acuerdo de escisión total de la sociedad *"denominación, S.R.L."*, y con anterioridad a ello, los asistentes acuerdan tomar como base de esta operación el balance de la sociedad cerrado a *"fecha"*, que es aprobado por unanimidad de los asistentes en este mismo acto y que se acompaña como anexo 1 a la presente acta. En relación con dicho balance de escisión se hace constar:

a) Que el mismo cumple el requisito que fija el art.43 del Real Decreto-Ley 5/2023, toda vez que *"...siendo el último balance anual, entre su fecha de cierre y la fecha del proyecto de escisión no han transcurrido más de seis meses... O... no siendo el último balance anual, sino un balance específico, su fecha de cierre es posterior al primer día del tercer mes precedente a la fecha del proyecto de escisión ..."*.

b) Que, de conformidad con el art.44 del Real Decreto-Ley 5/2023, el balance está verificado por el auditor de cuentas de la sociedad, por estar ésta obligada a auditar sus cuentas anuales conforme a lo establecido en el art.263 de la Ley de Sociedades de Capital.

c) Que, con posterioridad a la fecha del balance de escisión, no ha acontecido ningún hecho extraordinario que modifique el patrimonio activo o pasivo en él reflejado.

Segundo. Examen y aprobación del proyecto de escisión total de *"denominación, S.R.L."* y las entidades beneficiarias *"denominación, S.R.L."* y *"denominación, S.R.L."*, así como el Informe emitido por la administración social sobre el mismo.
A la vista del informe de los administradores, así como de las opiniones y observaciones presentadas, en su caso, por los socios, acreedores y/o trabajadores, se acuerda por unanimidad del capital asistente aprobar el proyecto de escisión total de las sociedad *"denominación, S.R.L."*, y las entidades beneficiarias *"denominación, S.R.L."* y *"denominación, S.R.L."*, *"...que se ha publicado en las páginas web de la sociedades participantes... O... que ha quedado depositado en el Registro Mercantil de "provincia" con fecha "fecha"..."* y publicado en el Boletín Oficial del Registro Mercantil, número *"núm. BORME"*, de *"fecha"*.

Tercero. Adopción del acuerdo de escisión total.
Se acuerda por unanimidad del capital asistente aprobar la escisión total de la entidad mercantil *"denominación, S.R.L."*, que se extinguirá con el consiguiente traspaso de la totalidad de su patrimonio social, en la proporción y demás términos previstos en el proyecto de escisión, a las entidades *"denominación, S.R.L."* y *"denominación, S.R.L."*, quienes adquirirán en la forma que se recoge en el informe y en el proyecto de escisión, por sucesión universal, todos los derechos y obligaciones integrantes de aquél.

A efectos de lo dispuesto en el art.47.1 del Real Decreto-Ley 5/2023, se manifiesta que el acuerdo de escisión se aprueba en los mismos términos que el proyecto de escisión, ajustándose estrictamente a su contenido y, en concreto, a los siguientes aspectos:

1170

1. Identificación de las sociedades que participan en la escisión.
1.1. Sociedad Escindida.
Denominación social: *"denominación"*

Domicilio social: *"calle, número, localidad"*

Datos registrales: *"datos registrales"*

C.I.F.: *"número"*

1.2. Sociedades Beneficiarias.
a) Denominación social: *"denominación"*

Domicilio social: *"calle, número, localidad"*

Datos registrales: *"datos registrales"*

C.I.F.: *"número"*

b) Denominación social: *"denominación"*

Domicilio social: *"calle, número, localidad"*

Datos registrales: *"datos registrales"*

C.I.F.: *"número"*

2. Calendario indicativo de la escisión.
De conformidad con lo dispuesto en el art.4.1.2º del RDL 5/2023, se incorpora a este Proyecto como Anexo 1 un calendario indicativo que recoge los hitos principales que deberán cumplirse para la ejecución de la escisión.

3. Tipo de canje, compensación en metálico y procedimiento de canje.
3.1. Tipo de canje.
A los efectos de determinar el tipo de canje, debe entenderse que la escisión se realiza al amparo de lo dispuesto en el art.59 del Real Decreto-Ley 5/2023 (escisión total), resultando una atribución a los socios de *"denominación, S.R.L."* (Sociedad Escindida), de un número de participaciones sociales de las Sociedades Beneficiarias, *"denominación, S.R.L."* y *"denominación, S.R.L."*, proporcional a sus respectivas participaciones en la sociedad que se escinde.

El tipo de canje se ha fijado sobre la base del valor razonable de los patrimonios de las sociedades participantes en la escisión, teniendo en cuenta el valor de sus respectivos activos y pasivos conforme a lo establecido en el apartado 11 siguiente.

Como consecuencia de la aplicación de los anteriores criterios, a los socios de la Sociedad Escindida les corresponderá recibir, por cada participación de que son titulares en la citada sociedad:

a) *"número"* participaciones sociales de *"número"* euros de valor nominal cada una, de la sociedad beneficiaria *"denominación, S.R.L."*; y

b) *"número"* participaciones sociales de *"número"* euros de valor nominal cada una, de la sociedad beneficiaria *"denominación, S.R.L."*.

➤➤
o Si el número de participaciones resultantes no resulta exacto:

Asimismo, dado que el número de participaciones sociales resultante de la relación de canje no es exacto, las fracciones de participación se compensarán en metálico del siguiente modo

a) La sociedad beneficiaria *"denominación, S.R.L."* abonará *"número"* euros, por cada una de las participaciones sociales que entregue a los socios de la Sociedad Escindida.

b) La sociedad beneficiaria *"denominación, S.R.L."* abonará *"número"* euros, por cada una de las participaciones sociales que entregue a los socios de la Sociedad Escindida.

Se hace constar que, conforme al límite previsto en el art.59 del Real Decreto-Ley 5/2023, la compensación en metálico no excede del 10% del valor nominal de las participaciones atribuidas.

<<

3.2. Disconformidad con el tipo de canje

Conforme al art.63 y 49 del Real Decreto-Ley 5/2023, los socios de la Sociedad Escindida que consideren que la relación de canje establecida en el proyecto de escisión no es adecuada, pueden impugnarla y reclamar un pago en efectivo ante el Juzgado de lo Mercantil del domicilio social, cuya competencia será exclusiva, o el tribunal arbitral estatutariamente previsto, siempre que no hayan votado a favor de la aprobación del acuerdo de escisión o no tengan derecho de voto, dentro del plazo de dos meses desde la fecha de publicación del acuerdo de la junta general. La decisión del Juzgado o tribunal arbitral será vinculante para las Sociedades Beneficiarias de la escisión.

Las Sociedades Beneficiarias podrán compensar a los socios con participaciones propias, en lugar del pago en efectivo.

En todo caso, la impugnación de la relación de canje no paralizará la escisión ni impedirá su inscripción en el Registro Mercantil.

3.3. Procedimiento de canje.

No habrá intercambio físico de títulos, dado que las sociedades participantes en la escisión son sociedades de responsabilidad limitada.

4. Incidencia de la escisión sobre las aportaciones de industria o las prestaciones accesorias.

No existe en la Sociedad Escindida ningún socio industrial (que haya aportado trabajo, servicios o su actividad a la empresa), ni participaciones sociales que lleven aparejadas prestaciones accesorias.

5. Titulares de derechos especiales o tenedores de títulos distintos de las participaciones sociales.

No existe, tanto en la Sociedad Escindida como en las Sociedades Beneficiarias, ninguna clase de participaciones sociales especiales o privilegiadas, ni persona que tenga derechos especiales distintos de las participaciones sociales, por lo que no es preciso considerar esta cuestión en la escisión.

6. Ventajas concretas a expertos y administradores.

No se reconocerán ventajas de ninguna clase en las Sociedades Beneficiarias a los administradores de la Sociedad Escindida o de las Sociedades Beneficiarias, ni tampoco, en su caso, a los expertos independientes, cuya intervención no es preceptiva.

7. Fecha de participación en las ganancias.

Las nuevas participaciones sociales a crear por las Sociedades Beneficiarias para hacer frente a la escisión, y que asumirán los socios de la Sociedad Escindida, darán derecho a sus titulares a participar en las ganancias sociales desde el *"fecha"*.

8. Fecha de efectividad de la escisión a efectos contables.

La fecha de efectividad de la escisión, a efectos contables, es *"fecha"*, de forma que a partir de esta fecha las posibles operaciones realizadas por la Sociedad Escindida se considerarán realizadas por las Sociedades Beneficiarias, en la parte que respectivamente les corresponda.

9. Estatutos de las Sociedades Beneficiarias.

Como consecuencia de la escisión, y de conformidad con la relación de canje establecida, las Sociedad Beneficiarias, *"denominación, S.R.L."* y *"denominación, S.R.L."*, realizarán las modificaciones estatutarias que se indican a continuación.

 1170

9.1. Ampliación de capital.
a) *"denominación, S.R.L."*

De conformidad con el referido tipo de canje, la entidad *"denominación, S.R.L."* realizará un aumento de capital de *"número"* euros, mediante la creación de *"número"* participaciones sociales, de *"número"* euros de valor nominal cada una de ellas, numeradas correlativamente del *"intervalo"*, ambos inclusive, de la misma clase y serie que las existentes.

Como consecuencia de tal ampliación, habrá que modificar el artículo *"núm. artículo"* de los estatutos sociales, que quedará redactado como sigue:

"Transcripción literal de la nueva redacción del artículo estatutario."

Las nuevas participaciones sociales creadas, serán asumidas por los socios de la Sociedad Escindida en proporción a su respectiva participación en la entidad que se escinde, del siguiente modo:

"Identificar los socios a los que se les asigna, detallando el número de participaciones sociales y su numeración más, en su caso, la compensación en metálico que le corresponda".

b) *"denominación, S.R.L."*

De conformidad con el referido tipo de canje, la entidad *"denominación, S.R.L."* realizará un aumento de capital de *"número"* euros, mediante la creación de *"número"* participaciones sociales, de *"número"* euros de valor nominal cada una de ellas, numeradas correlativamente del *"intervalo"*, ambos inclusive, de la misma clase y serie que las existentes.

Como consecuencia de tal ampliación, habrá que modificar el artículo *"núm. art."* de los estatutos sociales, que quedará redactado como sigue:

"Transcripción literal de la nueva redacción del artículo estatutario."

Las nuevas participaciones sociales creadas, se asignarán a los socios de la Sociedad Escindida en proporción a su respectiva participación en la entidad que se escinde, del siguiente modo:

"Identificar los socios a los que se les asigna, detallando el número de participaciones sociales y su numeración más, en su caso, la compensación en metálico que le corresponda".

>>

o **Otras modificaciones estatutarias:**

9.2. *"Otras posibles modificaciones estatutarias denominación, objeto social, domicilio, etc."*

10. Reparto del patrimonio activo y pasivo entre las Sociedades Beneficiarias.
La totalidad de los activos y pasivos de *"denominación, S.R.L."* (Sociedad Escindida totalmente) serán atribuidos a las Sociedades Beneficiarias conforme a lo establecido a continuación, sin que quede sin designar y repartir ningún activo o pasivo de la sociedad que se escinde.

a) A *"denominación, S.R.L."*, se le transmiten los siguientes elementos del activo y del pasivo: *"identificar".*

b) A *"denominación, S.R.L."*, se le transmiten los siguientes elementos del activo y del pasivo: *"identificar".*

La atribución a los socios de la sociedad escindida de participaciones en las sociedades beneficiarias se hace conforme al tipo de canje expuesto en el apartado 3 anterior.

11. Valoración del activo y pasivo transmitido.
El tipo de canje establecido ha sido calculado en función de la estimación de los valores razonables de mercado del patrimonio de las distintas sociedades participantes en la escisión, teniendo en cuenta el valor de sus activos en las circunstancias específicas en que se encuentran, y de los pasivos de las mismas.

Para ello se ha contado con el asesoramiento de *"experto"*, quien ha valorado los patrimonios sociales conforme a los siguientes métodos y criterios de valoración:

"Métodos de valoración empleados".

12. Fecha de las cuentas utilizadas.
Las cuentas utilizadas para establecer las condiciones de la escisión son las cerradas a *"fecha"*. En consecuencia, a efectos de lo previsto en el art.43 del Real Decreto-Ley 5/2023, se considera como balance de escisión *"...el último balance anual, por no haber transcurrido más de seis meses entre su fecha de cierre y la fecha del presente proyecto de escisión ... O ... un balance específico, cerrado con posterioridad al primer día del tercer mes precedente a la fecha del presente proyecto de escisión ..."*

≻≻

○ **Correcciones de valor:**

A dicho balance de escisión se le han realizado las correcciones de valor necesarias para reflejar los valores razonables de las distintas partidas contables, teniendo en cuenta, entre otras, las siguientes circunstancias:

- Valor real del patrimonio inmobiliario.

- Valor real de la maquinaria, instalaciones y en general, del aparato productivo.

- Plantilla, formación, edad media, productividad y costo de una posible regulación de empleo.

- Valor de marcas, clientela, etc., capacidad de generar beneficios y fondo de comercio.

- Valor cierto de realización y cobro de los bines del activo circulante.

- Valor cierto del pasivo exigible.

≺≺

Los balances de escisión *"...y las modificaciones de valoración contenidas en el mismo ..."*, serán verificados por el auditor de cuentas de la sociedad y sometidos a la aprobación de la junta general de socios que haya de resolver sobre la escisión, con carácter previo a la adopción del propio acuerdo de escisión.

13. Consecuencias de la escisión sobre el empleo.
Como consecuencia de la escisión total de *"denominación, S.R.L."* (Sociedad Escindida) y su consiguiente disolución sin liquidación, no se extinguirán las relaciones laborales existentes en dicha sociedad. En su lugar, las Sociedades Beneficiarias se subrogarán en los derechos y obligaciones laborales y de Seguridad Social de la Sociedad Escindida, incluyendo los compromisos por pensiones y, en general, las obligaciones adquiridas en materia de protección social complementaria.

"Otras posibles consecuencias de la escisión sobre el empleo".

Las sociedades participantes darán cumplimiento a sus obligaciones de información a los trabajadores de cada una de ellas conforme a lo dispuesto en la normativa laboral y en el Real Decreto-Ley 5/2023.

14. Implicaciones de la fusión para los acreedores.
De conformidad con lo establecido en el art.4.1.4º del Real Decreto-Ley 5/2023, se hace constar que la escisión no tiene implicaciones para los acreedores de la Sociedad Escindida, ni pone en riesgo la satisfacción de sus créditos y, en consecuencia, no van a ofrecerse garantías personales o reales a tales acreedores, teniendo en cuenta que la escisión supone la adquisición por sucesión universal del patrimonio de la Sociedad Escindida por las Sociedades Beneficiarias.

- *"describir garantías En caso de ofrecerse garantías, describirlas, e incluir, en su caso, como Anexo una Declaración sobre la situación financiera de la sociedad conforme el* art.15 del RDL 5/2023*"*

1170

15. Oferta de compensación en efectivo a los socios que dispongan del derecho a enajenar sus participaciones.
De conformidad con lo dispuesto en el art.4.1.6º del Real Decreto-Ley 5/2023, se hace constar que en la escisión proyectada los socios no tienen derecho a enajenar sus participaciones (RDL 5/2023 art.12.1) y, por lo tanto, no va a realizarse oferta alguna de compensación en efectivo.

16. Acreditación de encontrarse al corriente en el cumplimiento de las obligaciones tributarias y frente a la Seguridad Social.
De conformidad con lo dispuesto en el art.40.9º del Real Decreto-Ley 5/2023, las sociedades participantes en la escisión acreditan encontrarse al corriente en el cumplimiento de las obligaciones tributarias y frente a la Seguridad Social, mediante la aportación de los correspondientes certificados, válidos y emitidos por el órgano competente y que se adjuntan como Anexo 2.

17. Otras menciones.
17.1. Régimen fiscal.
La presente escisión goza de las exenciones y beneficios previstos en la Directiva 2009/133/CE y está sujeta al régimen del art.89 de la Ley 27/2014, de 27 de noviembre, del Impuesto sobre Sociedades, sin perjuicio de la pertinente comunicación a la Administración tributaria.

17.2. Informe de experto independiente.
De acuerdo con lo previsto en el art.68.1 del Real Decreto-Ley 5/2023, no existe obligación de someter el proyecto de escisión al informe de experto independiente.

➤➤
○ **Relación de otros acuerdos adoptados:**

Cuarto
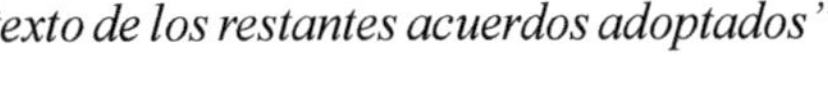
"texto de los restantes acuerdos adoptados"

⋞⋞
Una vez tratadas todas las cuestiones incluidas en el orden del día de la junta, se suspende momentáneamente la sesión, al objeto de que el secretario proceda a la redacción definitiva del acta, la cual, una vez redactada y leída, es aprobada por unanimidad de los asistentes, que la encuentran conforme a la realidad de lo acordado en la reunión, siendo firmada por el secretario, con el visto bueno del presidente *"...así como por los asistentes que lo desean ..."*; tras lo cual, se levanta la sesión a las *"número/letra"* horas del día y en el lugar que figuran en el encabezamiento.

Vº Bº | El Secretario

El Presidente

Fdo. *"Don/Doña nombre y apellidos del presidente"*

Fdo. *"Don/Doña nombre y apellidos del secretario"*

b. Certificación en extracto de acta de junta general universal de la sociedad escindida

"Don/Doña nombre y apellidos" "...y "Don/Doña nombre y apellidos" ...", en su condición de *"...Administrador único ... O ... Administrador solidario ... O ... Administradores mancomunados ... O ... Secretario del consejo de administración ..."* de *"denominación, S.R.L."*

Certifica/n

1.
Que el día *"fecha"*, y en *"...el domicilio social ... O ... "lugar" ..."* se celebró junta general de socios con el carácter de universal, por asistir a la misma, presente o debidamente representado, la totalidad del capital social y aceptarlo así la totalidad de los asistentes, relación nominal de los cuales, con sus respectivas firmas, figura en la correspondiente acta, a continuación de la fecha, lugar y orden del día.

2.
Que por unanimidad de los asistentes se aceptaron los siguientes puntos como orden del día de la sesión:

1. Examen y, en su caso, aprobación del balance de escisión cerrado a *"fecha"*.

2. Examen y, en su caso, aprobación del proyecto de escisión total de *"denominación, S.R.L."* y las entidades beneficiarias *"denominación, S.R.L."* y *"denominación, S.R.L."*, así como el Informe emitido por la administración social sobre el mismo.

3. Adopción, en su caso, del acuerdo de escisión total.

"texto de los restantes puntos aceptados como orden del día de la junta".

3.
Que *"Don/Doña nombre y apellidos del presidente"* y *"Don/Doña nombre y apellidos del secretario"* desempeñaron, respectivamente, los cargos de presidente y secretario de la junta *"...conforme a las reglas de designación de tales cargos contenidas en los estatutos de la sociedad... O... conforme a las previsiones contenidas en el artículo 191 del texto refundido de la Ley de Sociedades de Capital... O... por designación, al comienzo de la reunión, por los socios concurrentes a la misma..."*.

4.
Que previa deliberación de cada uno de cada uno de los asuntos y de las propuestas formuladas al respecto, y por unanimidad, se adoptaron los acuerdos que se transcriben literalmente:

Acuerdos

Primero. Examen y aprobación del balance de escisión cerrado a *"fecha"*.
Con vistas a la adopción del acuerdo de escisión total de la sociedad *"denominación, S.R.L."*, y con anterioridad a ello, los asistentes acuerdan tomar como base de esta operación el balance de la sociedad cerrado a *"fecha"*, que es aprobado por unanimidad de los asistentes en este mismo acto y que se acompaña como anexo 1 a la presente acta. En relación con dicho balance de escisión se hace constar:

a) Que el mismo cumple el requisito que fija el art.43 del Real Decreto-Ley 5/2023, toda vez que *"...siendo el último balance anual, entre su fecha de cierre y la fecha del proyecto de escisión no han transcurrido más de seis meses... O... no siendo el último balance anual, sino un balance específico, su fecha de cierre es posterior al primer día del tercer mes precedente a la fecha del proyecto de escisión ..."*.

b) Que, de conformidad con el art.44 del Real Decreto-Ley 5/2023, el balance está verificado por el auditor de cuentas de la sociedad, por estar ésta obligada a auditar sus cuentas anuales conforme a lo establecido en el art.263 de la Ley de Sociedades de Capital.

c) Que, con posterioridad a la fecha del balance de escisión, no ha acontecido ningún hecho extraordinario que modifique el patrimonio activo o pasivo en él reflejado.

Segundo. Examen y aprobación del proyecto de escisión total de *"denominación, S.R.L."* y las entidades beneficiarias *"denominación, S.R.L."* y *"denominación, S.R.L."*, así como el Informe emitido por la administración social sobre el mismo.
A la vista del informe de los administradores, así como de las opiniones y observaciones presentadas, en su caso, por los socios, acreedores y/o trabajadores, se acuerda por unanimidad del capital asistente aprobar el proyecto de escisión total de las sociedad *"denominación, S.R.L."*, y las entidades beneficiarias *"denominación, S.R.L."* y *"denominación, S.R.L."*, *"...que se ha publicado en las páginas web de la sociedades participantes... O... que ha quedado depositado en el Registro Mercantil de "provincia" con fecha "fecha" ..."* y publicado en el Boletín Oficial del Registro Mercantil, número *"núm. BORME"*, de *"fecha"*.

Tercero. Adopción del acuerdo de escisión total.
Se acuerda por unanimidad del capital asistente aprobar la escisión total de la entidad mercantil *"denominación, S.R.L."*, que se extinguirá con el consiguiente traspaso de la totalidad de su patrimonio social, en la proporción y demás términos previstos en el proyecto de escisión, a las entidades *"denominación, S.R.L."* y *"denominación, S.R.L."*, quienes adquirirán en la forma que se recoge en el informe y en el proyecto de escisión, por sucesión universal, todos los derechos y obligaciones integrantes de aquél.

A efectos de lo dispuesto en el art.47.1 del Real Decreto-Ley 5/2023, se manifiesta que el acuerdo de escisión se aprueba en los mismos términos que el proyecto de escisión, ajustándose estrictamente a su contenido y, en concreto, a los siguientes aspectos:

1. Identificación de las sociedades que participan en la escisión.
1.1. Sociedad Escindida.
Denominación social: *"denominación"*

Domicilio social: *"calle, número, localidad"*

Datos registrales: *"datos registrales"*

C.I.F.: *"número"*

1.2. Sociedades Beneficiarias.
a) Denominación social: *"denominación"*

Domicilio social: *"calle, número, localidad"*

Datos registrales: *"datos registrales"*

C.I.F.: *"número"*

b) Denominación social: *"denominación"*

Domicilio social: *"calle, número, localidad"*

Datos registrales: *"datos registrales"*

C.I.F.: *"número"*

2. Calendario indicativo de la escisión.
De conformidad con lo dispuesto en el art.4.1.2º del RDL 5/2023, se incorpora a este Proyecto como Anexo 1 un calendario indicativo que recoge los hitos principales que deberán cumplirse para la ejecución de la escisión.

3. Tipo de canje, compensación en metálico y procedimiento de canje.
3.1. Tipo de canje.
A los efectos de determinar el tipo de canje, debe entenderse que la escisión se realiza al amparo de lo dispuesto en el art.59 del Real Decreto-Ley 5/2023 (escisión total), resultando una atribución a los socios de *"denominación, S.R.L."* (Sociedad Escindida), de un número de participaciones sociales de las Sociedades Beneficiarias, *"denominación, S.R.L."* y *"denominación, S.R.L."*, proporcional a sus respectivas participaciones en la sociedad que se escinde.

El tipo de canje se ha fijado sobre la base del valor razonable de los patrimonios de las sociedades participantes en la escisión, teniendo en cuenta el valor de sus respectivos activos y pasivos conforme a lo establecido en el apartado 11 siguiente.

Como consecuencia de la aplicación de los anteriores criterios, a los socios de la Sociedad Escindida les corresponderá recibir, por cada participación de que son titulares en la citada sociedad:

a) *"número"* participaciones sociales de *"número"* euros de valor nominal cada una, de la sociedad beneficiaria *"denominación, S.R.L."*; y

b) *"número"* participaciones sociales de *"número"* euros de valor nominal cada una, de la sociedad beneficiaria *"denominación, S.R.L."*.

1170

○ Si el número de participaciones resultantes no resulta exacto:

Asimismo, dado que el número de participaciones sociales resultante de la relación de canje no es exacto, las fracciones de participación se compensarán en metálico del siguiente modo

a) La sociedad beneficiaria *"denominación, S.R.L."* abonará *"número"* euros, por cada una de las participaciones sociales que entregue a los socios de la Sociedad Escindida.

b) La sociedad beneficiaria *"denominación, S.R.L."* abonará *"número"* euros, por cada una de las participaciones sociales que entregue a los socios de la Sociedad Escindida.

Se hace constar que, conforme al límite previsto en el art.59 del Real Decreto-Ley 5/2023, la compensación en metálico no excede del 10% del valor nominal de las participaciones atribuidas.

<<

3.2. Disconformidad con el tipo de canje

Conforme al art.63 y 49 del Real Decreto-Ley 5/2023, los socios de la Sociedad Escindida que consideren que la relación de canje establecida en el proyecto de escisión no es adecuada, pueden impugnarla y reclamar un pago en efectivo ante el Juzgado de lo Mercantil del domicilio social, cuya competencia será exclusiva, o el tribunal arbitral estatutariamente previsto, siempre que no hayan votado a favor de la aprobación del acuerdo de escisión o no tengan derecho de voto, dentro del plazo de dos meses desde la fecha de publicación del acuerdo de la junta general. La decisión del Juzgado o tribunal arbitral será vinculante para las Sociedades Beneficiarias de la escisión.

Las Sociedades Beneficiarias podrán compensar a los socios con participaciones propias, en lugar del pago en efectivo.

En todo caso, la impugnación de la relación de canje no paralizará la escisión ni impedirá su inscripción en el Registro Mercantil.

3.3. Procedimiento de canje.

No habrá intercambio físico de títulos, dado que las sociedades participantes en la escisión son sociedades de responsabilidad limitada.

4. Incidencia de la escisión sobre las aportaciones de industria o las prestaciones accesorias.

No existe en la Sociedad Escindida ningún socio industrial (que haya aportado trabajo, servicios o su actividad a la empresa), ni participaciones sociales que lleven aparejadas prestaciones accesorias.

5. Titulares de derechos especiales o tenedores de títulos distintos de las participaciones sociales.

No existe, tanto en la Sociedad Escindida como en las Sociedades Beneficiarias, ninguna clase de participaciones sociales especiales o privilegiadas, ni persona que tenga derechos especiales distintos de las participaciones sociales, por lo que no es preciso considerar esta cuestión en la escisión.

6. Ventajas concretas a expertos y administradores.

No se reconocerán ventajas de ninguna clase en las Sociedades Beneficiarias a los administradores de la Sociedad Escindida o de las Sociedades Beneficiarias, ni tampoco, en su caso, a los expertos independientes, cuya intervención no es preceptiva.

7. Fecha de participación en las ganancias.

Las nuevas participaciones sociales a crear por las Sociedades Beneficiarias para hacer frente a la escisión, y que asumirán los socios de la Sociedad Escindida, darán derecho a sus titulares a participar en las ganancias sociales desde el *"fecha"*.

8. Fecha de efectividad de la escisión a efectos contables.

La fecha de efectividad de la escisión, a efectos contables, es *"fecha"*, de forma que a partir de esta fecha las posibles operaciones realizadas por la Sociedad Escindida se considerarán realizadas por las Sociedades Beneficiarias, en la parte que respectivamente les corresponda.

9. Estatutos de las Sociedades Beneficiarias.
Como consecuencia de la escisión, y de conformidad con la relación de canje establecida, las Sociedad Beneficiarias, *"denominación, S.R.L."* y *"denominación, S.R.L."*, realizarán las modificaciones estatutarias que se indican a continuación.

9.1. Ampliación de capital.
a) *"denominación, S.R.L."*

De conformidad con el referido tipo de canje, la entidad *"denominación, S.R.L."* realizará un aumento de capital de *"número"* euros, mediante la creación de *"número"* participaciones sociales, de *"número"* euros de valor nominal cada una de ellas, numeradas correlativamente del *"intervalo"*, ambos inclusive, de la misma clase y serie que las existentes.

Como consecuencia de tal ampliación, habrá que modificar el artículo *"núm. artículo"* de los estatutos sociales, que quedará redactado como sigue:

"Transcripción literal de la nueva redacción del artículo estatutario."

Las nuevas participaciones sociales creadas, serán asumidas por los socios de la Sociedad Escindida en proporción a su respectiva participación en la entidad que se escinde, del siguiente modo:

"Identificar los socios a los que se les asigna, detallando el número de participaciones sociales y su numeración más, en su caso, la compensación en metálico que le corresponda".

b) *"denominación, S.R.L."*

De conformidad con el referido tipo de canje, la entidad *"denominación, S.R.L."* realizará un aumento de capital de *"número"* euros, mediante la creación de *"número"* participaciones sociales, de *"número"* euros de valor nominal cada una de ellas, numeradas correlativamente del *"intervalo"*, ambos inclusive, de la misma clase y serie que las existentes.

Como consecuencia de tal ampliación, habrá que modificar el artículo *"núm. art."* de los estatutos sociales, que quedará redactado como sigue:

"Transcripción literal de la nueva redacción del artículo estatutario."

Las nuevas participaciones sociales creadas, se asignarán a los socios de la Sociedad Escindida en proporción a su respectiva participación en la entidad que se escinde, del siguiente modo:

"Identificar los socios a los que se les asigna, detallando el número de participaciones sociales y su numeración más, en su caso, la compensación en metálico que le corresponda".

➢➢
❍ **Otras modificaciones estatutarias:**

9.2. *"Otras posibles modificaciones estatutarias denominación, objeto social, domicilio, etc."*

≺≺

10. Reparto del patrimonio activo y pasivo entre las Sociedades Beneficiarias.
La totalidad de los activos y pasivos de *"denominación, S.R.L."* (Sociedad Escindida totalmente) serán atribuidos a las Sociedades Beneficiarias conforme a lo establecido a continuación, sin que quede sin designar y repartir ningún activo o pasivo de la sociedad que se escinde.

a) A *"denominación, S.R.L."*, se le transmiten los siguientes elementos del activo y del pasivo: *"identificar".*

b) A *"denominación, S.R.L."*, se le transmiten los siguientes elementos del activo y del pasivo: *"identificar".*

La atribución a los socios de la sociedad escindida de participaciones en las sociedades beneficiarias se hace conforme al tipo de canje expuesto en el apartado 3 anterior.

1170

11. Valoración del activo y pasivo transmitido.
El tipo de canje establecido ha sido calculado en función de la estimación de los valores razonables de mercado del patrimonio de las distintas sociedades participantes en la escisión, teniendo en cuenta el valor de sus activos en las circunstancias específicas en que se encuentran, y de los pasivos de las mismas.

Para ello se ha contado con el asesoramiento de *"experto"*, quien ha valorado los patrimonios sociales conforme a los siguientes métodos y criterios de valoración:

"Métodos de valoración empleados".

12. Fecha de las cuentas utilizadas.
Las cuentas utilizadas para establecer las condiciones de la escisión son las cerradas a *"fecha"*. En consecuencia, a efectos de lo previsto en el art.43 del Real Decreto-Ley 5/2023, se considera como balance de escisión *"...el último balance anual, por no haber transcurrido más de seis meses entre su fecha de cierre y la fecha del presente proyecto de escisión ... O ... un balance específico, cerrado con posterioridad al primer día del tercer mes precedente a la fecha del presente proyecto de escisión ..."*

➤➤

❍ **Correcciones de valor:**

A dicho balance de escisión se le han realizado las correcciones de valor necesarias para reflejar los valores razonables de las distintas partidas contables, teniendo en cuenta, entre otras, las siguientes circunstancias:

- Valor real del patrimonio inmobiliario.

- Valor real de la maquinaria, instalaciones y en general, del aparato productivo.

- Plantilla, formación, edad media, productividad y costo de una posible regulación de empleo.

- Valor de marcas, clientela, etc., capacidad de generar beneficios y fondo de comercio.

- Valor cierto de realización y cobro de los bines del activo circulante.

- Valor cierto del pasivo exigible.

◄◄

Los balances de escisión *"...y las modificaciones de valoración contenidas en el mismo ..."*, serán verificados por el auditor de cuentas de la sociedad y sometidos a la aprobación de la junta general de socios que haya de resolver sobre la escisión, con carácter previo a la adopción del propio acuerdo de escisión.

13. Consecuencias de la escisión sobre el empleo.
Como consecuencia de la escisión total de *"denominación, S.R.L."* (Sociedad Escindida) y su consiguiente disolución sin liquidación, no se extinguirán las relaciones laborales existentes en dicha sociedad. En su lugar, las Sociedades Beneficiarias se subrogarán en los derechos y obligaciones laborales y de Seguridad Social de la Sociedad Escindida, incluyendo los compromisos por pensiones y, en general, las obligaciones adquiridas en materia de protección social complementaria.

"Otras posibles consecuencias de la escisión sobre el empleo".

Las sociedades participantes darán cumplimiento a sus obligaciones de información a los trabajadores de cada una de ellas conforme a lo dispuesto en la normativa laboral y en el Real Decreto-Ley 5/2023.

14. Implicaciones de la fusión para los acreedores.
De conformidad con lo establecido en el art.4.1.4º del Real Decreto-Ley 5/2023, se hace constar que la escisión no tiene implicaciones para los acreedores de la Sociedad Escindida, ni pone en riesgo la satisfacción de sus créditos y, en consecuencia, no van a ofrecerse garantías personales o reales a tales acreedores, teniendo en cuenta que la escisión supone la adquisición por sucesión universal del patrimonio de la Sociedad Escindida por las Sociedades Beneficiarias.

- *"describir garantías En caso de ofrecerse garantías, describirlas, e incluir, en su caso, como Anexo una Declaración sobre la situación financiera de la sociedad conforme el* art.15 del RDL 5/2023*"*

15. Oferta de compensación en efectivo a los socios que dispongan del derecho a enajenar sus participaciones.
De conformidad con lo dispuesto en el art.4.1.6º del Real Decreto-Ley 5/2023, se hace constar que en la escisión proyectada los socios no tienen derecho a enajenar sus participaciones (RDL 5/2023 art.12.1) y, por lo tanto, no va a realizarse oferta alguna de compensación en efectivo.

16. Acreditación de encontrarse al corriente en el cumplimiento de las obligaciones tributarias y frente a la Seguridad Social.
De conformidad con lo dispuesto en el art.40.9º del Real Decreto-Ley 5/2023, las sociedades participantes en la escisión acreditan encontrarse al corriente en el cumplimiento de las obligaciones tributarias y frente a la Seguridad Social, mediante la aportación de los correspondientes certificados, válidos y emitidos por el órgano competente y que se adjuntan como Anexo 2.

17. Otras menciones.
17.1. Régimen fiscal.
La presente escisión goza de las exenciones y beneficios previstos en la Directiva 2009/133/CE y está sujeta al régimen del art.89 de la Ley 27/2014, de 27 de noviembre, del Impuesto sobre Sociedades, sin perjuicio de la pertinente comunicación a la Administración tributaria.

17.2. Informe de experto independiente.
De acuerdo con lo previsto en el art.68.1 del Real Decreto-Ley 5/2023, no existe obligación de someter el proyecto de escisión al informe de experto independiente.

○ **Relación de otros acuerdos adoptados:**

Cuarto
"texto de los restantes acuerdos adoptados"

5.
Que el acta fue aprobada, previa su redacción y lectura, por la propia junta, al final de la reunión, constando en ella la firma del secretario, con el visto bueno del presidente, así como las de los socios asistentes que lo desearon.

Y para que así conste y surta los oportunos efectos, se expide la presente certificación, en *"localidad"*, a *"fecha"*.

Firma/s

"...El administrador único ... O ... El administrador solidario ... O ... Los administradores mancomunados ... O ... El secretario del consejo de administración con el VºBº del presidente del consejo ..."

c. Acta de la junta general y universal de sociedad beneficiaria

Siendo las *"número/letra"* horas del día *"fecha"*, y hallándose presentes *"...en el domicilio social ... O ... en "lugar" ..."*, la totalidad de los socios de *"denominación, S.R.L."*, quienes, a su vez, representan el total del capital de la sociedad, deciden constituirse de forma unánime en junta general y universal de socios; lo que llevan a efecto al amparo de lo dispuesto en el artículo 178 del texto refundido de la Ley de Sociedades de Capital, con el siguiente:

Orden del día

1. Aprobación de la escisión total de la entidad *"denominación, S.R.L."* y las entidades beneficiarias *"denominación, S.R.L."*, y *"denominación, S.R.L."*.

2. Aumento del capital social como consecuencia de la escisión y consiguiente modificación del artículo *"número"* de los estatutos sociales. *"... "otras modificaciones estatutarias" ... "*.

"texto de los restantes puntos aceptados como orden del día de la junta".

Actúan como presidente y secretario de la junta, respectivamente, *"Don/Doña nombre y apellidos del presidente"* y *"Don/Doña nombre y apellidos del secretario" "...conforme a las reglas de designación de tales cargos contenidas en los estatutos de la sociedad... O... conforme a las previsiones contenidas en el artículo 191 del texto refundido de la Ley de Sociedades de Capital... O... por designación, al comienzo de la reunión, por los socios concurrentes a la misma..."*.

Los designados aceptan sus respectivos cargos y prometen desempeñar bien y fielmente las funciones inherentes a los mismos.

De conformidad con lo establecido en el artículo 97, número 1, apartado 4ª del Reglamento del Registro Mercantil, y en prueba de aceptación de todos los asistentes del orden del día fijado, se recoge, a continuación, relación nominal de los asistentes, seguida de la firma de cada uno de ellos:

• *"Don/Doña nombre y apellidos/razón social"*, titular de *"número/letra"* participaciones sociales, números *"número"* a *"número"*, ambos inclusive, representativas de un *"determinar porcentaje"* % del capital social. Asiste *"...personalmente... O... representado por "Don/Doña nombre y apellidos", según acredita debidamente..."*.
Firma: *"Don/Doña nombre y apellidos/razón social"*

Se hace constar que la totalidad de las participaciones sociales tienen derecho de voto y que cada participación social da derecho a emitir un voto.

Si existen privilegios en materia de derecho de voto:

"indicar los privilegios que en materia de derecho de voto se prevén en los estatutos sociales".

Se hace constar asimismo que asisten a la reunión la totalidad de los administradores de la sociedad.

Una vez constatada la asistencia a la reunión de la totalidad del capital social y la aceptación, por unanimidad de los asistentes, de su celebración con el carácter de universal, el secretario, por indicación del presidente, procede a dar lectura al orden del día fijado, adoptándose, previa deliberación de cada uno de cada uno de los asuntos y de las propuestas formuladas al respecto, por unanimidad los siguientes:

Acuerdos

Primero. Examen y aprobación del balance de escisión cerrado a *"fecha"*.
Con vistas a la adopción del acuerdo de escisión total de la sociedad *"denominación, S.R.L."*, y con anterioridad a ello, los asistentes acuerdan tomar como base de esta operación el balance de la sociedad cerrado a *"fecha"*, que es aprobado por unanimidad de los asistentes en este mismo acto y que se acompaña como anexo 1 a la presente acta. En relación con dicho balance de escisión se hace constar:

a) Que el mismo cumple el requisito que fija el art.43 del Real Decreto-Ley 5/2023, toda vez que *"...siendo el último balance anual, entre su fecha de cierre y la fecha del proyecto de escisión no han transcurrido más de seis meses... O... no siendo el último balance anual, sino un balance específico, su fecha de cierre es posterior al primer día del tercer mes precedente a la fecha del proyecto de escisión ..."*.

b) Que, de conformidad con el art.44 del Real Decreto-Ley 5/2023, el balance está verificado por el auditor de cuentas de la sociedad, por estar ésta obligada a auditar sus cuentas anuales conforme a lo establecido en el art.263 de la Ley de Sociedades de Capital.

c) Que, con posterioridad a la fecha del balance de escisión, no ha acontecido ningún hecho extraordinario que modifique el patrimonio activo o pasivo en él reflejado.

Segundo. Examen y aprobación del proyecto de escisión total de *"denominación, S.R.L."* y las entidades beneficiarias *"denominación, S.R.L."* y *"denominación, S.R.L."*, así como el Informe emitido por la administración social sobre el mismo.
A la vista del informe de los administradores, así como de las opiniones y observaciones presentadas, en su caso, por los socios, acreedores y/o trabajadores, se acuerda por unanimidad del capital asistente aprobar el proyecto de escisión total de las sociedad *"denominación, S.R.L."*, y las entidades beneficiarias *"denominación, S.R.L."* y *"denominación, S.R.L."*, *"...que se ha publicado en las páginas web de la sociedades participantes ... O ... que ha quedado depositado en el Registro Mercantil de "provincia" con fecha "fecha" ..."* y publicado en el Boletín Oficial del Registro Mercantil, número *"núm. BORME"*, de *"fecha"*.

Tercero. Adopción del acuerdo de escisión total.
Se acuerda por unanimidad del capital asistente aprobar la escisión total de la entidad mercantil *"denominación, S.R.L."*, que se extinguirá con el consiguiente traspaso de la totalidad de su patrimonio social, en la proporción y demás términos previstos en el proyecto de escisión, a las entidades *"denominación, S.R.L."* y *"denominación, S.R.L."*, quienes adquirirán en la forma que se recoge en el informe y en el proyecto de escisión, por sucesión universal, todos los derechos y obligaciones integrantes de aquél.

A efectos de lo dispuesto en el art.47.1 del Real Decreto-Ley 5/2023, se manifiesta que el acuerdo de escisión se aprueba en los mismos términos que el proyecto de escisión, ajustándose estrictamente a su contenido y, en concreto, a los siguientes aspectos:

1. Identificación de las sociedades que participan en la escisión.
1.1. Sociedad Escindida.
Denominación social: *"denominación"*

Domicilio social: *"calle, número, localidad"*

Datos registrales: *"datos registrales"*

C.I.F.: *"número"*

1.2. Sociedades Beneficiarias.
a) Denominación social: *"denominación"*

Domicilio social: *"calle, número, localidad"*

Datos registrales: *"datos registrales"*

C.I.F.: *"número"*

b) Denominación social: *"denominación"*

Domicilio social: *"calle, número, localidad"*

Datos registrales: *"datos registrales"*

C.I.F.: *"número"*

2. Calendario indicativo de la escisión.
De conformidad con lo dispuesto en el art.4.1.2º del RDL 5/2023, se incorpora a este Proyecto como Anexo 1 un calendario indicativo que recoge los hitos principales que deberán cumplirse para la ejecución de la escisión.

1170

3. Tipo de canje, compensación en metálico y procedimiento de canje.
3.1. Tipo de canje.
A los efectos de determinar el tipo de canje, debe entenderse que la escisión se realiza al amparo de lo dispuesto en el art.59 del Real Decreto-Ley 5/2023 (escisión total), resultando una atribución a los socios de *"denominación, S.R.L."* (Sociedad Escindida), de un número de participaciones sociales de las Sociedades Beneficiarias, *"denominación, S.R.L."* y *"denominación, S.R.L."*, proporcional a sus respectivas participaciones en la sociedad que se escinde.

El tipo de canje se ha fijado sobre la base del valor razonable de los patrimonios de las sociedades participantes en la escisión, teniendo en cuenta el valor de sus respectivos activos y pasivos conforme a lo establecido en el apartado 11 siguiente.

Como consecuencia de la aplicación de los anteriores criterios, a los socios de la Sociedad Escindida les corresponderá recibir, por cada participación de que son titulares en la citada sociedad:

a) *"número"* participaciones sociales de *"número"* euros de valor nominal cada una, de la sociedad beneficiaria *"denominación, S.R.L."*; y

b) *"número"* participaciones sociales de *"número"* euros de valor nominal cada una, de la sociedad beneficiaria *"denominación, S.R.L."*.

➤➤
○ **Si el número de participaciones resultantes no resulta exacto:**

Asimismo, dado que el número de participaciones sociales resultante de la relación de canje no es exacto, las fracciones de participación se compensarán en metálico del siguiente modo

a) La sociedad beneficiaria *"denominación, S.R.L."* abonará *"número"* euros, por cada una de las participaciones sociales que entregue a los socios de la Sociedad Escindida.

b) La sociedad beneficiaria *"denominación, S.R.L."* abonará *"número"* euros, por cada una de las participaciones sociales que entregue a los socios de la Sociedad Escindida.

Se hace constar que, conforme al límite previsto en el art.59 del Real Decreto-Ley 5/2023, la compensación en metálico no excede del 10% del valor nominal de las participaciones atribuidas.

<<
3.2. Disconformidad con el tipo de canje
Conforme al art.63 y 49 del Real Decreto-Ley 5/2023, los socios de la Sociedad Escindida que consideren que la relación de canje establecida en el proyecto de escisión no es adecuada, pueden impugnarla y reclamar un pago en efectivo ante el Juzgado de lo Mercantil del domicilio social, cuya competencia será exclusiva, o el tribunal arbitral estatutariamente previsto, siempre que no hayan votado a favor de la aprobación del acuerdo de escisión o no tengan derecho de voto, dentro del plazo de dos meses desde la fecha de publicación del acuerdo de la junta general. La decisión del Juzgado o tribunal arbitral será vinculante para las Sociedades Beneficiarias de la escisión.

Las Sociedades Beneficiarias podrán compensar a los socios con participaciones propias, en lugar del pago en efectivo.

En todo caso, la impugnación de la relación de canje no paralizará la escisión ni impedirá su inscripción en el Registro Mercantil.

3.3. Procedimiento de canje.
No habrá intercambio físico de títulos, dado que las sociedades participantes en la escisión son sociedades de responsabilidad limitada.

4. Incidencia de la escisión sobre las aportaciones de industria o las prestaciones accesorias.
No existe en la Sociedad Escindida ningún socio industrial (que haya aportado trabajo, servicios o su actividad a la empresa), ni participaciones sociales que lleven aparejadas prestaciones accesorias.

1170

5. Titulares de derechos especiales o tenedores de títulos distintos de las participaciones sociales.
No existe, tanto en la Sociedad Escindida como en las Sociedades Beneficiarias, ninguna clase de participaciones sociales especiales o privilegiadas, ni persona que tenga derechos especiales distintos de las participaciones sociales, por lo que no es preciso considerar esta cuestión en la escisión.

6. Ventajas concretas a expertos y administradores.
No se reconocerán ventajas de ninguna clase en las Sociedades Beneficiarias a los administradores de la Sociedad Escindida o de las Sociedades Beneficiarias, ni tampoco, en su caso, a los expertos independientes, cuya intervención no es preceptiva.

7. Fecha de participación en las ganancias.
Las nuevas participaciones sociales a crear por las Sociedades Beneficiarias para hacer frente a la escisión, y que asumirán los socios de la Sociedad Escindida, darán derecho a sus titulares a participar en las ganancias sociales desde el *"fecha"*.

8. Fecha de efectividad de la escisión a efectos contables.
La fecha de efectividad de la escisión, a efectos contables, es *"fecha"*, de forma que a partir de esta fecha las posibles operaciones realizadas por la Sociedad Escindida se considerarán realizadas por las Sociedades Beneficiarias, en la parte que respectivamente les corresponda.

9. Estatutos de las Sociedades Beneficiarias.
Como consecuencia de la escisión, y de conformidad con la relación de canje establecida, las Sociedad Beneficiarias, *"denominación, S.R.L."* y *"denominación, S.R.L."*, realizarán las modificaciones estatutarias que se indican a continuación.

9.1. Ampliación de capital.
a) *"denominación, S.R.L."*

De conformidad con el referido tipo de canje, la entidad *"denominación, S.R.L."* realizará un aumento de capital de *"número"* euros, mediante la creación de *"número"* participaciones sociales, de *"número"* euros de valor nominal cada una de ellas, numeradas correlativamente del *"intervalo"*, ambos inclusive, de la misma clase y serie que las existentes.

Como consecuencia de tal ampliación, habrá que modificar el artículo *"núm. artículo"* de los estatutos sociales, que quedará redactado como sigue:

"Transcripción literal de la nueva redacción del artículo estatutario."

Las nuevas participaciones sociales creadas, serán asumidas por los socios de la Sociedad Escindida en proporción a su respectiva participación en la entidad que se escinde, del siguiente modo:

"Identificar los socios a los que se les asigna, detallando el número de participaciones sociales y su numeración más, en su caso, la compensación en metálico que le corresponda".

b) *"denominación, S.R.L."*

De conformidad con el referido tipo de canje, la entidad *"denominación, S.R.L."* realizará un aumento de capital de *"número"* euros, mediante la creación de *"número"* participaciones sociales, de *"número"* euros de valor nominal cada una de ellas, numeradas correlativamente del *"intervalo"*, ambos inclusive, de la misma clase y serie que las existentes.

Como consecuencia de tal ampliación, habrá que modificar el artículo *"núm. art."* de los estatutos sociales, que quedará redactado como sigue:

"Transcripción literal de la nueva redacción del artículo estatutario."

Las nuevas participaciones sociales creadas, se asignarán a los socios de la Sociedad Escindida en proporción a su respectiva participación en la entidad que se escinde, del siguiente modo:

"Identificar los socios a los que se les asigna, detallando el número de participaciones sociales y su numeración más, en su caso, la compensación en metálico que le corresponda".

1170

○ Otras modificaciones estatutarias:

9.2. *"Otras posibles modificaciones estatutarias denominación, objeto social, domicilio, etc."*

<<

10. Reparto del patrimonio activo y pasivo entre las Sociedades Beneficiarias.
La totalidad de los activos y pasivos de *"denominación, S.R.L."* (Sociedad Escindida totalmente) serán atribuidos a las Sociedades Beneficiarias conforme a lo establecido a continuación, sin que quede sin designar y repartir ningún activo o pasivo de la sociedad que se escinde.

a) A *"denominación, S.R.L."*, se le transmiten los siguientes elementos del activo y del pasivo: *"identificar"*.

b) A *"denominación, S.R.L."*, se le transmiten los siguientes elementos del activo y del pasivo: *"identificar"*.

La atribución a los socios de la sociedad escindida de participaciones en las sociedades beneficiarias se hace conforme al tipo de canje expuesto en el apartado 3 anterior.

11. Valoración del activo y pasivo transmitido.
El tipo de canje establecido ha sido calculado en función de la estimación de los valores razonables de mercado del patrimonio de las distintas sociedades participantes en la escisión, teniendo en cuenta el valor de sus activos en las circunstancias específicas en que se encuentran, y de los pasivos de las mismas.

Para ello se ha contado con el asesoramiento de *"experto"*, quien ha valorado los patrimonios sociales conforme a los siguientes métodos y criterios de valoración:

"Métodos de valoración empleados".

12. Fecha de las cuentas utilizadas.
Las cuentas utilizadas para establecer las condiciones de la escisión son las cerradas a *"fecha"*. En consecuencia, a efectos de lo previsto en el art.43 del Real Decreto-Ley 5/2023, se considera como balance de escisión *"...el último balance anual, por no haber transcurrido más de seis meses entre su fecha de cierre y la fecha del presente proyecto de escisión ... O ... un balance específico, cerrado con posterioridad al primer día del tercer mes precedente a la fecha del presente proyecto de escisión ..."*

○ Correcciones de valor:

A dicho balance de escisión se le han realizado las correcciones de valor necesarias para reflejar los valores razonables de las distintas partidas contables, teniendo en cuenta, entre otras, las siguientes circunstancias:

- Valor real del patrimonio inmobiliario.

- Valor real de la maquinaria, instalaciones y en general, del aparato productivo.

- Plantilla, formación, edad media, productividad y costo de una posible regulación de empleo.

- Valor de marcas, clientela, etc., capacidad de generar beneficios y fondo de comercio.

- Valor cierto de realización y cobro de los bines del activo circulante.

- Valor cierto del pasivo exigible.

Los balances de escisión *"...y las modificaciones de valoración contenidas en el mismo ..."*, serán verificados por el auditor de cuentas de la sociedad y sometidos a la aprobación de la junta general de socios que haya de resolver sobre la escisión, con carácter previo a la adopción del propio acuerdo de escisión.

13. Consecuencias de la escisión sobre el empleo.
Como consecuencia de la escisión total de *"denominación, S.R.L."* (Sociedad Escindida) y su consiguiente disolución sin liquidación, no se extinguirán las relaciones laborales existentes en dicha sociedad. En su lugar, las Sociedades Beneficiarias se subrogarán en los derechos y obligaciones laborales y de Seguridad Social de la Sociedad Escindida, incluyendo los compromisos por pensiones y, en general, las obligaciones adquiridas en materia de protección social complementaria.

"Otras posibles consecuencias de la escisión sobre el empleo".

Las sociedades participantes darán cumplimiento a sus obligaciones de información a los trabajadores de cada una de ellas conforme a lo dispuesto en la normativa laboral y en el Real Decreto-Ley 5/2023.

14. Implicaciones de la fusión para los acreedores.
De conformidad con lo establecido en el art.4.1.4º del Real Decreto-Ley 5/2023, se hace constar que la escisión no tiene implicaciones para los acreedores de la Sociedad Escindida, ni pone en riesgo la satisfacción de sus créditos y, en consecuencia, no van a ofrecerse garantías personales o reales a tales acreedores, teniendo en cuenta que la escisión supone la adquisición por sucesión universal del patrimonio de la Sociedad Escindida por las Sociedades Beneficiarias.

- *"describir garantías En caso de ofrecerse garantías, describirlas, e incluir, en su caso, como Anexo una Declaración sobre la situación financiera de la sociedad conforme el* art.15 del RDL 5/2023"

15. Oferta de compensación en efectivo a los socios que dispongan del derecho a enajenar sus participaciones.
De conformidad con lo dispuesto en el art.4.1.6º del Real Decreto-Ley 5/2023, se hace constar que en la escisión proyectada los socios no tienen derecho a enajenar sus participaciones (RDL 5/2023 art.12.1) y, por lo tanto, no va a realizarse oferta alguna de compensación en efectivo.

16. Acreditación de encontrarse al corriente en el cumplimiento de las obligaciones tributarias y frente a la Seguridad Social.
De conformidad con lo dispuesto en el art.40.9º del Real Decreto-Ley 5/2023, las sociedades participantes en la escisión acreditan encontrarse al corriente en el cumplimiento de las obligaciones tributarias y frente a la Seguridad Social, mediante la aportación de los correspondientes certificados, válidos y emitidos por el órgano competente y que se adjuntan como Anexo 2.

17. Otras menciones.
17.1. Régimen fiscal.
La presente escisión goza de las exenciones y beneficios previstos en la Directiva 2009/133/CE y está sujeta al régimen del art.89 de la Ley 27/2014, de 27 de noviembre, del Impuesto sobre Sociedades, sin perjuicio de la pertinente comunicación a la Administración tributaria.

17.2. Informe de experto independiente.
De acuerdo con lo previsto en el art.68.1 del Real Decreto-Ley 5/2023, no existe obligación de someter el proyecto de escisión al informe de experto independiente.

Cuarto. Aumento del capital social como consecuencia de la escisión y consiguiente modificación del artículo *"número"* de los estatutos sociales.
Conforme a la relación de canje establecida, para hacer frente a la escisión, se acuerda aumentar el capital social de la Sociedad *"denominación, S.R.L."*, en la cifra de *"número"* euros, mediante la creación de *"número"* participaciones sociales, de *"número"* euros de valor nominal cada una de ellas, numeradas correlativamente del *"intervalo"*, ambos inclusive, de la misma clase y serie que las existentes.

Las nuevas participaciones sociales creadas, son en este mismo acto totalmente asumidas e íntegramente desembolsadas por los socios de la sociedad escindida, ajustándose estrictamente a lo establecido en el proyecto de escisión y en proporción a las participaciones sociales que actualmente poseen, por lo que la suscripción se realiza en la siguiente forma:

"Detallar suscriptores y participaciones sociales".

Consecuentemente, se modifica el art. *"núm."* de los estatutos sociales de la Sociedad, que quedará redactado como sigue:

"Transcripción literal de la nueva redacción del artículo estatutario relativo al capital social".

➤➤

❍ **Otras modificaciones estatutarias:**

Quinto. Otras modificaciones estatutarias
"Otras posibles modificaciones estatutarias denominación, objeto social, domicilio, etc."

⮜⮜

➤➤

❍ **Relación de otros acuerdos adoptados:**

"Sexto"
"texto de los restantes acuerdos adoptados" 

⮜⮜

Una vez tratadas todas las cuestiones incluidas en el orden del día de la junta, se suspende momentáneamente la sesión, al objeto de que el secretario proceda a la redacción definitiva del acta, la cual, una vez redactada y leída, es aprobada por unanimidad de los asistentes, que la encuentran conforme a la realidad de lo acordado en la reunión, siendo firmada por el secretario, con el visto bueno del presidente *"...así como por los asistentes que lo desean..."*; tras lo cual, se levanta la sesión a las *"número/letra"* horas del día y en el lugar que figuran en el encabezamiento.

Vº Bº El Secretario

El Presidente

Fdo. *"Don/Doña nombre y apellidos del presidente"*

Fdo. *"Don/Doña nombre y apellidos del secretario"*

d. Certificación en extracto de acta de junta general universal de sociedad beneficiaria

"Don/Doña nombre y apellidos" "...y "Don/Doña nombre y apellidos"...", en su condición de *"...Administrador único... O... Administrador solidario... O... Administradores mancomunados... O ... Secretario del consejo de administración..."* de *"denominación, S.R.L."*

Certifica/n

1.
Que el día *"fecha"*, y en *"...el domicilio social... O... "lugar"..."* se celebró junta general de socios con el carácter de universal, por asistir a la misma, presente o debidamente representado, la totalidad del capital social y aceptarlo así la totalidad de los asistentes, relación nominal de los cuales, con sus respectivas firmas, figura en la correspondiente acta, a continuación de la fecha, lugar y orden del día.

2.
Que por unanimidad de los asistentes se aceptaron los siguientes puntos como orden del día de la sesión:

1. Aprobación de la escisión total de la entidad *"denominación, S.R.L."* y las entidades beneficiarias *"denominación, S.R.L."*, y *"denominación, S.R.L."*.

2. Aumento del capital social como consecuencia de la escisión y consiguiente modificación del artículo *"número"* de los estatutos sociales. *"... "otras modificaciones estatutarias"..."*.

- Sometimiento de la escisión al régimen especial de neutralidad fiscal.

- *"texto de los restantes puntos aceptados como orden del día de la junta"*.

3.
Que *"Don/Doña nombre y apellidos del presidente"* y *"Don/Doña nombre y apellidos del secretario"* desempeñaron, respectivamente, los cargos de presidente y secretario de la junta *"...conforme a las reglas de designación de tales cargos contenidas en los estatutos de la sociedad ... O ... conforme a las previsiones contenidas en el artículo 191 del texto refundido de la Ley de Sociedades de Capital ... O ... por designación, al comienzo de la reunión, por los socios concurrentes a la misma ..."*.

4.
Que previa deliberación de cada uno de cada uno de los asuntos y de las propuestas formuladas al respecto, y por unanimidad, se adoptaron los acuerdos que se transcriben literalmente:

Acuerdos

Primero. Examen y aprobación del balance de escisión cerrado a *"fecha"*.
Con vistas a la adopción del acuerdo de escisión total de la sociedad *"denominación, S.R.L."*, y con anterioridad a ello, los asistentes acuerdan tomar como base de esta operación el balance de la sociedad cerrado a *"fecha"*, que es aprobado por unanimidad de los asistentes en este mismo acto y que se acompaña como anexo 1 a la presente acta. En relación con dicho balance de escisión se hace constar:

a) Que el mismo cumple el requisito que fija el art.43 del Real Decreto-Ley 5/2023, toda vez que *"...siendo el último balance anual, entre su fecha de cierre y la fecha del proyecto de escisión no han transcurrido más de seis meses ... O ... no siendo el último balance anual, sino un balance específico, su fecha de cierre es posterior al primer día del tercer mes precedente a la fecha del proyecto de escisión ..."*.

b) Que, de conformidad con el art.44 del Real Decreto-Ley 5/2023, el balance está verificado por el auditor de cuentas de la sociedad, por estar ésta obligada a auditar sus cuentas anuales conforme a lo establecido en el art.263 de la Ley de Sociedades de Capital.

c) Que, con posterioridad a la fecha del balance de escisión, no ha acontecido ningún hecho extraordinario que modifique el patrimonio activo o pasivo en él reflejado.

Segundo. Examen y aprobación del proyecto de escisión total de *"denominación, S.R.L."* y las entidades beneficiarias *"denominación, S.R.L."* y *"denominación, S.R.L."*, así como el Informe emitido por la administración social sobre el mismo.
A la vista del informe de los administradores, así como de las opiniones y observaciones presentadas, en su caso, por los socios, acreedores y/o trabajadores, se acuerda por unanimidad del capital asistente aprobar el proyecto de escisión total de las sociedad *"denominación, S.R.L."*, y las entidades beneficiarias *"denominación, S.R.L."* y *"denominación, S.R.L."*, *"...que se ha publicado en las páginas web de la sociedades participantes ... O ... que ha quedado depositado en el Registro Mercantil de "provincia" con fecha "fecha" ..."* y publicado en el Boletín Oficial del Registro Mercantil, número *"núm. BORME"*, de *"fecha"*.

Se acompaña el proyecto a la presente acta como anexo 2.

Tercero. Adopción del acuerdo de escisión total.
Se acuerda por unanimidad del capital asistente aprobar la escisión total de la entidad mercantil *"denominación, S.R.L."*, que se extinguirá con el consiguiente traspaso de la totalidad de su patrimonio social, en la proporción y demás términos previstos en el proyecto de escisión, a las entidades *"denominación, S.R.L."* y *"denominación, S.R.L."*, quienes adquirirán en la forma que se recoge en el informe y en el proyecto de escisión, por sucesión universal, todos los derechos y obligaciones integrantes de aquél.

A efectos de lo dispuesto en el art.47.1 del Real Decreto-Ley 5/2023, se manifiesta que el acuerdo de escisión se aprueba en los mismos términos que el proyecto de escisión, ajustándose estrictamente a su contenido y, en concreto, a los siguientes aspectos:

Capítulo V. Acuerdos sociales

1. Identificación de las sociedades que participan en la escisión.
1.1. Sociedad Escindida.
Denominación social: *"denominación"*

Domicilio social: *"calle, número, localidad"*

Datos registrales: *"datos registrales"*

C.I.F.: *"número"*

1.2. Sociedades Beneficiarias.
a) Denominación social: *"denominación"*

Domicilio social: *"calle, número, localidad"*

Datos registrales: *"datos registrales"*

C.I.F.: *"número"*

b) Denominación social: *"denominación"*

Domicilio social: *"calle, número, localidad"*

Datos registrales: *"datos registrales"*

C.I.F.: *"número"*

2. Calendario indicativo de la escisión.
De conformidad con lo dispuesto en el art.4.1.2º del RDL 5/2023, se incorpora a este Proyecto como Anexo 1 un calendario indicativo que recoge los hitos principales que deberán cumplirse para la ejecución de la escisión.

3. Tipo de canje, compensación en metálico y procedimiento de canje.
3.1. Tipo de canje.
A los efectos de determinar el tipo de canje, debe entenderse que la escisión se realiza al amparo de lo dispuesto en el art.59 del Real Decreto-Ley 5/2023 (escisión total), resultando una atribución a los socios de *"denominación, S.R.L."* (Sociedad Escindida), de un número de participaciones sociales de las Sociedades Beneficiarias, *"denominación, S.R.L."* y *"denominación, S.R.L."*, proporcional a sus respectivas participaciones en la sociedad que se escinde.

El tipo de canje se ha fijado sobre la base del valor razonable de los patrimonios de las sociedades participantes en la escisión, teniendo en cuenta el valor de sus respectivos activos y pasivos conforme a lo establecido en el apartado 11 siguiente.

Como consecuencia de la aplicación de los anteriores criterios, a los socios de la Sociedad Escindida les corresponderá recibir, por cada participación de que son titulares en la citada sociedad:

a) *"número"* participaciones sociales de *"número"* euros de valor nominal cada una, de la sociedad beneficiaria *"denominación, S.R.L."*; y

b) *"número"* participaciones sociales de *"número"* euros de valor nominal cada una, de la sociedad beneficiaria *"denominación, S.R.L."*.

➢➢

❍ **Si el número de participaciones resultantes no resulta exacto:**

Asimismo, dado que el número de participaciones sociales resultante de la relación de canje no es exacto, las fracciones de participación se compensarán en metálico del siguiente modo

a) La sociedad beneficiaria *"denominación, S.R.L."* abonará *"número"* euros, por cada una de las participaciones sociales que entregue a los socios de la Sociedad Escindida.

b) La sociedad beneficiaria *"denominación, S.R.L."* abonará *"número"* euros, por cada una de las participaciones sociales que entregue a los socios de la Sociedad Escindida.

Se hace constar que, conforme al límite previsto en el art.59 del Real Decreto-Ley 5/2023, la compensación en metálico no excede del 10% del valor nominal de las participaciones atribuidas.

≺≺

3.2. Disconformidad con el tipo de canje

Conforme al art.63 y 49 del Real Decreto-Ley 5/2023, los socios de la Sociedad Escindida que consideren que la relación de canje establecida en el proyecto de escisión no es adecuada, pueden impugnarla y reclamar un pago en efectivo ante el Juzgado de lo Mercantil del domicilio social, cuya competencia será exclusiva, o el tribunal arbitral estatutariamente previsto, siempre que no hayan votado a favor de la aprobación del acuerdo de escisión o no tengan derecho de voto, dentro del plazo de dos meses desde la fecha de publicación del acuerdo de la junta general. La decisión del Juzgado o tribunal arbitral será vinculante para las Sociedades Beneficiarias de la escisión.

Las Sociedades Beneficiarias podrán compensar a los socios con participaciones propias, en lugar del pago en efectivo.

En todo caso, la impugnación de la relación de canje no paralizará la escisión ni impedirá su inscripción en el Registro Mercantil.

3.3. Procedimiento de canje.

No habrá intercambio físico de títulos, dado que las sociedades participantes en la escisión son sociedades de responsabilidad limitada.

4. Incidencia de la escisión sobre las aportaciones de industria o las prestaciones accesorias.

No existe en la Sociedad Escindida ningún socio industrial (que haya aportado trabajo, servicios o su actividad a la empresa), ni participaciones sociales que lleven aparejadas prestaciones accesorias.

5. Titulares de derechos especiales o tenedores de títulos distintos de las participaciones sociales.

No existe, tanto en la Sociedad Escindida como en las Sociedades Beneficiarias, ninguna clase de participaciones sociales especiales o privilegiadas, ni persona que tenga derechos especiales distintos de las participaciones sociales, por lo que no es preciso considerar esta cuestión en la escisión.

6. Ventajas concretas a expertos y administradores.

No se reconocerán ventajas de ninguna clase en las Sociedades Beneficiarias a los administradores de la Sociedad Escindida o de las Sociedades Beneficiarias, ni tampoco, en su caso, a los expertos independientes, cuya intervención no es preceptiva.

7. Fecha de participación en las ganancias.

Las nuevas participaciones sociales a crear por las Sociedades Beneficiarias para hacer frente a la escisión, y que asumirán los socios de la Sociedad Escindida, darán derecho a sus titulares a participar en las ganancias sociales desde el *"fecha"*.

8. Fecha de efectividad de la escisión a efectos contables.

La fecha de efectividad de la escisión, a efectos contables, es *"fecha"*, de forma que a partir de esta fecha las posibles operaciones realizadas por la Sociedad Escindida se considerarán realizadas por las Sociedades Beneficiarias, en la parte que respectivamente les corresponda.

9. Estatutos de las Sociedades Beneficiarias.

Como consecuencia de la escisión, y de conformidad con la relación de canje establecida, las Sociedad Beneficiarias, *"denominación, S.R.L."* y *"denominación, S.R.L."*, realizarán las modificaciones estatutarias que se indican a continuación.

9.1. Ampliación de capital.
a) *"denominación, S.R.L."*

De conformidad con el referido tipo de canje, la entidad *"denominación, S.R.L."* realizará un aumento de capital de *"número"* euros, mediante la creación de *"número"* participaciones sociales, de *"número"* euros de valor nominal cada una de ellas, numeradas correlativamente del *"intervalo"*, ambos inclusive, de la misma clase y serie que las existentes.

Como consecuencia de tal ampliación, habrá que modificar el artículo *"núm. artículo"* de los estatutos sociales, que quedará redactado como sigue:

"Transcripción literal de la nueva redacción del artículo estatutario."

Las nuevas participaciones sociales creadas, serán asumidas por los socios de la Sociedad Escindida en proporción a su respectiva participación en la entidad que se escinde, del siguiente modo:

"Identificar los socios a los que se les asigna, detallando el número de participaciones sociales y su numeración más, en su caso, la compensación en metálico que le corresponda".

b) *"denominación, S.R.L."*

De conformidad con el referido tipo de canje, la entidad *"denominación, S.R.L."* realizará un aumento de capital de *"número"* euros, mediante la creación de *"número"* participaciones sociales, de *"número"* euros de valor nominal cada una de ellas, numeradas correlativamente del *"intervalo"*, ambos inclusive, de la misma clase y serie que las existentes.

Como consecuencia de tal ampliación, habrá que modificar el artículo *"núm. art."* de los estatutos sociales, que quedará redactado como sigue:

"Transcripción literal de la nueva redacción del artículo estatutario."

Las nuevas participaciones sociales creadas, se asignarán a los socios de la Sociedad Escindida en proporción a su respectiva participación en la entidad que se escinde, del siguiente modo:

"Identificar los socios a los que se les asigna, detallando el número de participaciones sociales y su numeración más, en su caso, la compensación en metálico que le corresponda".

➢➢

❍ **Otras modificaciones estatutarias:**

9.2. *"Otras posibles modificaciones estatutarias denominación, objeto social, domicilio, etc."*

10. Reparto del patrimonio activo y pasivo entre las Sociedades Beneficiarias.
La totalidad de los activos y pasivos de *"denominación, S.R.L."* (Sociedad Escindida totalmente) serán atribuidos a las Sociedades Beneficiarias conforme a lo establecido a continuación, sin que quede sin designar y repartir ningún activo o pasivo de la sociedad que se escinde.

a) A *"denominación, S.R.L."*, se le transmiten los siguientes elementos del activo y del pasivo: *"identificar".*

b) A *"denominación, S.R.L."*, se le transmiten los siguientes elementos del activo y del pasivo: *"identificar".*

La atribución a los socios de la sociedad escindida de participaciones en las sociedades beneficiarias se hace conforme al tipo de canje expuesto en el apartado 3 anterior.

11. Valoración del activo y pasivo transmitido.
El tipo de canje establecido ha sido calculado en función de la estimación de los valores razonables de mercado del patrimonio de las distintas sociedades participantes en la escisión, teniendo en cuenta el valor de sus activos en las circunstancias específicas en que se encuentran, y de los pasivos de las mismas.

Para ello se ha contado con el asesoramiento de *"experto"*, quien ha valorado los patrimonios sociales conforme a los siguientes métodos y criterios de valoración:

"Métodos de valoración empleados".

12. Fecha de las cuentas utilizadas.
Las cuentas utilizadas para establecer las condiciones de la escisión son las cerradas a *"fecha"*. En consecuencia, a efectos de lo previsto en el art.43 del Real Decreto-Ley 5/2023, se considera como balance de escisión *"...el último balance anual, por no haber transcurrido más de seis meses entre su fecha de cierre y la fecha del presente proyecto de escisión ... O ... un balance específico, cerrado con posterioridad al primer día del tercer mes precedente a la fecha del presente proyecto de escisión ..."*

○ **Correcciones de valor:**

A dicho balance de escisión se le han realizado las correcciones de valor necesarias para reflejar los valores razonables de las distintas partidas contables, teniendo en cuenta, entre otras, las siguientes circunstancias:

- Valor real del patrimonio inmobiliario.

- Valor real de la maquinaria, instalaciones y en general, del aparato productivo.

- Plantilla, formación, edad media, productividad y costo de una posible regulación de empleo.

- Valor de marcas, clientela, etc., capacidad de generar beneficios y fondo de comercio.

- Valor cierto de realización y cobro de los bines del activo circulante.

- Valor cierto del pasivo exigible.

Los balances de escisión *"...y las modificaciones de valoración contenidas en el mismo ..."*, serán verificados por el auditor de cuentas de la sociedad y sometidos a la aprobación de la junta general de socios que haya de resolver sobre la escisión, con carácter previo a la adopción del propio acuerdo de escisión.

13. Consecuencias de la escisión sobre el empleo.
Como consecuencia de la escisión total de *"denominación, S.R.L."* (Sociedad Escindida) y su consiguiente disolución sin liquidación, no se extinguirán las relaciones laborales existentes en dicha sociedad. En su lugar, las Sociedades Beneficiarias se subrogarán en los derechos y obligaciones laborales y de Seguridad Social de la Sociedad Escindida, incluyendo los compromisos por pensiones y, en general, las obligaciones adquiridas en materia de protección social complementaria.

"Otras posibles consecuencias de la escisión sobre el empleo".

Las sociedades participantes darán cumplimiento a sus obligaciones de información a los trabajadores de cada una de ellas conforme a lo dispuesto en la normativa laboral y en el Real Decreto-Ley 5/2023.

14. Implicaciones de la fusión para los acreedores.
De conformidad con lo establecido en el art.4.1.4º del Real Decreto-Ley 5/2023, se hace constar que la escisión no tiene implicaciones para los acreedores de la Sociedad Escindida, ni pone en riesgo la satisfacción de sus créditos y, en consecuencia, no van a ofrecerse garantías personales o reales a tales acreedores, teniendo en cuenta que la escisión supone la adquisición por sucesión universal del patrimonio de la Sociedad Escindida por las Sociedades Beneficiarias.

- *"describir garantías En caso de ofrecerse garantías, describirlas, e incluir, en su caso, como Anexo una Declaración sobre la situación financiera de la sociedad conforme el* art.15 del RDL 5/2023*"*

1170

15. Oferta de compensación en efectivo a los socios que dispongan del derecho a enajenar sus participaciones.
De conformidad con lo dispuesto en el art.4.1.6º del Real Decreto-Ley 5/2023, se hace constar que en la escisión proyectada los socios no tienen derecho a enajenar sus participaciones (RDL 5/2023 art.12.1) y, por lo tanto, no va a realizarse oferta alguna de compensación en efectivo.

16. Acreditación de encontrarse al corriente en el cumplimiento de las obligaciones tributarias y frente a la Seguridad Social.
De conformidad con lo dispuesto en el art.40.9º del Real Decreto-Ley 5/2023, las sociedades participantes en la escisión acreditan encontrarse al corriente en el cumplimiento de las obligaciones tributarias y frente a la Seguridad Social, mediante la aportación de los correspondientes certificados, válidos y emitidos por el órgano competente y que se adjuntan como Anexo 2.

17. Otras menciones.
17.1. Régimen fiscal.
La presente escisión goza de las exenciones y beneficios previstos en la Directiva 2009/133/CE y está sujeta al régimen del art.89 de la Ley 27/2014, de 27 de noviembre, del Impuesto sobre Sociedades, sin perjuicio de la pertinente comunicación a la Administración tributaria.

17.2. Informe de experto independiente.
De acuerdo con lo previsto en el art.68.1 del Real Decreto-Ley 5/2023, no existe obligación de someter el proyecto de escisión al informe de experto independiente.

Cuarto. Aumento del capital social como consecuencia de la escisión y consiguiente modificación del artículo *"número"* de los estatutos sociales.
Conforme a la relación de canje establecida, para hacer frente a la escisión, se acuerda aumentar el capital social de la Sociedad *"denominación, S.R.L."*, en la cifra de *"número"* euros, mediante la creación de *"número"* participaciones sociales, de *"número"* euros de valor nominal cada una de ellas, numeradas correlativamente del *"intervalo"*, ambos inclusive, de la misma clase y serie que las existentes.

Las nuevas participaciones sociales creadas, son en este mismo acto totalmente asumidas e íntegramente desembolsadas por los socios de la sociedad escindida, ajustándose estrictamente a lo establecido en el proyecto de escisión y en proporción a las participaciones sociales que actualmente poseen, por lo que la suscripción se realiza en la siguiente forma:

"Detallar suscriptores y participaciones sociales".

Consecuentemente, se modifica el art. *"núm."* de los estatutos sociales de la Sociedad, que quedará redactado como sigue:

"Transcripción literal de la nueva redacción del artículo estatutario relativo al capital social".

○ **Otras modificaciones estatutarias:**

Quinto. Otras modificaciones estatutarias
"Otras posibles modificaciones estatutarias denominación, objeto social, domicilio, etc."

○ **Relación de otros acuerdos adoptados:**

"Sexto. "
"texto de los restantes acuerdos adoptados" 

<<

5.
Que el acta fue aprobada, previa su redacción y lectura, por la propia junta, al final de la reunión, constando en ella la firma del secretario, con el visto bueno del presidente, así como las de los socios asistentes que lo desearon.

Y para que así conste y surta los oportunos efectos, se expide la presente certificación, en *"localidad"*, a *"fecha"*.

Firma/s

"...El administrador único Fdo. "Don/Doña nombre y apellidos"..."

"...El administrador solidario Fdo. "Don/Doña nombre y apellidos"..."

"...Los administradores mancomunados Fdo. "Don/Doña nombre y apellidos"..."

"...El secretario del consejo de administración con el V°B° del presidente del consejo Fdo. "Don/Doña nombre y apellidos"..."

35. Escisión parcial

MSM nº 8300 s.; MSL 7915 s.

RDL 5/2023 art.58 a 71

Nota preliminar:

1) El formulario, en el que se incluyen acta y certificación, supone que el acuerdo se adopta en **junta universal y** por **unanimidad,** supuesto que será el más frecuente en la práctica.

2) Para el caso de que el acuerdo se adopte en junta formalmente **convocada o/y sin unanimidad** de los socios, ver otros modelos de acta (nº 505 y nº 510) y certificación (nº 605 y nº 610).

3) Si la sociedad es unipersonal, ver modelos de acta (nº 520) y certificación (nº 620).

a. Acta de la junta general y universal de la sociedad escindida

Siendo las *"número/letra"* horas del día *"fecha"*, y hallándose presentes *"...en el domicilio social... O ... en "lugar" ... "*, la totalidad de los socios de *"denominación, S.R.L."*, quienes, a su vez, representan el total del capital de la sociedad, deciden constituirse de forma unánime en junta general y universal de socios; lo que llevan a efecto al amparo de lo dispuesto en el artículo 178 del texto refundido de la Ley de Sociedades de Capital, con el siguiente:

Orden del día

1. Aprobación de la escisión parcial de la entidad *"denominación, S.R.L."*, a favor de la entidad beneficiaria *"denominación, S.R.L."*.

2. Reducción del capital social como consecuencia de la escisión y consiguiente modificación del artículo *"número"* de los estatutos sociales. *"... "Otras modificaciones estatutarias" ... "*.

"texto de los restantes puntos aceptados como orden del día de la junta".

Actúan como presidente y secretario de la junta, respectivamente, *"Don/Doña nombre y apellidos del presidente"* y *"Don/Doña nombre y apellidos del secretario" "...conforme a las reglas de designación de tales cargos contenidas en los estatutos de la sociedad... O ... conforme a las previsiones contenidas en el artículo 191 del texto refundido de la Ley de Sociedades de Capital ... O ... por designación, al comienzo de la reunión, por los socios concurrentes a la misma ... "*.

Los designados aceptan sus respectivos cargos y prometen desempeñar bien y fielmente las funciones inherentes a los mismos.

De conformidad con lo establecido en el artículo 97, número 1, apartado 4ª del Reglamento del Registro Mercantil, y en prueba de aceptación de todos los asistentes del orden del día fijado, se recoge, a continuación, relación nominal de los asistentes, seguida de la firma de cada uno de ellos:

• *"Don/Doña nombre y apellidos/razón social"*, titular de *"número/letra"* participaciones sociales, números *"número"* a *"número"*, ambos inclusive, representativas de un *"determinar porcentaje"* % del capital social. Asiste *"...personalmente ... O ... representado por "Don/Doña nombre y apellidos", según acredita debidamente ... "*.
Firma: *"Don/Doña nombre y apellidos/razón social"*

Se hace constar que la totalidad de las participaciones sociales tienen derecho de voto y que cada participación social da derecho a emitir un voto.

○ **Si existen privilegios en materia de derecho de voto:**

"indicar los privilegios que en materia de derecho de voto se prevén en los estatutos sociales".

Se hace constar asimismo que asisten a la reunión la totalidad de los administradores de la sociedad.

Una vez constatada la asistencia a la reunión de la totalidad del capital social y la aceptación, por unanimidad de los asistentes, de su celebración con el carácter de universal, el secretario, por indicación del presidente, procede a dar lectura al orden del día fijado, adoptándose, previa deliberación de cada uno de cada uno de los asuntos y de las propuestas formuladas al respecto, por unanimidad los siguientes:

Acuerdos

Primero. Examen y, en su caso, aprobación del balance de escisión cerrado a *"fecha"*.
Con vistas a la adopción del acuerdo de escisión parcial de la sociedad *"denominación, S.R.L."*, y con anterioridad a ello, los asistentes acuerdan tomar como base de esta operación el balance de la sociedad cerrado a *"fecha"*, que es aprobado por unanimidad de los asistentes en este mismo acto y que se acompaña como anexo 1 a la presente acta. En relación con dicho balance de escisión se hace constar:

a) Que el mismo cumple el requisito que fija el art.43 del Real Decreto-Ley 5/2023, toda vez que *"...siendo el último balance anual, entre su fecha de cierre y la fecha del proyecto de escisión no han transcurrido más de seis meses ... O ... no siendo el último balance anual, sino un balance específico, su fecha de cierre es posterior al primer día del tercer mes precedente a la fecha del proyecto de escisión ..."*.

b) Que, de conformidad con el art.44 del Real Decreto-Ley 5/2023, el balance está verificado por el auditor de cuentas de la sociedad, por estar ésta obligada a auditar sus cuentas anuales conforme a lo establecido en el art.263 de la Ley de Sociedades de Capital.

c) Que, con posterioridad a la fecha del balance de escisión, no ha acontecido ningún hecho extraordinario que modifique el patrimonio activo o pasivo en él reflejado.

Segundo. Segundo. Examen y, en su caso, aprobación del proyecto de escisión parcial de *"denominación, S.R.L."* y la entidad beneficiaria *"denominación, S.R.L."*
A la vista del informe de los administradores, así como de las opiniones y observaciones presentadas, en su caso, por los socios, acreedores y/o trabajadores, se acuerda por unanimidad del capital asistente, aprobar el proyecto de escisión parcial de las sociedad *"denominación, S.R.L."*, a favor de la entidad beneficiaria *"denominación, S.R.L."*, *"...publicado en la página web de las sociedades participantes en la escisión ... O ... que ha quedado depositado en el Registro Mercantil de "provincia" con fecha "fecha" ..."* y cuya *"...inserción ... O ... depósito ..."* ha sido publicado en el Boletín Oficial del Registro Mercantil, número *"núm. BORME"*, de *"fecha"*.

Se acompaña el proyecto a la presente acta como anexo 2.

Tercero. Adopción del acuerdo de escisión parcial.
Se acuerda, por unanimidad del capital asistente, aprobar la escisión parcial de la sociedad mercantil *"denominación, S.R.L."*, que, sin extinguirse, traspasará en bloque por sucesión universal una parte de su patrimonio social a la sociedad beneficiaria *"denominación, S.R.L."*, en los términos y demás condiciones recogidos en el proyecto de escisión parcial.

A efectos de lo dispuesto en el art.47.1 del Real Decreto-Ley 5/2023, se manifiesta que el acuerdo de escisión se aprueba en los mismos términos que el proyecto de escisión parcial, ajustándose estrictamente a su contenido y, en concreto, a los siguientes aspectos:

1. Identificación de las sociedades que participan en la escisión.
1.1. Sociedad Escindida.
Denominación social: *"denominación"*

Domicilio social: *"calle, número, localidad"*

Datos registrales: *"datos registrales"*

C.I.F.: *"número"*

1.2. Sociedad Beneficiaria.
Denominación social: *"denominación"*

Domicilio social: *"calle, número, localidad"*

Datos registrales: *"datos registrales"*

C.I.F.: *"número"*

2. Calendario indicativo de la escisión.
De conformidad con lo dispuesto en el art.4.1.2º del RDL 5/2023, se incorpora a este Proyecto como Anexo 1 un calendario indicativo que recoge los hitos principales que deberán cumplirse para la ejecución de la escisión.

3. Tipo de canje, compensación en metálico y procedimiento de canje.
3.1. Tipo de canje.
A los efectos de determinar el tipo de canje, debe entenderse que la escisión se realiza al amparo de lo dispuesto en el art.60 del Real Decreto-Ley 5/2023, resultando una atribución a los socios de *"denominación, S.R.L."*, de un número de participaciones sociales de la Sociedad Beneficiaria, *"denominación, S.R.L."*, proporcional a su respectiva participación en la sociedad que se escinde.

El tipo de canje se ha fijado sobre la base del valor razonable de los patrimonios de las sociedades participantes en la escisión, teniendo en cuenta el valor de sus respectivos activos y pasivos conforme a lo establecido en el apartado 11 siguiente.

El tipo de canje se ha fijado sobre la base del valor razonable de los patrimonios de las sociedades participantes en la escisión, teniendo en cuenta el valor de sus respectivos activos y pasivos conforme a lo establecido en el apartado 11 siguiente.

Como consecuencia de la aplicación de los anteriores criterios, a los socios de la Sociedad Escindida, les corresponderá recibir, por cada participación de que son titulares en la citada sociedad, *"número"* participaciones sociales de *"número"* euros de valor nominal cada una, de la Sociedad Beneficiaria, *"denominación, S.R.L."*.

➤➤
○ **Si el número de participaciones resultantes no resulta exacto:**

Asimismo, dado que el número de participaciones sociales resultante de la relación de canje no es exacto, las fracciones de participación se compensarán en metálico del siguiente modo

a) La sociedad beneficiaria *"denominación, S.R.L."* abonará *"número"* euros, por cada una de las participaciones sociales que entregue a los socios de la Sociedad Escindida.

b) La sociedad beneficiaria *"denominación, S.R.L."* abonará *"número"* euros, por cada una de las participaciones sociales que entregue a los socios de la Sociedad Escindida.

Se hace constar que, conforme al límite previsto en el art.59 del Real Decreto-Ley 5/2023, la compensación en metálico no excede del 10% del valor nominal de las participaciones atribuidas.

≺≺
3.2. Disconformidad con el tipo de canje
Conforme al art.63 y 49 del Real Decreto-Ley 5/2023, los socios de la Sociedad Escindida que consideren que la relación de canje establecida en el proyecto de escisión no es adecuada, pueden impugnarla y reclamar un pago en efectivo ante el Juzgado de lo Mercantil del domicilio social, cuya competencia será exclusiva, o el tribunal arbitral estatutariamente previsto, siempre que no hayan votado a favor de la aprobación del acuerdo de escisión o no tengan derecho de voto, dentro del plazo de dos meses desde la fecha de publicación del acuerdo de la junta general. La decisión del Juzgado o tribunal arbitral será vinculante para la Sociedad Beneficiaria de la escisión.

La Sociedad Beneficiaria podrá compensar a los socios con participaciones propias, en lugar del pago en efectivo.

En todo caso, la impugnación de la relación de canje no paralizará la escisión ni impedirá su inscripción en el Registro Mercantil.

3.3. Procedimiento de canje.
No habrá intercambio físico de títulos, dado que las sociedades participantes en la escisión son sociedades de responsabilidad limitada.

4. Incidencia de la escisión sobre las aportaciones de industria o las prestaciones accesorias.
No existe en la Sociedad Escindida ningún socio industrial (que haya aportado trabajo, servicios o su actividad a la empresa), ni participaciones sociales que lleven aparejadas prestaciones accesorias.

5. Titulares de derechos especiales o tenedores de títulos distintos de las participaciones sociales.
No existe, tanto en la Sociedad Escindida como en la Sociedad Beneficiaria, ninguna clase de participaciones sociales especiales o privilegiadas, ni persona que tenga derechos especiales distintos de las participaciones sociales, por lo que no es preciso considerar esta cuestión en la escisión.

6. Ventajas concretas a expertos y administradores.
No se reconocerán ventajas de ninguna clase en la Sociedad Beneficiaria a los administradores de la Sociedad Escindida o de la Sociedad Beneficiaria, ni tampoco, en su caso, a los expertos independientes, cuya intervención no es preceptiva.

7. Fecha de participación en las ganancias.
Las nuevas participaciones sociales a crear por la Sociedad Beneficiaria para hacer frente a la escisión, y que asumirán los socios de la Sociedad Escindida, darán derecho a sus titulares a participar en las ganancias sociales desde el *"fecha"*.

8. Fecha de efectividad de la escisión a efectos contables.
La totalidad de las operaciones realizadas en relación con la parte del patrimonio que se segrega de la Sociedad Escindida se considerarán realizadas, a efectos contables, por la Sociedad Beneficiaria a partir del *"fecha"*.

9. Estatutos de la Sociedad Beneficiaria.
Con ocasión de la escisión y conforme a la relación de canje establecida, la Sociedad Beneficiaria, *"denominación, S.R.L."*, ha de realizar una serie de modificaciones estatutarias.

9.1. Ampliación de capital.
De conformidad con el referido tipo de canje, la entidad *"denominación, S.R.L."* realizará un aumento de capital de *"número"* euros, mediante la creación de *"número"* participaciones sociales, de *"número"* euros de valor nominal cada una de ellas, numeradas correlativamente del *"intervalo"*, ambos inclusive, de la misma clase y serie que las existentes.

Como consecuencia de tal ampliación, habrá que modificar el artículo *"núm. artículo"* de los estatutos sociales, que quedará redactado como sigue:

"Transcripción literal de la nueva redacción del artículo estatutario."

Las nuevas participaciones sociales creadas, serán asumidas por los socios de la Sociedad Escindida en proporción a su respectiva participación en la entidad que se escinde, del siguiente modo:

"Identificar los socios a los que se les asigna, detallando el número de participaciones sociales y su numeración más, en su caso, la compensación en metálico que le corresponda".

❍ **Otras modificaciones estatutarias:**

9.2. *"Otras posibles modificaciones estatutarias denominación, objeto social, domicilio, etc."*

10. Reducción del capital social de la Sociedad Escindida.
Como consecuencia de la transmisión del patrimonio segregado, la Sociedad Escindida, *"denominación, S.R.L."*, reducirá su capital social en *"número"* euros, mediante la amortización de *"número"* participaciones sociales.

Como consecuencia de tal reducción, habrá que modificar el artículo *"núm. artículo"* de los estatutos sociales, que quedará redactado como sigue:

"Transcripción literal de la nueva redacción del artículo estatutario."

11. Designación de los elementos del activo y pasivo que se transmiten a la sociedad beneficiaria.
Los elementos del activo y del pasivo de *"denominación, S.R.L."* que se transmiten a la Sociedad Beneficiaria, constituyen una unidad económica autónoma, afecta a la actividad de *"especificar actividad"*, capaz de operar en el tráfico jurídico con sus propios recursos.

Dichos elementos del activo y pasivo que integran el patrimonio segregado de la Sociedad Escindida, y que serán transmitidos a la Sociedad Beneficiaria, son los siguientes:

"Identificación de los elementos de activo y pasivo que se traspasa"

De conformidad con lo establecido en el art.69 del Real Decreto-Ley 5/2023, cualquier modificación importante del patrimonio de la Sociedad Escindida acaecida entre la fecha de elaboración del Proyecto de Escisión y la fecha de reunión de la junta de socios que haya de decidir sobre la escisión, será notificada por los administradores de la Sociedad Escindida a su junta de socios. La misma información proporcionarán los administradores de la Sociedad Beneficiaria y éstos a los administradores de la Sociedad Escindida, para que, a su vez, informe a su junta de socios.

12. Valoración del activo y pasivo transmitido.
El tipo de canje establecido ha sido calculado en función de la estimación de los valores razonables de mercado del patrimonio de las distintas sociedades participantes en la escisión, teniendo en cuenta el valor de sus activos en las circunstancias específicas en que se encuentran, y de los pasivos de las mismas.

Para ello se ha contado con el asesoramiento de *"experto"*, quien ha valorado los patrimonios sociales conforme a los siguientes métodos y criterios de valoración:

"Métodos de valoración empleados".

13. Fecha de las cuentas utilizadas.
Las cuentas utilizadas para establecer las condiciones de la escisión son las cerradas a *"fecha"*. En consecuencia, a efectos de lo previsto en el art.43 del Real Decreto-Ley 5/2023, se considera como balance de escisión *"...el último balance anual, por no haber transcurrido más de seis meses entre su fecha de cierre y la fecha del presente proyecto de escisión ... O ... un balance específico, cerrado con posterioridad al primer día del tercer mes precedente a la fecha del presente proyecto de escisión ..."*

○ **Correcciones de valor:**

A dicho balance de escisión se le han realizado las correcciones de valor necesarias para reflejar los valores razonables de las distintas partidas contables, teniendo en cuenta, entre otras, las siguientes circunstancias:

- Valor real del patrimonio inmobiliario.

- Valor real de la maquinaria, instalaciones y en general, del aparato productivo.

- Plantilla, formación, edad media, productividad y costo de una posible regulación de empleo.

- Valor de marcas, clientela, etc., capacidad de generar beneficios y fondo de comercio.

1175

- Valor cierto de realización y cobro de los bines del activo circulante.

- Valor cierto del pasivo exigible.

Conforme al art.44 del Real Decreto-Ley 5/2023, los balances de escisión *"...y las modificaciones de valoración contenidas en el mismo, ..."* serán verificados por el auditor de cuentas de la sociedad y sometidos a la aprobación de la junta general de socios que haya de resolver sobre la escisión, con carácter previo a la adopción del propio acuerdo de escisión.

14. Consecuencias de la escisión sobre el empleo.
Como consecuencia de la proyectada escisión parcial, las relaciones laborales existentes en *"denominación, S.R.L."* asociadas a la parte del patrimonio escindido, no se extinguirán. En su lugar, la Sociedad Beneficiaria se subrogará en los derechos y obligaciones laborales y de Seguridad Social, incluyendo los compromisos por pensiones y, en general, las obligaciones adquiridas en materia de protección social complementaria, asociados a la parte del patrimonio transmitido.

"Otras posibles consecuencias de la escisión sobre el empleo".

Las sociedades participantes darán cumplimiento a sus obligaciones de información a los trabajadores de cada una de ellas conforme a lo dispuesto en la normativa laboral y en el Real Decreto-Ley 5/2023.

15. Otras menciones.
15.1. Régimen fiscal.
La presente escisión goza de las exenciones y beneficios previstos en la Directiva 2009/133/CE y está sujeta al régimen del art.89 de la Ley 27/2014, de 27 de noviembre, del Impuesto sobre Sociedades, sin perjuicio de la pertinente comunicación a la Administración tributaria.

15.2. Informe de experto independiente.
De acuerdo con lo previsto en el art.68.1 del Real Decreto-Ley 5/2023, no existe obligación de someter el proyecto de escisión al informe de experto independiente.

Cuarto. Reducción del capital social como consecuencia de la escisión y consiguiente modificación del artículo *"número"* de los estatutos sociales.
Como consecuencia de la escisión parcial aprobada y el consiguiente traspaso de parte del patrimonio de la sociedad escindida, se acuerda, por unanimidad del capital asistente, reducir el capital social de la Sociedad en *"número"* euros, mediante la amortización de *"número"* participaciones sociales, números *"intervalo"*, ambos inclusive.

En consecuencia, se da nueva redacción al artículo *"núm. artículo"* de los estatutos sociales, que en lo sucesivo tendrá la siguiente redacción:

"Transcripción del artículo estatutario".

○ Otras modificaciones estatutarias:

Quinto. Otras modificaciones estatutarias
"Otras posibles modificaciones estatutarias denominación, objeto social, domicilio, etc."

≺≺
≻≻

○ Relación de otros acuerdos adoptados:

"Sexto".
"texto de los restantes acuerdos adoptados"

≺≺

Una vez tratadas todas las cuestiones incluidas en el orden del día de la junta, se suspende momentáneamente la sesión, al objeto de que el secretario proceda a la redacción definitiva del acta, la cual, una vez redactada y leída, es aprobada por unanimidad de los asistentes, que la encuentran conforme a la realidad de lo acordado en la reunión, siendo firmada por el secretario, con el visto bueno del presidente *"...así como por los asistentes que lo desean..."*; tras lo cual, se levanta la sesión a las *"número/letra"* horas del día y en el lugar que figuran en el encabezamiento.

Vº Bº

El Presidente

Fdo. *"Don/Doña nombre y apellidos del presidente"*

El Secretario

Fdo. *"Don/Doña nombre y apellidos del secretario"*

b. Certificación en extracto de acta de junta general universal de la sociedad escindida

"Don/Doña nombre y apellidos" "...y "Don/Doña nombre y apellidos"...", en su condición de *"...Administrador único... O... Administrador solidario... O... Administradores mancomunados... O ... Secretario del consejo de administración..."* de *"denominación, S.R.L."*

Certifica/n

1.

Que el día *"fecha"*, y en *"...el domicilio social... O... "lugar"..."* se celebró junta general de socios con el carácter de universal, por asistir a la misma, presente o debidamente representado, la totalidad del capital social y aceptarlo así la totalidad de los asistentes, relación nominal de los cuales, con sus respectivas firmas, figura en la correspondiente acta, a continuación de la fecha, lugar y orden del día.

2.

Que por unanimidad de los asistentes se aceptaron los siguientes puntos como orden del día de la sesión:

1. Aprobación de la escisión parcial de la entidad *"denominación, S.R.L."*, a favor de la entidad beneficiaria *"denominación, S.R.L."*.

2. Reducción del capital social como consecuencia de la escisión y consiguiente modificación del artículo *"número"* de los estatutos sociales. *"... "Otras modificaciones estatutarias"..."*.

Sometimiento de la escisión al régimen de neutralidad fiscal.

- *"texto de los restantes puntos aceptados como orden del día de la junta"*.

3.

Que *"Don/Doña nombre y apellidos del presidente"* y *"Don/Doña nombre y apellidos del secretario"* desempeñaron, respectivamente, los cargos de presidente y secretario de la junta *"...conforme a las reglas de designación de tales cargos contenidas en los estatutos de la sociedad... O... conforme a las previsiones contenidas en el artículo 191 del texto refundido de la Ley de Sociedades de Capital... O... por designación, al comienzo de la reunión, por los socios concurrentes a la misma..."*.

4.

Que previa deliberación de cada uno de cada uno de los asuntos y de las propuestas formuladas al respecto, y por unanimidad, se adoptaron los acuerdos que se transcriben literalmente:

Acuerdos

Primero. Examen y, en su caso, aprobación del balance de escisión cerrado a *"fecha"*.
Con vistas a la adopción del acuerdo de escisión parcial de la sociedad *"denominación, S.R.L."*, y con anterioridad a ello, los asistentes acuerdan tomar como base de esta operación el balance de la sociedad cerrado a *"fecha"*, que es aprobado por unanimidad de los asistentes en este mismo acto y que se acompaña como anexo 1 a la presente acta. En relación con dicho balance de escisión se hace constar:

a) Que el mismo cumple el requisito que fija el art.43 del Real Decreto-Ley 5/2023, toda vez que *"...siendo el último balance anual, entre su fecha de cierre y la fecha del proyecto de escisión no han transcurrido más de seis meses... O... no siendo el último balance anual, sino un balance específico, su fecha de cierre es posterior al primer día del tercer mes precedente a la fecha del proyecto de escisión..."*.

b) Que, de conformidad con el art.44 del Real Decreto-Ley 5/2023, el balance está verificado por el auditor de cuentas de la sociedad, por estar ésta obligada a auditar sus cuentas anuales conforme a lo establecido en el art.263 de la Ley de Sociedades de Capital.

c) Que, con posterioridad a la fecha del balance de escisión, no ha acontecido ningún hecho extraordinario que modifique el patrimonio activo o pasivo en él reflejado.

Segundo. Segundo. Examen y, en su caso, aprobación del proyecto de escisión parcial de *"denominación, S.R.L."* y la entidad beneficiaria *"denominación, S.R.L."*
A la vista del informe de los administradores, así como de las opiniones y observaciones presentadas, en su caso, por los socios, acreedores y/o trabajadores, se acuerda por unanimidad del capital asistente, aprobar el proyecto de escisión parcial de las sociedad *"denominación, S.R.L."*, a favor de la entidad beneficiaria *"denominación, S.R.L."*, *"...publicado en la página web de las sociedades participantes en la escisión... O... que ha quedado depositado en el Registro Mercantil de "provincia" con fecha "fecha"..."* y cuya *"...inserción... O... depósito..."* ha sido publicado en el Boletín Oficial del Registro Mercantil, número *"núm. BORME"*, de *"fecha"*.

Se acompaña el proyecto a la presente acta como anexo 2.

Tercero. Adopción del acuerdo de escisión parcial.
Se acuerda, por unanimidad del capital asistente, aprobar la escisión parcial de la sociedad mercantil *"denominación, S.R.L."*, que, sin extinguirse, traspasará en bloque por sucesión universal una parte de su patrimonio social a la sociedad beneficiaria *"denominación, S.R.L."*, en los términos y demás condiciones recogidos en el proyecto de escisión parcial.

A efectos de lo dispuesto en el art.47.1 del Real Decreto-Ley 5/2023, se manifiesta que el acuerdo de escisión se aprueba en los mismos términos que el proyecto de escisión parcial, ajustándose estrictamente a su contenido y, en concreto, a los siguientes aspectos:

1. Identificación de las sociedades que participan en la escisión.
1.1. Sociedad Escindida.
Denominación social: *"denominación"*

Domicilio social: *"calle, número, localidad"*

Datos registrales: *"datos registrales"*

C.I.F.: *"número"*

1.2. Sociedad Beneficiaria.
Denominación social: *"denominación"*

Domicilio social: *"calle, número, localidad"*

Datos registrales: *"datos registrales"*

C.I.F.: *"número"*

1175

2. Calendario indicativo de la escisión.
De conformidad con lo dispuesto en el art.4.1.2º del RDL 5/2023, se incorpora a este Proyecto como Anexo 1 un calendario indicativo que recoge los hitos principales que deberán cumplirse para la ejecución de la escisión.

3. Tipo de canje, compensación en metálico y procedimiento de canje.
3.1. Tipo de canje.
A los efectos de determinar el tipo de canje, debe entenderse que la escisión se realiza al amparo de lo dispuesto en el art.60 del Real Decreto-Ley 5/2023, resultando una atribución a los socios de *"denominación, S.R.L."*, de un número de participaciones sociales de la Sociedad Beneficiaria, *"denominación, S.R.L."*, proporcional a su respectiva participación en la sociedad que se escinde.

El tipo de canje se ha fijado sobre la base del valor razonable de los patrimonios de las sociedades participantes en la escisión, teniendo en cuenta el valor de sus respectivos activos y pasivos conforme a lo establecido en el apartado 11 siguiente.

El tipo de canje se ha fijado sobre la base del valor razonable de los patrimonios de las sociedades participantes en la escisión, teniendo en cuenta el valor de sus respectivos activos y pasivos conforme a lo establecido en el apartado 11 siguiente.

Como consecuencia de la aplicación de los anteriores criterios, a los socios de la Sociedad Escindida, les corresponderá recibir, por cada participación de que son titulares en la citada sociedad, *"número"* participaciones sociales de *"número"* euros de valor nominal cada una, de la Sociedad Beneficiaria, *"denominación, S.R.L."*.

➤➤

○ **Si el número de participaciones resultantes no resulta exacto:**

Asimismo, dado que el número de participaciones sociales resultante de la relación de canje no es exacto, las fracciones de participación se compensarán en metálico del siguiente modo

a) La sociedad beneficiaria *"denominación, S.R.L."* abonará *"número"* euros, por cada una de las participaciones sociales que entregue a los socios de la Sociedad Escindida.

b) La sociedad beneficiaria *"denominación, S.R.L."* abonará *"número"* euros, por cada una de las participaciones sociales que entregue a los socios de la Sociedad Escindida.

Se hace constar que, conforme al límite previsto en el art.59 del Real Decreto-Ley 5/2023, la compensación en metálico no excede del 10% del valor nominal de las participaciones atribuidas.

≺≺

3.2. Disconformidad con el tipo de canje
Conforme al art.63 y 49 del Real Decreto-Ley 5/2023, los socios de la Sociedad Escindida que consideren que la relación de canje establecida en el proyecto de escisión no es adecuada, pueden impugnarla y reclamar un pago en efectivo ante el Juzgado de lo Mercantil del domicilio social, cuya competencia será exclusiva, o el tribunal arbitral estatutariamente previsto, siempre que no hayan votado a favor de la aprobación del acuerdo de escisión o no tengan derecho de voto, dentro del plazo de dos meses desde la fecha de publicación del acuerdo de la junta general. La decisión del Juzgado o tribunal arbitral será vinculante para la Sociedad Beneficiaria de la escisión.

La Sociedad Beneficiaria podrá compensar a los socios con participaciones propias, en lugar del pago en efectivo.

En todo caso, la impugnación de la relación de canje no paralizará la escisión ni impedirá su inscripción en el Registro Mercantil.

3.3. Procedimiento de canje.
No habrá intercambio físico de títulos, dado que las sociedades participantes en la escisión son sociedades de responsabilidad limitada.

4. Incidencia de la escisión sobre las aportaciones de industria o las prestaciones accesorias.
No existe en la Sociedad Escindida ningún socio industrial (que haya aportado trabajo, servicios o su actividad a la empresa), ni participaciones sociales que lleven aparejadas prestaciones accesorias.

5. Titulares de derechos especiales o tenedores de títulos distintos de las participaciones sociales.
No existe, tanto en la Sociedad Escindida como en la Sociedad Beneficiaria, ninguna clase de participaciones sociales especiales o privilegiadas, ni persona que tenga derechos especiales distintos de las participaciones sociales, por lo que no es preciso considerar esta cuestión en la escisión.

6. Ventajas concretas a expertos y administradores.
No se reconocerán ventajas de ninguna clase en la Sociedad Beneficiaria a los administradores de la Sociedad Escindida o de la Sociedad Beneficiaria, ni tampoco, en su caso, a los expertos independientes, cuya intervención no es preceptiva.

7. Fecha de participación en las ganancias.
Las nuevas participaciones sociales a crear por la Sociedad Beneficiaria para hacer frente a la escisión, y que asumirán los socios de la Sociedad Escindida, darán derecho a sus titulares a participar en las ganancias sociales desde el *"fecha"*.

8. Fecha de efectividad de la escisión a efectos contables.
La totalidad de las operaciones realizadas en relación con la parte del patrimonio que se segrega de la Sociedad Escindida se considerarán realizadas, a efectos contables, por la Sociedad Beneficiaria a partir del *"fecha"*.

9. Estatutos de la Sociedad Beneficiaria.
Con ocasión de la escisión y conforme a la relación de canje establecida, la Sociedad Beneficiaria, *"denominación, S.R.L."*, ha de realizar una serie de modificaciones estatutarias.

9.1. Ampliación de capital.
De conformidad con el referido tipo de canje, la entidad *"denominación, S.R.L."* realizará un aumento de capital de *"número"* euros, mediante la creación de *"número"* participaciones sociales, de *"número"* euros de valor nominal cada una de ellas, numeradas correlativamente del *"intervalo"*, ambos inclusive, de la misma clase y serie que las existentes.

Como consecuencia de tal ampliación, habrá que modificar el artículo *"núm. artículo"* de los estatutos sociales, que quedará redactado como sigue:

"Transcripción literal de la nueva redacción del artículo estatutario."

Las nuevas participaciones sociales creadas, serán asumidas por los socios de la Sociedad Escindida en proporción a su respectiva participación en la entidad que se escinde, del siguiente modo:

"Identificar los socios a los que se les asigna, detallando el número de participaciones sociales y su numeración más, en su caso, la compensación en metálico que le corresponda".

➤➤
○ **Otras modificaciones estatutarias:**

9.2. *"Otras posibles modificaciones estatutarias denominación, objeto social, domicilio, etc."*

≺≺

10. Reducción del capital social de la Sociedad Escindida.
Como consecuencia de la transmisión del patrimonio segregado, la Sociedad Escindida, *"denominación, S.R.L."*, reducirá su capital social en *"número"* euros, mediante la amortización de *"número"* participaciones sociales.

1175

Como consecuencia de tal reducción, habrá que modificar el artículo *"núm. artículo"* de los estatutos sociales, que quedará redactado como sigue:

"Transcripción literal de la nueva redacción del artículo estatutario."

11. Designación de los elementos del activo y pasivo que se transmiten a la sociedad beneficiaria.
Los elementos del activo y del pasivo de *"denominación, S.R.L."* que se transmiten a la Sociedad Beneficiaria, constituyen una unidad económica autónoma, afecta a la actividad de *"especificar actividad"*, capaz de operar en el tráfico jurídico con sus propios recursos.

Dichos elementos del activo y pasivo que integran el patrimonio segregado de la Sociedad Escindida, y que serán transmitidos a la Sociedad Beneficiaria, son los siguientes:

"Identificación de los elementos de activo y pasivo que se traspasa"

De conformidad con lo establecido en el art.69 del Real Decreto-Ley 5/2023, cualquier modificación importante del patrimonio de la Sociedad Escindida acaecida entre la fecha de elaboración del Proyecto de Escisión y la fecha de reunión de la junta de socios que haya de decidir sobre la escisión, será notificada por los administradores de la Sociedad Escindida a su junta de socios. La misma información proporcionarán los administradores de la Sociedad Beneficiaria y éstos a los administradores de la Sociedad Escindida, para que, a su vez, informe a su junta de socios.

12. Valoración del activo y pasivo transmitido.
El tipo de canje establecido ha sido calculado en función de la estimación de los valores razonables de mercado del patrimonio de las distintas sociedades participantes en la escisión, teniendo en cuenta el valor de sus activos en las circunstancias específicas en que se encuentran, y de los pasivos de las mismas.

Para ello se ha contado con el asesoramiento de *"experto"*, quien ha valorado los patrimonios sociales conforme a los siguientes métodos y criterios de valoración:

"Métodos de valoración empleados".

13. Fecha de las cuentas utilizadas.
Las cuentas utilizadas para establecer las condiciones de la escisión son las cerradas a *"fecha"*. En consecuencia, a efectos de lo previsto en el art.43 del Real Decreto-Ley 5/2023, se considera como balance de escisión *"...el último balance anual, por no haber transcurrido más de seis meses entre su fecha de cierre y la fecha del presente proyecto de escisión ... O ... un balance específico, cerrado con posterioridad al primer día del tercer mes precedente a la fecha del presente proyecto de escisión ..."*

- **Correcciones de valor:**

A dicho balance de escisión se le han realizado las correcciones de valor necesarias para reflejar los valores razonables de las distintas partidas contables, teniendo en cuenta, entre otras, las siguientes circunstancias:

- Valor real del patrimonio inmobiliario.

- Valor real de la maquinaria, instalaciones y en general, del aparato productivo.

- Plantilla, formación, edad media, productividad y costo de una posible regulación de empleo.

- Valor de marcas, clientela, etc., capacidad de generar beneficios y fondo de comercio.

- Valor cierto de realización y cobro de los bines del activo circulante.

- Valor cierto del pasivo exigible.

<<

Conforme al art.44 del Real Decreto-Ley 5/2023, los balances de escisión *"...y las modificaciones de valoración contenidas en el mismo, ..."* serán verificados por el auditor de cuentas de la sociedad y sometidos a la aprobación de la junta general de socios que haya de resolver sobre la escisión, con carácter previo a la adopción del propio acuerdo de escisión.

14. Consecuencias de la escisión sobre el empleo.
Como consecuencia de la proyectada escisión parcial, las relaciones laborales existentes en *"denominación, S.R.L."* asociadas a la parte del patrimonio escindido, no se extinguirán. En su lugar, la Sociedad Beneficiaria se subrogará en los derechos y obligaciones laborales y de Seguridad Social, incluyendo los compromisos por pensiones y, en general, las obligaciones adquiridas en materia de protección social complementaria, asociados a la parte del patrimonio transmitido.

"Otras posibles consecuencias de la escisión sobre el empleo".

Las sociedades participantes darán cumplimiento a sus obligaciones de información a los trabajadores de cada una de ellas conforme a lo dispuesto en la normativa laboral y en el Real Decreto-Ley 5/2023.

15. Otras menciones.
15.1. Régimen fiscal.
La presente escisión goza de las exenciones y beneficios previstos en la Directiva 2009/133/CE y está sujeta al régimen del art.89 de la Ley 27/2014, de 27 de noviembre, del Impuesto sobre Sociedades, sin perjuicio de la pertinente comunicación a la Administración tributaria.

15.2. Informe de experto independiente.
De acuerdo con lo previsto en el art.68.1 del Real Decreto-Ley 5/2023, no existe obligación de someter el proyecto de escisión al informe de experto independiente.

Cuarto. Reducción del capital social como consecuencia de la escisión y consiguiente modificación del artículo *"número"* de los estatutos sociales.
Como consecuencia de la escisión parcial aprobada y el consiguiente traspaso de parte del patrimonio de la sociedad escindida, se acuerda, por unanimidad del capital asistente, reducir el capital social de la Sociedad en *"número"* euros, mediante la amortización de *"número"* participaciones sociales, números *"intervalo"*, ambos inclusive.

En consecuencia, se da nueva redacción al artículo *"núm. artículo"* de los estatutos sociales, que en lo sucesivo tendrá la siguiente redacción:

"Transcripción del artículo estatutario".

➢➢

❍ **Otras modificaciones estatutarias:**

Quinto. Otras modificaciones estatutarias
"Otras posibles modificaciones estatutarias denominación, objeto social, domicilio, etc."

≺≺

➢➢

❍ **Relación de otros acuerdos adoptados:**

"Sexto".
"texto de los restantes acuerdos adoptados"

≺≺

5.
Que el acta fue aprobada, previa su redacción y lectura, por la propia junta, al final de la reunión, constando en ella la firma del secretario, con el visto bueno del presidente, así como las de los socios asistentes que lo desearon.

Y para que así conste y surta los oportunos efectos, se expide la presente certificación, en *"localidad"*, a *"fecha"*.

Firma/s

"...El administrador único ... O ... El administrador solidario ... O ... Los administradores mancomunados ... O ... El secretario del consejo de administración con el V°B° del presidente del consejo ..."

c. Acta de la junta general y universal de la sociedad beneficiaria

Siendo las *"número/letra"* horas del día *"fecha"*, y hallándose presentes *"...en el domicilio social ... O ... en "lugar" ..."*, la totalidad de los socios de *"denominación, S.R.L."*, quienes, a su vez, representan el total del capital de la sociedad, deciden constituirse de forma unánime en junta general y universal de socios; lo que llevan a efecto al amparo de lo dispuesto en el artículo 178 del texto refundido de la Ley de Sociedades de Capital, con el siguiente:

Orden del día

1. Aprobación de la escisión parcial de la entidad *"denominación, S.R.L."*, a favor de la entidad beneficiaria *"denominación, S.R.L."*.

2. Aumento del capital social como consecuencia de la escisión y consiguiente modificación del artículo *"númeroletra"* de los estatutos sociales. *"... "otras modificaciones estatutarias" ..."*.

"texto de los restantes puntos aceptados como orden del día de la junta".

Actúan como presidente y secretario de la junta, respectivamente, *"Don/Doña nombre y apellidos del presidente"* y *"Don/Doña nombre y apellidos del secretario" "...conforme a las reglas de designación de tales cargos contenidas en los estatutos de la sociedad ... O ... conforme a las previsiones contenidas en el artículo 191 del texto refundido de la Ley de Sociedades de Capital ... O ... por designación, al comienzo de la reunión, por los socios concurrentes a la misma ..."*.

Los designados aceptan sus respectivos cargos y prometen desempeñar bien y fielmente las funciones inherentes a los mismos.

De conformidad con lo establecido en el artículo 97, número 1, apartado 4ª del Reglamento del Registro Mercantil, y en prueba de aceptación de todos los asistentes del orden del día fijado, se recoge, a continuación, relación nominal de los asistentes, seguida de la firma de cada uno de ellos:

- *"Don/Doña nombre y apellidos/razón social"*, titular de *"número/letra"* participaciones sociales, números *"número"* a *"número"*, ambos inclusive, representativas de un *"determinar porcentaje"* % del capital social. Asiste *"...personalmente ... O ... representado por "Don/Doña nombre y apellidos", según acredita debidamente ..."*.
Firma: *"Don/Doña nombre y apellidos/razón social"*

Se hace constar que la totalidad de las participaciones sociales tienen derecho de voto y que cada participación social da derecho a emitir un voto.

➤➤

○ **Si existen privilegios en materia de derecho de voto:**

"indicar los privilegios que en materia de derecho de voto se prevén en los estatutos sociales".

≺≺

Se hace constar asimismo que asisten a la reunión la totalidad de los administradores de la sociedad.

Una vez constatada la asistencia a la reunión de la totalidad del capital social y la aceptación, por unanimidad de los asistentes, de su celebración con el carácter de universal, el secretario, por indicación del presidente, procede a dar lectura al orden del día fijado, adoptándose, previa deliberación de cada uno de cada uno de los asuntos y de las propuestas formuladas al respecto, por unanimidad los siguientes:

Acuerdos

Primero. Examen y, en su caso, aprobación del balance de escisión cerrado a *"fecha"*.
Con vistas a la adopción del acuerdo de escisión parcial de la sociedad *"denominación, S.R.L."*, y con anterioridad a ello, los asistentes acuerdan tomar como base de esta operación el balance de la sociedad cerrado a *"fecha"*, que es aprobado por unanimidad de los asistentes en este mismo acto y que se acompaña como anexo 1 a la presente acta. En relación con dicho balance de escisión se hace constar:

a) Que el mismo cumple el requisito que fija el art.43 del Real Decreto-Ley 5/2023, toda vez que *"...siendo el último balance anual, entre su fecha de cierre y la fecha del proyecto de escisión no han transcurrido más de seis meses ... O ... no siendo el último balance anual, sino un balance específico, su fecha de cierre es posterior al primer día del tercer mes precedente a la fecha del proyecto de escisión ..."*.

b) Que, de conformidad con el art.44 del Real Decreto-Ley 5/2023, el balance está verificado por el auditor de cuentas de la sociedad, por estar ésta obligada a auditar sus cuentas anuales conforme a lo establecido en el art.263 de la Ley de Sociedades de Capital.

c) Que, con posterioridad a la fecha del balance de escisión, no ha acontecido ningún hecho extraordinario que modifique el patrimonio activo o pasivo en él reflejado.

Segundo. Segundo. Examen y, en su caso, aprobación del proyecto de escisión parcial de *"denominación, S.R.L."* y la entidad beneficiaria *"denominación, S.R.L."*
A la vista del informe de los administradores, así como de las opiniones y observaciones presentadas, en su caso, por los socios, acreedores y/o trabajadores, se acuerda por unanimidad del capital asistente, aprobar el proyecto de escisión parcial de las sociedad *"denominación, S.R.L."*, a favor de la entidad beneficiaria *"denominación, S.R.L."*, *"...publicado en la página web de las sociedades participantes en la escisión ... O ... que ha quedado depositado en el Registro Mercantil de "provincia" con fecha "fecha" ..."* y cuya *"... inserción ... O ... depósito ..."* ha sido publicado en el Boletín Oficial del Registro Mercantil, número *"núm. BORME"*, de *"fecha"*.

Se acompaña el proyecto a la presente acta como anexo 2.

Tercero. Adopción del acuerdo de escisión parcial.
Se acuerda, por unanimidad del capital asistente, aprobar la escisión parcial de la sociedad mercantil *"denominación, S.R.L."*, que, sin extinguirse, traspasará en bloque por sucesión universal una parte de su patrimonio social a la sociedad beneficiaria *"denominación, S.R.L."*, en los términos y demás condiciones recogidos en el proyecto de escisión parcial.

A efectos de lo dispuesto en el art.47.1 del Real Decreto-Ley 5/2023, se manifiesta que el acuerdo de escisión se aprueba en los mismos términos que el proyecto de escisión parcial, ajustándose estrictamente a su contenido y, en concreto, a los siguientes aspectos:

1. Identificación de las sociedades que participan en la escisión.
1.1. Sociedad Escindida.
Denominación social: *"denominación"*

Domicilio social: *"calle, número, localidad"*

Datos registrales: *"datos registrales"*

C.I.F.: *"número"*

1.2. Sociedad Beneficiaria.
Denominación social: *"denominación"*

Domicilio social: *"calle, número, localidad"*

Datos registrales: *"datos registrales"*

C.I.F.: *"número"*

2. Calendario indicativo de la escisión.
De conformidad con lo dispuesto en el art.4.1.2º del RDL 5/2023, se incorpora a este Proyecto como Anexo 1 un calendario indicativo que recoge los hitos principales que deberán cumplirse para la ejecución de la escisión.

3. Tipo de canje, compensación en metálico y procedimiento de canje.
3.1. Tipo de canje.
A los efectos de determinar el tipo de canje, debe entenderse que la escisión se realiza al amparo de lo dispuesto en el art.60 del Real Decreto-Ley 5/2023, resultando una atribución a los socios de *"denominación, S.R.L."*, de un número de participaciones sociales de la Sociedad Beneficiaria, *"denominación, S.R.L."*, proporcional a su respectiva participación en la sociedad que se escinde.

El tipo de canje se ha fijado sobre la base del valor razonable de los patrimonios de las sociedades participantes en la escisión, teniendo en cuenta el valor de sus respectivos activos y pasivos conforme a lo establecido en el apartado 11 siguiente.

El tipo de canje se ha fijado sobre la base del valor razonable de los patrimonios de las sociedades participantes en la escisión, teniendo en cuenta el valor de sus respectivos activos y pasivos conforme a lo establecido en el apartado 11 siguiente.

Como consecuencia de la aplicación de los anteriores criterios, a los socios de la Sociedad Escindida, les corresponderá recibir, por cada participación de que son titulares en la citada sociedad, *"número"* participaciones sociales de *"número"* euros de valor nominal cada una, de la Sociedad Beneficiaria, *"denominación, S.R.L."*.

➤➤

❍ **Si el número de participaciones resultantes no resulta exacto:**

Asimismo, dado que el número de participaciones sociales resultante de la relación de canje no es exacto, las fracciones de participación se compensarán en metálico del siguiente modo

a) La sociedad beneficiaria *"denominación, S.R.L."* abonará *"número"* euros, por cada una de las participaciones sociales que entregue a los socios de la Sociedad Escindida.

b) La sociedad beneficiaria *"denominación, S.R.L."* abonará *"número"* euros, por cada una de las participaciones sociales que entregue a los socios de la Sociedad Escindida.

Se hace constar que, conforme al límite previsto en el art.59 del Real Decreto-Ley 5/2023, la compensación en metálico no excede del 10% del valor nominal de las participaciones atribuidas.

≺≺

3.2. Disconformidad con el tipo de canje
Conforme al art.63 y 49 del Real Decreto-Ley 5/2023, los socios de la Sociedad Escindida que consideren que la relación de canje establecida en el proyecto de escisión no es adecuada, pueden impugnarla y reclamar un pago en efectivo ante el Juzgado de lo Mercantil del domicilio social, cuya competencia será exclusiva, o el tribunal arbitral estatutariamente previsto, siempre que no hayan votado a favor de la aprobación del acuerdo de escisión o no tengan derecho de voto, dentro del plazo de dos meses desde la fecha de publicación del acuerdo de la junta general. La decisión del Juzgado o tribunal arbitral será vinculante para la Sociedad Beneficiaria de la escisión.

La Sociedad Beneficiaria podrá compensar a los socios con participaciones propias, en lugar del pago en efectivo.

En todo caso, la impugnación de la relación de canje no paralizará la escisión ni impedirá su inscripción en el Registro Mercantil.

3.3. Procedimiento de canje.
No habrá intercambio físico de títulos, dado que las sociedades participantes en la escisión son sociedades de responsabilidad limitada.

4. Incidencia de la escisión sobre las aportaciones de industria o las prestaciones accesorias.
No existe en la Sociedad Escindida ningún socio industrial (que haya aportado trabajo, servicios o su actividad a la empresa), ni participaciones sociales que lleven aparejadas prestaciones accesorias.

5. Titulares de derechos especiales o tenedores de títulos distintos de las participaciones sociales.
No existe, tanto en la Sociedad Escindida como en la Sociedad Beneficiaria, ninguna clase de participaciones sociales especiales o privilegiadas, ni persona que tenga derechos especiales distintos de las participaciones sociales, por lo que no es preciso considerar esta cuestión en la escisión.

6. Ventajas concretas a expertos y administradores.
No se reconocerán ventajas de ninguna clase en la Sociedad Beneficiaria a los administradores de la Sociedad Escindida o de la Sociedad Beneficiaria, ni tampoco, en su caso, a los expertos independientes, cuya intervención no es preceptiva.

7. Fecha de participación en las ganancias.
Las nuevas participaciones sociales a crear por la Sociedad Beneficiaria para hacer frente a la escisión, y que asumirán los socios de la Sociedad Escindida, darán derecho a sus titulares a participar en las ganancias sociales desde el *"fecha"*.

8. Fecha de efectividad de la escisión a efectos contables.
La totalidad de las operaciones realizadas en relación con la parte del patrimonio que se segrega de la Sociedad Escindida se considerarán realizadas, a efectos contables, por la Sociedad Beneficiaria a partir del *"fecha"*.

9. Estatutos de la Sociedad Beneficiaria.
Con ocasión de la escisión y conforme a la relación de canje establecida, la Sociedad Beneficiaria, *"denominación, S.R.L."*, ha de realizar una serie de modificaciones estatutarias.

9.1. Ampliación de capital.
De conformidad con el referido tipo de canje, la entidad *"denominación, S.R.L."* realizará un aumento de capital de *"número"* euros, mediante la creación de *"número"* participaciones sociales, de *"número"* euros de valor nominal cada una de ellas, numeradas correlativamente del *"intervalo"*, ambos inclusive, de la misma clase y serie que las existentes.

Como consecuencia de tal ampliación, habrá que modificar el artículo *"núm. artículo"* de los estatutos sociales, que quedará redactado como sigue:

"Transcripción literal de la nueva redacción del artículo estatutario."

Las nuevas participaciones sociales creadas, serán asumidas por los socios de la Sociedad Escindida en proporción a su respectiva participación en la entidad que se escinde, del siguiente modo:

"Identificar los socios a los que se les asigna, detallando el número de participaciones sociales y su numeración más, en su caso, la compensación en metálico que le corresponda".

○ Otras modificaciones estatutarias:

9.2. *"Otras posibles modificaciones estatutarias denominación, objeto social, domicilio, etc."*

10. Reducción del capital social de la Sociedad Escindida.
Como consecuencia de la transmisión del patrimonio segregado, la Sociedad Escindida, *"denominación, S.R.L."*, reducirá su capital social en *"número"* euros, mediante la amortización de *"número"* participaciones sociales.

Como consecuencia de tal reducción, habrá que modificar el artículo *"núm. artículo"* de los estatutos sociales, que quedará redactado como sigue:

"Transcripción literal de la nueva redacción del artículo estatutario."

11. Designación de los elementos del activo y pasivo que se transmiten a la sociedad beneficiaria.
Los elementos del activo y del pasivo de *"denominación, S.R.L."* que se transmiten a la Sociedad Beneficiaria, constituyen una unidad económica autónoma, afecta a la actividad de *"especificar actividad"*, capaz de operar en el tráfico jurídico con sus propios recursos.

Dichos elementos del activo y pasivo que integran el patrimonio segregado de la Sociedad Escindida, y que serán transmitidos a la Sociedad Beneficiaria, son los siguientes:

"Identificación de los elementos de activo y pasivo que se traspasa"

De conformidad con lo establecido en el art.69 del Real Decreto-Ley 5/2023, cualquier modificación importante del patrimonio de la Sociedad Escindida acaecida entre la fecha de elaboración del Proyecto de Escisión y la fecha de reunión de la junta de socios que haya de decidir sobre la escisión, será notificada por los administradores de la Sociedad Escindida a su junta de socios. La misma información proporcionarán los administradores de la Sociedad Beneficiaria y éstos a los administradores de la Sociedad Escindida, para que, a su vez, informe a su junta de socios.

12. Valoración del activo y pasivo transmitido.
El tipo de canje establecido ha sido calculado en función de la estimación de los valores razonables de mercado del patrimonio de las distintas sociedades participantes en la escisión, teniendo en cuenta el valor de sus activos en las circunstancias específicas en que se encuentran, y de los pasivos de las mismas.

Para ello se ha contado con el asesoramiento de *"experto"*, quien ha valorado los patrimonios sociales conforme a los siguientes métodos y criterios de valoración:

"Métodos de valoración empleados".

13. Fecha de las cuentas utilizadas.
Las cuentas utilizadas para establecer las condiciones de la escisión son las cerradas a *"fecha"*. En consecuencia, a efectos de lo previsto en el art.43 del Real Decreto-Ley 5/2023, se considera como balance de escisión *"...el último balance anual, por no haber transcurrido más de seis meses entre su fecha de cierre y la fecha del presente proyecto de escisión... O... un balance específico, cerrado con posterioridad al primer día del tercer mes precedente a la fecha del presente proyecto de escisión..."*

○ **Correcciones de valor:**

A dicho balance de escisión se le han realizado las correcciones de valor necesarias para reflejar los valores razonables de las distintas partidas contables, teniendo en cuenta, entre otras, las siguientes circunstancias:

- Valor real del patrimonio inmobiliario.

- Valor real de la maquinaria, instalaciones y en general, del aparato productivo.

- Plantilla, formación, edad media, productividad y costo de una posible regulación de empleo.

- Valor de marcas, clientela, etc., capacidad de generar beneficios y fondo de comercio.

- Valor cierto de realización y cobro de los bines del activo circulante.

- Valor cierto del pasivo exigible.

Conforme al art.44 del Real Decreto-Ley 5/2023, los balances de escisión *"...y las modificaciones de valoración contenidas en el mismo, ..."* serán verificados por el auditor de cuentas de la sociedad y sometidos a la aprobación de la junta general de socios que haya de resolver sobre la escisión, con carácter previo a la adopción del propio acuerdo de escisión.

14. Consecuencias de la escisión sobre el empleo.
Como consecuencia de la proyectada escisión parcial, las relaciones laborales existentes en *"denominación, S.R.L."* asociadas a la parte del patrimonio escindido, no se extinguirán. En su lugar, la Sociedad Beneficiaria se subrogará en los derechos y obligaciones laborales y de Seguridad Social, incluyendo los compromisos por pensiones y, en general, las obligaciones adquiridas en materia de protección social complementaria, asociados a la parte del patrimonio transmitido.

"Otras posibles consecuencias de la escisión sobre el empleo".

15. Otras menciones.
15.1. Régimen fiscal.
La presente escisión goza de las exenciones y beneficios previstos en la Directiva 2009/133/CE y está sujeta al régimen del art.89 de la Ley 27/2014, de 27 de noviembre, del Impuesto sobre Sociedades, sin perjuicio de la pertinente comunicación a la Administración tributaria.

15.2. Informe de experto independiente.
De acuerdo con lo previsto en el art.68.1 del Real Decreto-Ley 5/2023, no existe obligación de someter el proyecto de escisión al informe de experto independiente.

Cuarto. Aumento del capital social como consecuencia de la escisión y consiguiente modificación del artículo *"número"* de los estatutos sociales.
Conforme a la relación de canje establecida, para hacer frente a la escisión, se acuerda por unanimidad del capital asistente, aumentar el capital social de la Sociedad *"denominación, S.R.L."* en la cifra de *"número"* euros, mediante la creación de *"número"* participaciones sociales, de *"número"* euros de valor nominal cada una de ellas, numeradas correlativamente del *"intervalo"*, ambos inclusive, de la misma clase y serie que las existentes.

Consecuentemente, se modifica el artículo *"núm. artículo"* de los estatutos sociales de la Sociedad, que quedará redactado como sigue:

"Transcripción literal de la nueva redacción del artículo estatutario relativo al capital social".

Las nuevas participaciones sociales creadas, son en este mismo acto totalmente asumidas e íntegramente desembolsadas por los socios de la sociedad escindida, ajustándose estrictamente a lo establecido en el proyecto de escisión parcial y en proporción a las participaciones sociales que actualmente poseen, por lo que la suscripción se realiza en la siguiente forma:

"Detallar suscriptores y participaciones sociales".

- **Otras modificaciones estatutarias:**

Quinto. Otras modificaciones estatutarias
"Otras posibles modificaciones estatutarias denominación, objeto social, domicilio, etc."

<<

1175

≻≻

○ **Relación de otros acuerdos adoptados:**

"Sexto".

"texto de los restantes acuerdos adoptados"

≺≺

Una vez tratadas todas las cuestiones incluidas en el orden del día de la junta, se suspende momentáneamente la sesión, al objeto de que el secretario proceda a la redacción definitiva del acta, la cual, una vez redactada y leída, es aprobada por unanimidad de los asistentes, que la encuentran conforme a la realidad de lo acordado en la reunión, siendo firmada por el secretario, con el visto bueno del presidente *"...así como por los asistentes que lo desean ..."*; tras lo cual, se levanta la sesión a las *"número/letra"* horas del día y en el lugar que figuran en el encabezamiento.

Vº Bº	El Secretario
El Presidente	
Fdo. *"Don/Doña nombre y apellidos del presidente"*	Fdo. *"Don/Doña nombre y apellidos del secretario"*

d. Certificación en extracto de acta de junta general universal de la sociedad beneficiaria

"Don/Doña nombre y apellidos" "...y "Don/Doña nombre y apellidos" ...", en su condición de *"...Administrador único ... O ... Administrador solidario ... O ... Administradores mancomunados ... O ... Secretario del consejo de administración ..."* de *"denominación, S.R.L."*

Certifica/n

1.

Que el día *"fecha"*, y en *"...el domicilio social ... O ... "lugar" ..."* se celebró junta general de socios con el carácter de universal, por asistir a la misma, presente o debidamente representado, la totalidad del capital social y aceptarlo así la totalidad de los asistentes, relación nominal de los cuales, con sus respectivas firmas, figura en la correspondiente acta, a continuación de la fecha, lugar y orden del día.

2.

Que por unanimidad de los asistentes se aceptaron los siguientes puntos como orden del día de la sesión:

1. Aprobación de la escisión parcial de la entidad *"denominación, S.R.L."*, a favor de la entidad beneficiaria *"denominación, S.R.L."*.

2. Aumento del capital social como consecuencia de la escisión y consiguiente modificación del artículo *"número/letra"* de los estatutos sociales. *"... "otras modificaciones estatutarias" ..."*.

3. Sometimiento de la escisión al régimen de neutralidad fiscal.

- *"texto de los restantes putos del aceptados como orden del día de la junta"*.

3.

Que *"Don/Doña nombre y apellidos del presidente"* y *"Don/Doña nombre y apellidos del secretario"* desempeñaron, respectivamente, los cargos de presidente y secretario de la junta *"...conforme a las reglas de designación de tales cargos contenidas en los estatutos de la sociedad ... O ... conforme a las previsiones contenidas en el artículo 191 del texto refundido de la Ley de Sociedades de Capital ... O ... por designación, al comienzo de la reunión, por los socios concurrentes a la misma ..."*.

4.

Que previa deliberación de cada uno de cada uno de los asuntos y de las propuestas formuladas al respecto, y por unanimidad, se adoptaron los acuerdos que se transcriben literalmente:

Acuerdos

Primero. Examen y, en su caso, aprobación del balance de escisión cerrado a *"fecha"*.
Con vistas a la adopción del acuerdo de escisión parcial de la sociedad *"denominación, S.R.L."*, y con anterioridad a ello, los asistentes acuerdan tomar como base de esta operación el balance de la sociedad cerrado a *"fecha"*, que es aprobado por unanimidad de los asistentes en este mismo acto y que se acompaña como anexo 1 a la presente acta. En relación con dicho balance de escisión se hace constar:

a) Que el mismo cumple el requisito que fija el art.43 del Real Decreto-Ley 5/2023, toda vez que *"...siendo el último balance anual, entre su fecha de cierre y la fecha del proyecto de escisión no han transcurrido más de seis meses ... O ... no siendo el último balance anual, sino un balance específico, su fecha de cierre es posterior al primer día del tercer mes precedente a la fecha del proyecto de escisión ..."*.

b) Que, de conformidad con el art.44 del Real Decreto-Ley 5/2023, el balance está verificado por el auditor de cuentas de la sociedad, por estar ésta obligada a auditar sus cuentas anuales conforme a lo establecido en el art.263 de la Ley de Sociedades de Capital.

c) Que, con posterioridad a la fecha del balance de escisión, no ha acontecido ningún hecho extraordinario que modifique el patrimonio activo o pasivo en él reflejado.

Segundo. Segundo. Examen y, en su caso, aprobación del proyecto de escisión parcial de *"denominación, S.R.L."* y la entidad beneficiaria *"denominación, S.R.L."*
A la vista del informe de los administradores, así como de las opiniones y observaciones presentadas, en su caso, por los socios, acreedores y/o trabajadores, se acuerda por unanimidad del capital asistente, aprobar el proyecto de escisión parcial de las sociedad *"denominación, S.R.L."*, a favor de la entidad beneficiaria *"denominación, S.R.L."*, *"...publicado en la página web de las sociedades participantes en la escisión ... O ... que ha quedado depositado en el Registro Mercantil de "provincia" con fecha "fecha" ..."* y cuya *"...inserción ... O ... depósito ..."* ha sido publicado en el Boletín Oficial del Registro Mercantil, número *"núm. BORME"*, de *"fecha"*.

Se acompaña el proyecto a la presente acta como anexo 2.

Tercero. Adopción, en su caso, del acuerdo de escisión parcial.
Se acuerda, por unanimidad del capital asistente, aprobar la escisión parcial de la sociedad mercantil *"denominación, S.R.L."*, que, sin extinguirse, traspasará en bloque por sucesión universal una parte de su patrimonio social a la sociedad beneficiaria *"denominación, S.R.L."*, en los términos y demás condiciones recogidos en el proyecto de escisión parcial.

A efectos de lo dispuesto en el art.47.1 del Real Decreto-Ley 5/2023, se manifiesta que el acuerdo de escisión se aprueba en los mismos términos que el proyecto de escisión parcial, ajustándose estrictamente a su contenido y, en concreto, a los siguientes aspectos:

1. Identificación de las sociedades que participan en la escisión.
1.1. Sociedad Escindida.
Denominación social: *"denominación"*

Domicilio social: *"calle, número, localidad"*

Datos registrales: *"datos registrales"*

C.I.F.: *"número"*

1.2. Sociedad Beneficiaria.
Denominación social: *"denominación"*

Domicilio social: *"calle, número, localidad"*

Datos registrales: *"datos registrales"*

C.I.F.: *"número"*

2. Calendario indicativo de la escisión.
De conformidad con lo dispuesto en el art.4.1.2º del RDL 5/2023, se incorpora a este Proyecto como Anexo 1 un calendario indicativo que recoge los hitos principales que deberán cumplirse para la ejecución de la escisión.

3. Tipo de canje, compensación en metálico y procedimiento de canje.
3.1. Tipo de canje.
A los efectos de determinar el tipo de canje, debe entenderse que la escisión se realiza al amparo de lo dispuesto en el art.60 del Real Decreto-Ley 5/2023, resultando una atribución a los socios de *"denominación, S.R.L."*, de un número de participaciones sociales de la Sociedad Beneficiaria, *"denominación, S.R.L."*, proporcional a su respectiva participación en la sociedad que se escinde.

El tipo de canje se ha fijado sobre la base del valor razonable de los patrimonios de las sociedades participantes en la escisión, teniendo en cuenta el valor de sus respectivos activos y pasivos conforme a lo establecido en el apartado 11 siguiente.

El tipo de canje se ha fijado sobre la base del valor razonable de los patrimonios de las sociedades participantes en la escisión, teniendo en cuenta el valor de sus respectivos activos y pasivos conforme a lo establecido en el apartado 11 siguiente.

Como consecuencia de la aplicación de los anteriores criterios, a los socios de la Sociedad Escindida, les corresponderá recibir, por cada participación de que son titulares en la citada sociedad, *"número"* participaciones sociales de *"número"* euros de valor nominal cada una, de la Sociedad Beneficiaria, *"denominación, S.R.L."*.

>>

○ **Si el número de participaciones resultantes no resulta exacto:**

Asimismo, dado que el número de participaciones sociales resultante de la relación de canje no es exacto, las fracciones de participación se compensarán en metálico del siguiente modo

a) La sociedad beneficiaria *"denominación, S.R.L."* abonará *"número"* euros, por cada una de las participaciones sociales que entregue a los socios de la Sociedad Escindida.

b) La sociedad beneficiaria *"denominación, S.R.L."* abonará *"número"* euros, por cada una de las participaciones sociales que entregue a los socios de la Sociedad Escindida.

Se hace constar que, conforme al límite previsto en el art.59 del Real Decreto-Ley 5/2023, la compensación en metálico no excede del 10% del valor nominal de las participaciones atribuidas.

<<

3.2. Disconformidad con el tipo de canje
Conforme al art.63 y 49 del Real Decreto-Ley 5/2023, los socios de la Sociedad Escindida que consideren que la relación de canje establecida en el proyecto de escisión no es adecuada, pueden impugnarla y reclamar un pago en efectivo ante el Juzgado de lo Mercantil del domicilio social, cuya competencia será exclusiva, o el tribunal arbitral estatutariamente previsto, siempre que no hayan votado a favor de la aprobación del acuerdo de escisión o no tengan derecho de voto, dentro del plazo de dos meses desde la fecha de publicación del acuerdo de la junta general. La decisión del Juzgado o tribunal arbitral será vinculante para la Sociedad Beneficiaria de la escisión.

La Sociedad Beneficiaria podrá compensar a los socios con participaciones propias, en lugar del pago en efectivo.

En todo caso, la impugnación de la relación de canje no paralizará la escisión ni impedirá su inscripción en el Registro Mercantil.

3.3. Procedimiento de canje.
No habrá intercambio físico de títulos, dado que las sociedades participantes en la escisión son sociedades de responsabilidad limitada.

4. Incidencia de la escisión sobre las aportaciones de industria o las prestaciones accesorias.
No existe en la Sociedad Escindida ningún socio industrial (que haya aportado trabajo, servicios o su actividad a la empresa), ni participaciones sociales que lleven aparejadas prestaciones accesorias.

5. Titulares de derechos especiales o tenedores de títulos distintos de las participaciones sociales.
No existe, tanto en la Sociedad Escindida como en la Sociedad Beneficiaria, ninguna clase de participaciones sociales especiales o privilegiadas, ni persona que tenga derechos especiales distintos de las participaciones sociales, por lo que no es preciso considerar esta cuestión en la escisión.

6. Ventajas concretas a expertos y administradores.
No se reconocerán ventajas de ninguna clase en la Sociedad Beneficiaria a los administradores de la Sociedad Escindida o de la Sociedad Beneficiaria, ni tampoco, en su caso, a los expertos independientes, cuya intervención no es preceptiva.

7. Fecha de participación en las ganancias.
Las nuevas participaciones sociales a crear por la Sociedad Beneficiaria para hacer frente a la escisión, y que asumirán los socios de la Sociedad Escindida, darán derecho a sus titulares a participar en las ganancias sociales desde el *"fecha"*.

8. Fecha de efectividad de la escisión a efectos contables.
La totalidad de las operaciones realizadas en relación con la parte del patrimonio que se segrega de la Sociedad Escindida se considerarán realizadas, a efectos contables, por la Sociedad Beneficiaria a partir del *"fecha"*.

9. Estatutos de la Sociedad Beneficiaria.
Con ocasión de la escisión y conforme a la relación de canje establecida, la Sociedad Beneficiaria, *"denominación, S.R.L."*, ha de realizar una serie de modificaciones estatutarias.

9.1. Ampliación de capital.
De conformidad con el referido tipo de canje, la entidad *"denominación, S.R.L."* realizará un aumento de capital de *"número"* euros, mediante la creación de *"número"* participaciones sociales, de *"número"* euros de valor nominal cada una de ellas, numeradas correlativamente del *"intervalo"*, ambos inclusive, de la misma clase y serie que las existentes.

Como consecuencia de tal ampliación, habrá que modificar el artículo *"núm. artículo"* de los estatutos sociales, que quedará redactado como sigue:

"Transcripción literal de la nueva redacción del artículo estatutario."

Las nuevas participaciones sociales creadas, serán asumidas por los socios de la Sociedad Escindida en proporción a su respectiva participación en la entidad que se escinde, del siguiente modo:

"Identificar los socios a los que se les asigna, detallando el número de participaciones sociales y su numeración más, en su caso, la compensación en metálico que le corresponda".

○ Otras modificaciones estatutarias:

9.2. *"Otras posibles modificaciones estatutarias denominación, objeto social, domicilio, etc."*

10. Reducción del capital social de la Sociedad Escindida.
Como consecuencia de la transmisión del patrimonio segregado, la Sociedad Escindida, *"denominación, S.R.L."*, reducirá su capital social en *"número"* euros, mediante la amortización de *"número"* participaciones sociales.

Como consecuencia de tal reducción, habrá que modificar el artículo *"núm. artículo"* de los estatutos sociales, que quedará redactado como sigue:

"Transcripción literal de la nueva redacción del artículo estatutario."

11. Designación de los elementos del activo y pasivo que se transmiten a la sociedad beneficiaria.
Los elementos del activo y del pasivo de *"denominación, S.R.L."* que se transmiten a la Sociedad Beneficiaria, constituyen una unidad económica autónoma, afecta a la actividad de *"especificar actividad"*, capaz de operar en el tráfico jurídico con sus propios recursos.

Dichos elementos del activo y pasivo que integran el patrimonio segregado de la Sociedad Escindida, y que serán transmitidos a la Sociedad Beneficiaria, son los siguientes:

"Identificación de los elementos de activo y pasivo que se traspasa"

De conformidad con lo establecido en el art.69 del Real Decreto-Ley 5/2023, cualquier modificación importante del patrimonio de la Sociedad Escindida acaecida entre la fecha de elaboración del Proyecto de Escisión y la fecha de reunión de la junta de socios que haya de decidir sobre la escisión, será notificada por los administradores de la Sociedad Escindida a su junta de socios. La misma información proporcionarán los administradores de la Sociedad Beneficiaria y éstos a los administradores de la Sociedad Escindida, para que, a su vez, informe a su junta de socios.

12. Valoración del activo y pasivo transmitido.
El tipo de canje establecido ha sido calculado en función de la estimación de los valores razonables de mercado del patrimonio de las distintas sociedades participantes en la escisión, teniendo en cuenta el valor de sus activos en las circunstancias específicas en que se encuentran, y de los pasivos de las mismas.

Para ello se ha contado con el asesoramiento de *"experto"*, quien ha valorado los patrimonios sociales conforme a los siguientes métodos y criterios de valoración:

"Métodos de valoración empleados".

13. Fecha de las cuentas utilizadas.
Las cuentas utilizadas para establecer las condiciones de la escisión son las cerradas a *"fecha"*. En consecuencia, a efectos de lo previsto en el art.43 del Real Decreto-Ley 5/2023, se considera como balance de escisión *"...el último balance anual, por no haber transcurrido más de seis meses entre su fecha de cierre y la fecha del presente proyecto de escisión ... O ... un balance específico, cerrado con posterioridad al primer día del tercer mes precedente a la fecha del presente proyecto de escisión ..."*

○ **Correcciones de valor:**

A dicho balance de escisión se le han realizado las correcciones de valor necesarias para reflejar los valores razonables de las distintas partidas contables, teniendo en cuenta, entre otras, las siguientes circunstancias:

- Valor real del patrimonio inmobiliario.

- Valor real de la maquinaria, instalaciones y en general, del aparato productivo.

- Plantilla, formación, edad media, productividad y costo de una posible regulación de empleo.

- Valor de marcas, clientela, etc., capacidad de generar beneficios y fondo de comercio.

- Valor cierto de realización y cobro de los bines del activo circulante.

- Valor cierto del pasivo exigible.

Conforme al art.44 del Real Decreto-Ley 5/2023, los balances de escisión *"...y las modificaciones de valoración contenidas en el mismo, ..."* serán verificados por el auditor de cuentas de la sociedad y sometidos a la aprobación de la junta general de socios que haya de resolver sobre la escisión, con carácter previo a la adopción del propio acuerdo de escisión.

14. Consecuencias de la escisión sobre el empleo.

Como consecuencia de la proyectada escisión parcial, las relaciones laborales existentes en *"denominación, S.R.L."* asociadas a la parte del patrimonio escindido, no se extinguirán. En su lugar, la Sociedad Beneficiaria se subrogará en los derechos y obligaciones laborales y de Seguridad Social, incluyendo los compromisos por pensiones y, en general, las obligaciones adquiridas en materia de protección social complementaria, asociados a la parte del patrimonio transmitido.

"Otras posibles consecuencias de la escisión sobre el empleo".

15. Otras menciones.

15.1. Régimen fiscal.

La presente escisión goza de las exenciones y beneficios previstos en la Directiva 2009/133/CE y está sujeta al régimen del art.89 de la Ley 27/2014, de 27 de noviembre, del Impuesto sobre Sociedades, sin perjuicio de la pertinente comunicación a la Administración tributaria.

15.2. Informe de experto independiente.

De acuerdo con lo previsto en el art.68.1 del Real Decreto-Ley 5/2023, no existe obligación de someter el proyecto de escisión al informe de experto independiente.

Cuarto. Aumento del capital social como consecuencia de la escisión y consiguiente modificación del artículo *"número"* de los estatutos sociales.

Conforme a la relación de canje establecida, para hacer frente a la escisión, se acuerda por unanimidad del capital asistente, aumentar el capital social de la Sociedad *"denominación, S.R.L."* en la cifra de *"número"* euros, mediante la creación de *"número"* participaciones sociales, de *"número"* euros de valor nominal cada una de ellas, numeradas correlativamente del *"intervalo"*, ambos inclusive, de la misma clase y serie que las existentes.

Consecuentemente, se modifica el artículo *"núm. artículo"* de los estatutos sociales de la Sociedad, que quedará redactado como sigue:

"Transcripción literal de la nueva redacción del artículo estatutario relativo al capital social".

Las nuevas participaciones sociales creadas, son en este mismo acto totalmente asumidas e íntegramente desembolsadas por los socios de la sociedad escindida, ajustándose estrictamente a lo establecido en el proyecto de escisión parcial y en proporción a las participaciones sociales que actualmente poseen, por lo que la suscripción se realiza en la siguiente forma:

"Detallar suscriptores y participaciones sociales".

❍ **Otras modificaciones estatutarias:**

Quinto. Otras modificaciones estatutarias

"Otras posibles modificaciones estatutarias denominación, objeto social, domicilio, etc."

1175

○ **Relación de otros acuerdos adoptados:**

"Sexto".

"texto de los restantes acuerdos adoptados"

<<

5.

Que el acta fue aprobada, previa su redacción y lectura, por la propia junta, al final de la reunión, constando en ella la firma del secretario, con el visto bueno del presidente, así como las de los socios asistentes que lo desearon.

Y para que así conste y surta los oportunos efectos, se expide la presente certificación, en *"localidad"*, a *"fecha"*.

Firma/s

"...El administrador único Fdo. "Don/Doña nombre y apellidos"..."

"...El administrador solidario Fdo. "Don/Doña nombre y apellidos"..."

"...Los administradores mancomunados Fdo. "Don/Doña nombre y apellidos"..."

"...El secretario del consejo de administración con el V°B° del presidente del consejo Fdo. "Don/Doña nombre y apellidos"..."

1180

36. Cesión global de activo y pasivo

MSM nº 8415 s.; MSL nº 8560 s.

RDL 5/2023 art.72 a 79; RRM art.246

Nota preliminar:

1) El formulario, en el que se incluyen acta y certificación, supone que el acuerdo se adopta en **junta universal y** por **unanimidad,** supuesto que será el más frecuente en la práctica.

2) Para el caso de que el acuerdo se adopte en junta formalmente **convocada o/y sin unanimidad** de los socios, ver otros modelos de acta (nº 505 y nº 510) y certificación (nº 605 y nº 610).

3) Si la sociedad es unipersonal, ver modelos de acta (nº 520) y certificación (nº 620).

a. Acta de la junta general y universal de *"denominación, S.R.L."*

Siendo las *"número/letra"* horas del día *"fecha"*, y hallándose presentes *"...en el domicilio social... O ... en "lugar"..."*, la totalidad de los socios de *"denominación, S.R.L."*, quienes, a su vez, representan el total del capital de la sociedad, deciden constituirse de forma unánime en junta general y universal de socios; lo que llevan a efecto al amparo de lo dispuesto en el artículo 178 del texto refundido de la Ley de Sociedades de Capital, con el siguiente:

Orden del día

1. Cesión global del activo y pasivo de la sociedad, adoptando los acuerdos complementarios.

"– "texto de los otros puntos aceptados como orden del día de la junta".

Actúan como presidente y secretario de la junta, respectivamente, *"Don/Doña nombre y apellidos del presidente"* y *"Don/Doña nombre y apellidos del secretario" "...conforme a las reglas de designación de tales cargos contenidas en los estatutos de la sociedad... O... conforme a las previsiones contenidas en el artículo 191 del texto refundido de la Ley de Sociedades de Capital... O... por designación, al comienzo de la reunión, por los socios concurrentes a la misma..."*.
Los designados aceptan sus respectivos cargos y prometen desempeñar bien y fielmente las funciones inherentes a los mismos.

De conformidad con lo establecido en el artículo 97, número 1, apartado 4ª del Reglamento del Registro Mercantil, y en prueba de aceptación de todos los asistentes del orden del día fijado, se recoge, a continuación, relación nominal de los asistentes, seguida de la firma de cada uno de ellos:

- *"Don/Doña nombre y apellidos/razón social"*, titular de *"número/letra"* participaciones sociales, números *"número"* a *"número"*, ambos inclusive, representativas de un *"determinar porcentaje"* % del capital social. Asiste *"...personalmente... O... representado por "Don/Doña nombre y apellidos", según acredita debidamente..."*.
Firma: *"Don/Doña nombre y apellidos/razón social"*

Se hace constar que la totalidad de las participaciones sociales tienen derecho de voto y que cada participación social da derecho a emitir un voto.

≻≻

○ Si existen privilegios en materia de derecho de voto:

"indicar los privilegios que en materia de derecho de voto se prevén en los estatutos sociales".

≺≺

Se hace constar asimismo que asisten a la reunión la totalidad de los administradores de la sociedad.

Una vez constatada la asistencia a la reunión de la totalidad del capital social y la aceptación, por unanimidad de los asistentes, de su celebración con el carácter de universal, el secretario, por indicación del presidente, procede a dar lectura al orden del día fijado, adoptándose, previa deliberación de cada uno de cada uno de los asuntos y de las propuestas formuladas al respecto, por unanimidad los siguientes:

1180

Acuerdos

Primero. Cesión global del activo y pasivo de la sociedad, adoptando los acuerdos complementarios
Ceder la totalidad del patrimonio social, integrado por su activo y su pasivo, en los términos previstos en el proyecto de cesión global, que son los siguientes:

1. Datos identificativos del cedente y del/de los cesionario/s
Sociedad cedente:

Denominación social: *"denominación"*

Domicilio social: *"calle, número, localidad"*

Datos registrales: *"especificar datos"*

N.I.F.: *"núm. NIF"*

Cesionario/s:

La cesión global de activo y pasivo se efectúa a favor del/de los siguiente/s cesionario/s:

- **Si es persona física:**

Nombre y apellidos: *"nombre y apellidos"*

Domicilio: *"calle, número, localidad"*

N.I.F.: *"núm. NIF"*

- **Si es persona jurídica:**

Denominación social:

"denominación"

Domicilio social: *"calle, número, localidad"*

Datos registrales: *"datos registrales"*

N.I.F.: *"núm. NIF"*

≺≺

2. Calendario
De conformidad con lo dispuesto en el art.4.1.2º del RDL 5/2023, se incorpora a este Proyecto como Anexo 1 un calendario indicativo que recoge los hitos principales que deberán cumplirse para la ejecución de la cesión global de activo y pasivo.

3. Fecha de efectividad de la cesión global a efectos contables
A efectos contables, se fija como fecha a partir de la cual las operaciones de la sociedad cedente han de considerarse realizadas por el/los cesionario/s, la de *"fecha"*.

4. Valoración de activo y pasivo *"...y reparto entre los cesionarios..."*
En relación con la valoración del activo y pasivo se facilita la siguiente información:

Valoración del activo: *"valoración"*.

Valoración del pasivo: *"valoración"*.

Si existe reparto entre los cesionarios:

La totalidad de los activos y pasivos de la sociedad cedente será atribuida a los cesionarios sin que quede sin designar y repartir ningún activo o pasivo de la sociedad que se escinde.

A continuación, se designan los activos y pasivos trasmitidos a cada uno de los cesionarios:

"1." A *"identificar al cesionario"*, se le transmiten los siguientes elementos del activo y del pasivo: *"descripción"*.

5. Contraprestación

Cuando la contraprestación la reciba la sociedad cedente:

A cambio del patrimonio transmitido, la sociedad cedente recibirá del/de los cesionario/s una contraprestación consistente en *"identificar el contenido de la contraprestación, p.e., dinero, cualquier otro tipo de bien o derecho que no sean acciones, participaciones o cuotas de socio del cesionario"*.

Cuando la contraprestación la reciban los socios de la entidad cedente, lo que llevará consigo la extinción de la sociedad:

A cambio del patrimonio transmitido, los socios de la sociedad cedente recibirán del/de los cesionario/s una contraprestación consistente en *"identificar el contenido de la contraprestación, p.e., dinero, cualquier otro tipo de bien o derecho que no sean acciones, participaciones o cuotas de socio del cesionario"*, que se recibirá por aquellos en atención al siguiente criterio *"determinación de criterios"*.

6. Cumplimiento de obligaciones tributarias y de Seguridad Social
De conformidad con lo dispuesto en el art.74.1.5º del RDL 5/2023, la sociedad cedente acredita encontrarse al corriente en el cumplimiento de las obligaciones tributarias y frente a la Seguridad Social, mediante la aportación de los correspondientes certificados, válidos y emitidos por el órgano competente y que se adjuntan como Anexo 2.

7. Implicaciones para los acreedores
De conformidad con lo establecido en el art.4.1.4º del RDL 5/2023, se hace constar que la cesión global no tiene implicaciones para los acreedores ni pone en riesgo la satisfacción de sus créditos y, en consecuencia, no se ofrecen garantías personales o reales a los acreedores de la Sociedad cedente, y ello sin perjuicio de su derecho a solicitar la prestación de garantías conforme a lo previsto en el RDL 5/2023 art.13 y 14, así como de la responsabilidad de la sociedad cedente, sus socios y los cesionarios en los términos previstos en el RDL 5/2023 art.79.

8. Derechos especiales
"Describir los derechos que vayan a conferirse por la sociedad resultante a los socios que gocen de derechos especiales o a los tenedores de valores o títulos que no sean acciones, participaciones o, en su caso, cuotas, o las medidas propuestas que les afecten"

9. Ventajas a favor de administradores y directivos
- *"Describir las ventajas"*

10. Efectos de la cesión global sobre el empleo
Como consecuencia de la cesión global no se extinguirán las relaciones laborales existentes en la sociedad cedente. En su lugar, el/los cesionario/s se subrogará/n en los derechos y obligaciones laborales y de Seguridad Social de la sociedad cedente, incluyendo los compromisos por pensiones y, en general, las obligaciones adquiridas en materia de protección social complementaria

"... "indicar otras posibles consecuencias de la cesión global sobre el empleo" ... "

A efectos de lo dispuesto en el art.9 del Real Decreto-Ley 5/2023, se pone de manifiesto que el presente acuerdo de cesión global se aprueba sin necesidad de publicar o depositar previamente los documentos exigidos por la ley -sin perjuicio de su necesaria incorporación a la escritura pública-, y sin anuncio sobre la posibilidad de formular observaciones ni informe de los administradores sobre el proyecto de cesión global dirigido a los socios. No obstante, se ha informado debidamente a los representantes de los trabajadores sobre el objeto y alcance de la cesión proyectada y se ha tomado en consideración el informe de los administradores sobre los efectos que pudiera tener la operación sobre el empleo.

A los oportunos efectos se hace constar expresamente que el contenido del acuerdo de cesión global anterior coincide con lo previsto en el proyecto de cesión global elaborado y suscrito, con fecha *"día, mes y año"*, por los administradores de la sociedad cedente y depositado, con fecha *"día, mes y año"* en el Registro Mercantil de *"consignar el Registro Mercantil competente por razón del domicilio social"*.

➤➤

○ **Relación de otros acuerdos adoptados:**

Segundo.

"texto de los restantes acuerdos adoptados" 

≺≺

Una vez tratadas todas las cuestiones incluidas en el orden del día de la junta, se suspende momentáneamente la sesión, al objeto de que el secretario proceda a la redacción definitiva del acta, la cual, una vez redactada y leída, es aprobada por unanimidad de los asistentes, que la encuentran conforme a la realidad de lo acordado en la reunión, siendo firmada por el secretario, con el visto bueno del presidente *"...así como por los asistentes que lo desean ..."*; tras lo cual, se levanta la sesión a las *"número/letra"* horas del día y en el lugar que figuran en el encabezamiento.

Vº Bº El Secretario

El Presidente

Fdo. *"Don/Doña nombre y apellidos del presidente"*

Fdo. *"Don/Doña nombre y apellidos del secretario"*

b. Certificación en extracto de acta de junta general universal

"Don/Doña nombre y apellidos" "...y "Don/Doña nombre y apellidos" ...", en su condición de *"...Administrador único ... O ... Administrador solidario ... O ... Administradores mancomunados ... O ... Secretario del consejo de administración ..."* de *"denominación, S.R.L."*

Certifica/n

1.

Que el día *"fecha"*, y en *"...el domicilio social ... O ... "lugar" ... "* se celebró junta general de socios con el carácter de universal, por asistir a la misma, presente o debidamente representado, la totalidad del capital social y aceptarlo así la totalidad de los asistentes, relación nominal de los cuales, con sus respectivas firmas, figura en la correspondiente acta, a continuación de la fecha, lugar y orden del día.

2.

Que por unanimidad de los asistentes se aceptaron los siguientes puntos como orden del día de la sesión:

Cesión global del activo y pasivo de la sociedad, adoptando los acuerdos complementarios.

"Texto de los restantes puntos aceptados como orden del día de la junta".

3.
Que *"Don/Doña nombre y apellidos del presidente"* y *"Don/Doña nombre y apellidos del secretario"* desempeñaron, respectivamente, los cargos de presidente y secretario de la junta *"...conforme a las reglas de designación de tales cargos contenidas en los estatutos de la sociedad ... O ... conforme a las previsiones contenidas en el artículo 191 del texto refundido de la Ley de Sociedades de Capital ... O ... por designación, al comienzo de la reunión, por los socios concurrentes a la misma ..."*.

4.
Que previa deliberación de cada uno de cada uno de los asuntos y de las propuestas formuladas al respecto, y por unanimidad, se adoptaron los acuerdos que se transcriben literalmente:

Acuerdos

Primero. Cesión global del activo y pasivo de la sociedad, adoptando los acuerdos complementarios
Ceder la totalidad del patrimonio social, integrado por su activo y su pasivo, en los términos previstos en el proyecto de cesión global, que son los siguientes:

1. Datos identificativos del cedente y del/de los cesionario/s
Sociedad cedente:

Denominación social: *"denominación"*

Domicilio social: *"calle, número, localidad"*

Datos registrales: *"especificar datos"*

N.I.F.: *"núm. NIF"*

Cesionario/s:

La cesión global de activo y pasivo se efectúa a favor del/de los siguiente/s cesionario/s:

➤➤
○ **Si es persona física:**

Nombre y apellidos: *"nombre y apellidos"*

Domicilio: *"calle, número, localidad"*

N.I.F.: *"núm. NIF"*

○ **Si es persona jurídica:**

Denominación social:

"denominación"

Domicilio social: *"calle, número, localidad"*

Datos registrales: *"datos registrales"*

N.I.F.: *"núm. NIF"*

≺≺

2. Calendario
De conformidad con lo dispuesto en el art.4.1.2º del RDL 5/2023, se incorpora a este Proyecto como Anexo 1 un calendario indicativo que recoge los hitos principales que deberán cumplirse para la ejecución de la cesión global de activo y pasivo.

3. Fecha de efectividad de la cesión global a efectos contables
A efectos contables, se fija como fecha a partir de la cual las operaciones de la sociedad cedente han de considerarse realizadas por el/los cesionario/s, la de *"fecha"*.

4. Valoración de activo y pasivo *"...y reparto entre los cesionarios ..."*
En relación con la valoración del activo y pasivo se facilita la siguiente información:

Valoración del activo: *"valoración"*.

Valoración del pasivo: *"valoración"*.

>>
○ **Si existe reparto entre los cesionarios:**

La totalidad de los activos y pasivos de la sociedad cedente será atribuida a los cesionarios sin que quede sin designar y repartir ningún activo o pasivo de la sociedad que se escinde.

A continuación, se designan los activos y pasivos trasmitidos a cada uno de los cesionarios:

"1." A *"identificar al cesionario"*, se le transmiten los siguientes elementos del activo y del pasivo: *"descripción"*.

<<

5. Contraprestación
>>
○ **Cuando la contraprestación la reciba la sociedad cedente:**

A cambio del patrimonio transmitido, la sociedad cedente recibirá del/de los cesionario/s una contraprestación consistente en *"identificar el contenido de la contraprestación, p.e., dinero, cualquier otro tipo de bien o derecho que no sean acciones, participaciones o cuotas de socio del cesionario"*.

○ **Cuando la contraprestación la reciban los socios de la entidad cedente, lo que llevará consigo la extinción de la sociedad:**

A cambio del patrimonio transmitido, los socios de la sociedad cedente recibirán del/de los cesionario/s una contraprestación consistente en *"identificar el contenido de la contraprestación, p.e., dinero, cualquier otro tipo de bien o derecho que no sean acciones, participaciones o cuotas de socio del cesionario"*, que se recibirá por aquellos en atención al siguiente criterio *"determinación de criterios"*.

<<

6. Cumplimiento de obligaciones tributarias y de Seguridad Social
De conformidad con lo dispuesto en el art.74.1.5º del RDL 5/2023, la sociedad cedente acredita encontrarse al corriente en el cumplimiento de las obligaciones tributarias y frente a la Seguridad Social, mediante la aportación de los correspondientes certificados, válidos y emitidos por el órgano competente y que se adjuntan como Anexo 2.

7. Implicaciones para los acreedores
De conformidad con lo establecido en el art.4.1.4º del RDL 5/2023, se hace constar que la cesión global no tiene implicaciones para los acreedores ni pone en riesgo la satisfacción de sus créditos y, en consecuencia, no se ofrecen garantías personales o reales a los acreedores de la Sociedad cedente, y ello sin perjuicio de su derecho a solicitar la prestación de garantías conforme a lo previsto en el RDL 5/2023 art.13 y 14, así como de la responsabilidad de la sociedad cedente, sus socios y los cesionarios en los términos previstos en el RDL 5/2023 art.79.

8. Derechos especiales
"Describir los derechos que vayan a conferirse por la sociedad resultante a los socios que gocen de derechos especiales o a los tenedores de valores o títulos que no sean acciones, participaciones o, en su caso, cuotas, o las medidas propuestas que les afecten"

9. Ventajas a favor de administradores y directivos
- *"Describir las ventajas"*

10. Efectos de la cesión global sobre el empleo
Como consecuencia de la cesión global no se extinguirán las relaciones laborales existentes en la sociedad cedente. En su lugar, el/los cesionario/s se subrogará/n en los derechos y obligaciones laborales y de Seguridad Social de la sociedad cedente, incluyendo los compromisos por pensiones y, en general, las obligaciones adquiridas en materia de protección social complementaria

"... "indicar otras posibles consecuencias de la cesión global sobre el empleo" ... "

A efectos de lo dispuesto en el art.9 del Real Decreto-Ley 5/2023, se pone de manifiesto que el presente acuerdo de cesión global se aprueba sin necesidad de publicar o depositar previamente los documentos exigidos por la ley -sin perjuicio de su necesaria incorporación a la escritura pública-, y sin anuncio sobre la posibilidad de formular observaciones ni informe de los administradores sobre el proyecto de cesión global dirigido a los socios. No obstante, se ha informado debidamente a los representantes de los trabajadores sobre el objeto y alcance de la cesión proyectada y se ha tomado en consideración el informe de los administradores sobre los efectos que pudiera tener la operación sobre el empleo.

A los oportunos efectos se hace constar expresamente que el contenido del acuerdo de cesión global anterior coincide con lo previsto en el proyecto de cesión global elaborado y suscrito, con fecha *"día, mes y año"*, por los administradores de la sociedad cedente y depositado, con fecha *"día, mes y año"* en el Registro Mercantil de *"consignar el Registro Mercantil competente por razón del domicilio social"*.

➢➢

❍ **Relación de otros acuerdos adoptados:**

Segundo.
"texto de los restantes acuerdos adoptados" 

≺≺

5.
Que el acta fue aprobada, previa su redacción y lectura, por la propia junta, al final de la reunión, constando en ella la firma del secretario, con el visto bueno del presidente, así como las de los socios asistentes que lo desearon.

Y para que así conste y surta los oportunos efectos, se expide la presente certificación, en *"localidad"*, a *"fecha"*.

Firma/s

"...El administrador único Fdo. "Don/Doña nombre y apellidos" ... "

"...El administrador solidario Fdo. "Don/Doña nombre y apellidos" ... "

"...Los administradores mancomunados Fdo. "Don/Doña nombre y apellidos" ... "

"...El secretario del consejo de administración con el V°B° del presidente del consejo Fdo. "Don/Doña nombre y apellidos" ... "

1185

37. Separación de socio: acuerdo del órgano de administración

MSM nº 8595 s.; MSL nº 1525 s.

LSC art.346 y 348; RRM art.205.2

Nota preliminar:

1) El formulario, en el que se incluyen acta y certificación, supone que el acuerdo se adopta por **unanimidad,** supuesto que será el más frecuente en la práctica.

2) Este formulario responde a un **supuesto práctico real,** cuyas circunstancias, obviamente, pueden no coincidir plenamente con las que concurren en el supuesto para el que va a utilizarse. Se ha optado por mantenerlas para enriquecer el valor ejemplificativo del formulario, sin perjuicio de que el usuario las elimine o modifique al personalizar el modelo.

a. Acta del consejo de administración de *"denominación, S.R.L."*

Siendo las *"número/letra"* horas del día *"fecha"*, y en *"...el domicilio social ... O ... "lugar" ..."*, se reúne el consejo de administración de *"denominación, S.R.L."*, el cual fue convocado por su presidente, con observancia de los requisitos previstos al efecto en los estatutos sociales, mediante *"medio empleado para la convocatoria (p.e., carta, burofax, etc.)"*, cuyo texto de convocatoria se transcribe a continuación:

"texto íntegro de la convocatoria".

Asisten a la reunión los siguientes miembros del consejo de administración:

1. Personalmente:
– *"Don/Doña nombre y apellidos"*.
2. Representados por otro miembro del consejo:
– *"Don/Doña nombre y apellidos/razón social"*, representado por el consejero *"Don/Doña nombre y apellidos"*.

Las citadas representaciones se acreditan debidamente a satisfacción del propio consejo.
Constatada la asistencia a la reunión -personal o por representación- de más de la mitad más uno de sus componentes, el presidente lo declara válidamente constituido, sin que se exprese reserva o protesta alguna por ninguno los consejeros asistentes.

Previa deliberación de cada uno de cada uno de los asuntos, así como de las propuestas formuladas al respecto, se adoptan por unanimidad de los asistentes los siguientes:

Acuerdos

Primero. Separación de socio

El consejo de administración deja expresa constancia de que, como consecuencia de *"indicar supuesto que ha dado lugar al derecho de separación de los socios, especificando, en su caso, la fecha de adopción del acuerdo de junta general y detallando circunstancias concretas"*, y habiéndose *"...publicado en BORME el correspondiente acuerdo ... O ... comunicado individualmente el correspondiente acuerdo a todos los socios que no votaron a favor del referido acuerdo ..."*.

Los siguientes socios expresaron su deseo de separarse de la sociedad de conformidad con lo previsto en los artículos 346 y siguientes del texto refundido de la Ley de Sociedades de Capital:

"incluir relación detallada de: socios con datos identificativos completos de dada uno, número de participaciones sociales de las que son titulares"

1185

Como consecuencia del ejercicio del derecho de separación por el socio *"socio"* se le reembolsarán la totalidad de las participaciones de las que es titular.

>>

❍ Se reembolsará la cantidad mediante acuerdo, en función del valor razonable de las participaciones:

Por acuerdo entre el *"socio"* y la sociedad y, atendiendo al valor razonable de las participaciones, se le reembolsará un total de *"número/letra"* euros, esto es, *"número/letra"* euros, por cada participación de la que es titular en la sociedad.

❍ Se reembolsará la cantidad en función de la valoración realizada por los auditores:

La valoración de las participaciones sociales se ha llevado a cabo por *"nombre de los auditores"*, que han sido designados a tal efecto por el Registrador Mercantil, que han determinado un valor por cada participación social de *"número/letra"* euros, por lo que a *"socio"* se le reembolsará un total de *"número/letra"* euros, esto es, *"número/letra"* euros, por cada participación de la que es titular en la Sociedad.

Se convocará junta general de socios para decidir acerca de la posible reducción de capital social como consecuencia del ejercicio de dicho derecho de separación, o para que autorice, en su caso, la adquisición derivativa de participaciones propias.

En relación con el presente acuerdo *"...no se ha solicitado constancia en acta de ninguna intervención ... O... el consejero "Don/Doña nombre y apellidos" ha solicitado la constancia en acta de su intervención en los siguientes términos: "texto de la intervención cuya constancia en acta se solicita" ...".*

>>

❍ Relación de otros acuerdos adoptados:

"Segundo."

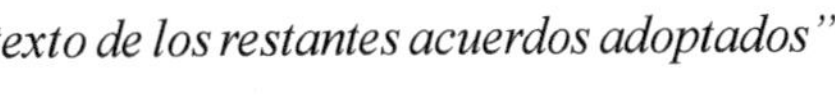

"texto de los restantes acuerdos adoptados"

❍ En caso de que el acta sea aprobada al final de la sesión:

Una vez tratadas todas las cuestiones incluidas en el orden del día de la junta, se suspende momentáneamente la sesión, al objeto de que el secretario proceda a la redacción definitiva del acta, la cual, una vez redactada y leída, es aprobada por unanimidad de los consejeros asistentes, que la encuentran conforme a la realidad de lo acordado en la reunión, siendo firmada por el secretario, con el visto bueno del presidente *"...así como por los consejeros asistentes que lo desean..."*; tras lo cual, se levanta la sesión a las *"número/letra"* horas del día y en el lugar que figuran en el encabezamiento.

Vº Bº — El Secretario

El Presidente

Fdo. *"Don/Doña nombre y apellidos del presidente"*

Fdo. *"Don/Doña nombre y apellidos del secretario"*

1185

b. Certificación en extracto de acta del consejo de administración

"Don/Doña nombre y apellidos", en su condición de secretario del consejo de administración de *"denominación, S.R.L."*

Certifica

1.

Que el día *"fecha"*, y en *"...el domicilio social... O... "lugar"..."* se celebró la reunión del consejo de administración de *"denominación, S.R.L."*, el cual fue convocado por su presidente, con observancia de los requisitos previstos al efecto en los estatutos sociales, mediante *"medio empleado para la convocatoria (p.e., carta, burofax, etc.)"*, cuyo texto de convocatoria se transcribe a continuación:

"Texto íntegro de la convocatoria".

2.

Que asistieron a la reunión, presentes o debidamente representados, los siguientes miembros del consejo de administración:

- *"Don/Doña nombre y apellidos"*, personalmente.
- *"Don/Doña nombre y apellidos"*, representado por el consejero *"Don/Doña nombre y apellidos"*.

3.

Que previa deliberación de cada uno de cada uno de los asuntos, así como de las propuestas formuladas al respecto, se adoptaron por unanimidad de los asistentes los siguientes:

Acuerdos

Primero. Separación de socios.

El consejo de administración deja expresa constancia de que, como consecuencia de *"indicar supuesto que ha dado lugar al derecho de separación de los socios, especificando, en su caso, la fecha de adopción del acuerdo de junta general y detallando circunstancias concretas"*, y habiéndose *"...publicado en BORME el correspondiente acuerdo... O... comunicado individualmente el correspondiente acuerdo a todos los socios que no votaron a favor del referido acuerdo..."*.

Los siguientes socios expresaron su deseo de separarse de la sociedad de conformidad con lo previsto en los artículos 346 del texto refundido de la Ley de Sociedades de Capital:

"incluir relación detallada de: socios con datos identificativos completos de dada uno, número de participaciones sociales de las que son titulares".

Como consecuencia del ejercicio del derecho de separación por el socio *"socio"* se le reembolsarán la totalidad de las participaciones de las que es titular.

≻≻

○ Se reembolsará la cantidad mediante acuerdo, en función del valor razonable de las participaciones:

Por acuerdo entre el *"socio"* y la sociedad y, atendiendo al valor razonable de las participaciones, se le reembolsará un total de *"número/letra"* euros, esto es, *"número/letra"* euros, por cada participación de la que es titular en la sociedad.

○ Se reembolsará la cantidad en función de la valoración realizada por los auditores:

La valoración de las participaciones sociales se ha llevado a cabo por *"nombre de los auditores"*, que han sido designados a tal efecto por el Registrador Mercantil, que han determinado un valor por cada participación social de *"número/letra"* euros, por lo que a *"socio"* se le reembolsará un total de *"número/letra"* euros, esto es, *"número/letra"* euros, por cada participación de la que es titular en la Sociedad.

Se convocará junta general de socios para decidir acerca de la posible reducción de capital social como consecuencia del ejercicio de dicho derecho de separación, o para que autorice, en su caso, la adquisición derivativa de participaciones propias.

○ **Relación de otros acuerdos adoptados:**

"Segundo."

"texto de los restantes acuerdos adoptados" 

4.

Que el acta de la reunión fue aprobada *"...previa su redacción y lectura, por el propio consejo, al final de la sesión... O... en la siguiente reunión del consejo celebrada el "fecha"...",* constando en ella la firma del secretario, con el visto bueno del presidente, así como la de los asistentes que lo desearon.

Y para que así conste y surta los oportunos efectos, se expide la presente certificación, en *"localidad"*, a *"fecha"*.

VºBº

El Presidente

Fdo. *"Don/Doña nombre y apellidos del presidente"*

El Secretario

Fdo. *"Don/Doña nombre y apellidos del secretario"*

38. Exclusión de socio: acuerdo de junta general

MSM nº 8710 s.;
MSL nº 1605 s.

LSC art.350 s.;
RRM art.207

Nota preliminar:

1) El formulario, en el que se incluyen acta y certificación, supone que el acuerdo se adopta en **junta universal y** por **unanimidad,** supuesto que será el más frecuente en la práctica.

2) Para el caso de que el acuerdo se adopte en junta formalmente **convocada o/y sin unanimidad** de los socios, ver otros modelos de acta (nº 505 y nº 510) y certificación (nº 605 y nº 610).

3) Si la sociedad es unipersonal, ver modelos de acta (nº 520) y certificación (nº 620).

4) Este formulario responde a un **supuesto práctico real,** cuyas circunstancias, obviamente, pueden no coincidir plenamente con las que concurren en el supuesto para el que va a utilizarse. Se ha optado por mantenerlas para enriquecer el valor ejemplificativo del formulario, sin perjuicio de que el usuario las elimine o modifique al personalizar el modelo.

a. Acta de la junta general y universal de *"denominación, S.R.L."*

Siendo las *"número/letra"* horas del día *"fecha"*, y hallándose presentes *"...en el domicilio social... O ... en "lugar"..."*, la totalidad de los socios de *"denominación, S.R.L."*, quienes, a su vez, representan el total del capital de la sociedad, deciden constituirse de forma unánime en junta general y universal de socios; lo que llevan a efecto al amparo de lo dispuesto en el artículo 178 del texto refundido de la Ley de Sociedades de Capital, con el siguiente:

Orden del día

1. Exclusión de socio.

"– "texto de los otros puntos aceptados como orden del día de la junta". 

Actúan como presidente y secretario de la junta, respectivamente, *"Don/Doña nombre y apellidos del presidente"* y *"Don/Doña nombre y apellidos del secretario" "...conforme a las reglas de designación de tales cargos contenidas en los estatutos de la sociedad... O... conforme a las previsiones contenidas en el artículo 191 del texto refundido de la Ley de Sociedades de Capital... O... por designación, al comienzo de la reunión, por los socios concurrentes a la misma..."*.
Los designados aceptan sus respectivos cargos y prometen desempeñar bien y fielmente las funciones inherentes a los mismos.

De conformidad con lo establecido en el artículo 97, número 1, apartado 4ª del Reglamento del Registro Mercantil, y en prueba de aceptación de todos los asistentes del orden del día fijado, se recoge, a continuación, relación nominal de los asistentes, seguida de la firma de cada uno de ellos:

• *"Don/Doña nombre y apellidos/razón social"*, titular de *"número/letra"* participaciones sociales, números *"número"* a *"número"*, ambos inclusive, representativas de un *"determinar porcentaje"* % del capital social. Asiste *"...personalmente... O... representado por "Don/Doña nombre y apellidos", según acredita debidamente..."*.
Firma: *"Don/Doña nombre y apellidos/razón social"*

Se hace constar que la totalidad de las participaciones sociales tienen derecho de voto y que cada participación social da derecho a emitir un voto.

⯈⯈

❍ **Si existen privilegios en materia de derecho de voto:**

"indicar los privilegios que en materia de derecho de voto se prevén en los estatutos sociales".

1190

Se hace constar asimismo que asisten a la reunión la totalidad de los administradores de la sociedad.

Una vez constatada la asistencia a la reunión de la totalidad del capital social y la aceptación, por unanimidad de los asistentes, de su celebración con el carácter de universal, el secretario, por indicación del presidente, procede a dar lectura al orden del día fijado, adoptándose, previa deliberación de cada uno de cada uno de los asuntos y de las propuestas formuladas al respecto, por unanimidad de los asistentes los siguientes:

Acuerdos

Primero. Exclusión de socio.

La junta general de socios acuerda excluir de la sociedad al socio *"datos identificativos del socio excluido"*, por *"indicar causa de la exclusión (p.e., haber incumplido la obligación de realizar prestaciones accesorias; en caso de que sea al mismo tiempo administrador: haber infringido la prohibición de competencia o haber sido condenado por sentencia firme a indemnizar los daños y perjuicios causados por actos contrarios a la ley, a los estatutos o sin la debida diligencia; otras causas establecidas en los estatutos)"*.

A los efectos oportunos, se hace constar que el socio excluido, no ostenta en la sociedad una participación igual o superior al 25%.

Como consecuencia de dicha exclusión a *"socio excluido"* se le reembolsarán la totalidad de las participaciones de las que es titular.

➢➢

❍ **Se reembolsará la cantidad mediante acuerdo, en función del valor razonable de las participaciones:**

Por acuerdo entre el *"socio excluido"* y la sociedad y, atendiendo al valor razonable de las participaciones, se le reembolsará un total de *"número/letra"* euros, esto es, *"número/letra"* euros, por cada participación de la que es titular en la sociedad.

❍ **Se reembolsará la cantidad en función de la valoración realizada por los auditores:**

La valoración de las participaciones sociales se ha llevado a cabo por *"nombre de los auditores"*, que han sido designados a tal efecto por el Registrador Mercantil, que han determinado un valor por cada participación social de *"número/letra"* euros, por lo que a *"socio excluido"* se le reembolsará un total de *"número/letra"* euros, esto es, *"número/letra"* euros , por cada participación de la que es titular en la sociedad.

"incluir acuerdo de reducción de capital o acuerdo de adquisición derivativa de participaciones propias por la sociedad" O... ...".

En relación con el presente acuerdo *"...no se ha solicitado constancia en acta de ninguna intervención ... O... el socio "Don/Doña nombre y apellidos/razón social" ha solicitado la constancia en acta de su intervención en los siguientes términos: "texto de la intervención cuya constancia en acta se solicita" ..."*.

➢➢

❍ **Relación de otros acuerdos adoptados:**

"Segundo."

"texto de los restantes acuerdos adoptados"

Una vez tratadas todas las cuestiones incluidas en el orden del día de la junta, se suspende momentáneamente la sesión, al objeto de que el secretario proceda a la redacción definitiva del acta, la cual, una vez redactada y leída, es aprobada por unanimidad de los asistentes, que la encuentran conforme a la realidad de lo acordado en la reunión, siendo firmada por el secretario, con el visto bueno del presidente *"...así como por los asistentes que lo desean..."*; tras lo cual, se levanta la sesión a las *"número/letra"* horas del día y en el lugar que figuran en el encabezamiento.

Vº Bº El Secretario

El Presidente

Fdo. *"Don/Doña nombre y apellidos del presidente"* Fdo. *"Don/Doña nombre y apellidos del secretario"*

b. Certificación en extracto de acta de junta general universal

"Don/Doña nombre y apellidos" "...y "Don/Doña nombre y apellidos"...", en su condición de *"...Administrador único... O... Administrador solidario... O... Administradores mancomunados... O ... Secretario del consejo de administración..."* de *"denominación, S.R.L."*

Certifica/n

1.
Que el día *"fecha"*, y en *"...el domicilio social... O... "lugar"..."* se celebró junta general de socios con el carácter de universal, por asistir a la misma, presente o debidamente representado, la totalidad del capital social y aceptarlo así la totalidad de los asistentes, relación nominal de los cuales, con sus respectivas firmas, figura en la correspondiente acta, a continuación de la fecha, lugar y orden del día.

2.
Que por unanimidad de los asistentes se aceptaron los siguientes puntos como orden del día de la sesión:

1. Exclusión de socio.

"– "texto de los otros puntos aceptados como orden del día de la junta".

3.
Que *"Don/Doña nombre y apellidos del presidente"* y *"Don/Doña nombre y apellidos del secretario"* desempeñaron, respectivamente, los cargos de presidente y secretario de la junta *"...conforme a las reglas de designación de tales cargos contenidas en los estatutos de la sociedad... O... conforme a las previsiones contenidas en el artículo 191 del texto refundido de la Ley de Sociedades de Capital... O... por designación, al comienzo de la reunión, por los socios concurrentes a la misma..."*.

4.
Que previa deliberación de cada uno de cada uno de los asuntos y de las propuestas formuladas al respecto, y por las mayorías que a continuación se indican, se adoptaron por unanimidad los acuerdos que se transcriben literalmente:

Acuerdos

Primero. Exclusión de socio.

La junta general de socios acuerda excluir de la sociedad al socio *"datos identificativos del socio excluido"*, por *"indicar causa de la exclusión (p.e., haber incumplido la obligación de realizar prestaciones accesorias; en caso de que sea al mismo tiempo administrador: haber infringido la prohibición de competencia o haber sido condenado por sentencia firme a indemnizar los daños y perjuicios causados por actos contrarios a la ley, a los estatutos o sin la debida diligencia; otras causas establecidas en los estatutos)"*.

A los efectos oportunos, se hace constar que el socio excluido, no ostenta en la sociedad una participación igual o superior al 25%.

Como consecuencia de dicha exclusión a *"socio excluido"* se le reembolsarán la totalidad de las participaciones de las que es titular.

➢➢

❍ **Se reembolsará la cantidad mediante acuerdo, en función del valor razonable de las participaciones:**

Por acuerdo entre el *"socio excluido"* y la sociedad y, atendiendo al valor razonable de las participaciones, se le reembolsará un total de *"número/letra"* euros, esto es, *"número/letra"* euros, por cada participación de la que es titular en la sociedad.

❍ **Se reembolsará la cantidad en función de la valoración realizada por los auditores:**

La valoración de las participaciones sociales se ha llevado a cabo por *"nombre de los auditores"*, que han sido designados a tal efecto por el Registrador Mercantil, que han determinado un valor por cada participación social de *"número/letra"* euros, por lo que a *"socio excluido"* se le reembolsará un total de *"número/letra"* euros, esto es, *"número/letra"* euros , por cada participación de la que es titular en la sociedad.

➢➢

"incluir acuerdo de reducción de capital o acuerdo de adquisición derivativa de participaciones propias por la sociedad" O... ...".

➢➢

❍ **Relación de otros acuerdos adoptados:**

"Segundo."

"texto de los restantes acuerdos adoptados"

➢➢

5.

Que el acta fue aprobada, previa su redacción y lectura, por la propia junta, al final de la reunión, constando en ella la firma del secretario, con el visto bueno del presidente, así como las de los socios asistentes que lo desearon.

Y para que así conste y surta los oportunos efectos, se expide la presente certificación, en *"localidad"*, a *"fecha"*.

Firma/s

"...El administrador único Fdo. "Don/Doña nombre y apellidos" ..."

"...El administrador solidario Fdo. "Don/Doña nombre y apellidos" ..."

"...Los administradores mancomunados Fdo. "Don/Doña nombre y apellidos" ..."

"...El secretario del consejo de administración con el VºBº del presidente del consejo Fdo. "Don/Doña nombre y apellidos" ..."

1195

Capítulo V. Acuerdos sociales

39. Disolución

MSM nº 8840 s.; MSL nº 8050 s.

LSC art.363, 364, 365 y 366; RRM art.9, 239.1 y 240

Nota preliminar:

1) El formulario, en el que se incluyen acta y certificación, supone que el acuerdo se adopta por **unanimidad,** supuesto que será el más frecuente en la práctica.

2) Este formulario responde a un **supuesto práctico real,** cuyas circunstancias, obviamente, pueden no coincidir plenamente con las que concurren en el supuesto para el que va a utilizarse. Se ha optado por mantenerlas para enriquecer el valor ejemplificativo del formulario, sin perjuicio de que el usuario las elimine o modifique al personalizar el modelo.

a. Acta de la junta general y universal de *"denominación, S.R.L."*

Siendo las *"número/letra"* horas del día *"fecha"*, y hallándose presentes *"...en el domicilio social ... O ... en "lugar" ..."*, la totalidad de los socios de *"denominación, S.R.L."*, quienes, a su vez, representan el total del capital de la sociedad, deciden constituirse de forma unánime en junta general y universal de socios; lo que llevan a efecto al amparo de lo dispuesto en el artículo 178 del texto refundido de la Ley de Sociedades de Capital, con el siguiente:

Orden del día

1. Disolución.

"– "Texto de los otros puntos aceptados como orden del día de la junta".

Actúan como presidente y secretario de la junta, respectivamente, *"Don/Doña nombre y apellidos del presidente"* y *"Don/Doña nombre y apellidos del secretario" "...conforme a las reglas de designación de tales cargos contenidas en los estatutos de la sociedad ... O ... conforme a las previsiones contenidas en el artículo 191 del texto refundido de la Ley de Sociedades de Capital ... O ... por designación, al comienzo de la reunión, por los socios concurrentes a la misma ..."*.
Los designados aceptan sus respectivos cargos y prometen desempeñar bien y fielmente las funciones inherentes a los mismos.

De conformidad con lo establecido en el artículo 97, número 1, apartado 4ª del Reglamento del Registro Mercantil, y en prueba de aceptación de todos los asistentes del orden del día fijado, se recoge, a continuación, relación nominal de los asistentes, seguida de la firma de cada uno de ellos:

• *"Don/Doña nombre y apellidos/razón social"*, titular de *"número/letra"* participaciones sociales, números *"número"* a *"número"*, ambos inclusive, representativas de un *"determinar porcentaje"* % del capital social. Asiste *"...personalmente ... O ... representado por "Don/Doña nombre y apellidos", según acredita debidamente ..."*.
Firma: *"Don/Doña nombre y apellidos/razón social"*

Se hace constar que la totalidad de las participaciones sociales tienen derecho de voto y que cada participación social da derecho a emitir un voto.

≻≻

○ **Si existen privilegios en materia de derecho de voto:**

"indicar los privilegios que en materia de derecho de voto se prevén en los estatutos sociales".

≺≺

Se hace constar asimismo que asisten a la reunión la totalidad de los administradores de la sociedad.

1195

Una vez constatada la asistencia a la reunión de la totalidad del capital social y la aceptación, por unanimidad de los asistentes, de su celebración con el carácter de universal, el secretario, por indicación del presidente, procede a dar lectura al orden del día fijado, adoptándose, previa deliberación de cada uno de cada uno de los asuntos y de las propuestas formuladas al respecto, por unanimidad de los asistentes los siguientes:

Acuerdos

Primero. Disolución.

La junta acuerda proceder a la disolución de la sociedad al objeto de liquidar la misma a la mayor brevedad posible, y a tal efecto, se produce la apertura del periodo de liquidación de la sociedad con efectos al día de hoy de conformidad con lo previsto en el artículo 371 del texto refundido de la Ley de Sociedades de Capital, aprobándose el balance e inventario de la sociedad cerrados a esta misma ficha, los cuales, debidamente firmados, se acompaña a la presente acta.

En relación con el presente acuerdo *"...no se ha solicitado constancia en acta de ninguna intervención ... O... el socio "Don/Doña nombre y apellidos/razón social" ha solicitado la constancia en acta de su intervención en los siguientes términos: "texto de la intervención cuya constancia en acta se solicita" ..."*.

Relación de otros acuerdos adoptados:

"Segundo."

"texto de los restantes acuerdos adoptados" 

≺≺

Una vez tratadas todas las cuestiones incluidas en el orden del día de la junta, se suspende momentáneamente la sesión, al objeto de que el secretario proceda a la redacción definitiva del acta, la cual, una vez redactada y leída, es aprobada por unanimidad de los asistentes, que la encuentran conforme a la realidad de lo acordado en la reunión, siendo firmada por el secretario, con el visto bueno del presidente *"...así como por los asistentes que lo desean..."*; tras lo cual, se levanta la sesión a las *"número/letra"* horas del día y en el lugar que figuran en el encabezamiento.

Vº Bº El Secretario

El Presidente

Fdo. *"Don/Doña nombre y apellidos del presidente"*

Fdo. *"Don/Doña nombre y apellidos del secretario"*

b. Certificación en extracto de acta de junta general universal

"Don/Doña nombre y apellidos" "...y "Don/Doña nombre y apellidos" ...", en su condición de *"...Administrador único ... O ... Administrador solidario ... O ... Administradores mancomunados ... O ... Secretario del consejo de administración ..."* de *"denominación, S.R.L."*

Certifica/n

1.

Que el día *"fecha"*, y en *"...el domicilio social ... O ... "lugar" ..."* se celebró junta general de socios con el carácter de universal, por asistir a la misma, presente o debidamente representado, la totalidad del capital social y aceptarlo así la totalidad de los asistentes, relación nominal de los cuales, con sus respectivas firmas, figura en la correspondiente acta, a continuación de la fecha, lugar y orden del día.

2.

Que por unanimidad de los asistentes se aceptaron los siguientes puntos como orden del día de la sesión:

1. Disolución.

"– "Texto de los otros puntos aceptados como orden del día de la junta". 

3.

Que *"Don/Doña nombre y apellidos del presidente"* y *"Don/Doña nombre y apellidos del secretario"* desempeñaron, respectivamente, los cargos de presidente y secretario de la junta *"...conforme a las reglas de designación de tales cargos contenidas en los estatutos de la sociedad ... O ... conforme a las previsiones contenidas en el artículo 191 del texto refundido de la Ley de Sociedades de Capital ... O ... por designación, al comienzo de la reunión, por los socios concurrentes a la misma ..."*.

4.

Que previa deliberación de cada uno de cada uno de los asuntos y de las propuestas formuladas al respecto, y por las mayorías que a continuación se indican, se adoptaron por unanimidad los acuerdos que se transcriben literalmente:

Acuerdos

Primero. Disolución.

La junta acuerda proceder a la disolución de la sociedad al objeto de liquidar la misma a la mayor brevedad posible, y a tal efecto, se produce la apertura del periodo de liquidación de la sociedad con efectos al día de hoy de conformidad con lo previsto en el artículo 371 del texto refundido de la Ley de Sociedades de Capital, aprobándose el balance e inventario de la sociedad cerrados a esta misma ficha, los cuales, debidamente firmados, se acompaña a la presente acta.

○ **Relación de otros acuerdos adoptados:**

"Segundo."

"texto de los restantes acuerdos adoptados".

5.

Que el acta fue aprobada, previa su redacción y lectura, por la propia junta, al final de la reunión, constando en ella la firma del secretario, con el visto bueno del presidente, así como las de los socios asistentes que lo desearon.

Y para que así conste y surta los oportunos efectos, se expide la presente certificación, en *"localidad"*, a *"fecha"*.

Firma/s

"...El administrador único Fdo. "Don/Doña nombre y apellidos" ..."

"...El administrador solidario Fdo. "Don/Doña nombre y apellidos" ..."

"...Los administradores mancomunados Fdo. "Don/Doña nombre y apellidos" ..."

"...El secretario del consejo de administración con el V°B° del presidente del consejo Fdo. "Don/Doña nombre y apellidos" ..."

40. Nombramiento de liquidadores

MSM nº 9000 s.; MSL nº 8335 s.

Nota preliminar:

1) El formulario, en el que se incluyen acta y certificación, supone que el acuerdo se adopta por **unanimidad,** supuesto que será el más frecuente en la práctica.

2) Este formulario responde a un **supuesto práctico real,** cuyas circunstancias, obviamente, pueden no coincidir plenamente con las que concurren en el supuesto para el que va a utilizarse. Se ha optado por mantenerlas para enriquecer el valor ejemplificativo del formulario, sin perjuicio de que el usuario las elimine o modifique al personalizar el modelo.

LSC art.374, 375 y 376.1; RRM art.243

a. Acta de la junta general y universal de *"denominación, S.R.L."*

Siendo las *"número/letra"* horas del día *"fecha"*, y hallándose presentes *"...en el domicilio social ... O ... en "lugar" ... "*, la totalidad de los socios de *"denominación, S.R.L. "*, quienes, a su vez, representan el total del capital de la sociedad, deciden constituirse de forma unánime en junta general y universal de socios; lo que llevan a efecto al amparo de lo dispuesto en el artículo 178 del texto refundido de la Ley de Sociedades de Capital, con el siguiente:

Orden del día

1. Nombramiento de liquidadores.

"– "texto de los otros puntos aceptados como orden del día de la junta".

Actúan como presidente y secretario de la junta, respectivamente, *"Don/Doña nombre y apellidos del presidente"* y *"Don/Doña nombre y apellidos del secretario" "...conforme a las reglas de designación de tales cargos contenidas en los estatutos de la sociedad ... O ... conforme a las previsiones contenidas en el artículo 191 del texto refundido de la Ley de Sociedades de Capital ... O ... por designación, al comienzo de la reunión, por los socios concurrentes a la misma ... ".*
Los designados aceptan sus respectivos cargos y prometen desempeñar bien y fielmente las funciones inherentes a los mismos.

De conformidad con lo establecido en el artículo 97, número 1, apartado 4ª del Reglamento del Registro Mercantil, y en prueba de aceptación de todos los asistentes del orden del día fijado, se recoge, a continuación, relación nominal de los asistentes, seguida de la firma de cada uno de ellos:

- *"Don/Doña nombre y apellidos/razón social"*, titular de *"número/letra"* participaciones sociales, números *"número"* a *"número"*, ambos inclusive, representativas de un *"determinar porcentaje"* % del capital social. Asiste *"...personalmente ... O ... representado por "Don/Doña nombre y apellidos", según acredita debidamente ... ".*
Firma: *"Don/Doña nombre y apellidos/razón social"*

Se hace constar que la totalidad de las participaciones sociales tienen derecho de voto y que cada participación social da derecho a emitir un voto.

Si existen privilegios en materia de derecho de voto:

"indicar los privilegios que en materia de derecho de voto se prevén en los estatutos sociales".

Se hace constar asimismo que asisten a la reunión la totalidad de los administradores de la sociedad.

1200

Capítulo V. Acuerdos sociales

Una vez constatada la asistencia a la reunión de la totalidad del capital social y la aceptación, por unanimidad de los asistentes, de su celebración con el carácter de universal, el secretario, por indicación del presidente, procede a dar lectura al orden del día fijado, adoptándose, previa deliberación de cada uno de cada uno de los asuntos y de las propuestas formuladas al respecto, por unanimidad de los asistentes los siguientes:

Acuerdos

Primero. Nombramiento de liquidadores.

La junta acuerda, cesar en sus cargos de administradores los señores Don/Doña *"nombre y apellidos"* agradeciéndoles expresamente los servicios prestados a la sociedad durante sus cargos y aprobando su gestión.

De conformidad con lo dispuesto en el articulo *"número/letra"* de los estatutos sociales, se acuerda designar a *"datos personales en el caso de persona física y datos societarios en el caso de persona jurídica" "...liquidador único ... O ... liquidadores solidarios ... O ... liquidadores mancomunados ... O ... liquidadores ..."*.

El/Los designado/s, presente/s en la junta, acepta/n el/los citado/s cargo/s y manifiesta/n no hallarse incursos en incompatibilidad legal alguna y, en particular, en ninguna de las previstas en la Ley 5/2006 de 10 de abril y otras específicas de las Comunidades Autónomas, y toma/n posesión de su/s cargo/s.

"...A "Don/Doña nombre y apellidos" se le comunicará su designación para su aceptación, en su caso. ..."

Al/A los liquidador/es le/s corresponden los más amplios poderes para el desempeño de su función.

En relación con el presente acuerdo *"...no se ha solicitado constancia en acta de ninguna intervención ... O ... el socio "Don/Doña nombre y apellidos/razón social" ha solicitado la constancia en acta de su intervención en los siguientes términos: "texto de la intervención cuya constancia en acta se solicita" ..."*.

➢➢

○ **Relación de otros acuerdos adoptados:**

"Segundo."

"texto de los restantes acuerdos adoptados" 

≺≺

Una vez tratadas todas las cuestiones incluidas en el orden del día de la junta, se suspende momentáneamente la sesión, al objeto de que el secretario proceda a la redacción definitiva del acta, la cual, una vez redactada y leída, es aprobada por unanimidad de los asistentes, que la encuentran conforme a la realidad de lo acordado en la reunión, siendo firmada por el secretario, con el visto bueno del presidente *"...así como por los asistentes que lo desean ..."*; tras lo cual, se levanta la sesión a las *"número/letra"* horas del día y en el lugar que figuran en el encabezamiento.

Vº Bº	El Secretario
El Presidente	
Fdo. *"Don/Doña nombre y apellidos del presidente"*	Fdo. *"Don/Doña nombre y apellidos del secretario"*

b. Certificación en extracto de acta de junta general universal

"Don/Doña nombre y apellidos" "...y "Don/Doña nombre y apellidos" ...", en su condición de *"...Administrador único ... O ... Administrador solidario ... O ... Administradores mancomunados ... O ... Secretario del consejo de administración ..."* de *"denominación, S.R.L."*

Certifica/n

1.
Que el día *"fecha"*, y en *"...el domicilio social ... O ... "lugar" ..."* se celebró junta general de socios con el carácter de universal, por asistir a la misma, presente o debidamente representado, la totalidad del capital social y aceptarlo así la totalidad de los asistentes, relación nominal de los cuales, con sus respectivas firmas, figura en la correspondiente acta, a continuación de la fecha, lugar y orden del día.

2.
Que por unanimidad de los asistentes se aceptaron los siguientes puntos como orden del día de la sesión:

1. Nombramiento de liquidadores.

"– "texto de los otros puntos aceptados como orden del día de la junta".

3.
Que *"Don/Doña nombre y apellidos del presidente"* y *"Don/Doña nombre y apellidos del secretario"* desempeñaron, respectivamente, los cargos de presidente y secretario de la junta *"...conforme a las reglas de designación de tales cargos contenidas en los estatutos de la sociedad ... O ... conforme a las previsiones contenidas en el artículo 191 del texto refundido de la Ley de Sociedades de Capital ... O ... por designación, al comienzo de la reunión, por los socios concurrentes a la misma ...".*

4.
Que previa deliberación de cada uno de cada uno de los asuntos y de las propuestas formuladas al respecto, y por las mayorías que a continuación se indican, se adoptaron por unanimidad los acuerdos que se transcriben literalmente:

Acuerdos

Primero. Nombramiento de liquidadores.

La junta acuerda, cesar en sus cargos de administradores los señores *"Don/Doña nombre y apellidos"* agradeciéndoles expresamente los servicios prestados a la sociedad durante sus cargos y aprobando su gestión.

De conformidad con lo dispuesto en el articulo *"número/letra"* de los estatutos sociales, se acuerda designar a *"datos personales en el caso de persona física y datos societarios en el caso de persona jurídica" "...liquidador único ... O ... liquidadores solidarios ... O ... liquidadores mancomunados ... O ... liquidadores ...".*

El/Los designado/s, presente/s en la junta, acepta/n el/los citado/s cargo/s y manifiesta/n no hallarse incursos en incompatibilidad legal alguna y, en particular, en ninguna de las previstas en la Ley 5/2006 de 10 de abril y otras específicas de las Comunidades Autónomas, y toma/n posesión de su/s cargo/s.

"...A "Don/Doña nombre y apellidos" se le comunicará su designación para su aceptación, en su caso. ..."

Al/A los liquidador/es le/s corresponden los más amplios poderes para el desempeño de su función.

1200

○ **Relación de otros acuerdos adoptados:**

"Segundo."

"texto de los restantes acuerdos adoptados".

5.

Que el acta fue aprobada, previa su redacción y lectura, por la propia junta, al final de la reunión, constando en ella la firma del secretario, con el visto bueno del presidente, así como las de los socios asistentes que lo desearon.

Y para que así conste y surta los oportunos efectos, se expide la presente certificación, en *"localidad"*, a *"fecha"*.

Firma/s

"...El administrador único Fdo. "Don/Doña nombre y apellidos"..."

"...El administrador solidario Fdo. "Don/Doña nombre y apellidos"..."

"...Los administradores mancomunados Fdo. "Don/Doña nombre y apellidos"..."

"...El secretario del consejo de administración con el V°B° del presidente del consejo Fdo. "Don/Doña nombre y apellidos"..."

1205

41. Aprobación del balance final de liquidación

MSM nº 9182 s.; MSL nº 8445 s.

Nota preliminar:

1) El formulario, en el que se incluyen acta y certificación, supone que el acuerdo se adopta por **unanimidad,** supuesto que será el más frecuente en la práctica.

2) Este formulario responde a un **supuesto práctico real,** cuyas circunstancias, obviamente, pueden no coincidir plenamente con las que concurren en el supuesto para el que va a utilizarse. Se ha optado por mantenerlas para enriquecer el valor ejemplificativo del formulario, sin perjuicio de que el usuario las elimine o modifique al personalizar el modelo.

LSC art.390 y 395

a. Acta de la junta general y universal de *"denominación, S.R.L."*

Siendo las *"número/letra"* horas del día *"fecha"*, y hallándose presentes *"...en el domicilio social... O ... en "lugar"..."*, la totalidad de los socios de *"denominación, S.R.L."*, quienes, a su vez, representan el total del capital de la sociedad, deciden constituirse de forma unánime en junta general y universal de socios; lo que llevan a efecto al amparo de lo dispuesto en el artículo 178 del texto refundido de la Ley de Sociedades de Capital, con el siguiente:

Orden del día

1. Aprobación del balance final de liquidación.

"– "texto de los otros puntos aceptados como orden del día de la junta".

Actúan como presidente y secretario de la junta, respectivamente, *"Don/Doña nombre y apellidos del presidente"* y *"Don/Doña nombre y apellidos del secretario" "...conforme a las reglas de designación de tales cargos contenidas en los estatutos de la sociedad... O... conforme a las previsiones contenidas en el artículo 191 del texto refundido de la Ley de Sociedades de Capital... O... por designación, al comienzo de la reunión, por los socios concurrentes a la misma...".*
Los designados aceptan sus respectivos cargos y prometen desempeñar bien y fielmente las funciones inherentes a los mismos.

De conformidad con lo establecido en el artículo 97, número 1, apartado 4ª del Reglamento del Registro Mercantil, y en prueba de aceptación de todos los asistentes del orden del día fijado, se recoge, a continuación, relación nominal de los asistentes, seguida de la firma de cada uno de ellos:

• *"Don/Doña nombre y apellidos/razón social"*, titular de *"número/letra"* participaciones sociales, números *"número"* a *"número"*, ambos inclusive, representativas de un *"determinar porcentaje"* % del capital social. Asiste *"...personalmente... O... representado por "Don/Doña nombre y apellidos", según acredita debidamente...".*
Firma: *"Don/Doña nombre y apellidos/razón social"*

Se hace constar que la totalidad de las participaciones sociales tienen derecho de voto y que cada participación social da derecho a emitir un voto.

➤➤

○ Si existen privilegios en materia de derecho de voto:

"indicar los privilegios que en materia de derecho de voto se prevén en los estatutos sociales".

≺≺

Se hace constar asimismo que asisten a la reunión la totalidad de los administradores de la sociedad.

1205 Capítulo V. Acuerdos sociales

Una vez constatada la asistencia a la reunión de la totalidad del capital social y la aceptación, por unanimidad de los asistentes, de su celebración con el carácter de universal, el secretario, por indicación del presidente, procede a dar lectura al orden del día fijado, adoptándose, previa deliberación de cada uno de cada uno de los asuntos y de las propuestas formuladas al respecto, por unanimidad de los asistentes los siguientes:

Acuerdos

Primero. Aprobación del balance final de liquidación.

La junta acuerda aprobar el balance final de liquidación, el informe completo sobre las operaciones de liquidación y el proyecto de división entre los socios del activo resultante del citado balance, sometido a su consideración por el/los liquidador/es, y cerrado *"...a fecha "fecha" ... O ... esta misma fecha ..."*.

Los liquidadores exponen a la junta que dicho balance no presenta acreedores.

❐ **El balance final corresponde íntegramente a los socios:**

Dado que del citado balance final resulta un activo social neto de *"número/letra"* euros, el mismo corresponde íntegramente a los socios de conformidad con lo previsto en el proyecto de división adjunto.

❐ **Se autoriza a los liquidadores para formalizar la liquidación de la sociedad:**

Dada la imposibilidad de que exista impugnación del balance aprobado y de la cuota que corresponde a los socios, al haber sido aprobado por unanimidad de los socios titulares de la totalidad del capital social, se autoriza a los liquidadores, desde este momento, para que hagan entrega de la cuota del activo social a los socios y para llevar a cabo las gestiones oportunas para formalizar la liquidación de la sociedad.

En relación con el presente acuerdo *"...no se ha solicitado constancia en acta de ninguna intervención ... O ... el socio "Don/Doña nombre y apellidos/razón social" ha solicitado la constancia en acta de su intervención en los siguientes términos: "texto de la intervención cuya constancia en acta se solicita" ..."*.

>>

❍ **Relación de otros acuerdos adoptados:**

"Segundo."

"texto de los restantes acuerdos adoptados"

Una vez tratadas todas las cuestiones incluidas en el orden del día de la junta, se suspende momentáneamente la sesión, al objeto de que el secretario proceda a la redacción definitiva del acta, la cual, una vez redactada y leída, es aprobada por unanimidad de los asistentes, que la encuentran conforme a la realidad de lo acordado en la reunión, siendo firmada por el secretario, con el visto bueno del presidente *"...así como por los asistentes que lo desean ..."*; tras lo cual, se levanta la sesión a las *"número/letra"* horas del día y en el lugar que figuran en el encabezamiento.

V° B°

El Presidente

Fdo. *"Don/Doña nombre y apellidos del presidente"*

El Secretario

Fdo. *"Don/Doña nombre y apellidos del secretario"*

1205

b. Certificación en extracto de acta de junta general universal

"Don/Doña nombre y apellidos" "...y "Don/Doña nombre y apellidos" ...", en su condición de *"...Administrador único ... O ... Administrador solidario ... O ... Administradores mancomunados ... O ... Secretario del consejo de administración ..."* de *"denominación, S.R.L."*

Certifica/n

1.
Que el día *"fecha"*, y en *"...el domicilio social ... O ... "lugar" ..."* se celebró junta general de socios con el carácter de universal, por asistir a la misma, presente o debidamente representado, la totalidad del capital social y aceptarlo así la totalidad de los asistentes, relación nominal de los cuales, con sus respectivas firmas, figura en la correspondiente acta, a continuación de la fecha, lugar y orden del día.

2.
Que por unanimidad de los asistentes se aceptaron los siguientes puntos como orden del día de la sesión:

1. Aprobación del balance final de liquidación.

"– "texto de los otros puntos aceptados como orden del día de la junta".

3.
Que *"Don/Doña nombre y apellidos del presidente"* y *"Don/Doña nombre y apellidos del secretario"* desempeñaron, respectivamente, los cargos de presidente y secretario de la junta *"...conforme a las reglas de designación de tales cargos contenidas en los estatutos de la sociedad ... O ... conforme a las previsiones contenidas en el artículo 191 del texto refundido de la Ley de Sociedades de Capital ... O ... por designación, al comienzo de la reunión, por los socios concurrentes a la misma ..."*.

4.
Que previa deliberación de cada uno de cada uno de los asuntos y de las propuestas formuladas al respecto, y por las mayorías que a continuación se indican, se adoptaron por unanimidad los acuerdos que se transcriben literalmente:

Acuerdos

Primero. Aprobación del balance final de liquidación.

La junta acuerda aprobar el balance final de liquidación, el informe completo sobre las operaciones de liquidación y el proyecto de división entre los socios del activo resultante del citado balance, sometido a su consideración por el/los liquidador/es, y cerrado *"...a fecha "fecha" ... O ... esta misma fecha ..."*.

Los liquidadores exponen a la junta que dicho balance no presenta acreedores.

≻≻

❒ El balance final corresponde íntegramente a los socios:

Dado que del citado balance final resulta un activo social neto de *"número/letra"* euros, el mismo corresponde íntegramente a los socios de conformidad con lo previsto en el proyecto de división adjunto.

❒ Se autoriza a los liquidadores para formalizar la liquidación de la sociedad:

Dada la imposibilidad de que exista impugnación del balance aprobado y de la cuota que corresponde a los socios, al haber sido aprobado por unanimidad de los socios titulares de la totalidad del capital social, se autoriza a los liquidadores, desde este momento, para que hagan entrega de la cuota del activo social a los socios y para llevar a cabo las gestiones oportunas para formalizar la liquidación de la sociedad.

1205

○ **Relación de otros acuerdos adoptados:**

"Segundo."

"texto de los restantes acuerdos adoptados".

5.

Que el acta fue aprobada, previa su redacción y lectura, por la propia junta, al final de la reunión, constando en ella la firma del secretario, con el visto bueno del presidente, así como las de los socios asistentes que lo desearon.

Y para que así conste y surta los oportunos efectos, se expide la presente certificación, en *"localidad"*, a *"fecha"*.

Firma/s

"...El administrador único Fdo. "Don/Doña nombre y apellidos"..."

"...El administrador solidario Fdo. "Don/Doña nombre y apellidos"..."

"...Los administradores mancomunados Fdo. "Don/Doña nombre y apellidos"..."

"...El secretario del consejo de administración con el V°B° del presidente del consejo Fdo. "Don/Doña nombre y apellidos"..."

1210

42. Reactivación de la sociedad disuelta

MSM nº 8930 s.;
MSL nº 8175 s.

Nota preliminar:

1) El formulario, en el que se incluyen acta y certificación, supone que el acuerdo se adopta por **unanimidad,** supuesto que será el más frecuente en la práctica.

2) Este formulario responde a un **supuesto práctico real,** cuyas circunstancias, obviamente, pueden no coincidir plenamente con las que concurren en el supuesto para el que va a utilizarse. Se ha optado por mantenerlas para enriquecer el valor ejemplificativo del formulario, sin perjuicio de que el usuario las elimine o modifique al personalizar el modelo.

LSC art.370; RRM art.242

a. Acta de la junta general y universal de *"denominación, S.R.L."*

Siendo las *"número/letra"* horas del día *"fecha"*, y hallándose presentes *"...en el domicilio social... O ... en "lugar"... "*, la totalidad de los socios de *"denominación, S.R.L."*, quienes, a su vez, representan el total del capital de la sociedad, deciden constituirse de forma unánime en junta general y universal de socios; lo que llevan a efecto al amparo de lo dispuesto en el artículo 178 del texto refundido de la Ley de Sociedades de Capital, con el siguiente:

Orden del día

1. Reactivación de la sociedad.

"– "texto de los otros puntos aceptados como orden del día de la junta".

Actúan como presidente y secretario de la junta, respectivamente, *"Don/Doña nombre y apellidos del presidente"* y *"Don/Doña nombre y apellidos del secretario" "...conforme a las reglas de designación de tales cargos contenidas en los estatutos de la sociedad... O ... conforme a las previsiones contenidas en el artículo 191 del texto refundido de la Ley de Sociedades de Capital... O ... por designación, al comienzo de la reunión, por los socios concurrentes a la misma...".*

Los designados aceptan sus respectivos cargos y prometen desempeñar bien y fielmente las funciones inherentes a los mismos.

De conformidad con lo establecido en el artículo 97, número 1, apartado 4ª del Reglamento del Registro Mercantil, y en prueba de aceptación de todos los asistentes del orden del día fijado, se recoge, a continuación, relación nominal de los asistentes, seguida de la firma de cada uno de ellos:

• *"Don/Doña nombre y apellidos/razón social"*, titular de *"número/letra"* participaciones sociales, números *"número"* a *"número"*, ambos inclusive, representativas de un *"determinar porcentaje"* % del capital social. Asiste *"...personalmente... O ... representado por "Don/Doña nombre y apellidos", según acredita debidamente...".*

Firma: *"Don/Doña nombre y apellidos/razón social"*

Se hace constar que la totalidad de las participaciones sociales tienen derecho de voto y que cada participación social da derecho a emitir un voto.

≻≻

○ **Si existen privilegios en materia de derecho de voto:**

"indicar los privilegios que en materia de derecho de voto se prevén en los estatutos sociales".

≺≺

Se hace constar asimismo que asisten a la reunión la totalidad de los administradores de la sociedad.

1210

Una vez constatada la asistencia a la reunión de la totalidad del capital social y la aceptación, por unanimidad de los asistentes, de su celebración con el carácter de universal, el secretario, por indicación del presidente, procede a dar lectura al orden del día fijado, adoptándose, previa deliberación de cada uno de cada uno de los asuntos y de las propuestas formuladas al respecto, por unanimidad de los asistentes los siguientes:

Acuerdos

Primero. Reactivación de la sociedad.

La junta general pone de manifiesto que, encontrándose la sociedad dentro del periodo de liquidación acordado por este mismo órgano con fecha *"fecha"*, se ha constatado la remoción de la causa de disolución de la misma, además de la existencia de *"indicar razones que justifican y posibilitan la reactivación de la sociedad (p.e., ciertas circunstancias de mercado que han reactivado el sector y que permiten la consecución del fin de la sociedad, encontrándose por tanto la sociedad fuera de la causa que motivó el acuerdo inicial de su disolución en la referida fecha)"*.

En consecuencia, y dado que el patrimonio contable es superior al capital social y no se había procedido por el liquidador al pago de la cuota de liquidación a los socios, la junta general acuerda reactivar la sociedad para lo cual se acuerda dejar sin efecto el acuerdo de disolución y apertura del proceso de liquidación de la sociedad adoptado con fecha *"fecha"*, cesar al liquidador nombrado al efecto *"Don/Doña nombre y apellidos"*, agradeciéndole los servicios prestados hasta la fecha.

Asimismo, se acuerda designar como administradores de la sociedad a los señores *"datos identificativos de los designados"*, los cuales, presentes en este acto, mediante la firma del presente acta aceptan su designación manifestando no hallarse incursos en incompatibilidad legal alguna.

En relación con el presente acuerdo *"...no se ha solicitado constancia en acta de ninguna intervención ... O... el socio "Don/Doña nombre y apellidos/razón social" ha solicitado la constancia en acta de su intervención en los siguientes términos: "texto de la intervención cuya constancia en acta se solicita" ..."*.

➤➤

○ **Relación de otros acuerdos adoptados:**

"Segundo."

"texto de los restantes acuerdos adoptados" 

≺≺

Una vez tratadas todas las cuestiones incluidas en el orden del día de la junta, se suspende momentáneamente la sesión, al objeto de que el secretario proceda a la redacción definitiva del acta, la cual, una vez redactada y leída, es aprobada por unanimidad de los asistentes, que la encuentran conforme a la realidad de lo acordado en la reunión, siendo firmada por el secretario, con el visto bueno del presidente *"...así como por los asistentes que lo desean..."*; tras lo cual, se levanta la sesión a las *"número/letra"* horas del día y en el lugar que figuran en el encabezamiento.

Vº Bº

El Presidente

Fdo. *"Don/Doña nombre y apellidos del presidente"*

El Secretario

Fdo. *"Don/Doña nombre y apellidos del secretario"*

b. Certificación en extracto de acta de junta general universal

"Don/Doña nombre y apellidos" "...y "Don/Doña nombre y apellidos" ...", en su condición de *"...Administrador único ... O ... Administrador solidario ... O ... Administradores mancomunados ... O ... Secretario del consejo de administración ..."* de *"denominación, S.R.L."*

Certifica/n

1.
Que el día *"fecha"*, y en *"...el domicilio social ... O ... "lugar" ..."* se celebró junta general de socios con el carácter de universal, por asistir a la misma, presente o debidamente representado, la totalidad del capital social y aceptarlo así la totalidad de los asistentes, relación nominal de los cuales, con sus respectivas firmas, figura en la correspondiente acta, a continuación de la fecha, lugar y orden del día.

2.
Que por unanimidad de los asistentes se aceptaron los siguientes puntos como orden del día de la sesión:

1. Reactivación de la sociedad.

"– "texto de los otros puntos aceptados como orden del día de la junta"."

3.
Que *"Don/Doña nombre y apellidos del presidente"* y *"Don/Doña nombre y apellidos del secretario"* desempeñaron, respectivamente, los cargos de presidente y secretario de la junta *"...conforme a las reglas de designación de tales cargos contenidas en los estatutos de la sociedad ... O ... conforme a las previsiones contenidas en el artículo 191 del texto refundido de la Ley de Sociedades de Capital ... O ... por designación, al comienzo de la reunión, por los socios concurrentes a la misma ..."*.

4.
Que previa deliberación de cada uno de cada uno de los asuntos y de las propuestas formuladas al respecto, y por las mayorías que a continuación se indican, se adoptaron por unanimidad los acuerdos que se transcriben literalmente:

Acuerdos

Primero. Reactivación de la sociedad.

La junta general pone de manifiesto que, encontrándose la sociedad dentro del periodo de liquidación acordado por este mismo órgano con fecha *"fecha"*, se ha constatado la remoción de la causa de disolución de la misma, además de la existencia de *"indicar razones que justifican y posibilitan la reactivación de la sociedad (p.e., ciertas circunstancias de mercado que han reactivado el sector y que permiten la consecución del fin de la sociedad, encontrándose por tanto la sociedad fuera de la causa que motivó el acuerdo inicial de su disolución en la referida fecha)"*.

En consecuencia, y dado que el patrimonio contable es superior al capital social y no se había procedido por el liquidador al pago de la cuota de liquidación a los socios, la junta general acuerda reactivar la sociedad para lo cual se acuerda dejar sin efecto el acuerdo de disolución y apertura del proceso de liquidación de la sociedad adoptado con fecha *"fecha"*, cesar al liquidador nombrado al efecto *"Don/Doña nombre y apellidos"*, agradeciéndole los servicios prestados hasta la fecha.

Asimismo, se acuerda designar como administradores de la sociedad a los señores *"datos identificativos de los designados"*, los cuales, presentes en este acto, mediante la firma del presente acta aceptan su designación manifestando no hallarse incursos en incompatibilidad legal alguna.

○ **Relación de otros acuerdos adoptados:**

"Segundo."

"texto de los restantes acuerdos adoptados".

<<

5.

Que el acta fue aprobada, previa su redacción y lectura, por la propia junta, al final de la reunión, constando en ella la firma del secretario, con el visto bueno del presidente, así como las de los socios asistentes que lo desearon.

Y para que así conste y surta los oportunos efectos, se expide la presente certificación, en *"localidad"*, a *"fecha"*.

Firma/s

"...El administrador único Fdo. "Don/Doña nombre y apellidos" ... "

"...El administrador solidario Fdo. "Don/Doña nombre y apellidos" ... "

"...Los administradores mancomunados Fdo. "Don/Doña nombre y apellidos" ... "

"...El secretario del consejo de administración con el V°B° del presidente del consejo Fdo. "Don/Doña nombre y apellidos" ... "

Capítulo VI. Anuncios

Capítulo VI. Anuncios

2005

1. Convocatoria de junta general de socios

MSM nº 1535 s.; MSL nº 2265 s.

Nota preliminar:

Este formulario tiene un valor ejemplificativo por lo que su contenido concreto deberá ajustarse al supuesto para que el que va a utilizarse.

LSC art.15.1, 166, 167, 173, 174 y 272.2; RRM art.186.1 y 2

"denominación, S.R.L."

Por *"...acuerdo ... O ... decisión ..."* convocar junta general de socios, que se celebrará en *"...el domicilio social ... O ... "indicar lugar situado en el término municipal del domicilio social" ..."* el día *"fecha"*, a las *"hora"* horas, al objeto de deliberar y decidir sobre el siguiente

Orden del día

- *"texto de los otros puntos aceptados como orden del día de la junta"*.
- Redacción, lectura y, en su caso, aprobación del acta de la junta.

>>

❍ **Disposición de los documentos que se someterán a aprobación de la junta:**

A partir de la fecha de esta convocatoria, cualquier socio podrá obtener de la sociedad, de forma inmediata y gratuita, en la forma ordenada por el artículo 272 del texto refundido de la Ley de Sociedades de Capital, los documentos que han de ser sometidos a la aprobación de la junta.

<<

En *"localidad"*, a *"fecha"*.

"...El secretario del consejo de administración ... O ... El administrador único ... O ... El administrador solidario ... O ... Los administradores mancomunados ..."

Fdo. *"Don/Doña nombre y apellidos"* 

2. Sustitución o modificación sustancial del objeto social

Nota preliminar:

Este formulario responde a un supuesto práctico real, cuyas circunstancias, obviamente, pueden no coincidir plenamente con las que concurren en el supuesto para el que va a utilizarse. Se ha optado por mantenerlas para enriquecer el valor ejemplificativo del formulario, sin perjuicio de que el usuario las elimine o modifique al personalizar el modelo.

LSC art.346.1.a y 348.1; RRM art.205 y 206

"denominación, S.R.L."

A los efectos de lo establecido en el artículo 348 del texto refundido de la Ley de Sociedades de Capital se hace público que, en la junta general de socios de la sociedad, celebrada el *"fecha"*, se acordó *"...sustituir... O... modificar sustancialmente..."* el objeto social de la compañía y, consecuentemente, modificar el artículo *"número"* de sus estatutos sociales al que, en adelante, tendrá la siguiente redacción:

Artículo *"número"*
"texto del nuevo precepto estatutario".

En *"localidad"*, a *"fecha"*.

"...El secretario del consejo de administración... O... El administrador único... O... El administrador solidario... O... Los administradores mancomunados..."

Fdo. *"Don/Doña nombre y apellidos"*

3. Modificación del régimen de transmisión de las participaciones sociales

MSM nº 7470; MSL nº 5575

LSC art.285, 346.1.2 y 348; RRM art.205 y 206

Nota preliminar:

Este formulario responde a un supuesto práctico real, cuyas circunstancias, obviamente, pueden no coincidir plenamente con las que concurren en el supuesto para el que va a utilizarse. Se ha optado por mantenerlas para enriquecer el valor ejemplificativo del formulario, sin perjuicio de que el usuario las elimine o modifique al personalizar el modelo.

"denominación, S.R.L."

En junta general de socios celebrada el día *"fecha"*, se adoptó el acuerdo de modificar el artículo *"número"* de los estatutos sociales dotándose de nueva redacción en los términos siguientes:

Artículo *"número"* Limitaciones a la libre transmisión de participaciones sociales
"*"texto de la modificación"*".

Lo que se hace público a efectos de lo dispuesto en el artículo 348 del texto refundido de la Ley de Sociedades de Capital.

En *"localidad"*, a *"fecha"*.

"...El secretario del consejo de administración... O... El administrador único... O... El administrador solidario... O... Los administradores mancomunados..."

Fdo. *"Don/Doña nombre y apellidos"* 

4. Prórroga de la sociedad

MSM nº 7460;
MSL nº 5635

Nota preliminar:

Este formulario responde a un supuesto práctico real, cuyas circunstancias, obviamente, pueden no coincidir plenamente con las que concurren en el supuesto para el que va a utilizarse. Se ha optado por mantenerlas para enriquecer el valor ejemplificativo del formulario, sin perjuicio de que el usuario las elimine o modifique al personalizar el modelo.

LSC art.346.1.b, 348 y 360.1.a; RRM art.205 y 206

"denominación, S.R.L."

La junta general de socios, celebrada el *"fecha"*, adoptó el acuerdo de prorrogar la duración de la sociedad y, consecuentemente, modificar el artículo *"número"* de sus estatutos sociales al que, en adelante, tendrá la siguiente redacción:

Artículo *"número"*
"*"texto del nuevo precepto estatutario"*".

Lo cual se hace público a los efectos previstos en el artículo 348 del texto refundido de la Ley de Sociedades de Capital.

En *"localidad"*, a *"fecha"*.

"...El secretario del consejo de administración... O... El administrador único... O... El administrador solidario... O... Los administradores mancomunados..."

Fdo. *"Don/Doña nombre y apellidos"* 

2030

5. Reactivación

MSM nº 8930;
MSL nº 8175

LSC art.346.1.c, 348 y 370; RRM art.242

Nota preliminar:

Este formulario responde a un supuesto práctico real, cuyas circunstancias, obviamente, pueden no coincidir plenamente con las que concurren en el supuesto para el que va a utilizarse. Se ha optado por mantenerlas para enriquecer el valor ejemplificativo del formulario, sin perjuicio de que el usuario las elimine o modifique al personalizar el modelo.

"denominación, S.R.L."

La junta general de socios, celebrada el día *"fecha"*, acordó por unanimidad la reactivación de esta sociedad, con ratificación de anteriores acuerdos y nombramiento de órgano de administración, lo que se hace público a los efectos previstos en el artículo 348 del texto refundido de la Ley de Sociedades de Capital.

En *"localidad"*, a *"fecha"*.

"...El secretario del consejo de administración ... O ... El administrador único ... O ... El administrador solidario ... O ... Los administradores mancomunados ..."

Fdo. *"Don/Doña nombre y apellidos"*

6. Creación, modificación o extinción anticipada de la obligación de realizar prestaciones accesorias

MSM nº 7485; MSL nº 5645

Nota preliminar:

Este formulario responde a un supuesto práctico real, cuyas circunstancias, obviamente, pueden no coincidir plenamente con las que concurren en el supuesto para el que va a utilizarse. Se ha optado por mantenerlas para enriquecer el valor ejemplificativo del formulario, sin perjuicio de que el usuario las elimine o modifique al personalizar el modelo.

LSC art.346.1.d y 348; RRM art.205 y 206

"denominación, S.R.L."

A los efectos de lo establecido en el artículo 348 del texto refundido de la Ley de Sociedades de Capital se hace público que la junta general de socios de esta sociedad, celebrada el *"fecha"*, adoptó el acuerdo de *"...crear ... O ... modificar ... O ... extinguir anticipadamente ..."* la obligación de realizar prestaciones accesorias en los siguientes términos:

"detallar"

En *"localidad"*, a *"fecha"*.

"...El secretario del consejo de administración ... O ... El administrador único ... O ... El administrador solidario ... O ... Los administradores mancomunados ..."

Fdo. *"Don/Doña nombre y apellidos"*

7. Concesión de plazo para el ejercicio del derecho de preferencia en aumento del capital

MSM nº 6900;
MSL nº 5895

LSC art.305.2;
RRM art.189.4.2º

Nota preliminar:

Este formulario responde a un supuesto práctico real, cuyas circunstancias, obviamente, pueden no coincidir plenamente con las que concurren en el supuesto para el que va a utilizarse. Se ha optado por mantenerlas para enriquecer el valor ejemplificativo del formulario, sin perjuicio de que el usuario las elimine o modifique al personalizar el modelo.

"denominación, S.R.L."

La junta general de socios, celebrada el *"fecha"*, adoptó el acuerdo de aumentar el capital social en *"número/letra"* euros más, según las siguientes condiciones:

El aumento de capital se realizará mediante la emisión, a la par, de *"número/letra"* nuevas participaciones sociales, de *"número/letra"* euros de valor nominal cada una.

Los actuales socios podrán ejercitar el derecho de asunción preferente respecto de *"número/letra"* participaciones nuevas por cada una de las antiguas de que fueran titulares en el plazo de un mes desde la fecha del envío de la comunicación escrita a cada uno de ellos.

Trascurrido dicho plazo las participaciones que no hayan sido efectivamente asumidas e íntegramente desembolsadas podrán serlo por los restantes socios, a cuyo fin éstos habrán comunicado a la sociedad al asumir las nuevas, su deseo de suscribir las participaciones sobrantes, en todo o en parte o el número de participaciones que para tal caso desean, a cuyo fin al finalizar el plazo inicial de un mes el órgano de administración comunicará a cada socio interesado en el plazo de los siguientes cinco días naturales, la asignación de participaciones sobrantes de acuerdo con las solicitudes recibidas y en caso de ser superior el número de solicitudes, el prorrateo resultante entre los demandantes atendiendo al número de participaciones que éstos ya posean incluidas las ya asumidas y desembolsadas en la ampliación dentro del inicial plazo, debiendo los socios desembolsar el importe correspondiente a la asignación resultante dentro del plazo de *"número/letra"* días posteriores desde la recepción de la comunicación al efecto practicada por el órgano de administración.

Las cantidades que deban desembolsarse como consecuencia de la ampliación deberán hacerse efectivas en el domicilio social de la sociedad simultáneamente a la asunción de participaciones y dicho desembolso será íntegro y en metálico o mediante cheque o talón.

Lo que se hace público a los efectos previstos en el artículo 308 del texto refundido de la Ley de Sociedades de Capital.

En *"localidad"*, a *"fecha"*.

"...El secretario del consejo de administración... O... El administrador único... O... El administrador solidario... O... Los administradores mancomunados..."

Fdo. *"Don/Doña nombre y apellidos"* 

2045

8. Reducción de capital con devolución de aportaciones a efectos del derecho de oposición de los acreedores

MSM nº 7178;
MSL nº 6164

LSC art.333.2;
RRM art.201.2 y 3

Nota preliminar:

Este formulario responde a un supuesto práctico real, cuyas circunstancias, obviamente, pueden no coincidir plenamente con las que concurren en el supuesto para el que va a utilizarse. Se ha optado por mantenerlas para enriquecer el valor ejemplificativo del formulario, sin perjuicio de que el usuario las elimine o modifique al personalizar el modelo.

"denominación, S.R.L."

La junta general de socios de esta sociedad, celebrada el *"fecha"*, adoptó el acuerdo de reducir el capital social en la cifra de *"número/letra"* euros, por lo que el mismo, tras la reducción, quedará fijado en *"número/letra"* euros, modificándose, asimismo, el artículo *"número/letra"* de los estatutos sociales de la compañía.

La citada reducción de capital se realiza con la finalidad de restituir aportaciones a los socios y se lleva a cabo mediante la reducción del valor nominal de la totalidad de las *"número/letra"* participaciones sociales, números *"número"* a *"número"*, ambas inclusive, en que se divide el capital social, que de su actual valor nominal de *"número/letra"* euros pasarán al nuevo valor nominal *"número/letra"* euros cada una de ellas.

Lo que se hace público a los efectos previstos en el artículo 333 del texto refundido de la Ley de Sociedades de Capital.

En *"localidad"*, a *"fecha"*.

"...El secretario del consejo de administración ... O ... El administrador único ... O ... El administrador solidario ... O ... Los administradores mancomunados ..."

Fdo. *"Don/Doña nombre y apellidos"*

9. Transformación en SA

MSM nº 7570 s.; MSL nº 7255

RDL 5/2023 art.104; RRM art.205 y 206

Nota preliminar:

Este formulario responde a un supuesto práctico real, cuyas circunstancias, obviamente, pueden no coincidir plenamente con las que concurren en el supuesto para el que va a utilizarse. Se ha optado por mantenerlas para enriquecer el valor ejemplificativo del formulario, sin perjuicio de que el usuario las elimine o modifique al personalizar el modelo.

"denominación, S.R.L."

La junta general de la sociedad *"denominación, S.R.L"*, celebrada el *"fecha"* acordó la transformación de la entidad en Sociedad Anónima y la consiguiente modificación de los estatutos sociales.

Lo que se hace público de conformidad con lo establecido en el artículo 104 del Real Decreto Ley 5/2023 sobre modificaciones estructurales.

En *"localidad"*, a *"fecha"*.

"...El secretario del consejo de administración ... O ... El administrador único ... O ... El administrador solidario ... O ... Los administradores mancomunados ..."

Fdo. *"Don/Doña nombre y apellidos"*

10. Fusión por absorción

MSM nº 8000;
MSL nº 7661

RDL 5/2023 art.10

Nota preliminar:

Este formulario responde a un supuesto práctico real, cuyas circunstancias, obviamente, pueden no coincidir plenamente con las que concurren en el supuesto para el que va a utilizarse. Se ha optado por mantenerlas para enriquecer el valor ejemplificativo del formulario, sin perjuicio de que el usuario las elimine o modifique al personalizar el modelo.

"denominación, S.R.L."

(Sociedad absorbente)

"denominación, S.R.L."

(Sociedad absorbida)

○ **Aprobación de la fusión por unanimidad:**

Se hace público que las juntas generales y universales de socios de las citadas sociedades, celebradas todas ellas el *"fecha"*, aprobaron, por unanimidad,

○ **Aprobación de la fusión por mayoría:**

Se hace público que las juntas generales de socios de las citadas sociedades, debidamente convocadas, y celebradas todas ellas el *"fecha"*, aprobaron, por *"...mayoría de votos válidamente emitidos que representan, al menos, dos tercios de los votos correspondientes a las participaciones en que se divide su capital social ... O ... unanimidad ..."*,

la fusión de dichas sociedades mediante la absorción por *"denominación, S.R.L."* de *"denominación, S.R.L."*, mediante la transmisión a título universal del patrimonio a la sociedad absorbente y disolución sin liquidación o extinción de la sociedad absorbida, con ampliación del capital social de la sociedad absorbente en la cifra correspondiente, todo ello con modificación de los artículos correspondientes de los estatutos sociales, conforme a los términos y condiciones del proyecto común de fusión suscrito por los miembros de los consejos de administración de las sociedades intervinientes y *"...que se ha publicado en la página web de las sociedades participantes ... O ... que ha quedado depositado en el Registro Mercantil de "provincia" con fecha "fecha" ..."*.

Se hace constar el derecho que asiste a los a los socios y acreedores de ambas sociedades a obtener el texto íntegro de los acuerdos adoptados y de los balances de fusión.

En *"localidad"*, a *"fecha"*.

El secretario del consejo de administración de *"denominación, S.R.L."*

El secretario del consejo de administración de *"denominación, S.R.L."*

Fdo. *"Don/Doña nombre y apellidos"*

Fdo. *"Don/Doña nombre y apellidos"*

11. Fusión por creación

MSM nº 8096;
MSL nº 7661

RDL 5/2023 art.10

Nota preliminar:

Este formulario responde a un supuesto práctico real, cuyas circunstancias, obviamente, pueden no coincidir plenamente con las que concurren en el supuesto para el que va a utilizarse. Se ha optado por mantenerlas para enriquecer el valor ejemplificativo del formulario, sin perjuicio de que el usuario las elimine o modifique al personalizar el modelo.

"denominación, S.R.L."

(Sociedades fusionadas y extinguidas)

"denominación, S.R.L."

(Sociedad beneficiaria de nueva creación)

➢➢

○ **Aprobación de la fusión por unanimidad:**

Se hace público que las juntas generales y universales de socios de las citadas sociedades, celebradas todas ellas el *"fecha"*, aprobaron, por unanimidad,

○ **Aprobación de la fusión por mayoría:**

Se hace público que las juntas generales de socios de las citadas sociedades, debidamente convocadas, y celebradas todas ellas el *"fecha"*, aprobaron, por *"...mayoría de votos válidamente emitidos que representan, al menos, dos tercios de los votos correspondientes a las participaciones en que se divide su capital social ... O ... unanimidad ..."*,

⮜⮜

la fusión de dichas sociedades mediante su extinción sin liquidación y transmisión en bloque de sus patrimonios a la sociedad *"denominación, S.R.L."*, de nueva creación, en los términos y condiciones del proyecto común de fusión suscrito por los administradores de las sociedades intervinientes y *"...que se ha publicado en la página web de las sociedades participantes en la fusión ... O ... que ha quedado depositado en el Registro Mercantil de "provincia" con fecha "fecha" ..."*.

Se hace constar el derecho que asiste a los a los socios y acreedores de las sociedades participantes en la fusión a obtener el texto íntegro de los acuerdos adoptados y de los balances de fusión.

En *"localidad"*, a *"fecha"*.

El secretario del consejo de administración de *"denominación, S.R.L."*

Fdo. *"Don/Doña nombre y apellidos"*

El secretario del consejo de administración de *"denominación, S.R.L."*

Fdo. *"Don/Doña nombre y apellidos"*

2065

12. Escisión total

MSM nº 8385;
MSL nº 7940

Nota preliminar:

Este formulario responde a un supuesto práctico real, cuyas circunstancias, obviamente, pueden no coincidir plenamente con las que concurren en el supuesto para el que va a utilizarse. Se ha optado por mantenerlas para enriquecer el valor ejemplificativo del formulario, sin perjuicio de que el usuario las elimine o modifique al personalizar el modelo.

RDL 5/2023 art.10

"denominación, S.R.L."

(Sociedad escindida)

"denominación, S.R.L."

(Sociedades beneficiarias)

○ **Aprobación de la escisión por unanimidad:**

Se hace público que las juntas generales y universales de socios de las citadas sociedades, celebradas todas ellas el *"fecha"*, aprobaron, por unanimidad,

○ **Aprobación de la escisión por mayoría:**

Se hace público que las juntas generales de socios de las citadas sociedades, debidamente convocadas, y celebradas todas ellas el *"fecha"*, aprobaron, por *"...mayoría de votos válidamente emitidos que representan, al menos, dos tercios de los votos correspondientes a las participaciones en que se divide el capital de la sociedad... O... unanimidad..."*,

la escisión total de *"denominación, S.R.L."*, que se extinguirá vía disolución sin liquidación, con el consiguiente traspaso de la totalidad de su patrimonio social a las entidades *"denominación, S.R.L."* y *"denominación, S.R.L."*, quienes adquirirán por sucesión universal todos los derechos y obligaciones integrantes del mismo, en los términos y condiciones del proyecto de escisión suscrito por los órganos de administración de las sociedades intervinientes *"...y publicado en la página web de la sociedades participantes... O... que ha quedado depositado en el Registro Mercantil de "provincia" con fecha "fecha"..."* y publicado en el Boletín Oficial del Registro Mercantil, número *"núm. BORME"*, de *"fecha"*.

Se hace constar el derecho que asiste a los socios y acreedores de las sociedades participantes en la escisión a obtener el texto íntegro de los acuerdos adoptados y de los balances de escisión.

En *"localidad"*, a *"fecha"*.

El secretario del consejo de administración de *"denominación, S.R.L."*

Fdo. *"Don/Doña nombre y apellidos"*

El secretario del consejo de administración de *"denominación, S.R.L."*

Fdo. *"Don/Doña nombre y apellidos"*

El secretario del consejo de administración de *"denominación, S.R.L."* 

Fdo. *"Don/Doña nombre y apellidos"*

13. Escisión parcial

MSM nº 8485;
MSL nº 7940

RDL 5/2023 art.10

Nota preliminar:

Este formulario responde a un supuesto práctico real, cuyas circunstancias, obviamente, pueden no coincidir plenamente con las que concurren en el supuesto para el que va a utilizarse. Se ha optado por mantenerlas para enriquecer el valor ejemplificativo del formulario, sin perjuicio de que el usuario las elimine o modifique al personalizar el modelo.

"denominación, S.R.L."

(Sociedad escindida)

"denominación, S.R.L."

(Sociedad beneficiaria)

➤➤

○ **Aprobación de la escisión por unanimidad:**

Se hace público que las juntas generales y universales de socios de las citadas sociedades, celebradas todas ellas el *"fecha"*, aprobaron, por unanimidad,

○ **Aprobación de la escisión por mayoría:**

Se hace público que las juntas generales de socios de las citadas sociedades, debidamente convocadas, y celebradas todas ellas el *"fecha"*, aprobaron, por *"...mayoría de votos válidamente emitidos que representan, al menos, dos tercios de los votos correspondientes a las participaciones en que se divide el capital de la sociedad... O... unanimidad..."*,

⮜⮜

la escisión parcial de *"denominación, S.R.L."*, que traspasará, sin extinguirse, un parte de su patrimonio social a favor de la sociedad *"denominación, S.R.L."*, quien adquirirá por sucesión universal, todos los derechos y obligaciones inherentes a dicho patrimonio segregado, en los términos y condiciones del proyecto de escisión suscrito por los órganos de administración de las sociedades intervinientes *"...y publicado en la página web de las sociedades participantes en la escisión... O... que ha quedado depositado en el Registro Mercantil de "provincia" con fecha "fecha"..."* y cuya *"...inserción... O... depósito..."* ha sido publicado en el Boletín Oficial del Registro Mercantil, número *"núm. BORME"*, de *"fecha"*.

Se hace constar el derecho que asiste a los socios y acreedores de las sociedades participantes en la escisión a obtener el texto íntegro de los acuerdos adoptados y de los balances de escisión.

En *"localidad"*, a *"fecha"*.

El secretario del consejo de administración de *"denominación, S.R.L."*	El secretario del consejo de administración de *"denominación, S.R.L."*
Fdo. *"Don/Doña nombre y apellidos"*	Fdo. *"Don/Doña nombre y apellidos"*

2075

14. Cesión global de activo y pasivo

MSM nº 8462 s.; MSL nº 8601

RDL 5/2023 art.10

Nota preliminar:

Este formulario responde a un supuesto práctico real, cuyas circunstancias, obviamente, pueden no coincidir plenamente con las que concurren en el supuesto para el que va a utilizarse. Se ha optado por mantenerlas para enriquecer el valor ejemplificativo del formulario, sin perjuicio de que el usuario las elimine o modifique al personalizar el modelo.

"denominación, S.R.L."

Por acuerdo de la junta general de socios de *"fecha"*, se acordó la cesión global del activo y pasivo al/a los cesionario/s siguiente/s: *"nombre y apellidos/denominación social"*.

Los acreedores de la sociedad cedente y del/de los cesionario/s tienen derecho a obtener el texto íntegro del acuerdo de cesión y a oponerse a la misma en las condiciones y con los efectos previstos para el caso de fusión.

En *"localidad"*, a *"fecha"*.

"...El secretario del consejo de administración ... O ... El administrador único ... O ... El administrador solidario ... O ... Los administradores mancomunados ..."

Fdo. *"Don/Doña nombre y apellidos"*

Capítulo VII. Proyectos

1. Proyecto de transformación en Sociedad Anónima

MSM nº 7604 s.; MSL nº 7200 s.

Nota preliminar:

El modelo presupone unas **circunstancias** determinadas, que serán las **más frecuentes**. Si en el caso concreto existen circunstancias particulares no previstas, deberá completarse o modificarse el modelo.

RDL 5/2023 art.4 y 20; RRM art.226

Proyecto de transformación de la sociedad *"denominación social, S.R.L."* en Sociedad Anónima *"denominación social, S.A."*

I

El presente proyecto de transformación se redacta y suscribe por el órgano de administración de la sociedad citada en cumplimiento de lo prescrito por los artículos 4 y 20 del Real Decreto-ley 5/2023.

II

En virtud de la transformación proyectada, *"denominación social, S.R.L."* se transformará en sociedad anónima manteniendo su denominación ***"denominación social, S.A."***, permaneciendo inalterada la identidad y personalidad jurídica de la sociedad, que continúa subsistiendo bajo la nueva forma societaria.

III

En cumplimiento de las previsiones contenidas en los artículos 4 y 20 del Real Decreto-ley 5/2023, se formulan a continuación las menciones legalmente exigidas:

1. Identificación de la sociedad.

Denominación social: *"denominación"*

Domicilio social: *"calle, número, localidad"*.

Datos registrales: *"datos registrales"*.

C.I.F.: *"número"*.

2. Proyecto de estatutos resultante de la transformación.

Sin perjuicio de que, al tiempo de la convocatoria de la junta general de la sociedad que vaya a deliberar sobre la aprobación del presente proyecto de transformación, puedan someterse a la aprobación de dicha junta otras modificaciones estatutarias que sean convenientes u oportunas, se adjunta como Anexo 1 al presente proyecto de transformación un borrador de los estatutos de la sociedad, *"denominación, S.A."*, tal y como quedarán incorporados en la escritura de transformación.

"Estatutos de la sociedad denominación social, S.A."

En cualquier caso, tras la transformación proyectada, la sociedad mantendrá su objeto social, su domicilio y la estructura del órgano de administración, si bien cesarán en su cargo los actuales administradores y, de conformidad con las nuevas disposiciones estatutarias y legales -en particular, las relativas al plazo de duración del cargo-, serán elegidos nuevos administradores.

Asimismo, la sociedad no modificará la cifra de su capital social por ser el mismo superior al mínimo legal exigido para el nuevo tipo social y encontrarse íntegramente desembolsado.

3. Calendario indicativo de la fusión.

Se incorpora a este Proyecto como Anexo 2 un calendario indicativo que recoge los hitos principales que deberán cumplirse para la ejecución de la transformación proyectada.

4. Fecha de las cuentas utilizadas.
Las cuentas utilizadas para establecer las condiciones de la transformación son las cerradas a *"fecha"*. Se considera como balance de transformación, el *"fecha"*.

5. Adjudicación de acciones
Las nuevas acciones se adjudicarán a los socios en proporción al valor nominal de las participaciones sociales que anteriormente poseían, conforme al siguiente detalle:

- A *"Don/Doña nombre y apellidos"*, titular de *"número/letra"* participaciones sociales, se le adjudican *"número/letra"* acciones, números *"número"* a *"número"*, por su valor conjunto de *"número/letra"* euros, equivalentes al total valor nominal de las antiguas participaciones.

6. Titulares de derechos especiales o tenedores de títulos distintos de las participaciones sociales.
No existe en la sociedad ninguna clase de participaciones sociales especiales o privilegiadas, ni persona que tenga derechos especiales distintos de las participaciones sociales, ni se otorgarán en la Sociedad resultante de la transformación participaciones sociales o derechos especiales como consecuencia de la transformación.

7. Ventajas concretas a expertos y administradores.
No se reconocerán ventajas de ninguna clase en la Sociedad transformada a los administradores, ni tampoco, en su caso, a los expertos independientes, cuya intervención es preceptiva al objeto de valorar el patrimonio no dinerario de la sociedad.

8. Oferta de compensación en efectivo a los socios que dispongan del derecho a enajenar sus participaciones.
Los socios que voten en contra de la transformación del tipo social pueden ejercer su derecho a enajenar sus participaciones sociales a la sociedad o a los socios o terceros que esta proponga, a cambio de una compensación en efectivo, a razón de *"importe"* euros por participación social, que podrán ejercitar en los términos previstos en los artículos 4.1.6º, 12 y 24 del Real Decreto Ley 5/2023. Por tanto:

1º. El socio que pretenda ejercitar el derecho a enajenar sus participaciones deberá comunicarlo a la sociedad en el plazo de 20 días desde la fecha de la junta general que haya aprobado el acuerdo de transformación; comunicación que podrá efectuar en la siguiente dirección de correo electrónico: *"dirección de correo electrónico"*.

La compensación en efectivo se abonará dentro del plazo de dos meses a contar desde la fecha en que surta efecto la transformación. La eficacia de la transformación quedará supeditada a la inscripción de la escritura pública en el Registro Mercantil (artículo 31 del Real Decreto Ley 5/2023).

2º. Cuando el socio que haya declarado su voluntad de ejercer el derecho de enajenación de sus participaciones considere que la compensación en efectivo ofrecida por la sociedad no se ha fijado adecuadamente, tendrá derecho a reclamar una compensación en efectivo complementaria ante el Juzgado de lo Mercantil del domicilio social, dentro del plazo de dos meses desde la fecha en que hayan recibido o hubieran debido recibir la compensación inicial.

3º. Se hace constar que no existen titulares de participaciones sin voto, ni socios que, por efecto de la transformación, hubieran de asumir una responsabilidad personal por las deudas sociales.

9. Implicaciones de la transformación para los acreedores.
De conformidad con lo establecido en el artículo 4.1.4º del Real Decreto-Ley 5/2023, se hace constar que la transformación no tiene implicaciones para los acreedores ni pone en riesgo la satisfacción de los créditos de los mismos.

De otra parte, de conformidad con lo previsto en el artículo 20.2 del Real Decreto-ley 5/2023, no es necesario que el Proyecto de transformación se ofrezcan garantías a los acreedores sociales, por tratarse de una transformación interna.

- *"Otras menciones"*.

10. Consecuencias de la transformación sobre el empleo.
Dado que la modificación estructural proyectada consiste en una mera transformación interna del tipo social (de SRL a SA), conservando la sociedad su personalidad jurídica (conforme al artículo 17 del Real Decreto Ley 5/2023), la transformación no afecta a los derechos de sus trabajadores (artículo 5.8 del Real Decreto Ley 5/2023).

IV
De conformidad con lo previsto en el artículo 20.3 del Real Decreto-ley 5/2023, se acompaña al presente Proyecto de Transformación:

a) El balance de la sociedad que se transforma, *"denominación social, S.R.L."*, cerrado el *"fecha"*, esto es, dentro de los seis meses anteriores a la fecha prevista para la reunión de la junta general de socios que ha de decidir sobre la transformación social, junto con un informe sobre las modificaciones patrimoniales significativas que han tenido lugar con posterioridad al mismo (Anexo 3). No se incorpora informe de auditor de cuentas por no estar la sociedad que se transforma obligada a someter sus cuentas a auditoría.

b) Los certificados acreditativos de que la sociedad que se transforma, *"denominación social, S.R.L."*, se encuentra al corriente en el cumplimiento de las obligaciones tributarias y frente a la Seguridad Social. Anexos 4 y 5.

V Suscripción del presente proyecto
Todos los miembros del órgano de administración de la sociedad que se transforma, esto es, todos los consejeros de *"denominación social, S.R.L."*, suscriben el presente proyecto de transformación.

En *"localidad"*, a *"fecha"*.

Firma/s

"Don/Doña nombre y apellidos de los consejeros" 

2. Proyecto de transformación en Sociedad Civil

MSM nº 7582 s.; MSL nº 7335 s.

Nota preliminar:

El modelo presupone unas **circunstancias** determinadas, que serán las **más frecuentes**. Si en el caso concreto existen circunstancias particulares no previstas, deberá completarse o modificarse el modelo.

RDL 5/2023 art.4 y 20; RRM art.226

Proyecto de transformación de la sociedad *"denominación social, S.R.L."* en la sociedad civil *"denominación, Sociedad Civil"*

I

El presente proyecto de transformación se redacta y suscribe por el órgano de administración de la sociedad citada en cumplimiento de lo prescrito por los artículos 4, 17 y siguientes del Real Decreto Ley 5/2023.

Se ha tenido en cuenta la Resolución DGRN de 26 de abril de 2016.

II

En virtud de la transformación proyectada, la *"denominación social, S.R.L."* se transforma en la *"denominación, Sociedad Civil"*.

III

Los administradores de la sociedad participante en la transformación se abstendrán, a partir de la suscripción del presente proyecto, de realizar cualquier clase de acto o de concluir cualquier contrato que pueda comprometer la aprobación del proyecto o modificar sustancialmente la ecuación de canje que se describe más adelante.

IV

El proyecto de transformación se someterá en legal plazo a la aprobación de la junta general de la sociedad participante, y, de conformidad con el artículo 7 del Real Decreto Ley 5/2023, los administradores que lo suscriben están obligados a insertar el proyecto en la página web de la sociedad que participa en la transformación, sin perjuicio de poder depositar voluntariamente un ejemplar del proyecto de transformación en el Registro Mercantil correspondiente a la sociedad. El hecho de la inserción del proyecto de transformación en la página web se publicará en el Boletín Oficial del Registro Mercantil. La inserción en la página web y la publicación de este hecho en el Boletín Oficial del Registro Mercantil deberán efectuarse con un mes de antelación, al menos, a la fecha prevista para la celebración de la junta general que haya de acordar la transformación. La inserción del proyecto de transformación en la página web deberá mantenerse hasta que finalice el plazo para el ejercicio por los acreedores de los derechos que les correspondan.

V

La transformación se justifica por las siguientes razones: *"indicar las causas justificativas de la operación"*.

VI.

El calendario propuesto de realización de la operación es el siguiente: *"indicar el calendario de la operación"*.

VII.

En cumplimiento de las previsiones contenidas en los artículos 4 y 20 del Real Decreto Ley 5/2023, se formulan a continuación las menciones exigidas.

1. Identificación de la sociedad de responsabilidad limitada y de la sociedad civil resultante de la transformación

1.1. Sociedad de responsabilidad limitada

Denominación social: *"denominación"*

Forma jurídica: *"sociedad de responsabilidad limitada"*

Razón Social y Domicilio social: *"calle, número, localidad"*.

Datos registrales: *"datos registrales"*.

C.I.F.: *"número"*.

1.2. Sociedad Civil

Denominación social: *"denominación"*

Forma jurídica: *"sociedad civil"*

Razón Social y Domicilio social: *"calle, número, localidad"*.

2. Porcentaje de participación en el fondo social de la sociedad civil resultante de la transformación

2.1. Adjudicación de participación

La transformación se realiza adjudicando a los socios de Sociedad *"denominación social, S.R.L."* un porcentaje de participación en el fondo social de la Sociedad *"denominación, Sociedad Civil"* proporcional a su participación en el capital social de la Sociedad *"denominación social, S.R.L."*.

Se manifiesta que el porcentaje de participación se ha fijado sobre la base de los valores reales del patrimonio de la sociedad, teniendo en cuenta el valor de sus respectivos activos y pasivos conforme a lo establecido en el apartado 9 siguiente.

De conformidad con ello:

- A *"Nombre y apellidos"*, actual titular en *"denominación social, S.R.L."* de *"núm."* participaciones sociales, se le adjudica con carácter *"...privativo ... O ... ganancial ..."* una participación del *"número"* % en la *"denominación, Sociedad Civil"*.

3. Incidencia de la transformación sobre las aportaciones de industria o las prestaciones accesorias.

No existe en la sociedad que se transforma ningún socio industrial ni prestaciones accesorias asociadas a los mismos, por lo que no es preciso considerar esta cuestión en la transformación.

4. Titulares de derechos especiales o tenedores de títulos distintos de los representativos de capital.

No existe ni existirá en ninguna de las sociedades participantes ninguna clase de cuotas o participaciones sociales especiales o privilegiadas, ni persona que tenga derechos especiales distintos o tenedores de títulos distintos de los representativos de capital, ni se otorgarán en la Sociedad *"Sociedad"* derechos especiales como consecuencia de la transformación.

5. Ventajas concretas a expertos y administradores.

No se atribuirán ventajas de ninguna clase en la Sociedad resultante de la transformación a los administradores de la sociedad transformada, ni tampoco, en su caso, a los expertos independientes.

6. Fecha de participación en las ganancias.

Las nuevas cuotas sociales darán derecho a sus titulares a participar en las ganancias sociales a partir de *"fecha"*.

7. Fecha de efectividad de la transformación a efectos contables.
Las operaciones deben de considerarse realizadas, a efectos contables, a partir de *"fecha"*.

8. Estatutos de la sociedad resultante.
Se acompaña al presente proyecto de transformación el proyecto de escritura social y los estatutos de la sociedad resultante *"denominación, Sociedad Civil"*.

8.1. Capital social.
El capital social de *"denominación, Sociedad Civil"* quedará fijado, tras la ejecución de la transformación, en *"número"* euros.

Consecuentemente, el artículo *"número"* de los estatutos sociales, quedará redactado como sigue:

"Transcripción literal de la nueva redacción del artículo estatutario".

8.2. Otras posibles modificaciones denominación, domicilio, objeto, etc.
"Otras modificaciones"

9. Valoración del activo y pasivo transmitido.
El tipo de canje que se detalla en el apartado 2.1., se ha fijado sobre la base del valor real del patrimonio de la sociedad, teniendo en cuenta el valor de sus activos y pasivos en las circunstancias específicas en que se encuentran.

Se explicita la valoración del activo y del pasivo.

Para ello se ha contado con el asesoramiento de *"experto"*, quien ha valorado el patrimonio social conforme a los siguientes métodos y criterios de valoración generalmente aceptados:

"Métodos de valoración empleados".

10. Fecha de las cuentas utilizadas.
Las cuentas utilizadas para establecer las condiciones de la transformación son las cerradas a *"fecha"*. Se considera como balance de transformación, el *"indicar"*.

11. Consecuencias de la transformación sobre el empleo, la estructura del órgano de administración y la responsabilidad social de la empresa.
11.1. Empleo.
Como consecuencia de la transformación descrita, no se prevén consecuencias para el empleo.

11.2. Órgano de administración.
Como consecuencia de la transformación, la estructura y composición del órgano de administración de *"sociedad"*, será la consistente en:

- *"Indicar el tipo de órgano de administración que se adopta como consecuencia de la transformación"*.

- *"Indicar cualquier ventaja otorgada a los miembros de los órganos de administración, dirección, supervisión o control de la sociedad o sociedades que realicen o participen en la modificación estructural, en relación con el punto 5 anterior"*.

11.3. Responsabilidad social.
Tras la inscripción de la transformación, la Sociedad *"denominación, Sociedad Civil"* asumirá la totalidad de las deudas sociales de la *"denominación, S.R.L."*, sin más límites ni condiciones que los propios de su tipo social y sin perjuicio del derecho de oposición de los acreedores.

12. Implicación de la operación para los acreedores.
La operación tiene las siguientes implicaciones para los acreedores *"explicitar"*.

Las garantías que se les otorgan son *"explicitar garantías personales/reales"*.

13. Derechos de los socios.
Los socios tendrán los derechos reconocidos en los artículos 24 y siguientes del Real Decreto Ley 5/2023 que no contradigan lo dispuesto en el presente proyecto.

Salvo que los acreedores sociales hayan consentido expresamente la transformación, subsistirá la responsabilidad de los socios que respondían personalmente de las deudas de la sociedad transformada por las deudas sociales contraídas con anterioridad a la transformación de la sociedad. Esta responsabilidad prescribirá a los cinco años a contar desde la publicación de la transformación en el Boletín Oficial del Registro Mercantil.

14. Otras menciones.
14.1. Informe de expertos independientes.
Se someterá el proyecto de transformación al informe de experto independiente.

14.2. Acreditación de estar al corriente de pago de las obligaciones tributarias y frente a la Seguridad Social.
De acuerdo con lo previsto en el artículo 20 del Real Decreto Ley 5/2023, se acredita el encontrase la sociedad al corriente en el cumplimiento de las obligaciones tributarias y frente a la Seguridad Social, mediante la aportación de los correspondientes certificados, válidos y emitidos por el órgano competente y que son anexados al presente proyecto de transformación.

14.3. Adquisición de sociedad con endeudamiento.
La sociedad no ha contraído deudas en los tres años inmediatamente anteriores para adquirir el control de otra que participe en esta operación o para adquirir activos de la misma esenciales para su normal explotación o que sean de importancia por su valor patrimonial.

14.4. Declaración sobre la situación financiera.
Se acompaña al presente proyecto una declaración que refleja con exactitud la situación financiera actual de la sociedad y en una fecha no anterior a un mes antes de la publicación de dicha declaración. En la misma se hace constar que sobre la base de la información a su disposición y después de haber efectuado las averiguaciones que sean razonables, no se conoce ningún motivo por el que la sociedad, después de que la operación surta efecto, no pueda responder de sus obligaciones al vencimiento de estas.

VII.
La eficacia de la transformación quedará supeditada a la inscripción de la escritura pública en el Registro Mercantil, que solo se podrá llevar a cabo una vez acreditado el cumplimiento de las condiciones anteriormente exigidas.

VIII. Suscripción del presente proyecto.
Todos los administradores de la *"denominación social, SR.L."*, suscriben el presente proyecto transformación.

En *"localidad"*, a *"fecha"*.

Firmas

"Don/Doña nombre y apellidos" 

3. Proyecto de transformación de Sociedad Civil en S.R.L.

MSM nº 7588 s.; MSL nº 7205 s.

RDL 5/2023 art.4 y 20; DGRN Resol 26-4-16; RRM art.226

Nota preliminar:

El modelo presupone unas **circunstancias** determinadas, que serán las **más frecuentes**. Si en el caso concreto existen circunstancias particulares no previstas, deberá completarse o modificarse el modelo.

Proyecto de transformación de la sociedad civil *"denominación, Sociedad Civil"* en la sociedad *"denominación social, S.R.L."*

I

El presente proyecto de transformación se redacta y suscribe por los órganos de administración de la sociedad citada en cumplimiento de lo prescrito por los artículos 4, 17 y siguientes del Real Decreto Ley 5/2023.

II

En virtud de la transformación proyectada, la *"denominación, Sociedad Civil"* se transforma en la sociedad de responsabilidad limitada *"denominación social, S.R.L."*.

III

Los administradores de la sociedad participante en la transformación se abstendrán, a partir de la suscripción del presente proyecto, de realizar cualquier clase de acto o de concluir cualquier contrato que pueda comprometer la aprobación del proyecto o modificar sustancialmente la ecuación de canje que se describe más adelante.

IV

El proyecto de transformación se someterá en legal plazo a la aprobación *"...de la junta general ... O ... de la asamblea de socios ... O ... de todos los socios ..."* de la entidad participante, en su caso, y, de conformidad con el artículo 7 del Real Decreto Ley 5/2023, los administradores que lo suscriben están obligados a insertar el proyecto en la página web de la sociedad que participa en la transformación, sin perjuicio de poder depositar voluntariamente un ejemplar del proyecto de transformación en el Registro Mercantil correspondiente a la sociedad.

El hecho de la inserción del proyecto de transformación en la página web se publicará en el Boletín Oficial del Registro Mercantil.

La inserción en la página web y la publicación de este hecho en el Boletín Oficial del Registro Mercantil deberán efectuarse con un mes de antelación, al menos, a la fecha prevista para la celebración *"...de la junta general ... O ... de la asamblea de socios ... O ... de todos los socios ..."* que haya de acordar la transformación.

La inserción del proyecto de transformación en la página web deberá mantenerse hasta que finalice el plazo para el ejercicio por los acreedores de los derechos que les correspondan.

V

La transformación se justifica por las siguientes razones: *"indicar las causas justificativas de la operación"*.

VI.
El calendario propuesto de realización de la operación es el siguiente *"indicar el calendario de la operación"*.

VII.
En cumplimiento de las previsiones contenidas en los artículos 4 y 20 del Real Decreto Ley 5/2023, se formulan a continuación las menciones exigidas.

1. Identificación de la sociedad civil y de la sociedad de responsabilidad limitada resultante de la transformación
1.1. Sociedad Civil
Denominación social: *"denominación"*

Forma jurídica: *"sociedad civil"*

Razón Social y Domicilio social: *"calle, número, localidad"*.

"...Datos registrales: "datos registrales". ..."

C.I.F.: *"número"*.

1.2. Sociedad de responsabilidad limitada
Denominación social: *"denominación"*

Forma jurídica: *"sociedad de responsabilidad limitada"*

Razón Social y Domicilio social: *"calle, número, localidad"*.

"...Datos registrales: "datos registrales". ..."

C.I.F.: *"número"*.

2. Tipo de canje, compensación en metálico y procedimiento de canje
2.1. Adjudicación de capital social
La transformación se realiza resultando una atribución a los socios de *"denominación, Sociedad Civil"*, de un número de participaciones sociales en la Sociedad *"denominación social, S.R.L."*, proporcional a su participación en el fondo social de la Sociedad *"denominación, Sociedad Civil"*.

Se manifiesta que el porcentaje de participación se ha fijado sobre la base de los valores reales del patrimonio de la sociedad, teniendo en cuenta el valor de sus respectivos activos y pasivos conforme a lo establecido en el apartado 9 siguiente.

De conformidad con ello:

- *"Nombre y apellidos"* asume, con carácter *"...privativo ... O ... ganancial ..."* las participaciones sociales numeradas a efectos de su identificación de la *"núm."* a la *"núm."* ambas incluidas, *"núm."* participaciones de *"importe"* euros; en total: *"importe"* euros.

Todas las participaciones están desembolsadas.

3. Incidencia de la transformación sobre las aportaciones de industria o las prestaciones accesorias.
No existe en la entidad que se transforma ningún socio industrial ni prestaciones accesorias asociadas a los mismos, por lo que no es preciso considerar esta cuestión en la transformación.

4. Titulares de derechos especiales o tenedores de títulos distintos de los representativos de capital.
No existe ni existirá en ninguna de las sociedades participantes ninguna clase de cuotas o participaciones sociales especiales o privilegiadas, ni persona que tenga derechos especiales distintos o tenedores de títulos distintos de los representativos de capital, ni se otorgarán en la Sociedad *"denominación social, S.R.L."* participaciones sociales o derechos especiales como consecuencia de la transformación.

5. Ventajas concretas a expertos y administradores.
No se atribuirán ventajas de ninguna clase en la Sociedad *"denominación social, S.R.L."* a los administradores de la sociedad participante en la operación, ni tampoco, en su caso, a los expertos independientes.

6. Fecha de participación en las ganancias.
Las nuevas participaciones sociales a crear por *"denominación social, S.R.L."* como consecuencia de la transformación, darán derecho a sus titulares a participar en las ganancias sociales a partir de *"fecha"*.

7. Fecha de efectividad de la transformación a efectos contables.
Las operaciones deben de considerarse realizadas, a efectos contables, a partir de *"fecha"*.

8. Estatutos de la sociedad resultante.
Se acompaña al presente proyecto de transformación el proyecto de escritura social y los estatutos de la sociedad resultante *"denominación social, S.R.L."*.

Sin perjuicio de que, al tiempo de la convocatoria *"...de la junta general ... O ... de la asamblea de socios ... O ... de todos los socios ..."* de socios de la sociedad que vaya a deliberar sobre la aprobación del presente proyecto de transformación, puedan someterse a la aprobación otras modificaciones estatutarias que sean convenientes u oportunas, el órgano de administración tiene previsto someter a la aprobación *"...de la junta general ... O ... de la asamblea de socios ... O ... de todos los socios ..."* la adopción de las siguientes modificaciones estatutarias esenciales:

8.1. Capital social.
Conforme a la relación de canje establecida, la *"denominación social, S.R.L."* cifrará su capital social en un importe nominal de *"número"* euros, mediante la creación de *"número"* participaciones sociales, de *"número"* euro de valor nominal cada una de ellas, numeradas correlativamente del *"intervalo"*, ambos inclusive, de la misma clase y serie.

La asunción de estas participaciones sociales está reservada exclusivamente a los titulares de cuotas de la Sociedad *"denominación, Sociedad Civil"*, en proporción a su respectiva participación.

Como consecuencia, el capital social de *"denominación social, S.R.L."* quedará fijado, tras la ejecución de la transformación, en *"número"* euros, dividido en *"número"* participaciones sociales, de *"número"* euros de valor nominal cada una de ellas, todas de la misma clase y serie.

Consecuentemente, el artículo *"número"* de los estatutos sociales, quedará redactado como sigue:

"Transcripción literal de la nueva redacción del artículo estatutario".

8.2. Otras posibles modificaciones denominación, domicilio, objeto, etc.
"Otras modificaciones"

9. Valoración del activo y pasivo transmitido.
El tipo de canje que se detalla en el apartado 2.1., se ha fijado sobre la base del valor real del patrimonio de la sociedad, teniendo en cuenta el valor de sus activos y pasivos en las circunstancias específicas en que se encuentran.

Se explicita la valoración del activo y del pasivo.

Para ello se ha contado con el asesoramiento de *"experto"*, quien ha valorado el patrimonio social conforme a los siguientes métodos y criterios de valoración generalmente aceptados:

"Métodos de valoración empleados".

10. Fecha de las cuentas utilizadas.
Las cuentas utilizadas para establecer las condiciones de la transformación son las cerradas a *"fecha"*.
Se considera como balance de transformación, el *"indicar"*

A dicho balance se le han realizado las correcciones de valor necesarias para reflejar los valores razonables de las distintas partidas contables, teniendo en cuenta, entre otras, las siguientes circunstancias:

- Valor real del patrimonio inmobiliario.

- Valor real de la maquinaria, instalaciones y en general, del aparato productivo.

- Plantilla, formación, edad media, productividad y costo de una posible regulación de empleo.

- Valor de marcas, clientela, etc., capacidad de generar beneficios y fondo de comercio.

- Valor cierto de realización y cobro de los bines del activo circulante.

- Valor cierto del pasivo exigible.

- El balance de transformación *"...y las modificaciones de valoración contenidas en el mismo, ..."* será verificado por el auditor de cuentas de la sociedad y sometidos a la aprobación de la asamblea o junta general de socios que haya de resolver sobre la transformación, con carácter previo a la adopción del propio acuerdo de transformación.

11. Consecuencias de la transformación sobre el empleo, la estructura del órgano de administración y la responsabilidad social de la empresa.

11.1. Empleo.

Como consecuencia de la transformación descrita, no se extinguirán las relaciones laborales existentes. En su lugar, la Sociedad *"denominación social, S.R.L."* se subrogará en los derechos y obligaciones laborales y de Seguridad Social de la Sociedad *"indicar Sociedad"*, incluyendo los compromisos por pensiones y, en general, las obligaciones adquiridas en materia de protección social complementaria.

"...- "Otras posibles consecuencias de la transformación sobre el empleo". ..."

11.2. Órgano de administración.

Como consecuencia de la transformación, la *"denominación soocial, S.R.L."* tendrá un Consejo de Administración integrado por los siguientes miembros:

- *"Identificar los consejeros"*

- *"Indicar el tipo de órgano de administración que se adopta como consecuencia de la transformación."*

- *"Indicar cualquier ventaja otorgada a los miembros de los órganos de administración, dirección, supervisión o control de la sociedad o sociedades que realicen o participen en la modificación estructural, en relación con el punto 5 anterior"*.

11.3. Responsabilidad social.

Tras la inscripción de la transformación, la Sociedad *"denominación social, S.R.L."* asumirá la totalidad de las deudas sociales de la Sociedad *"denominación, Sociedad Civil"*, sin más límites ni condiciones que los propios de su tipo social y sin perjuicio del derecho de oposición de los acreedores.

12. Implicación de la operación para los acreedores.

Sin perjuicio de lo dispuesto en los artículos 13 y siguientes del Real Decreto Ley 5/2023, la operación tiene las siguientes implicaciones para los acreedores *"explicitar"*.

Las garantías que se les otorgan son *"explicitar garantías personales/reales"*.

13. Derechos de los socios.

Los socios tendrán los derechos reconocidos en los artículos 24 y ss del Real Decreto Ley 5/2023 que no contradigan lo dispuesto en el presente proyecto.

Salvo que los acreedores sociales hayan consentido expresamente la transformación, subsistirá la responsabilidad de los socios que respondían personalmente de las deudas de la sociedad transformada por las deudas sociales contraídas con anterioridad a la transformación de la sociedad. Esta responsabilidad prescribirá a los cinco años a contar desde la publicación de la transformación en el Boletín Oficial del Registro Mercantil.

14. Otras menciones.
14.1. Informe de expertos independientes.
Se someterá el proyecto de transformación al informe de experto independiente.

14.2. Acreditación de estar al corriente de pago de las obligaciones tributarias y frente a la Seguridad Social.
De acuerdo con lo previsto en el artículo 20 del Real Decreto Ley 5/2023, se acredita el encontrase la sociedad al corriente en el cumplimiento de las obligaciones tributarias y frente a la Seguridad Social, mediante la aportación de los correspondientes certificados, válidos y emitidos por el órgano competente y que son anexados al presente proyecto de transformación.

14.3. Adquisición de sociedad con endeudamiento.
La sociedad no ha contraído deudas en los tres años inmediatamente anteriores para adquirir el control de otra que participe en esta operación o para adquirir activos de la misma esenciales para su normal explotación o que sean de importancia por su valor patrimonial.

14.4. Declaración sobre la situación financiera.
Se acompaña al presente proyecto una declaración que refleja con exactitud la situación financiera actual de la sociedad y en una fecha no anterior a un mes antes de la publicación de dicha declaración. En la misma se hace constar que sobre la base de la información a su disposición y después de haber efectuado las averiguaciones que sean razonables, no se conoce ningún motivo por el que la sociedad, después de que la operación surta efecto, no pueda responder de sus obligaciones al vencimiento de estas.

VII.
La eficacia de la transformación quedará supeditada a la inscripción de la escritura pública en el Registro Mercantil, que solo se podrá llevar a cabo una vez acreditado el cumplimiento de las condiciones anteriormente exigidas.

VIII. Suscripción del presente proyecto.
Todos los miembros del órgano de administración de *"denominación, Sociedad Civil"*, suscriben el presente proyecto transformación.

En *"localidad"*, a *"fecha"*.

Firmas

"Don/Doña nombre y apellidos" 

4. Proyecto común de fusión por absorción

MSM nº 7880 s.; MSL nº 7530 s.

Nota preliminar:

El modelo presupone unas **circunstancias** determinadas, que serán las **más frecuentes**. Si en el caso concreto existen circunstancias particulares no previstas, deberá completarse o modificarse el modelo.

RDL 5/2023 art.4, 39 y 40; RRM art.226

Proyecto común de fusión

de las sociedades *"denominación social, S.R.L."* y

"denominación social, S.R.L."

I. El presente proyecto común de fusión se redacta y suscribe por los órganos de administración de las sociedades citadas en cumplimiento de lo prescrito en cumplimiento de lo prescrito por los artículos 4, 39 y 40 del Real Decreto-ley 5/2023.

II. En virtud de la fusión proyectada, *"denominación social, S.R.L."* (Sociedad Absorbente) absorberá a la entidad *"denominación social, S.R.L."* (Sociedad Absorbida), que tras el proceso de fusión se extinguirá, vía disolución sin liquidación, y transmitirá en bloque todo su patrimonio social a la Sociedad Absorbente. Esta última adquirirá por sucesión universal la totalidad de los derechos y obligaciones de la Sociedad Absorbida y aumentará su capital social en la cuantía que proceda (conforme a la ecuación de canje más adelante descrita), a fin de permitir que los socios de la Sociedad Absorbida participen en la Sociedad Absorbente recibiendo un número de participaciones sociales proporcional a sus respectivas participaciones.

III. Los administradores de las sociedades participantes en la fusión se abstendrán, a partir de la suscripción del presente proyecto común de fusión, de acuerdo con lo previsto en el apartado 2 del citado art.39 RDL 5/2023, de realizar cualquier clase de acto o de concluir cualquier contrato que puede comprometer la aprobación del proyecto o modificar sustancialmente la ecuación de canje de las participaciones sociales que se describe más adelante.

IV. El proyecto común de fusión se someterá en legal plazo a la aprobación de las juntas generales de las sociedades participantes en la fusión.

➢➢

❍ **Si las sociedades disponen de página web:**

De conformidad con el artículo 7 del Real Decreto-ley 5/2023 los administradores que lo suscriben están obligados, al menos un mes antes de la fecha de la junta general que vaya a acordar la modificación estructural, a insertar el proyecto común de fusión en la página web de cada una de las sociedades que participan en la fusión, sin perjuicio de poder depositar voluntariamente un ejemplar del proyecto común de fusión en el Registro Mercantil correspondiente a cada una de las sociedades que participan en ella. El hecho de la inserción del proyecto de fusión en la página web se publicará en el Boletín Oficial del Registro Mercantil.

La publicación del anuncio de convocatoria de las juntas de socios que hayan de resolver sobre la operación -o, en su caso, la comunicación individual de ese anuncio a los socios- no podrá realizarse antes de la publicación de la inserción en el BORME.

La inserción del proyecto de fusión en la página web deberá mantenerse hasta que finalice el plazo para el ejercicio por los acreedores de los derechos que les correspondan.

○ **Si alguna sociedad no dispone de página web:**

De conformidad con el art.7.4 del Real Decreto-ley 5/2023 y art.226 del Reglamento del Registro Mercantil, los administradores que lo suscriben presentarán un ejemplar del mismo, para su calificación y depósito, en el Registro Mercantil de *"provincia/s"* y de *"provincia"*, que es el correspondiente al domicilio social de la Sociedad Absorbida y la Sociedad Absorbente respectivamente.

⋞⋞

V. De conformidad con el art.7.1.2.º del RDL 5/2023, se hace constar el derecho que corresponde a los socios, acreedores y representantes de los trabajadores o, cuando no existan tales representantes, a los propios trabajadores, a presentar a las Sociedades, a más tardar cinco días laborales antes de la fecha de la junta general, observaciones relativas al Proyecto de Fusión.

VI. La fusión se justifica por las siguientes razones: *"indicar las causas justificativas de la operación"*.

VII. En cumplimiento de las previsiones contenidas en el art.4 y 40 del Real Decreto-ley 5/2023, se formulan a continuación las menciones exigidas por el mismo:

1. Identificación de las sociedades intervinientes en la fusión

1.1. Sociedad Absorbente
Denominación social: *"denominación"*
Domicilio social: *"calle, número, localidad"*.
Datos registrales: *"datos registrales"*.
C.I.F.: *"numero"*.

1.2. Sociedad Absorbida
Denominación social: *"denominación"*
Domicilio social: *"calle, número, localidad"*.
Datos registrales: *"datos registrales"*.
C.I.F.: *"número"*.

2. Calendario indicativo de la fusión.
De conformidad con lo dispuesto en el art.4.1.2º del RDL 5/2023, se incorpora a este Proyecto como Anexo 1 un calendario indicativo que recoge los hitos principales que deberán cumplirse para la ejecución de la fusión.

3. Tipo de canje, compensación en metálico y procedimiento de canje

3.1. Tipo de canje
A los efectos de determinar el tipo de canje, debe entenderse que la fusión se realiza al amparo de lo dispuesto en el art.35 y 36 del Real Decreto-ley 5/2023, resultando una atribución a los socios de *"denominación, S.R.L."*, de un número de participaciones sociales de la Sociedad Absorbente, *"denominación, S.R.L."*, proporcional a sus respectivas participaciones en aquella sociedad.

El tipo de canje se ha fijado sobre la base de los valores razonables del patrimonio de las sociedades que se fusionan, teniendo en cuenta el valor de sus respectivos activos y pasivos conforme a lo establecido en el apartado 10 siguiente.

Como consecuencia de la aplicación de los anteriores criterios, la ecuación de canje será:

"número" participaciones sociales de *"número"* euros de valor nominal cada una, de la Sociedad Absorbida, *"denominación, S.R.L."*, por cada *"número"* participaciones sociales de *"número"* euros de valor nominal cada una, de la Sociedad Absorbente, *"denominación, S.R.L."*.

"...- Además, dado que el número de participaciones sociales resultante no es exacto, la Sociedad Absorbente abonará una compensación en metálico de "número" euros, por cada una de las participaciones sociales que entregue a los socios de la Sociedad Absorbida. ..."

Conforme al Real Decreto-Ley 5/2023 art.49, los socios de las sociedades que se fusionen, que consideren que la relación de canje establecida en el proyecto no es adecuada, pueden impugnarla y reclamar un pago en efectivo ante el Juzgado de lo Mercantil del domicilio social, cuya competencia será exclusiva, o el tribunal arbitral estatutariamente previsto, siempre que no hayan votado a favor de la aprobación del acuerdo de fusión o no tengan derecho de voto, dentro del plazo de dos meses desde la fecha de publicación del acuerdo de la junta general. La decisión del Juzgado o tribunal arbitral será vinculante para la sociedad resultante de la fusión. La sociedad resultante podrá compensar a los socios con acciones o participaciones propias en lugar del pago en efectivo.

La impugnación de la relación de canje no paralizará la fusión ni impedirá su inscripción en el Registro Mercantil.

3.2. Procedimiento de canje
No habrá intercambio físico de títulos, dado que las sociedades participantes en la fusión son sociedades de responsabilidad limitada.

4. Incidencia de la fusión sobre las aportaciones de industria o las prestaciones accesorias
No existe en la Sociedad Absorbida ningún socio industrial (que haya aportado trabajo, servicios o su actividad a la empresa), ni participaciones sociales que lleven aparejadas prestaciones accesorias, por lo que no es preciso considerar esta cuestión en la fusión.

5. Titulares de derechos especiales o tenedores de títulos distintos de las participaciones sociales
No existe en ninguna de las sociedades participantes en la fusión ninguna clase de participaciones sociales especiales o privilegiadas, ni persona que tenga derechos especiales distintos de las participaciones sociales, ni se otorgarán en la Sociedad Absorbente participaciones sociales o derechos especiales como consecuencia de la fusión.

6. Ventajas concretas a expertos y administradores
No se atribuirán ventajas de ninguna clase en la Sociedad Absorbente a los miembros del órgano de administración, dirección, supervisión o control de las sociedades participantes en la operación.

7. Fecha de participación en las ganancias
Las nuevas participaciones sociales a crear por *"Sociedad de Responsabilidad Limitada, S.R.L."* como consecuencia de la fusión, darán derecho a sus titulares a participar en las ganancias sociales a partir de *"fecha"*.

8. Fecha de efectividad de la fusión a efectos contables
Las operaciones de la Sociedad Absorbida habrán de considerarse realizadas, a efectos contables, por cuenta de la Sociedad Absorbente a partir de *"fecha"*.

9. Estatutos de la sociedad resultante
Sin perjuicio de que, al tiempo de la convocatoria de la junta general de socios de la Sociedad Absorbente que vaya a deliberar sobre la aprobación del presente proyecto común de fusión, puedan someterse a la aprobación de dicha junta otras modificaciones estatutarias que sean convenientes u oportunas, el Consejo de Administración de la Sociedad Absorbente tiene previsto someter a la aprobación la junta general la adopción de las siguientes modificaciones estatutarias:

9.1. Ampliación de capital
Conforme a la relación de canje establecida, para hacer frente a la fusión, la Sociedad Absorbente habrá de aumentar su capital social en un importe nominal de *"número"* euros, mediante la creación de *"número"* participaciones sociales, de *"número"* euro de valor nominal cada una de ellas, numeradas correlativamente del *"intervalo"*, ambos inclusive, de la misma clase y serie que las existentes.

La asunción de estas participaciones sociales está reservada exclusivamente a los titulares de participaciones sociales de la Sociedad Absorbida, en proporción a su respectiva participación, sin que exista derecho de suscripción preferente, conforme a lo establecido en el art.304 de la Ley de Sociedades de Capital.

Como consecuencia del citado aumento de capital, el capital social de *"denominación, S.R.L."* quedará fijado, tras la ejecución de la fusión, en *"número"* euros, dividido en *"número"* participaciones sociales, de *"número"* euros de valor nominal cada una de ellas, todas de la misma clase y serie.

Consecuentemente, habrá que modificar el artículo *"número"* de los estatutos sociales, que quedará redactado como sigue:

"Transcripción literal de la nueva redacción del artículo estatutario."

➤➤

○ **Otras modificaciones estatutarias:**

9.2. *"Otras posibles modificaciones estatutarias denominación, objeto social, domicilio, etc."*

≺≺

10. Valoración del activo y pasivo transmitido

El tipo de canje que se detalla en el apartado 2.1., se ha fijado sobre la base del valor razonable de los patrimonios de la Sociedad Absorbida y la Sociedad Absorbente, teniendo en cuenta el valor de sus activos y pasivos en las circunstancias específicas en que se encuentran.

Para ello se ha contado con el asesoramiento de *"experto"*, quien ha valorado los patrimonios sociales conforme a los siguientes métodos y criterios de valoración generalmente aceptados:

"Métodos de valoración empleados".

11. Fecha de las cuentas utilizadas

Las cuentas utilizadas para establecer las condiciones de la fusión son las cerradas a *"fecha"*, para ambas sociedades. En consecuencia, a efectos de lo previsto en el art.43 del Real Decreto-ley 5/2023, se considera como balance de fusión, *"...el último balance anual, por no haber transcurrido más de seis meses entre su fecha de cierre y la fecha del presente proyecto común de fusión... O... un balance específico, cerrado con posterioridad al primer día del tercer mes precedente a la fecha del presente proyecto común de fusión..."*.

➤➤

○ **En caso de realización de correcciones de valor:**

A dicho balance de fusión se le han realizado las correcciones de valor necesarias para reflejar los valores razonables de las distintas partidas contables, teniendo en cuenta, entre otras, las siguientes circunstancias:

- Valor real del patrimonio inmobiliario.

- Valor real de la maquinaria, instalaciones y en general, del aparato productivo.

- Plantilla, formación, edad media, productividad y costo de una posible regulación de empleo.

- Valor de marcas, clientela, etc., capacidad de generar beneficios y fondo de comercio.

- Valor cierto de realización y cobro de los bienes del activo circulante.

- Valor cierto del pasivo exigible.

≺≺

Los balances de fusión *"...y las modificaciones de valoración contenidas en el mismo..."*, serán verificados por el auditor de cuentas de la sociedad y sometidos a la aprobación de la junta general de socios que haya de resolver sobre la fusión, con carácter previo a la adopción del propio acuerdo de fusión.

12. Consecuencias de la fusión sobre el empleo
De acuerdo con lo dispuesto en el art.44 del texto refundido del Estatuto de los Trabajadores, como consecuencia de la fusión por absorción descrita, no se extinguirán las relaciones laborales existentes en las sociedades participantes. En su lugar, la Sociedad Absorbente se subrogará en los derechos y obligaciones laborales y de Seguridad Social de la Sociedad Absorbida, incluyendo los compromisos por pensiones y, en general, las obligaciones adquiridas en materia de protección social complementaria.

- *"Otras posibles consecuencias de la fusión sobre el empleo"*

Las sociedades participantes darán cumplimiento a sus obligaciones de información a los trabajadores de cada una de ellas conforme a lo dispuesto en la normativa laboral y en el Real Decreto-Ley 5/2023.

13. Implicaciones de la fusión para los acreedores
De conformidad con lo establecido en el art.4.1.4º del Real Decreto-Ley 5/2023, se hace constar que la fusión no tiene implicaciones para los acreedores ni pone en riesgo la satisfacción de suslos créditos de los mismos y, en consecuencia, no van a ofrecerse garantías personales o reales a los acreedores de la Sociedad Absorbente ni a los acreedores de la Sociedad Absorbida, teniendo en cuenta que la Fusión supone la adquisición por sucesión universal del patrimonio de la Sociedad Absorbida por la Sociedad Absorbente.

- *"Otras menciones (En caso de ofrecerse garantías, describirlas, e incluir, en su caso, como Anexo una Declaración sobre la situación financiera de la sociedad conforme el* art.15 del RDL 5/2023*)"*

14. Oferta de compensación en efectivo a los socios que dispongan del derecho a enajenar sus participaciones.
De conformidad con lo dispuesto en el art.4.1.6º del Real Decreto-Ley 5/2023, se hace constar que, por la modalidad de fusión de que se trata, los no existen socios no tienen con derecho a enajenar sus participaciones (RDL 5/2023 art.12.1) y, por lo tanto, no va a realizarse oferta alguna de compensación en efectivo.

15. Acreditación de encontrarse al corriente en el cumplimiento de las obligaciones tributarias y frente a la Seguridad Social.
De conformidad con lo dispuesto en el art.40.9º del Real Decreto-Ley 5/2023, las sociedades participantes acreditan encontrarse al corriente en el cumplimiento de las obligaciones tributarias y frente a la Seguridad Social, mediante la aportación de los correspondientes certificados, válidos y emitidos por el órgano competente y que se adjuntan como Anexo 2.

16. Otras menciones.

16.1. Régimen fiscal.
La fusión goza de las exenciones y beneficios previstos en la Directiva 2009/133/CE y está sujeta al régimen del art.89 de la Ley 27/2014, de 27 de noviembre, del Impuesto sobre Sociedades, sin perjuicio de la pertinente comunicación a la Administración tributaria.

16.2. Informe de expertos independientes.
De acuerdo con lo previsto en el art.41 del Real Decreto-ley 5/2023, no existe obligación de someter el proyecto común de fusión al informe de experto independiente.

16.3. Suscripción del presente proyecto
Todos los miembros del órgano de administración de las sociedades participantes en la fusión proyectada, esto es, todos los consejeros de *"denominación social, S.R.L."* y *"denominación social, S.R.L."*, suscriben el presente proyecto común de fusión.

En *"localidad"*, a *"fecha"*.

Firma/s

"Don/Doña nombre y apellidos de los consejeros" 

3010

5. Proyecto común de fusión por creación

MSM nº 8077 s.; MSL nº 7950 s.

Nota preliminar:

El modelo presupone unas **circunstancias** determinadas, que serán las **más frecuentes**. Si en el caso concreto existen circunstancias particulares no previstas, deberá completarse o modificarse el modelo.

RDL 5/2023 art.39 y 40; RRM art.226

Proyecto común de fusión

de las sociedades *"denominación social, S.R.L."* y

***"denominación social, S.R.L."* con creación de la sociedad**

"denominación social, S.R.L."

I. El presente proyecto común de fusión se redacta y suscribe por los órganos de administración de las sociedades citadas en cumplimiento de lo prescrito por los art.4, 39 y 40 del Real Decreto-Ley 5/2023.

II. En virtud de la fusión proyectada, las entidades *"denominación social, S.R.L."* y *"denominación social, S.R.L."* se extinguirán, vía disolución sin liquidación, traspasando en bloque y por sucesión universal sus respectivos patrimonios sociales a la sociedad de nueva creación *"denominación social, S.R.L."*, que entregará a los socios de las sociedades extinguidas, un número de participaciones de la nueva sociedad proporcional a sus respectivas participaciones en aquellas sociedades.

III. Los administradores de las sociedades participantes en la fusión se abstendrán, a partir de la suscripción del presente proyecto común de fusión, de acuerdo con lo previsto en el artículo 39 del Real Decreto-Ley 5/2023, de realizar cualquier clase de acto o de concluir cualquier contrato que puede comprometer la aprobación del proyecto o modificar sustancialmente la ecuación de canje que se describe más adelante.

IV. El proyecto común de fusión se someterá en legal plazo a la aprobación de las juntas generales de las sociedades participantes en la fusión.

➢➢

- **Si las sociedades disponen de página web:**

De conformidad con el artículo 7 del Real Decreto-Ley 5/2023 los administradores que lo suscriben están obligados, al menos un mes antes de la fecha de la junta general que vaya a acordar la modificación estructural, a insertar el proyecto común de fusión en la página web de cada una de las sociedades que participan en la fusión, sin perjuicio de poder depositar voluntariamente un ejemplar del proyecto común de fusión en el Registro Mercantil correspondiente a cada una de las sociedades que participan en ella. El hecho de la inserción del proyecto de fusión en la página web se publicará en el Boletín Oficial del Registro Mercantil.

La publicación del anuncio de convocatoria de las juntas de socios que hayan de resolver sobre la operación -o, en su caso, la comunicación individual de ese anuncio a los socios- no podrá realizarse antes de la publicación de la inserción en el BORME.

La inserción del proyecto de fusión en la página web deberá mantenerse hasta que finalice el plazo para el ejercicio por los acreedores de los derechos que les correspondan.

- **Si alguna sociedad no dispone de página web:**

El proyecto común de fusión se someterá en legal plazo a la aprobación de las juntas generales de las sociedades participantes en la fusión y, de conformidad con el art.7.4 del Real Decreto-Ley 5/2023 y 226 del Reglamento del Registro Mercantil, los administradores que lo suscriben presentarán un ejemplar del mismo, para su calificación y depósito, en el Registro Mercantil de *"provincia/s"*, que es el correspondiente al domicilio social de las sociedades participantes en la fusión.

V. La fusión se justifica por las siguientes razones: *"indicar las causas justificativas de la operación"*.

VI. En cumplimiento de las previsiones contenidas en los artículos 4 y 40 del Real Decreto-Ley 5/2023, se formulan a continuación las menciones exigidas por el mismo:

1. Identificación de las sociedades participantes en la fusión y de la nueva sociedad

1.1. Sociedades que se fusionan

"a)" Denominación social: *"denominación de la sociedad"*

- Domicilio social: *"domicilio de la sociedad"*.

- Datos registrales: *"datos de la sociedad"*.

- C.I.F.: *"número de la sociedad"*.

1.2. Sociedad de nueva creación

La sociedad de nueva creación resultante de la fusión se denominará *"denominación social, S.R.L."*, denominación que, previa petición efectuada al Registro Mercantil Central, ha sido reservada, según certificación número *"número de certificación"*, expedida por el Registrador Mercantil Central, con fecha *"día, mes y año"*.

"denominación social, S.R.L." tendrá su domicilio social en *"domicilio de la sociedad"* y se regirá por los Estatutos sociales que se acompañan al presente documento como anexo.

2. Calendario indicativo de la fusión.

De conformidad con lo dispuesto en el art.4.1.2º del RDL 5/2023, se incorpora a este Proyecto como Anexo 1 un calendario indicativo que recoge los hitos principales que deberán cumplirse para la ejecución de la fusión.

3. Relación de canje, compensación en metálico y procedimiento de canje

3.1. Tipo de canje

A los efectos de determinar el tipo de canje, debe entenderse que la fusión se realiza al amparo de lo dispuesto en el art.35 y 36 del Real Decreto-Ley 5/2023, resultando una atribución a los socios de *"denominación, S.R.L."* y *"denominación, S.R.L."*, de un número de participaciones sociales de la sociedad de nueva creación, *"denominación, S.R.L."*, proporcional a sus respectivas participaciones en las sociedades que se fusionan.

El tipo de canje se ha fijado sobre la base del valor razonable de los patrimonios de las sociedades que se fusionan, teniendo en cuenta el valor de sus respectivos activos y pasivos conforme a lo establecido en el apartado 10 siguiente.

Como consecuencia de la aplicación de los anteriores criterios, la ecuación de canje será:

"a)" A los socios de *"denominación, S.R.L."* les corresponderá recibir, por cada participación de que son titulares en la citada sociedad, *"número"* participaciones sociales de la sociedad de nueva creación *"denominación, S.R.L."*. 

➤➤

○ **Si el número de participaciones resultantes no es exacto:**

Asimismo, dado que el número de participaciones sociales resultante de la ecuación de canje no es exacto, las fracciones de participación social se compensarán en metálico, del siguiente modo:

"a)" A los socios de *"denominación social, S.R.L."* se les abonará una compensación de *"número"* euros, por participación, en metálico. 

≺≺

3.2. Procedimiento de canje

No habrá intercambio físico de títulos, dado que las sociedades participantes en la escisión son sociedades de responsabilidad limitada.

4. Incidencia de la fusión sobre las aportaciones de industria o las prestaciones accesorias

No existen en ninguna de las sociedades que se fusionan socios industriales (que hayan aportado trabajo, servicios o su actividad a la empresa), ni participaciones sociales que lleven aparejadas prestaciones accesorias, por lo que no es preciso considerar esta cuestión en la fusión.

5. Titulares de derechos especiales o tenedores de títulos distintos de las participaciones sociales

No existen en las sociedades que se fusionan, *"denominación, S.R.L."* y *"denominación, S.R.L."*, ninguna clase de participaciones sociales especiales o privilegiadas, ni persona que tenga derechos especiales distintos de las participaciones sociales, ni se prevé el otorgamiento de derechos especiales en la sociedad de nueva creación *"denominación, S.R.L."*.

6. Ventajas concretas a expertos y administradores

No se reconocerán ventajas de ninguna clase en la sociedad de nueva creación a los miembros del órgano de administración, dirección, supervisión o control de las sociedades que se fusionan de la nueva sociedad, ni tampoco, en su caso, a los expertos independientes, cuya intervención no es preceptiva.

7. Fecha de participación en las ganancias

Las participaciones sociales de la sociedad de nueva creación, *"denominación, S.R.L."*, que se crearán como consecuencia de la fusión, y serán asumidas por los socios de *"denominación, S.R.L."* y *"denominación, S.R.L."*, darán derecho a sus titulares a participar en las ganancias sociales a partir de *"fecha"*.

8. Fecha de efectividad de la fusión a efectos contables

Las operaciones de las sociedades que se extinguen, *"denominación, S.R.L."* y *"denominación, S.R.L."*, se considerarán realizadas a efectos contables por cuenta de la sociedad de nueva creación, *"denominación, S.R.L."*, a partir de *"fecha"*.

9. Estatutos de la sociedad resultante

Sin perjuicio de que, al tiempo de la convocatoria de las juntas generales de las sociedades participantes en la operación que vayan a deliberar sobre la aprobación del presente proyecto común de fusión, puedan someterse a la aprobación de dichas juntas otras modificaciones estatutarias que sean convenientes u oportunas, se adjunta como anexo al presente proyecto común de fusión un borrador de los estatutos de la sociedad de nueva creación, *"denominación, S.R.L."*, tal y como quedarán incorporados en su escritura de constitución.

9.1. Denominación social y domicilio

La sociedad de nueva creación se denominará *"denominación, S.R.L."*; denominación que, previa petición efectuada al Registro Mercantil Central, ha sido reservada, según certificación número *"número"*, expedida por el Registrador Mercantil Central, con fecha *"fecha"*.

Esta sociedad tendrá su domicilio social en *"lugar"*.

9.2. Capital social

Conforme al tipo de canje referido en el apartado 3.1 anterior, el capital social de la nueva sociedad, a constituir con las aportaciones de los patrimonios de las sociedades que se extinguen, *"denominación, S.R.L."* y *"denominación, S.R.L."*, asciende a la cifra de *"número"* euros, dividido en *"número"* participaciones sociales, de *"número"* euros de valor nominal cada una de ellas, numeradas correlativamente del 1 al *"número"*, ambos inclusive, todas de la misma clase y serie.

10. Valoración del activo y pasivo transmitido
El tipo de canje que se detalla en el apartado 3.1. se ha fijado sobre la base del valor razonable de los patrimonios de las sociedades que se fusionan, teniendo en cuenta el valor de sus activos y pasivos en las circunstancias específicas en que se encuentran. Para ello se ha contado con el asesoramiento de *"experto"*, quien ha valorado los patrimonios sociales conforme a los siguientes métodos y criterios de valoración generalmente aceptados:

"Métodos de valoración empleados"

11. Fecha de las cuentas utilizadas
Las cuentas utilizadas para establecer las condiciones de la fusión son las cerradas a *"fecha"*, para ambas sociedades. En consecuencia, a efectos de lo previsto en el art.43 del Real Decreto-Ley 5/2023, se considera como balance de fusión *"...el último balance anual, por no haber transcurrido más de seis meses entre su fecha de cierre y la fecha del presente proyecto común de fusión ... O ... un balance específico, cerrado con posterioridad al primer día del tercer mes precedente a la fecha del presente proyecto común de fusión ..."*.

○ **Si se realizan correcciones de valor:**

A dicho balance de fusión se le han realizado las correcciones de valor necesarias para reflejar los valores razonables de las distintas partidas contables, teniendo en cuenta, entre otras, las siguientes circunstancias:

- Valor real del patrimonio inmobiliario.

- Valor real de la maquinaria, instalaciones y en general, del aparato productivo.

- Plantilla, formación, edad media, productividad y costo de una posible regulación de empleo.

- Valor de marcas, clientela, etc., capacidad de generar beneficios y fondo de comercio.

- Valor cierto de realización y cobro de los bienes del activo circulante.

- Valor cierto del pasivo exigible.

Los balances de fusión *"...y las modificaciones de valoración contenidas en el mismo ..."*, serán verificados por el auditor de cuentas de la sociedad y sometidos a la aprobación de la junta general de socios que haya de resolver sobre la fusión, con carácter previo a la adopción del propio acuerdo de fusión.

12. Consecuencias de la fusión sobre el empleo
Como consecuencia de la fusión por creación descrita, no se extinguirán las relaciones laborales existentes en las sociedades que se fusionan, subrogándose la sociedad de nueva creación, *"denominación, S.R.L."*, en los derechos y obligaciones laborales y de Seguridad Social de las sociedades que se extinguen, incluyendo los compromisos por pensiones y, en general, las obligaciones adquiridas en materia de protección social complementaria.

"...- "Otras posibles consecuencias de la fusión sobre el empleo" ...".

Las sociedades participantes darán cumplimiento a sus obligaciones de información a los trabajadores de cada una de ellas conforme a lo dispuesto en la normativa laboral y en el Real Decreto-Ley 5/2023.

13. Implicaciones de la fusión para los acreedores.
De conformidad con lo establecido en el art.4.1.4º del Real Decreto-Ley 5/2023, se hace constar que la fusión no tiene implicaciones para los acreedores ni pone en riesgo la satisfacción de sus créditos y, en consecuencia, no van a ofrecerse garantías personales o reales a los acreedores de las sociedades que participan en la fusión, teniendo en cuenta que la Fusión supone la adquisición por sucesión universal, por parte de la sociedad de nueva creación, del patrimonio de dichas sociedades participantes.

"Describir garantías"

14. Oferta de compensación en efectivo a los socios que dispongan del derecho a enajenar sus participaciones.
De conformidad con lo dispuesto en el art.4.1.6º del Real Decreto-Ley 5/2023, se hace constar que, por la modalidad de fusión de que se trata, los socios no tienen derecho a enajenar sus participaciones (RDL 5/2023 art.12.1) y, por lo tanto, no va a realizarse oferta alguna de compensación en efectivo.

15. Acreditación de encontrarse al corriente en el cumplimiento de las obligaciones tributarias y frente a la Seguridad Social.
De conformidad con lo dispuesto en el art.40.9º del Real Decreto-Ley 5/2023, las sociedades participantes acreditan encontrarse al corriente en el cumplimiento de las obligaciones tributarias y frente a la Seguridad Social, mediante la aportación de los correspondientes certificados, válidos y emitidos por el órgano competente y que se adjuntan como Anexo 2.

16. Otras menciones

16.1. Régimen fiscal
La presente fusión goza de las exenciones y beneficios previstos en la Directiva 2009/133/CE y está sujeta al régimen del artículo 89 de la Ley 27/2014, de 27 de noviembre, del Impuesto sobre Sociedades, sin perjuicio de la pertinente comunicación a la Administración tributaria.

16.2. Informe de experto independiente
De acuerdo con lo previsto en el artículo 41.1 del Real Decreto-Ley 5/2023 no existe obligación de someter el proyecto común de fusión al informe de experto independiente.

16.3. Suscripción del presente proyecto
Todos los miembros del órgano de administración de las sociedades participantes en la fusión proyectada, esto es, todos los consejeros de *"denominación social, S.R.L."* y *"denominación social, S.R.L."*, suscriben el presente proyecto común de fusión.

En *"localidad"*, a *"fecha"*.

Firma/s

"Don/Doña nombre y apellidos de los consejeros" 

6. Proyecto de escisión parcial

MSM nº 8365 s.; MSL nº 7950 s.

Nota preliminar:

El modelo presupone unas **circunstancias** determinadas, que serán las más **frecuentes**. Si en el caso concreto existen circunstancias particulares no previstas, deberá completarse o modificarse el modelo.

RDL 5/2023 art.60; RRM art.226

Proyecto de escisión parcial de

"denominación social, S.R.L."

a favor de la entidad beneficiaria *"denominación social, S.R.L."*

I. El presente proyecto de escisión parcial se redacta y suscribe por los órganos de administración de las sociedades citadas, en cumplimiento de lo previsto por los artículos 4, 40 y 64 del Real Decreto-Ley 5/2023.

II. En virtud de la escisión parcial proyectada, la sociedad mercantil *"denominación social, S.R.L."* (Sociedad Escindida), traspasará, sin extinguirse, un parte de su patrimonio social a la entidad *"denominación social, S.R.L."*, ya existente (Sociedad Beneficiaria), quien adquirirá, por sucesión universal, todos los derechos y obligaciones inherentes a dicho patrimonio.

Los socios de la Sociedad Escindida recibirán, a cambio de la parte del patrimonio transmitido, un número de participaciones sociales de la Sociedad Beneficiaria proporcional a su respectiva participación en el capital social de aquella.

III. Los administradores de las sociedades participantes en la escisión se abstendrán, a partir de la suscripción del presente proyecto de escisión, de realizar cualquier clase de acto o de concluir cualquier contrato que pueda comprometer la aprobación del proyecto o modificar sustancialmente la ecuación de canje descrita más adelante.

IV. El proyecto de escisión parcial se someterá en legal plazo a la aprobación de las juntas generales de las sociedades participantes en la escisión y.

➢➢

○ **Si las sociedades disponen de página web:**

De conformidad con el artículo 7 del Real Decreto-Ley 5/2023 los administradores que lo suscriben están obligados, al menos un mes antes de la fecha de la junta general que vaya a acordar la modificación estructural, a insertar el proyecto común de fusión en la página web de cada una de las sociedades que participan en la fusión, sin perjuicio de poder depositar voluntariamente un ejemplar del proyecto común de fusión en el Registro Mercantil correspondiente a cada una de las sociedades que participan en ella. El hecho de la inserción del proyecto de fusión en la página web se publicará en el Boletín Oficial del Registro Mercantil.

La publicación del anuncio de convocatoria de las juntas de socios que hayan de resolver sobre la operación -o, en su caso, la comunicación individual de ese anuncio a los socios- no podrá realizarse antes de la publicación de la inserción en el BORME.

La inserción del proyecto de fusión en la página web deberá mantenerse hasta que finalice el plazo para el ejercicio por los acreedores de los derechos que les correspondan.

○ Si alguna sociedad no dispone de página web:

De conformidad con el artículo 7 del Real Decreto-Ley 5/2023 y 226 del Reglamento del Registro Mercantil, los administradores que lo suscriben presentarán un ejemplar del mismo, para su calificación y depósito, en el Registro Mercantil de *"provincia"* y de *"provincia/s"*, que es el correspondiente al domicilio social de las sociedades participantes en la escisión.

La publicación del anuncio de convocatoria de las juntas de socios que hayan de resolver sobre la operación o la comunicación individual de ese anuncio a los socios no podrá realizarse antes de la publicación del depósito en el BORME.

≺≺

V. La escisión se justifica por *"especificar justificación"*.

VI. En cumplimiento de las previsiones contenidas en los artículos 4, 40 y 64 del Real Decreto-Ley 5/2023, se formulan a continuación las menciones exigidas por los mismos:

1. Identificación de las sociedades que participan en la escisión

1.1. Sociedad Escindida

Denominación social: *"denominación de la sociedad escindida"*

Domicilio social: *"domicilio de la sociedad escindida"*

Datos registrales: *"datos de la sociedad escindida"*

C.I.F.: *"número de la sociedad escindida"*

1.2. Sociedad Beneficiaria

Denominación social: *"denominación de la sociedad beneficiaria"*

Domicilio social: *"domicilio de la sociedad beneficiaria"*

Datos registrales: *"datos de la sociedad beneficiaria"*

C.I.F.: *"número de la sociedad beneficiaria"*

2. Calendario indicativo de la escisión.

De conformidad con lo dispuesto en el art.4.1.2º del RDL 5/2023, se incorpora a este Proyecto como Anexo 1 un calendario indicativo que recoge los hitos principales que deberán cumplirse para la ejecución de la escisión.

3. Tipo de canje, compensación en metálico y procedimiento de canje

3.1. Tipo de canje

A los efectos de determinar el tipo de canje, debe entenderse que la escisión se realiza al amparo de lo dispuesto en el art.60 del Real Decreto-Ley 5/2023, resultando una atribución a los socios de *"denominación, S.R.L."*, de un número de participaciones sociales de la Sociedad Beneficiaria, *"denominación, S.R.L."*, proporcional a su respectiva participación en la sociedad que se escinde.

El tipo de canje se ha fijado sobre la base del valor razonable de los patrimonios de las sociedades participantes en la escisión, teniendo en cuenta el valor de sus respectivos activos y pasivos conforme a lo establecido en el apartado 11 siguiente.

Como consecuencia de la aplicación de los anteriores criterios, a los socios de la Sociedad Escindida, les corresponderá recibir, por cada participación de que son titulares en la citada sociedad, *"número"* participaciones sociales de *"número"* euros de valor nominal cada una, de la Sociedad Beneficiaria, *"denominación, S.R.L."*.

○ Si el número de participaciones resultantes no resulta exacto:

Asimismo, dado que el número de participaciones sociales resultante de la relación de canje no es exacto, las fracciones de participación se compensarán en metálico del siguiente modo:

"a)" La sociedad beneficiaria *"denominación, S.R.L."* abonará *"número"* euros, por cada una de las participaciones sociales que entregue a los socios de la Sociedad Escindida.

Se hace constar que, conforme al límite previsto en el art.59 del Real Decreto-Ley 5/2023, la compensación en metálico no excede del 10% del valor nominal de las participaciones atribuidas.

3.2. Disconformidad con el canje

Conforme al art.63 y 49 del Real Decreto-Ley 5/2023, los socios de la Sociedad Escindida que consideren que la relación de canje establecida en el proyecto de escisión no es adecuada, pueden impugnarla y reclamar un pago en efectivo ante el Juzgado de lo Mercantil del domicilio social, cuya competencia será exclusiva, o el tribunal arbitral estatutariamente previsto, siempre que no hayan votado a favor de la aprobación del acuerdo de escisión o no tengan derecho de voto, dentro del plazo de dos meses desde la fecha de publicación del acuerdo de la junta general. La decisión del Juzgado o tribunal arbitral será vinculante para la Sociedad Beneficiaria de la escisión.

La Sociedad Beneficiaria podrá compensar a los socios con participaciones propias, en lugar del pago en efectivo.

En todo caso, la impugnación de la relación de canje no paralizará la escisión ni impedirá su inscripción en el Registro Mercantil.

3.3. Procedimiento de canje.

No habrá intercambio físico de títulos, dado que las sociedades participantes en la escisión son sociedades de responsabilidad limitada.

4. Incidencia de la escisión sobre las aportaciones de industria o las prestaciones accesorias

No existe en la Sociedad Escindida ningún socio industrial (que haya aportado trabajo, servicios o su actividad a la empresa), ni participaciones sociales que lleven aparejadas prestaciones accesorias.

5. Titulares de derechos especiales o tenedores de títulos distintos de las participaciones sociales

No existe, tanto en la Sociedad Escindida como en la Sociedad Beneficiaria, ninguna clase de participaciones sociales especiales o privilegiadas, ni persona que tenga derechos especiales distintos de las participaciones sociales, por lo que no es preciso considerar esta cuestión en la escisión.

6. Ventajas concretas a expertos y administradores

No se reconocerán ventajas de ninguna clase en la Sociedad Beneficiaria a los administradores de la Sociedad Escindida o de la Sociedad Beneficiaria, ni tampoco, en su caso, a los expertos independientes, cuya intervención no es preceptiva.

7. Fecha de participación en las ganancias

Las nuevas participaciones sociales a crear por la Sociedad Beneficiaria para hacer frente a la escisión, y que asumirán los socios de la Sociedad Escindida, darán derecho a sus titulares a participar en las ganancias sociales desde el *"fecha"*.

8. Fecha de efectividad de la escisión a efectos contables
La totalidad de las operaciones realizadas en relación con la parte del patrimonio que se segrega de la Sociedad Escindida se considerarán realizadas, a efectos contables, por la Sociedad Beneficiaria a partir del *"fecha"*.

9. Estatutos de la Sociedad Beneficiaria
Con ocasión de la escisión y conforme a la relación de canje establecida, la Sociedad Beneficiaria, *"denominación, S.R.L."*, ha de realizar una serie de modificaciones estatutarias.

9.1. Ampliación de capital
De conformidad con el referido tipo de canje, la entidad *"denominación, S.R.L."* realizará un aumento de capital de *"número"* euros, mediante la creación de *"número"* participaciones sociales, de *"número"* euros de valor nominal cada una de ellas, numeradas correlativamente del *"intervalo"*, ambos inclusive, de la misma clase y serie que las existentes.

Como consecuencia de tal ampliación, habrá que modificar el artículo *"núm. artículo"* de los estatutos sociales, que quedará redactado como sigue:

"Transcripción literal de la nueva redacción del artículo estatutario".

Las nuevas participaciones sociales creadas, serán asumidas por los socios de la Sociedad Escindida en proporción a sus respectivas participaciones en la entidad que se escinde, del siguiente modo:

"Identificar los socios a los que se les asigna, detallando el número de participaciones sociales y su numeración más, en su caso, la compensación en metálico que le corresponda".

9.2. Otras modificaciones estatutarias
"otras posibles modificaciones estatutarias (Denominación, objeto social, domicilio, etc.)".

10. Reducción del capital social de la Sociedad Escindida
Como consecuencia de la transmisión del patrimonio segregado, la Sociedad Escindida, *"denominación, S.R.L."*, reducirá su capital social en *"número"* euros, mediante la amortización de *"número"* participaciones sociales.

Como consecuencia de tal reducción, habrá que modificar el artículo *"núm. artículo"* de los estatutos sociales, que quedará redactado como sigue:

"Transcripción literal de la nueva redacción del artículo estatutario".

11. Designación de los elementos del activo y pasivo que se transmiten a la sociedad beneficiaria
Los elementos del activo y del pasivo de *"denominación, S.R.L."* que se transmiten a la Sociedad Beneficiaria, constituyen una unidad económica autónoma, afecta a la actividad de *"especificar actividad"*, capaz de operar en el tráfico jurídico con sus propios recursos. Dichos elementos del activo y pasivo que integran el patrimonio segregado de la Sociedad Escindida, y que serán transmitidos a la Sociedad Beneficiaria, son los siguientes:

"Identificación de los elementos de activo y pasivo que se traspasa".

De conformidad con lo establecido en el art.69 del Real Decreto-Ley 5/2023, cualquier modificación importante del patrimonio de la Sociedad Escindida acaecida entre la fecha de elaboración del Proyecto de Escisión y la fecha de reunión de la junta de socios que haya de decidir sobre la escisión, será notificada por los administradores de la Sociedad Escindida a su junta de socios. La misma información proporcionarán los administradores de la Sociedad Beneficiaria y éstos a los administradores de la Sociedad Escindida, para que, a su vez, informe a su junta de socios.

12. Valoración del activo y pasivo transmitido
El tipo de canje establecido ha sido calculado en función de la estimación de los valores razonables del patrimonio de las distintas sociedades participantes en la escisión, teniendo en cuenta el valor de sus activos en las circunstancias específicas en que se encuentran, y de los pasivos de las mismas.

Para ello se ha contado con el asesoramiento de *"experto"*, quien ha valorado los patrimonios sociales conforme a los siguientes métodos y criterios de valoración:

"Métodos de valoración empleados".

13. Fecha de las cuentas utilizadas
Las cuentas utilizadas para establecer las condiciones de la escisión son las cerradas a *"fecha"*. En consecuencia, a efectos de lo previsto en el art.43 del Real Decreto-Ley 5/2023, se considera como balance de escisión *"...el último balance anual, por no haber transcurrido más de seis meses entre su fecha de cierre y la fecha del presente proyecto de escisión ... O ... un balance específico, cerrado con posterioridad al primer día del tercer mes precedente a la fecha del presente proyecto de escisión ..."*.

○ Si se realizan correcciones de valor:

A dicho balance de escisión se le han realizado las correcciones de valor necesarias para reflejar los valores razonables de las distintas partidas contables, teniendo en cuenta, entre otras, las siguientes circunstancias:

- Valor real del patrimonio inmobiliario.

- Valor real de la maquinaria, instalaciones y en general, del aparato productivo.

- Plantilla, formación, edad media, productividad y costo de una posible regulación de empleo.

- Valor de marcas, clientela, etc., capacidad de generar beneficios y fondo de comercio.

- Valor cierto de realización y cobro de los bienes del activo circulante.

- Valor cierto del pasivo exigible.

<<
Conforme al art.44 del Real Decreto-Ley 5/2023, los balances de escisión *"...y las modificaciones de valoración contenidas en el mismo ..."*, serán verificados por el auditor de cuentas de la sociedad y sometidos a la aprobación de la junta general de socios que haya de resolver sobre la escisión, con carácter previo a la adopción del propio acuerdo de escisión.

14. Consecuencias de la escisión sobre el empleo
Como consecuencia de la proyectada escisión parcial, las relaciones laborales existentes en *"denominación, S.R.L."* asociadas a la parte del patrimonio escindido, no se extinguirán.

En su lugar, la Sociedad Beneficiaria se subrogará en los derechos y obligaciones laborales y de Seguridad Social, incluyendo los compromisos por pensiones y, en general, las obligaciones adquiridas en materia de protección social complementaria, asociados a la parte del patrimonio transmitido.

- *"Otras posibles consecuencias de la escisión sobre el empleo"*.

15. Otras menciones

15.1. Régimen fiscal
La presente escisión goza de las exenciones y beneficios previstos en la Directiva 2009/133/CE y está sujeta al régimen del artículo 89 de la Ley 27/2014, de 27 de noviembre, del Impuesto sobre Sociedades, sin perjuicio de la pertinente comunicación a la Administración tributaria.

15.2. Informe de experto independiente
De acuerdo con lo previsto en el artículo 68.1 del Real Decreto-Ley 5/2023 no existe obligación de someter el proyecto de escisión al informe de experto independiente.

15.3. Suscripción del presente proyecto
Todos los miembros del órgano de administración de las sociedades participantes en la escisión parcial proyectada, esto es, todos los consejeros de *"denominación social, S.R.L."* y *"denominación social, S.R.L."*, suscriben el presente proyecto de escisión.

En *"localidad"*, a *"fecha"*.

Firma/s

"Don/Doña nombre y apellidos de los consejeros" 

7. Proyecto de escisión total

MSM nº 8365 s.; MSL nº 7950 s.

Nota preliminar:

El modelo presupone unas **circunstancias** determinadas, que serán las más **frecuentes**. Si en el caso concreto existen circunstancias particulares no previstas, deberá completarse o modificarse el modelo.

RDL 5/2023 art.59; RRM art.226

Proyecto de escisión total de

***"denominación social, S.R.L."*,**

y las entidades beneficiarias *"denominación social, S.R.L."* y

"denominación social, S.R.L."

I. El presente proyecto de escisión se redacta y suscribe por los órganos de administración de las sociedades citadas, en cumplimiento de lo previsto por los artículos 4, 40 y 64 del Real Decreto-Ley 5/2023.

II. En virtud de la escisión total proyectada, la sociedad mercantil *"denominación social, S.R.L."* (Sociedad escindida), se extinguirá vía disolución sin liquidación, con el consiguiente traspaso de la totalidad de su patrimonio social, en la proporción y demás términos previstos en el presente proyecto, a favor de las entidades mercantiles *"denominación social, S.R.L."* y *"denominación social, S.R.L."* (Sociedades Beneficiarias), quienes adquirirán, por sucesión universal, todos los derechos y obligaciones integrantes del mismo. Los socios de la Sociedad Escindida recibirán, a cambio, un número de participaciones sociales de las Sociedades Beneficiarias proporcional a su respectiva participación.

III. Los administradores de las sociedades participantes en la escisión, se abstendrán, a partir de la suscripción del presente proyecto de escisión, de realizar cualquier clase de acto o de concluir cualquier contrato que pueda comprometer la aprobación del proyecto o modificar sustancialmente la ecuación de canje descrita más adelante.

IV. El proyecto de escisión se someterá en legal plazo a la aprobación de las juntas generales de las sociedades participantes en la escisión.

➢➢

○ **Si las sociedades disponen de página web:**

De conformidad con el artículo 7 del Real Decreto-Ley 5/2023, los administradores que lo suscriben están obligados, al menos un mes antes de la fecha de la junta general que vaya a acordar la escisión, a insertar el proyecto común de escisión en la página web de cada una de las sociedades que participan en la escisión, sin perjuicio de poder depositar voluntariamente un ejemplar del proyecto de escisión en el Registro Mercantil correspondiente a cada una de las sociedades que participan en ella. El hecho de la inserción del proyecto de escisión en la página web se publicará en el BORME.

La publicación del anuncio de convocatoria de las juntas de socios que hayan de resolver sobre la operación (o, en su caso, la comunicación individual de ese anuncio a los socios) no podrá realizarse antes de la publicación de la inserción en el BORME.

La inserción del proyecto de escisión en la página web deberá mantenerse hasta que finalice el plazo para el ejercicio por los acreedores de los derechos que les correspondan.

○ **Si alguna sociedad no dispone de página web:**

De conformidad con el artículo 7 del Real Decreto-Ley 5/2023 y 226 del Reglamento del Registro Mercantil, los administradores que lo suscriben, al menos un mes antes de la fecha de la junta general que vaya a acordar la escisión, presentarán un ejemplar del mismo, para su calificación y depósito, en el Registro Mercantil de *"provincia/s"* y de *"provincia"*, que es el correspondiente al domicilio social de la Sociedad Escindida y las Sociedades Beneficiarias.

<<

V. La escisión se justifica por *"especificar justificación"*.

VI. En cumplimiento de las previsiones contenidas en los artículos 4, 40 y 64 del Real Decreto-Ley 5/2023, se formulan a continuación las menciones exigidas por los mismos:

1. Identificación de las sociedades que participan en la escisión

1.1. Sociedad Escindida
Denominación social: *"denominación de la sociedad escindida"*

Domicilio social: *"domicilio de la sociedad escindida"*

Datos registrales: *"datos de la sociedad escindida"*

C.I.F.: *"número de la sociedad escindida"*

1.2. Sociedades Beneficiarias
"a)" Denominación social: *"denominación de la sociedad beneficiaria"*

Domicilio social: *"domicilio de la sociedad beneficiaria"*

Datos registrales: *"datos de la sociedad beneficiaria"*

C.I.F.: *"número de la sociedad beneficiaria"*

2. Calendario indicativo de la escisión.
De conformidad con lo dispuesto en el art.4.1.2° del RDL 5/2023, se incorpora a este Proyecto como Anexo 1 un calendario indicativo que recoge los hitos principales que deberán cumplirse para la ejecución de la escisión.

3. Tipo de canje, compensación en metálico y procedimiento de canje

3.1. Tipo de canje
A los efectos de determinar el tipo de canje, debe entenderse que la escisión se realiza al amparo de lo dispuesto en el art.59 del Real Decreto-Ley 5/2023 (escisión total), resultando una atribución a los socios de *"denominación, S.R.L."* (Sociedad Escindida), de un número de participaciones sociales de las Sociedades Beneficiarias, *"denominación, S.R.L."* y *"denominación, S.R.L."*, proporcional a sus respectivas participaciones en la sociedad que se escinde.

El tipo de canje se ha fijado sobre la base del valor razonable de los patrimonios de las sociedades participantes en la escisión, teniendo en cuenta el valor de sus respectivos activos y pasivos conforme a lo establecido en el apartado 11 siguiente.

Como consecuencia de la aplicación de los anteriores criterios, a los socios de la Sociedad Escindida les corresponderá recibir, por cada participación de que son titulares en la citada sociedad:

"a)" "número" participaciones sociales de *"número"* euros de valor nominal cada una, de la sociedad beneficiaria *"denominación, S.R.L."*

❍ Si el número de participaciones resultantes no resulta exacto:

Asimismo, dado que el número de participaciones sociales resultante de la relación de canje no es exacto, las fracciones de participación se compensarán en metálico del siguiente modo

"a)" La sociedad beneficiaria *"denominación, S.R.L."* abonará *"número"* euros, por cada una de las participaciones sociales que entregue a los socios de la Sociedad Escindida.

Se hace constar que, conforme al límite previsto en el art.59 del Real Decreto-Ley 5/2023, la compensación en metálico no excede del 10% del valor nominal de las participaciones atribuidas.

3.2. Disconformidad con el tipo de canje

Conforme al art.63 y 49 del Real Decreto-Ley 5/2023, los socios de la Sociedad Escindida que consideren que la relación de canje establecida en el proyecto de escisión no es adecuada, pueden impugnarla y reclamar un pago en efectivo ante el Juzgado de lo Mercantil del domicilio social, cuya competencia será exclusiva, o el tribunal arbitral estatutariamente previsto, siempre que no hayan votado a favor de la aprobación del acuerdo de escisión o no tengan derecho de voto, dentro del plazo de dos meses desde la fecha de publicación del acuerdo de la junta general. La decisión del Juzgado o tribunal arbitral será vinculante para las Sociedades Beneficiarias de la escisión.

Las Sociedades Beneficiarias podrán compensar a los socios con participaciones propias, en lugar del pago en efectivo.

En todo caso, la impugnación de la relación de canje no paralizará la escisión ni impedirá su inscripción en el Registro Mercantil.

3.3. Procedimiento de canje

No habrá intercambio físico de títulos, dado que las sociedades participantes en la escisión son sociedades de responsabilidad limitada.

4. Incidencia de la escisión sobre las aportaciones de industria o las prestaciones accesorias

No existe en la Sociedad Escindida ningún socio industrial (que haya aportado trabajo, servicios o su actividad a la empresa), ni participaciones sociales que lleven aparejadas prestaciones accesorias.

5. Titulares de derechos especiales o tenedores de títulos distintos de las participaciones sociales

No existe, tanto en la Sociedad Escindida como en las Sociedades Beneficiarias, ninguna clase de participaciones sociales especiales o privilegiadas, ni persona que tenga derechos especiales distintos de las participaciones sociales, por lo que no es preciso considerar esta cuestión en la escisión.

6. Ventajas concretas a expertos y administradores

No se reconocerán ventajas de ninguna clase en las Sociedades Beneficiarias a los administradores de la Sociedad Escindida o de las Sociedades Beneficiarias, ni tampoco, en su caso, a los expertos independientes, cuya intervención no es preceptiva.

7. Fecha de participación en las ganancias

Las nuevas participaciones sociales a crear por las Sociedades Beneficiarias para hacer frente a la escisión, y que asumirán los socios de la Sociedad Escindida, darán derecho a sus titulares a participar en las ganancias sociales desde el *"fecha"*.

8. Fecha de efectividad de la escisión a efectos contables

La fecha de efectividad de la escisión, a efectos contables, es *"fecha"*, de forma que a partir de esta fecha las posibles operaciones realizadas por la Sociedad Escindida se considerarán realizadas por las Sociedades Beneficiarias, en la parte que respectivamente les corresponda.

9. Estatutos de las Sociedades Beneficiarias
Como consecuencia de la escisión, y de conformidad con la relación de canje establecida, las Sociedad Beneficiarias, *"denominaación, S.R.L."* y denominación, S.R.L., realizarán las modificaciones estatutarias que se indican a continuación.

9.1. Ampliación de capital
a) *"denominación, S.R.L."*
De conformidad con el referido tipo de canje, la entidad *"denominación, S.R.L."* realizará un aumento de capital de *"número"* euros, mediante la creación de *"número"* participaciones sociales, de *"número"* euros de valor nominal cada una de ellas, numeradas correlativamente del *"intervalo"*, ambos inclusive, de la misma clase y serie que las existentes.

Como consecuencia de tal ampliación, habrá que modificar el artículo *"núm. artículo"* de los estatutos sociales, que quedará redactado como sigue:

"Transcripción literal de la nueva redacción del artículo estatutario".

Las nuevas participaciones sociales creadas, serán asumidas por los socios de la Sociedad Escindida en proporción a su respectiva participación en la entidad que se escinde, del siguiente modo:

"Identificar los socios a los que se les asigna, detallando el número de participaciones sociales y su numeración más, en su caso, la compensación en metálico que le corresponda".

b) *"denominación, S.R.L."*
De conformidad con el referido tipo de canje, la entidad *"denominación, S.R.L."* realizará un aumento de capital de *"número"* euros, mediante la creación de *"número"* participaciones sociales, de *"número"* euros de valor nominal cada una de ellas, numeradas correlativamente del *"intervalo"*, ambos inclusive, de la misma clase y serie que las existentes.

Como consecuencia de tal ampliación, habrá que modificar el artículo *"núm. art."* de los estatutos sociales, que quedará redactado como sigue:

"Transcripción literal de la nueva redacción del artículo estatutario".

Las nuevas participaciones sociales creadas, se asignarán a los socios de la Sociedad Escindida en proporción a su respectiva participación en la entidad que se escinde, del siguiente modo:

"Identificar los socios a los que se les asigna, detallando el número de participaciones sociales y su numeración más, en su caso, la compensación en metálico que le corresponda".

9.2. *"Otras modificaciones estatutarias"*
"otras posibles modificaciones estatutarias (denominación, objeto social, domicilio, etc.)".

10. Reparto del patrimonio activo y pasivo entre las Sociedades Beneficiarias.
La totalidad de los activos y pasivos de *"denominación, S.R.L."* (Sociedad Escindida totalmente) serán atribuidos a las Sociedades Beneficiarias conforme a lo establecido a continuación, sin que quede sin designar y repartir ningún activo o pasivo de la sociedad que se escinde.

"a)" A *"denominación, S.R.L."*, se le transmiten los siguientes elementos del activo y del pasivo: *"identificar".*

La atribución a los socios de la sociedad escindida de participaciones en las sociedades beneficiarias se hace conforme al tipo de canje expuesto en el apartado 3 anterior.

11. Valoración del activo y pasivo transmitido
El tipo de canje establecido ha sido calculado en función de la estimación de los valores razonables de mercado del patrimonio de las distintas sociedades participantes en la escisión, teniendo en cuenta el valor de sus activos en las circunstancias específicas en que se encuentran, y de los pasivos de las mismas.

Para ello se ha contado con el asesoramiento de *"experto"*, quien ha valorado los patrimonios sociales conforme a los siguientes métodos y criterios de valoración:

"Métodos de valoración empleados".

12. Fecha de las cuentas utilizadas
Las cuentas utilizadas para establecer las condiciones de la escisión son las cerradas a *"fecha"*. En consecuencia, a efectos de lo previsto en el art.43 del Real Decreto-Ley 5/2023, se considera como balance de escisión *"...el último balance anual, por no haber transcurrido más de seis meses entre su fecha de cierre y la fecha del presente proyecto de escisión ... O ... un balance específico, cerrado con posterioridad al primer día del tercer mes precedente a la fecha del presente proyecto de escisión ..."*.

❍ **Correcciones de valor:**

A dicho balance de escisión se le han realizado las correcciones de valor necesarias para reflejar los valores razonables de las distintas partidas contables, teniendo en cuenta, entre otras, las siguientes circunstancias:

- Valor real del patrimonio inmobiliario.
- Valor real de la maquinaria, instalaciones y en general, del aparato productivo.
- Plantilla, formación, edad media, productividad y costo de una posible regulación de empleo.
- Valor de marcas, clientela, etc., capacidad de generar beneficios y fondo de comercio.
- Valor cierto de realización y cobro de los bienes del activo circulante.
- Valor cierto del pasivo exigible.

Los balances de escisión *"...y las modificaciones de valoración contenidas en el mismo ..."*, serán verificados por el auditor de cuentas de la sociedad y sometidos a la aprobación de la junta general de socios que haya de resolver sobre la escisión, con carácter previo a la adopción del propio acuerdo de escisión.

13. Consecuencias de la escisión sobre el empleo.
Como consecuencia de la escisión total de *"denomimción, S.R.L."* (Sociedad Escindida) y su consiguiente disolución sin liquidación, no se extinguirán las relaciones laborales existentes en dicha sociedad. En su lugar, las Sociedades Beneficiarias se subrogarán en los derechos y obligaciones laborales y de Seguridad Social de la Sociedad Escindida, incluyendo los compromisos por pensiones y, en general, las obligaciones adquiridas en materia de protección social complementaria.

"Otras posibles consecuencias de la escisión sobre el empleo".

Las sociedades participantes darán cumplimiento a sus obligaciones de información a los trabajadores de cada una de ellas conforme a lo dispuesto en la normativa laboral y en el Real Decreto-Ley 5/2023.

14. Implicaciones de la fusión para los acreedores.
De conformidad con lo establecido en el art.4.1.4° del Real Decreto-Ley 5/2023, se hace constar que la escisión no tiene implicaciones para los acreedores de la Sociedad Escindida, ni pone en riesgo la satisfacción de sus créditos y, en consecuencia, no van a ofrecerse garantías personales o reales a tales acreedores, teniendo en cuenta que la escisión supone la adquisición por sucesión universal del patrimonio de la Sociedad Escindida por las Sociedades Beneficiarias.

- *"describir garantías (En caso de ofrecerse garantías, describirlas, e incluir, en su caso, como Anexo una Declaración sobre la situación financiera de la sociedad conforme el* art.15 del RDL 5/2023*)"*

15. Oferta de compensación en efectivo a los socios que dispongan del derecho a enajenar sus participaciones.
De conformidad con lo dispuesto en el art.4.1.6º del Real Decreto-Ley 5/2023, se hace constar que en la escisión proyectada los socios no tienen derecho a enajenar sus participaciones (RDL 5/2023 art.12.1) y, por lo tanto, no va a realizarse oferta alguna de compensación en efectivo.

16. Acreditación de encontrarse al corriente en el cumplimiento de las obligaciones tributarias y frente a la Seguridad Social.
De conformidad con lo dispuesto en el art.40.9º del Real Decreto-Ley 5/2023, las sociedades participantes en la escisión acreditan encontrarse al corriente en el cumplimiento de las obligaciones tributarias y frente a la Seguridad Social, mediante la aportación de los correspondientes certificados, válidos y emitidos por el órgano competente y que se adjuntan como Anexo 2.

17. Otras menciones

17.1. Régimen fiscal
La presente escisión goza de las exenciones y beneficios previstos en la Directiva 2009/133/CE y está sujeta al régimen del artículo 89 de la Ley 27/2014, de 27 de noviembre, del Impuesto sobre Sociedades, sin perjuicio de la pertinente comunicación a la Administración tributaria.

17.2. Informe de experto independiente
De acuerdo con lo previsto en el artículo 68.1 del Real Decreto-Ley 5/2023, no existe obligación de someter el proyecto de escisión al informe de experto independiente.

17.3. Suscripción del presente proyecto
Todos los miembros del órgano de administración de las sociedades participantes en la escisión total proyectada, esto es, todos los consejeros de *"denominación social, S.R.L."*, *"denominación social, S.R.L."* y *"denominación social, S.R.L."*, suscriben el presente proyecto de escisión total.

En *"localidad"*, a *"fecha"*.

Firma/s

"Don/Doña nombre y apellidos de los consejeros" 

8. Proyecto de cesión global 3025

MSM nº 8442 s.; MSL nº 8587

> **Nota preliminar:**
>
> El modelo presupone unas **circunstancias** determinadas, que serán las más **frecuentes**. Si en el caso concreto existen circunstancias particulares no previstas, deberá completarse o modificarse el modelo.

RDL 5/2023 art.4 y 74; RRM art.246

Proyecto de cesión global de activo y pasivo de la sociedad

"denominación social, S.R.L."

I. De conformidad con lo establecido en los artículos 4 y 74 del RDL 5/2023 (Libro primero, sobre modificaciones estructurales de las sociedades mercantiles), los administradores de *"denominación social, S.R.L."* (sociedad cedente) han redactado y aprobado el presente Proyecto de cesión global de activo y pasivo a favor de *"identificar al cesionario o cesionarios"*.

Como consecuencia de la cesión global el/los cesionario/s adquirirá/n en bloque el patrimonio de la sociedad cedente, por sucesión universal en sus derechos y obligaciones.

II. Se redacta el presente Proyecto de cesión global de activo y pasivo con sujeción a todo lo dispuesto en los artículos 4 y 74 del RDL 5/2023.

En cumplimiento de las previsiones contenidas en el citado precepto legal, se recogen, a continuación, las menciones exigidas por el mismo:

1. Datos identificativos del cedente y del cesionario/s
Sociedad cedente:

Denominación social: *"denominación de la sociedad cedente"*

Domicilio social: *"domicilio de la sociedad cedente"*

Datos registrales: *"datos de la sociedad cedente"*

N.I.F.: *"número de la sociedad cedente"*

Cesionario/s:

❍ **Si se trata de un cesionario:**

La cesión global de activo y pasivo se efectúa a favor del siguiente cesionario:

➤

❍ Si es persona física:

Nombre y apellidos: *"Don/Doña nombre y apellidos"*

Domicilio: *"domicilio"*

N.I.F.: *"número"*

❍ Si es persona jurídica:

Denominación social: *"denominación de la sociedad cesionaria"*

Domicilio social: *"domicilio de la sociedad cesionaria"*

Datos registrales: *"datos de la sociedad cesionaria"*

N.I.F.: *"número de la sociedad cesionaria"*

≺

○ **Si se trata de varios cesionarios:**

La cesión global de activo y pasivo se efectúa a favor de los siguientes cesionarios:

➤

❐ Si es persona física:

Nombre y apellidos: *"Don/Doña nombre y apellidos"*

Domicilio: *"domicilio"*

N.I.F.: *"número"*

❐ Si es persona jurídica:

Denominación social: *"denominación de las sociedades cesionarias"*

Domicilio social: *"domicilios de las sociedades cesionarias"*

Datos registrales: *"datos de las sociedades cesionarias"*

N.I.F.: *"números de las sociedades cesionarias"*

≺

≺≺

2. Calendario

De conformidad con lo dispuesto en el artículo 4.1.2º del RDL 5/2023, se incorpora a este Proyecto como Anexo 1 un calendario indicativo que recoge los hitos principales que deberán cumplirse para la ejecución de la cesión global de activo y pasivo.

3. Fecha de efectividad de la cesión global a efectos contables

A efectos contables, se fija como fecha a partir de la cual las operaciones de la sociedad cedente han de considerarse realizadas por el/los cesionario/s, la de *"fecha"*.

4. Valoración de activo y pasivo *"...y reparto entre los cesionarios ..."*

En relación con la valoración del activo y pasivo se facilita la siguiente información:

Valoración del activo: *"indicar activo"*.

Valoración del pasivo: *"indicar pasivo"*.

○ **Relación de activos y pasivos trasmitidos a cada uno de los cesionarios:**

La totalidad de los activos y pasivos de la sociedad cedente será atribuida a los cesionarios sin que quede sin designar y repartir ningún activo o pasivo de la sociedad que se escinde.

A continuación, se designan los activos y pasivos trasmitidos a cada uno de los cesionarios:

A *"identificar al cesionario"*, se le transmiten los siguientes elementos del activo y del pasivo: *"detallar"*

≺≺

5. Contraprestación

o **Cuando la contraprestación la reciba la sociedad cedente:**

A cambio del patrimonio transmitido, la sociedad cedente recibirá del/de los cesionario/s una contraprestación consistente en *"identificar el contenido de la contraprestación (p.e., dinero, cualquier otro tipo de bien o derecho que no sean acciones, participaciones o cuotas de socio del cesionario)".*

o **Cuando la contraprestación la reciban los socios de la entidad cedente, lo que llevará consigo la extinción de la sociedad:**

A cambio del patrimonio transmitido, los socios de la sociedad cedente recibirán del/de los cesionario/s una contraprestación consistente en *"identificar el contenido de la contraprestación (P.e., dinero, cualquier otro tipo de bien o derecho que no sean acciones, participaciones o cuotas de socio del cesionario)"*, que se recibirá por aquellos en atención al siguiente criterio *"determinación de criterios"*.

6. Cumplimiento de obligaciones tributarias y de Seguridad Social
De conformidad con lo dispuesto en el artículo 74.1.5º del RDL 5/ 2023, la sociedad cedente acredita encontrarse al corriente en el cumplimiento de las obligaciones tributarias y frente a la Seguridad Social, mediante la aportación de los correspondientes certificados, válidos y emitidos por el órgano competente y que se adjuntan como Anexo 2.

7. Implicaciones para los acreedores
De conformidad con lo establecido en el artículo 4.1.4º del RDL 5/2023, se hace constar que la cesión global no tiene implicaciones para los acreedores ni pone en riesgo la satisfacción de sus créditos y, en consecuencia, no se ofrecen garantías personales o reales a los acreedores de la Sociedad cedente, y ello sin perjuicio de su derecho a solicitar la prestación de garantías conforme a lo previsto en el RDL 5/2023 artículos 13 y 14, así como de la responsabilidad de la sociedad cedente, sus socios y los cesionarios en los términos previstos en el RDL 5/2023 artículo 79.

o **En su caso:**

8. Derechos especiales
"describir los derechos que vayan a conferirse por la sociedad resultante a los socios que gocen de derechos especiales o a los tenedores de valores o títulos que no sean acciones, participaciones o, en su caso, cuotas, o las medidas propuestas que les afecten."

o **En su caso:**

"*9.*" Ventajas a favor de administradores y directivos
"describir toda ventaja especial otorgada a los miembros de los órganos de administración, dirección, supervisión o control de la sociedad o sociedades que realicen o participen en la modificación estructural."

"*10.*" Efectos de la cesión global sobre el empleo

o **En caso de que no se extingan las relaciones laborales existentes en la sociedad cedente:**

Como consecuencia de la cesión global no se extinguirán las relaciones laborales existentes en la sociedad cedente. En su lugar, el/los cesionario/s se subrogará/n en los derechos y obligaciones laborales y de Seguridad Social de la sociedad cedente, incluyendo los compromisos por pensiones y, en general, las obligaciones adquiridas en materia de protección social complementaria.

3025

○ **Relación de otras consecuencias de la cesión sobre el empleo:**

"indicar otras posibles consecuencias de la cesión global sobre el empleo".

<<

>>

○ **Otras menciones:**

***"11."* Otras menciones**

"detallar"

<<

En *"lugar"*, a *"fecha"*.

Firman el presente Proyecto de cesión global de activo y pasivo todos los administradores de la sociedad cedente

Fdo. *"Don/Doña nombre y apellidos de los administradores"* 

Capítulo VIII. Informes

4001 # Capítulo VIII. Informes

1. Informe de transformación

MSM nº 7601; MSL nº 7200 s.

Nota preliminar:

El modelo presupone unas **circunstancias** determinadas, que serán las más **frecuentes**. Si en el caso concreto existen circunstancias particulares no previstas, deberá completarse o modificarse el modelo.

RDL 5/2023 art.5 y 21; RRM art.230.1.3º

Informe sobre el proyecto de transformación de la sociedad *"denominación social, S.R.L."* en Sociedad Anónima *"denominación social, S.A."*

En cumplimiento de lo prescrito por los artículos 5 y 21 del Real Decreto-ley 5/2023, el órgano de administración de *"denominación social, S.R.L."* redacta y suscrible el presente Informe al objeto de explicar y justificar detalladamente el Proyecto de Transformación de la entidad *"denominación social, S.R.L."* en Sociedad Anónima *"denominación social, S.A."*, *"...que se ha publicado en la página web de la Sociedad "denominación social, S.R.L." ... O ... que ha quedado depositado en el Registro Mercantil de "provincia" con fecha "fecha" ..."*.

I Justificación de la transformación

La evolución del negocio desarrollado por *"denominación social, S.R.L."* en el sector que le es propio, aconseja la adopción de un tipo social que, de acuerdo con los retos futuros en los que la sociedad se halla inmersa, permita la incorporación a su accionariado de inversores institucionales quienes, a su vez, posibiliten la expansión emprearial a nuevos mercados.

Jurídicamente, la transformación de la sociedad se justifica por el propósito de la sociedad de cotizar en el futuro en mercados organizados, exige la asunción del tipo social de sociedad anónima.

"... "incluir otros motivos que justifiquen la tranformación" ..."

En cuanto a los motivos económicos de la transformación *"explicar y justificar los aspectos económicos de la fusión"*.

En atención a lo expuesto, el órgano de administración de la sociedad ha decidido iniciar un proceo de transformación de la compañía en sociedad anónima.

En virtud de la transformación proyectada, *"denominación social, S.R.L."* se transformará en sociedad anónima manteniendo su denominación ***"denominación social, S.A."***, permaneciendo inalterada la identidad y personalidad jurídica de la sociedad, que continuará subsistiendo bajo la nueva forma societaria.

1. Identificación de la sociedad.

Denominación social: *"denominación"*

Domicilio social: *"calle, número, localidad"*.

Datos registrales: *"datos registrales"*.

C.I.F.: *"número"*.

2. Proyecto de estatutos resultante de la transformación.

Sin perjuicio de que, al tiempo de la convocatoria de la junta general de la sociedad que vaya a deliberar sobre la aprobación de la transformación, puedan someterse a la aprobación de dicha junta otras modificaciones estatutarias que sean convenientes u oportunas, se adjunta como Anexo 1 un borrador de los estatutos de la sociedad de nueva creación, *"denominación, S.A."*, tal y como quedarán incorporados en la escritura de transformación.

Estatutos de la sociedad *"denominación social, S.A."*

"....." 

En cualquier caso, tras la transformación proyectada, la sociedad mantendrá su objeto social, su domicilio y la estructura del órgano de administración, si bien cesarán en su cargo los actuales administradores y, de conformidad con las nuevas disposiciones estatutarias y legales -en particular, las relativas al plazo de duración del cargo-, serán elegidos.

Asimismo, la sociedad no modificará la cifra de su capital social por ser el mismo superior al mínimo legal exigido para el nuevo tipo social y encontrarse íntegramente desembolsado.

3. Calendario indicativo de la fusión.
Se incorpora a este Proyecto como Anexo 2 un calendario indicativo que recoge los hitos principales que deberán cumplirse para la ejecución de la transformación proyectada.

4. Fecha de las cuentas utilizadas.
Las cuentas utilizadas para establecer las condiciones de la transformación son las cerradas a *"fecha"*. Se considera como balance de transformación, el *"fecha"*.

5. Adjudicación de acciones
Las nuevas acciones se adjudicarán a los socios en proporción al valor nominal de las participaciones sociales que anteriormente poseían, conforme al siguiente detalle:

- A *"Don/Doña nombre y apellidos"*, titular de *"número/letra"* participaciones sociales, se le adjudican *"número/letra"* acciones, números *"número"* a *"número"*, por su valor conjunto de *"número/letra"* euros, equivalentes al total valor nominal de las antiguas participaciones.

6. Titulares de derechos especiales o tenedores de títulos distintos de las participaciones sociales.
No existe en la sociedad ninguna clase de participaciones sociales especiales o privilegiadas, ni persona que tenga derechos especiales distintos de las participaciones sociales, ni se otorgarán en la Sociedad resultante de la transformación participaciones sociales o derechos especiales como consecuencia de la transformación.

7. Ventajas concretas a expertos y administradores.
No se reconocerán ventajas de ninguna clase en la Sociedad transformada a los administradores, ni tampoco, en su caso, a los expertos independientes, cuya intervención es preceptiva al objeto de valorar el patrimonio no dinerario de la sociedad.

8. Oferta de compensación en efectivo a los socios que dispongan del derecho a enajenar sus participaciones.
Los socios que voten en contra de la transformación del tipo social pueden ejercer su derecho a enajenar sus participaciones sociales a la sociedad o a los socios o terceros que esta proponga, a cambio de una compensación en efectivo, a razón de *"importe"* euros por participación social, que podrán ejercitar en los términos previstos en los artículos 4.1.6º, 12 y 24 del Real Decreto Ley 5/2023. Por tanto:

1º. El socio que pretenda ejercitar el derecho a enajenar sus participaciones deberá comunicarlo a la sociedad en el plazo de 20 días desde la fecha de la junta general que haya aprobado el acuerdo de transformación; comunicación que podrá efectuar en la siguiente dirección de correo electrónico: *"indicar correo electrónico"*.

La compensación en efectivo se abonará dentro del plazo de dos meses a contar desde la fecha en que surta efecto la transformación. La eficacia de la transformación quedará supeditada a la inscripción de la escritura pública en el Registro Mercantil (artículo 31 del Real Decreto Ley 5/2023).

2º. Cuando el socio que haya declarado su voluntad de ejercer el derecho de enajenación de sus participaciones considere que la compensación en efectivo ofrecida por la sociedad no se ha fijado adecuadamente, tendrá derecho a reclamar una compensación en efectivo complementaria ante el Juzgado de lo Mercantil del domicilio social, dentro del plazo de dos meses desde la fecha en que hayan recibido o hubieran debido recibir la compensación inicial.

3°. Se hace constar que no existen titulares de participaciones sin voto, ni socios que, por efecto de la transformación, hubieran de asumir una responsabilidad personal por las deudas sociales.

9. Implicaciones de la transformación para los acreedores.
De conformidad con lo establecido en el artículo 4.1.4° del Real Decreto-Ley 5/2023, se hace constar que la transformación no tiene implicaciones para los acreedores ni pone en riesgo la satisfacción de los créditos de los mismos.

De otra parte, de conformidad con lo previsto en el artículo 20.2 del Real Decreto-ley 5/2023, no es necesario que el Proyecto de transformación se ofrezcan garantías a los acreedores sociales, por tratarse de una transformación interna.

"...- "Otras menciones". ..."

10. Consecuencias de la transformación sobre el empleo.
De acuerdo con lo dispuesto en el art.44 del texto refundido del Estatuto de los Trabajadores, como consecuencia de la transformación proyectada, no se extinguirán las relaciones laborales existentes en las sociedades participantes. En su lugar, la Sociedad transformada se subrogará en los derechos y obligaciones laborales y de Seguridad Social y, en general, las obligaciones adquiridas en materia de protección social complementaria.

"...- "Otras posibles consecuencias de la transformación sobre el empleo" ..."

La sociedad dará cumplimiento a sus obligaciones de información a los trabajadores de cada una de ellas conforme a lo dispuesto en la normativa laboral y en el Real Decreto-Ley 5/2023.

11. Consecuencias para la actividad empresarial futura de la sociedad
"describir"

11. Impacto de género y responsabilidad social corporativa
No está previsto que se produzcan, con ocasión de la transfomación, cambios ni impacto de género en la composición del órgano de administración de la sociedad resultante de la transformación.

En cuanto a la incidencia de la transformación en la responsabilidad social de la sociedad no se prevé que la transformación vaya a tener impacto sobre la política de responsabilidad social de la empresa.

- *"describir el posible impacto de género de la fusión en los órganos de administración de las sociedades implicadas, así como su incidencia en la responsabilidad social de la empresa".*

12. Derechos de los socios.
Los socios tendrán los derechos reconocidos en los artículos 24 y siguientes del Real Decreto Ley 5/2023 que no contradigan lo dispuesto en el presente proyecto.

>>

○ **Otras menciones:**

13. Otras menciones.
"....." 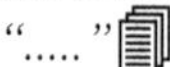

<<

Y para que conste, y a los efectos oportunos, el Consejo de Administración de *"Sociedad de Responsabilidad Limitada, S.R.L."* suscribe el presente Informe en *"lugar"* a *"fecha"*.

2. Informe de fusión por absorción

MSM nº 7920 s.;
MSL nº 7565 s.

Nota preliminar:

El modelo presupone unas **circunstancias** determinadas, que serán las más **frecuentes**. Si en el caso concreto existen circunstancias particulares no previstas, deberá completarse o modificarse el modelo.

RDL 5/2023 art.5;
RRM art.230.1.3º

Informe sobre el proyecto de fusión por absorción de la entidad

"denominación social, S.R.L."* por *"denominación social, S.R.L."

En cumplimiento de lo establecido en el artículo 5 del Real Decreto-Ley 5/2023 *"denominación social, S.R.L."* redacta y suscribe el siguiente Informe, al objeto de explicar y justificar detalladamente el Proyecto Común de Fusión por absorción de la entidad *"denominación social, S.R.L."* por *"denominación social, S.R.L."*, *"...que se ha publicado en la página web de la Sociedad absorbente y la Sociedad absorbida ... O ... que ha quedado depositado en el Registro Mercantil de "provincia" con fecha "fecha" ..."*.

I. Justificación de la fusión

Las actividades desarrolladas por las entidades *"denominación social, S.R.L."* y *"denominación social, S.R.L."* resultan, de acuerdo con su naturaleza, esencialmente complementarias, de suerte que el desarrollo conjunto de las mismas permitirá atender con mayor eficacia las exigencias del mercado.

Al mismo tiempo, el hecho de que, como se ha constatado, ambas entidades participen de una similar cultura empresarial, así como que cada una de ellas, singularmente considerada, ostente una posición de liderazgo dentro de su sector, son circunstancias que propician el empleo de fórmulas que, presididas por la igualdad entre las partes, desemboquen en la integración de dichas estructuras en un proyecto empresarial conjunto y capaz de operar bajo una misma dirección.

Sobre la base de cuanto antecede, y ante la previsible evolución del sector, parece aconsejable la adopción de medidas tendentes a fortalecer la posición en el mismo, mediante el aprovechamiento de sinergias, la reducción de costes de producción y, en definitiva, el desarrollo conjunto de actividades en sí mismas complementarias, todo ello al objeto de atender más eficazmente las demandas de un mercado cada vez más competitivo.

En atención a lo expuesto, los órganos de administración de las citadas sociedades han decidido iniciar un proceso de fusión por absorción, al objeto de fortalecer su posicionamiento en el sector económico que les es propio.

II. Aspectos jurídicos de la fusión

La fusión proyectada consiste en la absorción de *"denominación social, S.R.L."* por *"denominación social, S.R.L."*, que implica la extinción, vía disolución sin liquidación, de *"denominación social, S.R.L."* (Sociedad Absorbida), y la transmisión en bloque de su patrimonio social a *"denominación social, S.R.L."* (Sociedad Absorbente), que adquiere por sucesión universal todos los derechos y obligaciones de la Sociedad Absorbida.

La Sociedad Absorbente aumentará su capital social en la cuantía que proceda, conforme al tipo de canje que se describe en el Proyecto Común de Fusión y que más adelante se analiza, a fin de permitir a los socios de *"denominación social, S.R.L."* participar en *"denominación social, S.R.L."*, recibiendo un número de participaciones sociales proporcional a sus respectivas participaciones en la sociedad que se extingue.

1. Menciones necesarias del Proyecto Común de Fusión

El contenido del Proyecto Común de Fusión, formulado y suscrito por los órganos de administración de las sociedades implicadas en la operación, se ajusta a lo dispuesto en los artículos 4 y 40 del Real Decreto-Ley 5/2023.

2. Identificación de las sociedades participantes en la fusión

2.1. Sociedad Absorbente

"denominación social, S.R.L.", tiene su domicilio en *"lugar"* y su número de identificación fiscal (NIF) es *"número"*. Fue constituida, por tiempo indefinido, en escritura autorizada por el Notario de *"lugar"*, *"Don/Doña nombre y Apellidos"*, el *"fecha"*, bajo el número *"número"* de su orden de protocolo.

Inscrita en el Registro Mercantil de *"provincia"*, en el Tomo *"número"*, Libro *"número"*, Folio *"número"*, Hoja número *"número"*, inscripción *"número"*.

El capital social de la compañía es de *"número"* euros, y está dividido en *"número"* participaciones sociales, *"...al portador... O... nominativas..."*, de *"número"* euros de valor nominal cada una, íntegramente desembolsadas y numeradas del 1 al *"número"*, ambos inclusive.

La Administración de la sociedad se halla confiada a *"identificar la estructura del órgano de administración y el nombre y apellidos de los administradores"*.

2.2. Sociedad Absorbida

"denominación social, S.R.L.", tiene su domicilio en *"lugar"* y su número de identificación fiscal (NIF) es *"número"*. Fue constituida, por tiempo indefinido, en escritura autorizada por el Notario de *"lugar"*, *"Don/Doña nombre y Apellidos"*, el *"fecha"*, bajo el número *"número"* de su orden de protocolo.

Inscrita en el Registro Mercantil de *"provincia"*, en el Tomo *"número"*, Libro *"número"*, Folio *"número"*, Hoja número *"número"*, inscripción *"número"*.

El capital social de la compañía es de *"número"* euros, y está dividido en *"número"* participaciones sociales, *"...al portador... O... nominativas..."*, de *"número"* euros de valor nominal cada una, íntegramente desembolsadas y numeradas del 1 al *"número"*, ambos inclusive.

La Administración de la sociedad se halla confiada a *"identificar la estructura del órgano de administración y el nombre y apellidos de los administradores"*.

3. Modificaciones estatutarias en la Sociedad Absorbente

Sin perjuicio de que, al tiempo de la convocatoria de la junta general de socios de la Sociedad Absorbente que vaya a deliberar sobre la aprobación de la fusión, puedan someterse a la aprobación de dicha junta otras modificaciones estatutarias que sean convenientes u oportunas, el Consejo de Administración de la Sociedad Absorbente tiene previsto someter a la aprobación la junta general la adopción de las siguientes modificaciones estatutarias:

3.1. Ampliación del capital

Conforme a la relación de canje que se analiza más adelante, la Sociedad Absorbente aumentará su capital en la cifra de *"número"*, mediante la creación de *"número"* participaciones sociales de *"número"* euros de valor nominal cada una *"..., compensando el resto en metálico..."*.

La asunción de estas participaciones sociales está reservada exclusivamente a los socios de la Sociedad Absorbida, en proporción a su respectiva participación, sin que exista derecho de suscripción preferente, conforme a lo establecido en el artículo 304 del texto refundido de la Ley de Sociedades de Capital.

Dicha ampliación del capital tendrá su reflejo en los estatutos sociales de la Sociedad Absorbente, cuyo Artículo *"número"* tendrá, en lo sucesivo, la siguiente redacción:

"transcribir la nueva redacción del artículo". 

3.2. *"título del apartado"*

"incluir otras posibles modificaciones estatutarias (denominación, domicilio, objeto, etc.)".

4. Estructura del órgano de administración de la Sociedad Absorbente
Como consecuencia de la fusión, la Sociedad Absorbente mantendrá la misma estructura y composición del órgano de administración actualmente en vigor, consistente en un Consejo de Administración integrado por los siguientes *"número"* miembros:

"identificar los consejeros" 

≻≻

❍ **Adopción de un órgano de administración como consecuencia de la fusión:**

"indicar el tipo de órgano de administración que se adopta como consecuencia de la fusión". 

5. Informe de experto independiente
De acuerdo con lo previsto en el artículo 41.1 del Real Decreto-Ley 5/2023, no existe obligación de someter el proyecto común de fusión al informe de experto independiente, dado que en la operación no interviene ninguna Sociedad Anónima o Sociedad Comanditaria por AccionesComA.

6. Fecha de efectividad de la fusión a efectos contables
A partir del *"fecha"*, las operaciones de la Sociedad Absorbida habrán de considerarse realizadas, a efectos contables, por la Sociedad Absorbente.

7. Régimen Fiscal
La fusión goza de las exenciones y beneficios previstos en la Directiva 2009/133/CE y está sujeta al régimen del art.89 de la Ley 27/2014, de 27 de noviembre, del Impuesto sobre Sociedades, sin perjuicio de la pertinente comunicación a la Administración tributaria.

III. Aspectos económicos

1. Motivos económicos de la fusión
"explicar y justificar los aspectos económicos de la fusión"

2. Consecuencias para la actividad empresarial futura de la sociedad
"describir"

3. Consecuencias para los acreedores
De conformidad con lo establecido en el artículo 4.1.4º del Real Decreto-Ley 5/2023, se hace constar que la fusión global no tiene implicaciones para los acreedores ni pone en riesgo la satisfacción de sus créditos y, en consecuencia, no se ofrecen garantías personales o reales a los acreedores de la Sociedad cedente, y ello sin perjuicio de su derecho a solicitar la prestación de garantías conforme a lo previsto en el Real Decreto-Ley 5/2023 artículos13 y 14.

IV. Sección destinada a socios

1. Compensación en efectivo.
Por la modalidad de fusión proyectada, los socios no tienen el derecho previsto en el artículo12 del Real Decreto-Ley 5/2023 a enajenar sus participaciones sociales a cambio de una compensación en efectivo.

2. Tipo de canje
Como contraprestación por la aportación del patrimonio de *"denominación social, S.R.L."* a *"denominación social, S.R.L."*, los titulares de las participaciones sociales de la Sociedad Absorbida recibirán por sus *"número"* participaciones de *"número"* euros de valor nominal cada una, *"número"* participaciones sociales de la Sociedad Absorbente, de *"número"* euros de valor nominal cada una.

Capítulo VIII. Informes

○ Compensación en metálico a los socios de la Sociedad Absorbida:

Adicionalmente, los socios de la Sociedad Absorbida recibirán en conjunto la compensación en metálico de *"número"* euros, necesarias para cuadrar la ecuación de canje, que se prorratearán entre el número de participaciones sociales. Dicha compensación representa menos del 10% del valor nominal de las participaciones sociales atribuidas, por lo que se cumple con lo dispuesto en el artículo 362 del Real Decreto-Ley 5/2023.

⋞⋞

Las nuevas participaciones sociales emitidas por la Sociedad Absorbente para atender a la relación de canje, tendrán plenos derechos políticos desde la inscripción de la escritura de fusión en el Registro Mercantil y otorgarán a sus titulares derecho a participar en las ganancias sociales a partir de *"fecha"*.

3. Procedimiento de canje

No habrá intercambio físico de títulos, dado que las sociedades participantes en la escisión son sociedades de responsabilidad limitada.

4. Método de fijación del tipo de canje

La ecuación de canje se ha determinado sobre la base del valor real de los patrimonios sociales de la Sociedad Absorbente y la Sociedad Absorbida, teniendo en cuenta el valor de sus activos y pasivos en las circunstancias específicas en que se encuentran, y tomando en consideración métodos y criterios de valoración generalmente aceptados, que los órganos de administración de las sociedades han considerado adecuados.

Para la valoración de dichos patrimonios, se ha contado con el asesoramiento de *"experto"*, quien ha realizado diversos análisis de valoración de las sociedades, los cuales se resumen seguidamente:

"Métodos de valoración empleados y especiales dificultades de valoración".

Las cuentas utilizadas para establecer las condiciones de la fusión son las cerradas a *"fecha"*, para ambas sociedades. En consecuencia, a efectos de lo previsto en el artículo 43 del Real Decreto-Ley 5/2023, se considera como balance de fusión *"...el último balance anual, por no haber transcurrido más de seis meses entre su fecha de cierre y la fecha del presente proyecto común de fusión... O... un balance específico, cerrado con posterioridad al primer día del tercer mes precedente a la fecha del presente proyecto común de fusión..."*.

○ Si se realizan correcciones de valor:

A dicho balance de fusión se le han realizado las correcciones de valor necesarias para reflejar los valores razonables de las distintas partidas contables, teniendo en cuenta, entre otras, las siguientes circunstancias:

- Valor real del patrimonio inmobiliario.

- Valor real de la maquinaria, instalaciones y en general, del aparato productivo.

- Plantilla, formación, edad media, productividad y costo de una posible regulación de empleo.

- Valor de marcas, clientela, etc., capacidad de generar beneficios y fondo de comercio.

- Valor cierto de realización y cobro de los bines del activo circulante.

- Valor cierto del pasivo exigible.

⋞⋞

Los balances de fusión *"...y las modificaciones de valoración contenidas en el mismo..."*, han sido verificadas por el auditor de cuentas de la sociedad y serán sometidos a la aprobación de la junta general de socios que haya de resolver sobre la fusión, con carácter previo a la adopción del propio acuerdo de fusión.

5. Consecuencias de la fusión para los socios

5.1 Responsabilidad de los socios tras la fusión

Como consecuencia de la fusión por absorción, la Sociedad Absorbente asumirá la totalidad de las deudas sociales de la Sociedad Absorbida, que se extingue, sin más límites ni condiciones que los propios de su tipo social y sin perjuicio del derecho de los acreedores de las sociedades que se fusionan establecido en los artículos 13 y 14 del Real Decreto-Ley 5/2023.

En la Sociedad Absorbida no existen socios con responsabilidad personal, por lo que no es de aplicación el régimen de responsabilidad extraordinario recogido en el artículo 52 del Real Decreto-Ley 5/2023.

5.2 Otras posibles consecuencias

"describir"

6. Impacto de género y responsabilidad social corporativa

No está previsto que se produzcan, con ocasión de la fusión, cambios ni impacto de género en la composición del órgano de administración de la Sociedad Absorbente. En cuanto a la incidencia de la Fusión en la responsabilidad social de la Sociedad Absorbente, no se prevé que la Fusión vaya a tener impacto sobre la política de responsabilidad social de la empresa.

- *"describir el posible impacto de género de la fusión en los órganos de administración de las sociedades implicadas, así como su incidencia en la responsabilidad social de la empresa"*.

7. Derechos del socio

7.1 Derecho de información

Los órganos de administración de las sociedades participantes en la fusión someterán a la aprobación de sus respectivas juntas generales de socios la fusión descrita para que se delibere y decida sobre la misma.

De conformidad con lo dispuesto en el artículo 7 del Real Decreto-Ley 5/2023, al menos un mes antes de la fecha prevista para la celebración de las juntas generales que hayan de acordar la fusión, los administradores deberán insertar en la página web de las sociedades participantes los siguientes documentos:

1º. El proyecto de fusión;

2º. Un anuncio por el que se informe a los socios, acreedores y representantes de los trabajadores de la sociedad, o, cuando no existan tales representantes, a los propios trabajadores, de que pueden presentar a la sociedad, a más tardar cinco días laborables antes de la fecha de la junta general, observaciones relativas al proyecto; y

3º. El informe de experto independiente, cuando proceda, excluyendo, en su caso, la información confidencial que contuviera.

La inserción de dichos documentos en la página web deberá mantenerse hasta que finalice el plazo para el ejercicio por los acreedores de los derechos que les correspondan. El hecho de la inserción de esos documentos en la página web se publicará de forma gratuita en el BORME, con expresión de la página web en que figure y de la fecha de la inserción.

Si la sociedad o sociedades que participan en la modificación estructural careciera de página web, los administradores están obligados a depositar dichos documentos en el Registro Mercantil de su domicilio social.

La publicación del anuncio de convocatoria de las juntas de socios que hayan de resolver sobre la operación, o en su caso la comunicación individual de ese anuncio a los socios, no podrá realizarse antes de la publicación de la inserción o del depósito de la documentación en el BORME.

7.2 Publicidad del acuerdo de fusión

Una vez adoptado, en su caso, el acuerdo de fusión por las juntas generales de todas las sociedades participantes, éste se publicará en el Boletín Oficial del Registro Mercantil y en la página web de la sociedad o, a falta de ella, en uno de los diarios de mayor difusión en las provincias de *"domicilio de Sociedad Absorbida"* y *"domicilio de Sociedad Absorbente"*.

En el anuncio se hará constar el derecho que asiste a los socios y acreedores de obtener el texto íntegro del acuerdo adoptado y del balance presentado.

7.3 Derechos especiales y ventajas que vayan a otorgarse en la Sociedad Absorbente
No existiendo en ninguna de las sociedades participantes en la fusión participaciones sociales especiales o privilegiadas, ni ninguna persona que tenga derechos especiales distintos de las participaciones sociales, no se otorgarán en la Sociedad Absorbente derechos ni se ofrecerán opciones como consecuencia de la fusión.

Tampoco existen socios industriales (que hayan aportado trabajo, servicios o su actividad a la empresa), ni participaciones sociales que lleven aparejadas prestaciones accesorias, por lo que no es preciso considerar esta cuestión en la fusión, ni se otorgará compensación alguna.

De otra parte, no se atribuirán ventajas de ninguna clase en la Sociedad Absorbente a los miembros del órgano de administración, dirección, supervisión o control las sociedades participantes en la operación, ni tampoco a los expertos independientes que, en su caso, intervengan en el Proyecto Común de Fusión, teniendo en cuenta que su intervención no es preceptiva cuando en la operación no interviene ninguna Sociedad Anónima o Sociedad Comanditaria por Acciones.

8. Vías de recurso a disposición del socio
8.1 Impugnación de la relación de canje
De conformidad con lo previsto en el artículo 49 del Real Decreto-Ley 5/2023, los socios que consideren que la relación de canje establecida en el proyecto de fusión no es adecuada, pueden impugnarla y reclamar un pago en efectivo ante el Juzgado de lo Mercantil del domicilio social, cuya competencia será exclusiva (o, en su caso, el tribunal arbitral estatutariamente previsto), siempre que no hayan votado a favor de la aprobación del acuerdo de fusión o no tengan derecho de voto.

La impugnación deberá efectuarse dentro del plazo de dos meses desde la fecha de publicación del acuerdo de la junta general. La decisión del Juzgado (o en su caso tribunal arbitral) será vinculante para la sociedad resultante de la fusión.

La sociedad resultante de la fusión podrá compensar a los socios con participaciones propias, en lugar del pago en efectivo.

En todo caso, la impugnación de la relación de canje no paralizará la fusión ni impedirá su inscripción en el Registro Mercantil.

8.2 Impugnación del acuerdo de fusión
Los socios tienen derecho a impugnar los acuerdos que se adopten, conforme al régimen general de impugnación de acuerdos sociales previsto en el artículo 204 y siguientes. de la Ley de Sociedades de Capital, teniendo en cuenta que:

- no constituirá motivo de impugnación, por sí solo, individual o conjuntamente con otros motivos, la relación de canje ni la información facilitada al respecto (artículo 11 del Real Decreto-Ley 5/2023);

- una vez inscrita la escisión, no podrá declararse su nulidad, quedando a salvo las acciones resarcitorias que puedan asistirles (artículo16.2 del Real Decreto-Ley 5/2023).

V. Sección destinada a los trabajadores

1. Incidencia en las relaciones laborales
De acuerdo con lo dispuesto en el artículo 44 del texto refundido del Estatuto de los Trabajadores, como consecuencia de la fusión por absorción descrita no se extinguirán las relaciones laborales existentes en las sociedades participantes. En su lugar, la Sociedad Absorbente se subrogará en los derechos y obligaciones laborales y de Seguridad Social de la Sociedad Absorbida, incluyendo los compromisos por pensiones y, en general, las obligaciones adquiridas en materia de protección social complementaria.

"...- "Otras posibles consecuencias de la fusión sobre el empleo" ..."

2. Cambios sustanciales en las condiciones de empleo o en la ubicación de los centros de actividad

La fusión no supondrá ningún cambio en las condiciones de empleo ni en el número y ubicación de los centros de actividad.

"... "describir posibles cambios sustanciales" ... ".

3. Filiales

Las sociedades participantes en la fusión carecen de filiales.

○ Si hubiese filiales:

"describir las consecuencias de la fusión en las relaciones laborales de las mismas, así como cualquier cambio sustancial en las condiciones de empleo o en la ubicación de los centros de actividad"

4. Opinión de los trabajadores o sus representantes

De conformidad con lo previsto en el artículo 5.7 del Real Decreto-Ley 5/2023, se adjuntará a este informe, como Anexo, la eventual opinión de los representantes de los trabajadores (cuando no existan tales representantes, de los propios trabajadores) sobre las consecuencias jurídicas y económicas de la fusión, y especialmente sobre su incidencia en el ámbito laboral.

Y para que conste, y a los efectos oportunos, el Consejo de Administración de *"Sociedad de Responsabilidad Limitada, S.R.L."* suscribe el presente Informe en *"lugar"* a *"fecha"*.

3. Informe de fusión por creación

MSM nº 8077 s.; MSL nº 7565 s.

> **Nota preliminar:**
>
> El modelo presupone unas **circunstancias** determinadas, que serán las más **frecuentes**. Si en el caso concreto existen circunstancias particulares no previstas, deberá completarse o modificarse el modelo.

RDL 5/2023 art.39 y 40; RRM art.230.1.3º

Informe sobre el proyecto común de fusión

de las sociedades *"denominación social, S.R.L."* y

***"denominación social, S.R.L."* con creación de la sociedad**

"denominación social, S.R.L."

En cumplimiento de lo establecido en los artículos 4, 39 y 40 del Real Decreto-Ley 5/2023, el Consejo de Administración de *"denominación social, S.R.L."* redacta y suscribe el siguiente Informe, al objeto de explicar y justificar detalladamente el Proyecto Común de Fusión de *"denominación social, S.R.L."* y *"denominación social, S.R.L."*, por creación de la sociedad *"denominación social, S.R.L."*, *"...que se ha publicado en la página web de las sociedades participantes... O... que ha quedado depositado en el Registro Mercantil de "provincia" con fecha "fecha"..."*.

I. Justificación de la fusión

Las actividades desarrolladas por las entidades *"denominación social, S.R.L."* y *"denominación social, S.R.L."* resultan, de acuerdo con su naturaleza, esencialmente complementarias, de suerte que el desarrollo conjunto de las mismas permitirá atender con mayor eficacia las exigencias del mercado.

Al mismo tiempo, el hecho de que, como se ha constatado, ambas entidades participen de una similar cultura empresarial, así como que cada una de ellas, singularmente considerada, ostente una posición de liderazgo dentro de su sector, son circunstancias que propician el empleo de fórmulas que, presididas por la igualdad entre las partes, desemboquen en la integración de dichas estructuras en un proyecto empresarial conjunto y capaz de operar bajo una misma dirección.

Sobre la base de cuanto antecede, y ante la previsible evolución del sector, parece aconsejable la adopción de medidas tendentes a fortalecer la posición en el mismo, mediante el aprovechamiento de sinergias, la reducción de costes de producción y, en definitiva, el desarrollo conjunto de actividades en sí mismas complementarias, todo ello al objeto de atender más eficazmente las demandas de un mercado cada vez más competitivo.

En atención a lo expuesto, los órganos de administración de las citadas sociedades han decidido iniciar un proceso de fusión por creación, al objeto de fortalecer su posicionamiento en el sector económico que les es propio.

II. Aspectos jurídicos del proyecto común de fusión

La fusión proyectada consiste en la creación de una nueva sociedad, *"denominación social, S.R.L."*, con la extinción, vía disolución sin liquidación, de cada una de las sociedades que se fusionan, *"denominación social, S.R.L."* y *"denominación social, S.R.L."*, y la transmisión en bloque de sus respectivos patrimonios sociales a la nueva entidad, que adquirirá por sucesión universal todos los derechos y obligaciones de aquellas.

1. Menciones necesarias del Proyecto Común de Fusión

El contenido del Proyecto Común de Fusión, formulado y suscrito por los órganos de administración de las sociedades implicadas en la operación, se ajusta a lo dispuesto en los artículos 4 y 40 del Real Decreto-Ley 5/2023.

2. Identificación de las sociedades participantes

2.1. Sociedades que se fusionan

a) *"denominación social, S.R.L."*, tiene su domicilio en *"lugar"* y su número de identificación fiscal (NIF) es *"número"*. Fue constituida, por tiempo indefinido, en escritura autorizada por el Notario de *"lugar"*, *"Don/Doña nombre y apellidos"*, el *"fecha"*, bajo el número *"número"* de su orden de protocolo.

Inscrita en el Registro Mercantil de *"provincia"*, en el Tomo *"número"*, Libro *"número"*, Folio *"número"*, Hoja número *"número"*, inscripción *"número"*.

El capital social de la compañía es de *"número"* euros, y está dividido en *"número"* participaciones sociales, de *"número"* euros de valor nominal cada una, íntegramente desembolsadas y numeradas del 1 al *"número"*, ambos inclusive.

La Administración de la sociedad se halla confiada a *"identificar la estructura del órgano de Administración y el Nombre y Apellidos de los administradores"*.

b) *"denominación social, S.R.L."*, tiene su domicilio en *"lugar"* y su número de identificación fiscal (NIF) es *"número"*. Fue constituida, por tiempo indefinido, en escritura autorizada por el Notario de *"lugar"*, *"Don/Doña nombre y apellidos"*, el *"fecha"*, bajo el número *"número"* de su orden de protocolo.

Inscrita en el Registro Mercantil de *"provincia"*, en el Tomo *"número"*, Libro *"número"*, Folio *"número"*, Hoja número *"número"*, inscripción *"número"*.

El capital social de la compañía es de *"número"* euros, y está dividido en *"número"* participaciones sociales, de *"número"* euros de valor nominal cada una, íntegramente desembolsadas y numeradas del 1 al *"número"*, ambos inclusive.

La Administración de la sociedad se halla confiada a *"identificar la estructura del órgano de Administración y el Nombre y Apellidos de los administradores"*.

2.2. Sociedad resultante de la fusión

Como resultado de la fusión, se constituirá una nueva sociedad, integrada por socios de las sociedades que se extinguen, en proporción a sus respectivas participaciones.

La sociedad de nueva creación se denominará *"denominación social, S.R.L."*; denominación que, previa petición efectuada al Registro Mercantil Central, ha sido reservada, según certificación número *"número"*, expedida por el Registrador Mercantil Central, con fecha *"fecha"*.

Esta sociedad tendrá su domicilio social en *"lugar"*.

Conforme al tipo de canje que se describe más adelante, el capital social de la nueva sociedad, a constituir con las aportaciones de los patrimonios de las sociedades que se extinguen, *"denominación social, S.R.L."* y *"denominación social, S.R.L."*, ascenderá a la cifra de *"número"* euros, dividido en *"número"* participaciones sociales, de *"número"* euros de valor nominal cada una de ellas, todas de la misma clase y serie.

Un borrador de los estatutos de la sociedad de nueva creación, *"denominación social, S.R.L."*, se incorporan al presente documento como anexo.

3. Estructura del órgano de administración de la sociedad de nueva creación

La sociedad de nueva creación estará administrada por un administrador único *"... "fijar la estructura del órgano de administración elegida" ... "*, cargo para el que se designará, por el plazo fijado en los citados estatutos, a *"datos identificativos"*.

El administrador de la sociedad de nueva quedará expresamente facultado para realizar, en nombre de la nueva sociedad, antes de la inscripción de ésta en el Registro Mercantil, cuantos actos de administración o de dominio sean necesarios o convenientes para la realización del objeto social, especialmente en el orden interno y organizativo, como el otorgamiento y revocación de poderes de todas clases. Una vez inscrita la fusión, la sociedad quedará obligada por tales actos sin necesidad de ratificación.

4. Informe de experto independiente
En atención de lo dispuesto en el artículo 41.1 del Real Decreto-Ley 5/2023, dado que la sociedad resultante de la fusión es una sociedad de responsabilidad limitada, no existe obligación de someter el Proyecto Común de Fusión al informe de expertos independientes.

5. Fechas de efectividad de la fusión a efectos contables
A partir del *"fecha"*, las operaciones de las sociedades que se extinguen como consecuencia de la fusión habrán de considerarse realizadas, a efectos contables, por la sociedad de nueva creación, *"denominación social, S.R.L."*.

6. Régimen Fiscal
La presente fusión goza de las exenciones y beneficios previstos en la Directiva 2009/133/CE y está sujeta al régimen del artículo 89 de la Ley 27/2014, de 27 de noviembre, del Impuesto sobre Sociedades, sin perjuicio de la pertinente comunicación a la Administración tributaria.

III. Aspectos económicos del proyecto común de fusión

1. Motivos económicos de la fusión
"explicar y justificar los aspectos económicos de la fusión"

2. Consecuencias para la actividad empresarial futura de la sociedad
"describir"

3. Consecuencias para los acreedores
De conformidad con lo establecido en el artículo 4.1.4° del Real Decreto-Ley 5/2023, se hace constar que la fusión global no tiene implicaciones para los acreedores ni pone en riesgo la satisfacción de sus créditos y, en consecuencia, no se ofrecen garantías personales o reales a los acreedores de la Sociedad cedente, y ello sin perjuicio de su derecho a solicitar la prestación de garantías conforme a lo previsto en el Real Decreto-Ley 5/2023 artículos 13 y 14.

IV. Sección destinada a socios

1. Compensación en efectivo
Por la modalidad de fusión proyectada, los socios no tienen el derecho previsto en el artículo 12 del Real Decreto-Ley 5/2023 a enajenar sus participaciones sociales a cambio de una compensación en efectivo.

2. Tipo de canje
El tipo de canje, calculado sobre la base del valor real de los patrimonios de las sociedades que se fusionan *"denominación social, S.R.L."* y *"denominación social, S.R.L."* -conforme a los criterios de valoración detallados más adelante-, es el siguiente:

a) Los socios de *"denominación social, S.R.L."*, recibirán por cada participación de que son titulares, *"número"* participaciones sociales de la nueva sociedad.

➤➤

❍ **En caso de que el número de participaciones sociales resultantes no sea exacto:**

Adicionalmente, dado que el número de participaciones sociales resultantes no es exacto, las fracciones de participación se compensarán en dinero del siguiente modo:

a) Se abonará a los socios de *"denominación social, S.R.L."* una compensación de *"número"* euros, por participación, en metálico.

A los efectos de lo dispuesto en el artículo 36.2 del Real Decreto-Ley 5/2023, se hace constar que dicha compensación en metálico representa menos del 10% del valor nominal de las participaciones sociales atribuidas.

➤➤

Las participaciones sociales de la sociedad de nueva creación, *"denominación social, S.R.L."*, que se crearán como consecuencia de la fusión, y serán asumidos por los socios de *"denominación social, S.R.L."* y *"denominación social, S.R.L."*, tendrán plenos derechos políticos desde la inscripción de la escritura de fusión en el Registro Mercantil y otorgarán a sus titulares derecho a participar en las ganancias sociales a partir de *"fecha"*.

3. Método de fijación del tipo de canje

La ecuación de canje se ha determinado sobre la base del valor real de los patrimonios sociales de las sociedades *"denominación social, S.R.L."* y *"denominación social, S.R.L."*, teniendo en cuenta el valor de sus respectivos activos y pasivos en las circunstancias específicas en que se encuentran.

Para ello, se ha contado con el asesoramiento de *"experto"*, quien ha realizado diversos análisis de valoración a través de los siguientes métodos y criterios de valoración generalmente aceptados:

"Métodos de valoración empleados".

- *"Indicar las especiales dificultades de valoración"*.

Las cuentas utilizadas para establecer las condiciones de la fusión son las cerradas a *"fecha"*, para ambas sociedades. En consecuencia, a efectos de lo previsto en el artículo 43 del Real Decreto-Ley 5/2023, se considera como balance de fusión, *"...el último balance anual, por no haber transcurrido más de seis meses entre su fecha de cierre y la fecha del presente proyecto común de fusión ... O ... un balance específico, cerrado con posterioridad al primer día del tercer mes precedente a la fecha del presente proyecto común de fusión ..."*.

❍ **Si se realizan correcciones de valor:**

A dicho balance de fusión se le han realizado las correcciones de valor necesarias para reflejar los valores razonables de las distintas partidas contables, teniendo en cuenta, entre otras, las siguientes circunstancias:

- Valor real del patrimonio inmobiliario.

- Valor real de la maquinaria, instalaciones y en general, del aparato productivo.

- Plantilla, formación, edad media, productividad y costo de una posible regulación de empleo.

- Valor de marcas, clientela, etc., capacidad de generar beneficios y fondo de comercio.

- Valor cierto de realización y cobro de los bienes del activo circulante.

- Valor cierto del pasivo exigible.

Los balances de fusión *"...y las modificaciones de valoración contenidas en el mismo ..."*, han sido verificadas por el auditor de cuentas de la sociedad y serán sometidos a la aprobación de la junta general de socios que haya de resolver sobre la fusión, con carácter previo a la adopción del propio acuerdo de fusión.

4. Procedimiento de canje

No habrá intercambio físico de títulos, dado que las sociedades participantes en la escisión son sociedades de responsabilidad limitada.

5. Consecuencias de la fusión para los socios

5.1. Responsabilidad de los socios tras la fusión

Como consecuencia de la fusión, la sociedad de nueva creación asumirá la totalidad de las deudas sociales de las sociedades participantes, que se extinguen, sin más límites ni condiciones que los propios de su tipo social y sin perjuicio del derecho de los acreedores de las sociedades que se fusionan establecido en los artículos 13 y 14 del Real Decreto-Ley 5/2023.

No existen en las sociedades participantes en la fusión socios con responsabilidad personal, por lo que no es de aplicación el régimen de responsabilidad extraordinario recogido en el artículo 52 del Real Decreto-Ley 5/2023.

5.2. Otras consecuencias
"describir"

6. Impacto de género y responsabilidad social corporativa
No está previsto que se produzcan, con ocasión de la fusión, cambios ni impacto de género en la composición del órgano de administración de la Sociedad Absorbente. En cuanto a la incidencia de la Fusión en la responsabilidad social de la Sociedad Absorbente, no se prevé que la Fusión vaya a tener impacto sobre la política de responsabilidad social de la empresa.

○ **En su caso:**

"describir el posible impacto de género de la fusión en los órganos de administración de las sociedades implicadas, así como su incidencia en la responsabilidad social de la empresa"

<<

7. Derechos del socio
7.1. Derecho de información
Los órganos de administración de las sociedades participantes en la fusión someterán a la aprobación de sus respectivas juntas generales de socios la fusión descrita para que se delibere y decida sobre la misma.

De conformidad con lo dispuesto en el artículo 7 del Real Decreto-Ley 5/2023, al menos un mes antes de la fecha prevista para la celebración de las juntas generales que hayan de acordar la fusión, los administradores deberán insertar en la página web de las sociedades participantes los siguientes documentos:

1º. El proyecto de fusión;

2º. Un anuncio por el que se informe a los socios, acreedores y representantes de los trabajadores de la sociedad, o, cuando no existan tales representantes, a los propios trabajadores, de que pueden presentar a la sociedad, a más tardar cinco días laborables antes de la fecha de la junta general, observaciones relativas al proyecto; y

3º. El informe de experto independiente, cuando proceda, excluyendo, en su caso, la información confidencial que contuviera.

La inserción de dichos documentos en la página web deberá mantenerse hasta que finalice el plazo para el ejercicio por los acreedores de los derechos que les correspondan. El hecho de la inserción de esos documentos en la página web se publicará de forma gratuita en el BORME, con expresión de la página web en que figure y de la fecha de la inserción.

Si la sociedad o sociedades que participan en la modificación estructural careciera de página web, los administradores están obligados a depositar dichos documentos en el Registro Mercantil de su domicilio social.

La publicación del anuncio de convocatoria de las juntas de socios que hayan de resolver sobre la operación, o en su caso la comunicación individual de ese anuncio a los socios, no podrá realizarse antes de la publicación de la inserción o del depósito de la documentación en el BORME.

7.2. Publicidad del acuerdo de fusión
Una vez adoptado, en su caso, el acuerdo de fusión por las juntas generales de todas las sociedades participantes, éste se publicará en el Boletín Oficial del Registro Mercantil y en la página web de la sociedad o, a falta de ella, en uno de los diarios de mayor difusión en las provincias de *"domicilio de Sociedad Absorbida"* y *"domicilio de Sociedad Absorbente"*.

En el anuncio se hará constar el derecho que asiste a los socios y acreedores de obtener el texto íntegro del acuerdo adoptado y del balance presentado.

7.3. Derechos especiales y ventajas que vayan a otorgarse en la sociedad de nueva creación
No existiendo en ninguna de las sociedades participantes en la fusión participaciones sociales especiales o privilegiadas, ni ninguna persona que tenga derechos especiales distintos de las participaciones sociales, no se otorgarán en la sociedad de nueva creación derechos ni se ofrecerán opciones como consecuencia de la fusión.

Tampoco existen socios industriales (que hayan aportado trabajo, servicios o su actividad a la empresa), ni participaciones sociales que lleven aparejadas prestaciones accesorias, por lo que no es preciso considerar esta cuestión en la fusión, ni se otorgará compensación alguna.

De otra parte, no se atribuirán ventajas de ninguna clase en la sociedad de nueva creación a los miembros del órgano de administración, dirección, supervisión o control de las sociedades participantes en la operación, ni tampoco a los expertos independientes que, en su caso, intervengan en el Proyecto Común de Fusión, teniendo en cuenta que su intervención no es preceptiva cuando en la operación no interviene ninguna Sociedad Anónima o Sociedad Comanditaria por Acciones.

8. Vías de recurso a disposición de los socios
8.1. Impugnación de la relación de canje
De conformidad con lo previsto en el artículo 49 del Real Decreto-Ley 5/2023, los socios de las sociedades que se fusionan que consideren que la relación de canje establecida en el proyecto de fusión no es adecuada, pueden impugnarla y reclamar un pago en efectivo ante el Juzgado de lo Mercantil del domicilio social, cuya competencia será exclusiva (o, en su caso, el tribunal arbitral estatutariamente previsto), siempre que no hayan votado a favor de la aprobación del acuerdo de fusión o no tengan derecho de voto.

La impugnación deberá efectuarse dentro del plazo de dos meses desde la fecha de publicación del acuerdo de la junta general. La decisión del Juzgado (o en su caso tribunal arbitral) será vinculante para la sociedad resultante de la fusión.

La sociedad resultante podrá compensar a los socios con participaciones propias, en lugar del pago en efectivo.

En todo caso, la impugnación de la relación de canje no paralizará la fusión ni impedirá su inscripción en el Registro Mercantil.

8.2. Impugnación del acuerdo de fusión
Los socios tienen derecho a impugnar los acuerdos que se adopten, conforme al régimen general de impugnación de acuerdos sociales previsto en el artículo 204 y siguientes de la Ley de Sociedades de Capital, teniendo en cuenta que:

- no constituirá motivo de impugnación, por sí solo, individual o conjuntamente con otros motivos, la relación de canje ni la información facilitada al respecto (artículo 11 del Real Decreto-Ley 5/2023);

- una vez inscrita la escisión, no podrá declararse su nulidad, quedando a salvo las acciones resarcitorias que puedan asistirles (artículo 16.2 del Real Decreto-Ley 5/2023).

V. Sección destinada a los trabajadores

1. Incidencia en las relaciones laborales
De acuerdo con lo dispuesto en el artículo 44 del texto refundido del Estatuto de los Trabajadores, como consecuencia de la fusión no se extinguirán las relaciones laborales existentes en las sociedades participantes. En su lugar, la sociedad de nueva creación se subrogará en los derechos y obligaciones laborales y de Seguridad Social de las sociedades participantes en la fusión, incluyendo los compromisos por pensiones y, en general, las obligaciones adquiridas en materia de protección social complementaria.

"... "Otras posibles consecuencias de la fusión sobre el empleo" ... ".

2. Cambios sustanciales en las condiciones de empleo o en la ubicación de los centros de actividad
La fusión no supondrá ningún cambio en las condiciones de empleo ni en el número y ubicación de los centros de actividad.

"... "describir posibles cambios sustanciales" ... "

3. Filiales
Las sociedades participantes en la fusión carecen de filiales.

○ **Si hubiese filiales:**

"describir las consecuencias de la fusión en las relaciones laborales de las mismas, así como cualquier cambio sustancial en las condiciones de empleo o en la ubicación de los centros de actividad"

≺≺

4. Opinión de los trabajadores o sus representantes
De conformidad con lo previsto en el artículo 5.7 del Real Decreto-Ley 5/2023, se adjuntará a este informe, como Anexo, la eventual opinión de los representantes de los trabajadores (cuando no existan tales representantes, de los propios trabajadores) sobre las consecuencias jurídicas y económicas de la fusión, y especialmente sobre su incidencia en el ámbito laboral.

Y para que conste, y a los efectos oportunos, el *"órgano de administración"* de *"denominación social, S.R.L."* suscribe el presente Informe en *"lugar"* a *"fecha"*.

4015

4. Informe de escisión total

MSM nº 8377; MSL nº 7970 s.

Nota preliminar:

El modelo presupone unas **circunstancias** determinadas, que serán las más **frecuentes**. Si en el caso concreto existen circunstancias particulares no previstas, deberá completarse o modificarse el modelo.

RDL 5/2023 art.5 y 67; RRM art.230.1.3º

Informe sobre el proyecto de escisión total de la entidad

"denominación social, S.R.L."

En cumplimiento de lo establecido en los artículos 5 y 67 del Real Decreto-Ley 5/2023, el Consejo de Administración de *"denominación social, S.R.L."* redacta y suscribe el siguiente Informe, al objeto de explicar y justificar detalladamente el Proyecto de Escisión total de la sociedad mercantil *"denominación social, S.R.L."*, *"...que se ha publicado en la página web de la sociedad... O... que ha quedado depositado en el Registro Mercantil de "provincia" con fecha "fecha"..."*.

I. Justificación del proyecto de escisión

La sociedad *"denominación social, S.R.L."* tiene como objeto el desarrollo de *"especificar actividades"*. Dentro de dichas actividades, resulta plenamente factible y nada impide disociar dos bloques susceptibles de constituir, cada uno de ellos, una unidad económica independiente capaz de operar en el tráfico jurídico con sus propios recursos.

Sobre la base de lo expuesto, la escisión de *"denominación social, S.R.L."*, se justifica, tal y como expresamente se hace constar en el Proyecto de Escisión, por: *"expresar la justificación"*.

II. Aspectos jurídicos del proyecto de escisión

A la vista de las anteriores razones, se ha considerado oportuno llevar a cabo la escisión total de *"denominación social, S.R.L."* (Sociedad Escindida) con división de todo su patrimonio en dos partes, cada una de las cuales se transmitirá en bloque y por sucesión universal a las sociedades ya existentes, *"denominación social, S.R.L."* y *"denominación social, S.R.L."* (Sociedades Beneficiarias). Como resultado de la operación, *"denominación social, S.R.L."* se extinguirá vía disolución sin liquidación, recibiendo sus socios un número de participaciones sociales de las Sociedades Beneficiarias proporcional a su respectiva participación en la Sociedad Escindida.

1. Menciones necesarias del Proyecto de Escisión

El contenido del Proyecto de Escisión, formulado y suscrito por los órganos de administración de las sociedades implicadas en la operación, se ajusta a lo dispuesto en los artículos 4, 40 y 64 del Real Decreto-Ley 5/2023.

2. Identificación de las sociedades participantes en la operación

2.1. Sociedad Escindida

Denominación social: *"denominación de la sociedad escindida"*
Domicilio social: *"domicilio de la sociedad escindida"*.
Datos registrales: *"datos de la sociedad escindida"*.
C.I.F.: *"número de la sociedad escindida"*.

2.2. Sociedades Beneficiarias

a) Denominación social: *"denominación de la sociedad beneficiaria"*
Domicilio social: *"domicilio de la sociedad beneficiaria"*.
Datos registrales: *"datos de la sociedad beneficiaria"*.
C.I.F.: *"número de la sociedad beneficiaria"*.

b) Denominación social: *"denominación de la sociedad beneficiaria"*
Domicilio social: *"domicilio de la sociedad beneficiaria"*.
Datos registrales: *"datos de la sociedad beneficiaria"*.
C.I.F.: *"número de la sociedad beneficiaria"*.

3. Modificaciones estatutarias en las Sociedades Beneficiarias
Como consecuencia de la escisión, se realizarán las siguientes modificaciones estatutarias en las Sociedades Beneficiarias, *"denominación social, S.R.L."* y *"denominación social, S.R.L."*.

a) Ampliación de capital.

Conforme a la relación de canje que se analiza más adelante, las Sociedades Beneficiarias aumentarán su capital social en la cuantía necesaria para que los socios de la Sociedad Escindida reciban un número de participaciones sociales de dichas Sociedades Beneficiarias proporcional a su respectiva participación en la sociedad que se escinde. En consecuencia:

"denominación social, S.R.L." aumentará su capital social en la cifra de *"número"*, mediante la creación de *"número"* participaciones sociales de *"número"* euros de valor nominal cada una, numeradas correlativamente del *"número"* al *"número"*, ambos inclusive, de la misma clase y serie que las existentes.

Esta ampliación del capital tendrá su reflejo en los estatutos sociales de dicha sociedad, cuyo artículo *"número"* tendrá, en lo sucesivo, la siguiente redacción:

"transcribir la nueva redacción del artículo".

"denominación social, S.R.L." aumentará su capital social en la cifra de *"número"*, mediante la creación de *"número"* participaciones sociales de *"número"* euros de valor nominal cada una, numeradas correlativamente del *"número"* al *"número"*, ambos inclusive, de la misma clase y serie que las existentes.

Esta ampliación del capital tendrá su reflejo en los estatutos sociales de dicha sociedad, cuyo artículo *"número"* tendrá, en lo sucesivo, la siguiente redacción:

"transcribir la nueva redacción del artículo".

Las nuevas participaciones sociales emitidas tanto en *"denominación social, S.R.L."* como en *"denominación social, S.R.L."*, se asignarán a los socios de la Sociedad Escindida del siguiente modo:

"Identificar los socios a los que se les asigna, detallando el número de participaciones sociales y su numeración más, en su caso, la compensación en metálico que le corresponda".

b) *"título del apartado"*.

"incluir otras posibles modificaciones estatutarias (denominación, domicilio, objeto, etc.)".

4. Implicaciones de la escisión en el órgano de administración
Ninguna de las Sociedades Beneficiarias modificará el tipo de órgano de administración con ocasión de la escisión, manteniéndose la misma estructura y composición que la actualmente vigente, consistente en:

"indicar el tipo de órgano de administración de cada sociedad y su composición". 

>>

○ **Adopción de un órgano de administración como consecuencia de la escisión:**

"indicar el tipo de órgano de administración que se adopta como consecuencia de la escisión". 

5. Fecha de efectividad de la escisión a efectos contables
La fecha de efectividad de la escisión a efectos contables, es *"fecha"*, de forma que a partir de esta fecha las posibles operaciones realizadas por la Sociedad Escindida se considerarán realizadas por las Sociedades Beneficiarias, en la parte que respectivamente les corresponda.

6. Régimen fiscal
La presente escisión goza de las exenciones y beneficios previstos en la Directiva 2009/133/CE y está sujeta al régimen del artículo 89 de la Ley 27/2014, de 27 de noviembre, del Impuesto sobre Sociedades, sin perjuicio de la pertinente comunicación a la Administración tributaria.

III. Aspectos económicos

1. Descripción y reparto de los elementos del activo y pasivo que se transmiten a las Sociedades Beneficiarias
La totalidad de los activos y pasivos de *"denominación social, S.R.L."* serán atribuidos a las Sociedades Beneficiarias conforme a lo establecido a continuación, sin que quede sin designar y repartir ningún activo o pasivo de la sociedad que se escinde.

A *"denominación social, S.R.L."*, se le transmiten los siguientes elementos del activo y del pasivo: *"identificar"*.

En caso de que, por error, se haya omitido del listado anterior algún elemento del activo o del pasivo de la Sociedad Escindida, se procederá del siguiente modo:

– Si se trata de un elemento del activo, este o, en su caso, su contravalor, se distribuirá entre todas las Sociedades Beneficiarias de manera proporcional al activo distribuido a cada una de ellas.
– Si se trata de un elemento del pasivo, responderán solidariamente de él todas las Sociedad Beneficiarias.

De conformidad con lo establecido en los artículos 63.1 y 46.3 del Real Decreto-Ley 5/2023, cualquier modificación importante del patrimonio de la Sociedad Escindida acaecida entre la fecha de elaboración del Proyecto de Escisión y la fecha de reunión de la junta que haya de decidir sobre la escisión, será notificada por los administradores de la Sociedad Escindida a su junta de socios. La misma información proporcionarán los administradores de las Sociedades Beneficiarias y éstos a los administradores de la Sociedad Escindida, para que, a su vez, informe a su junta de socios.

2. Consecuencias de la escisión para la actividad empresarial futura de la sociedad
"describir"

3. Consecuencias para los acreedores
3.1. Responsabilidad de las sociedades participantes
En virtud de la escisión total proyectada, las Sociedades Beneficiarias asumirán las deudas sociales de la Sociedad Escindida de conformidad con el criterio de reparto del patrimonio de la Sociedad Escindida establecido en el apartado III.1 de este informe.

De las deudas asumidas por una sociedad beneficiaria frente a los acreedores de la sociedad escindida, que resulten incumplidas, responden solidariamente todas las sociedades beneficiarias hasta el importe de los activos netos atribuidos a cada una de ellas en la escisión.

En esos mismos términos responderán solidariamente, y por tanto hasta el límite de los activos atribuidos, todas las sociedades beneficiarias de las deudas de la sociedad escindida, y no solo de las asumidas expresamente por una de las sociedades beneficiarias.

3.2. Garantías

Como consecuencia del régimen de responsabilidad descrito, no se considera necesario otorgar ningún tipo de garantía, ni personal ni real, a favor de los acreedores de la Sociedad escindida, y ello sin perjuicio de su derecho a solicitar la prestación de garantías conforme a lo previsto en el Real Decreto-Ley 5/2023 artículos 13 y 14.

IV. Sección destinada a socios

1. Enajenación de participaciones y compensación en efectivo

Los socios no tienen el derecho previsto en el artículo 12 del Real Decreto-Ley 5/2023 a enajenar sus participaciones sociales a cambio de una compensación en efectivo.

2. Tipo de canje, método de valoración y procedimiento de canje

2.1. Tipo de canje

Como consecuencia de la aportación del patrimonio escindido de *"denominación social, S.R.L."* a las Sociedades Beneficiarias, *"denominación social, S.R.L."* y *"denominación social, S.R.L."*, conforme a los criterios de reparto que se detallan más adelante, los titulares de las participaciones sociales de la Sociedad Escindida recibirán:

a) Por sus *"número"* participaciones sociales de *"número"* euros de valor nominal cada una, *"número"* participaciones sociales de la sociedad beneficiaria *"denominación social, S.R.L."*, de *"número"* euros de valor nominal cada una.

➢➢

○ En caso de que el número de participaciones sociales resultantes no sea exacto:

Adicionalmente, dado que el número de participaciones sociales resultante de la relación de canje citada no es exacto, los socios de la Sociedad Escindida recibirán una compensación en dinero de las Sociedades Beneficiarias que, en todo caso, representará menos del 10% del valor nominal de las participaciones sociales atribuidas, en cumplimiento de lo establecido en el artículo 36.2 del Real Decreto-Ley 5/2023. De ese modo:

a) La sociedad beneficiaria *"denominación social, S.R.L."* abonará *"número"* euros, por cada una de las participaciones sociales que entregue a los socios de la Sociedad Escindida.

≺≺

Las nuevas participaciones sociales creadas por las Sociedades Beneficiarias para atender a la relación de canje, tendrán plenos derechos políticos desde la inscripción de la escritura de escisión en el Registro Mercantil y otorgarán a sus titulares derecho a participar en las ganancias sociales a partir de *"fecha"*.

2.2. Criterios de valoración y especiales dificultades en la valoración

La ecuación de canje se ha determinado sobre la base del valor real de los patrimonios de las sociedades participantes en el proceso de escisión, teniendo en cuenta el valor de sus respectivos activos y pasivos a precios de mercado.

Para la valoración de dichos patrimonios se ha contado con el asesoramiento de *"experto"*, quien ha realizado diversos análisis de valoración de las sociedades, según métodos generalmente aceptados, y que se resumen seguidamente:

"Métodos de valoración empleados y especiales dificultades de valoración".

Las cuentas utilizadas para establecer las condiciones de la escisión son las cerradas a "fecha". En consecuencia, a efectos de lo previsto en el artículo 43 del Real Decreto-Ley 5/2023, se considera como balance de escisión, *"...el último balance anual, por no haber transcurrido más de seis meses entre su fecha de cierre y la fecha del Proyecto de Escisión ... O ... un balance específico, cerrado con posterioridad al primer día del tercer mes precedente a la fecha del Proyecto de Escisión ..."*.

En caso de realización de correcciones de valor:

A dicho balance de escisión se le han realizado las correcciones de valor necesarias para reflejar los valores razonables de las distintas partidas contables, teniendo en cuenta, entre otras, las siguientes circunstancias:

- Valor real del patrimonio inmobiliario.

- Valor real de la maquinaria, instalaciones y en general, del aparato productivo.

- Plantilla, formación, edad media, productividad y costo de una posible regulación de empleo.

- Valor de marcas, clientela, etc., capacidad de generar beneficios y fondo de comercio.

- Valor cierto de realización y cobro de los bines del activo circulante.

- Valor cierto del pasivo exigible.

<<

Los balances de escisión *"...y las modificaciones de valoración contenidas en el mismo ... "*, han sido verificadas por el auditor de cuentas de la sociedad y serán sometidos a la aprobación de la junta general de socios que haya de resolver sobre la escisión, con carácter previo a la adopción del propio acuerdo de escisión.

2.3. Procedimiento de canje

No habrá intercambio físico de títulos, dado que las sociedades participantes en la escisión son sociedades de responsabilidad limitada.

3. Consecuencias de la escisión para los socios

3.1. Responsabilidad de los socios tras la escisión

No existen en la Sociedad Escindida socios con responsabilidad personal, por lo que no es de aplicación el régimen de responsabilidad extraordinario previsto en el artículo 52 del Real Decreto-Ley 5/2023 (de aplicación a la escisión conforme a su art.63.1).

4. Impacto de género y responsabilidad social corporativa

4.1. Impacto de género

Ninguna de las sociedades participantes modificará, con ocasión de la escisión, ni la estructura, ni la composición de su órgano de administración, consistente en un Consejo de Administración integrado por:

"Identificación del número e identidad de consejeros de las sociedades participantes".

"Indicar el tipo de órgano de administración que se adopta como consecuencia de la escisión".

Por lo que no está previsto que se produzcan, con ocasión de la escisión, cambios ni impacto de género en la composición del órgano de administración de las Sociedades Beneficiarias.

En su caso:

"describir el posible impacto de género de la escisión en los órganos de administración de las sociedades implicadas"

4.2. Responsabilidad social corporativa (RSC)

Tras la inscripción de la escisión, las Sociedades Beneficiarias asumirán las deudas de la Sociedad Escindida en los términos expuestos en III.3.

En su caso:

"describir la posible incidencia de la escisión en la responsabilidad social corporativa de las empresas implicadas"

<<

5. Derechos del socio

5.1. Derecho de información

Los órganos de administración de las sociedades participantes en la escisión la someterán a la aprobación de sus respectivas juntas generales.

De conformidad con lo dispuesto en el artículo 7 del Real Decreto-Ley 5/2023, al menos un mes antes de la fecha prevista para la celebración de las juntas generales que hayan de acordar la escisión, los administradores deberán insertar en la página web de las sociedades participantes los siguientes documentos:

1º. El proyecto de escisión;

2º. Un anuncio por el que se informe a los socios, acreedores y representantes de los trabajadores de la sociedad, o, cuando no existan tales representantes, a los propios trabajadores, de que pueden presentar a la sociedad, a más tardar cinco días laborables antes de la fecha de la junta general, observaciones relativas al proyecto; y

3º. El informe de experto independiente, cuando proceda, excluyendo, en su caso, la información confidencial que contuviera.

La inserción de dichos documentos en la página web deberá mantenerse hasta que finalice el plazo para el ejercicio por los acreedores de los derechos que les correspondan. El hecho de la inserción de esos documentos en la página web se publicará de forma gratuita en el BORME, con expresión de la página web en que figure y de la fecha de la inserción.

Si alguna de las sociedades que participan en la escisión careciera de página web, sus administradores están obligados a depositar dichos documentos en el Registro Mercantil de su domicilio social.

La publicación del anuncio de convocatoria de las juntas de socios que hayan de resolver sobre la operación, o en su caso la comunicación individual de ese anuncio a los socios, no podrá realizarse antes de la publicación de la inserción o del depósito de la documentación en el BORME.

5.2. Publicidad del acuerdo de escisión

Una vez adoptado el acuerdo de escisión por las juntas generales de todas las sociedades participantes, éste se publicará en el Boletín Oficial del Registro Mercantil y en la página web de la sociedad o, a falta de ella, en uno de los diarios de mayor difusión en las provincias de *"domicilio de Sociedad Absorbida"* y *"domicilio de Sociedad Absorbente"*.

En el anuncio se hará constar el derecho que asiste a los socios y acreedores de obtener el texto íntegro del acuerdo adoptado y del balance presentado.

5.3. Derechos especiales y ventajas

No existiendo en ninguna de las sociedades participantes en la escisión participaciones sociales especiales o privilegiadas, ni ninguna persona que tenga derechos especiales distintos de las participaciones sociales, no se otorgarán en las sociedades beneficiarias derechos, ni se ofrecerán opciones como consecuencia de la escisión.

Tampoco existen socios industriales (que hayan aportado trabajo, servicios o su actividad a la empresa), ni participaciones sociales que lleven aparejadas prestaciones accesorias, por lo que no es preciso considerar esta cuestión, ni se otorgará compensación alguna. De otra parte, no se atribuirán ventajas de ninguna clase en las sociedades beneficiarias a los miembros del órgano de administración, dirección, supervisión o control, ni tampoco a los expertos independientes que, en su caso, intervengan en el Proyecto Común de Escisión.

6. Vías de recurso a disposición del socio

6.1. Impugnación de la relación de canje

De conformidad con lo previsto en el art.49 del Real Decreto-Ley 5/2023, los socios de la Sociedad Escindida que consideren que la relación de canje establecida en el proyecto de escisión no es adecuada, pueden impugnarla y reclamar un pago en efectivo ante el Juzgado de lo Mercantil del domicilio social, cuya competencia será exclusiva (o, en su caso, el tribunal arbitral estatutariamente previsto), siempre que no hayan votado a favor de la aprobación del acuerdo de escisión o no tengan derecho de voto.

La impugnación deberá efectuarse dentro del plazo de dos meses desde la fecha de publicación del acuerdo de la junta general. La decisión del Juzgado (o en su caso tribunal arbitral) será vinculante para las Sociedades Beneficiarias de la escisión.

Las Sociedades Beneficiarias podrán compensar a los socios con participaciones propias, en lugar del pago en efectivo.

En todo caso, la impugnación de la relación de canje no paralizará la escisión ni impedirá su inscripción en el Registro Mercantil.

6.2. Impugnación del acuerdo de escisión

Los socios tienen derecho a impugnar los acuerdos que se adopten, conforme al régimen general de impugnación de acuerdos sociales previsto en los artículos 204 y siguientes de la Ley de Sociedades de Capital, teniendo en cuenta que:

- no constituirá motivo de impugnación, por sí solo, individual o conjuntamente con otros motivos, la relación de canje ni la información facilitada al respecto (artículo 11 del Real Decreto-Ley 5/2023);

- una vez inscrita la escisión, no podrá declararse su nulidad, quedando a salvo las acciones resarcitorias que puedan asistirles (artículo 16.2 del Real Decreto-Ley 5/2023).

V. Sección destinada a los trabajadores

1. Incidencia en las relaciones laborales

Como consecuencia de la escisión total de *"denominación social, S.R.L."* y su consiguiente disolución sin liquidación, no se extinguirán las relaciones laborales existentes en dicha sociedad. En su lugar, las Sociedades Beneficiarias se subrogarán en los derechos y obligaciones laborales y de Seguridad Social de la Sociedad Escindida, incluyendo los compromisos por pensiones y, en general, las obligaciones adquiridas en materia de protección social complementaria.

➢➢

❍ **Relación de otras consecuencias de la escisión sobre el empleo:**

"otras posibles consecuencias de la escisión sobre el empleo".

2. Cambios sustanciales en las condiciones de empleo o en la ubicación de los centros de actividad

La escisión no supondrá ningún cambio en las condiciones de empleo ni en el número y ubicación de los centros de actividad.

"... "describir posibles cambios sustanciales" ..."

3. Filiales

La Sociedad Escindida carece de filiales.

➢➢

❍ **Si hubiese filiales:**

"describir las consecuencias de la escisión en las relaciones laborales de las mismas, así como cualquier cambio sustancial en las condiciones de empleo o en la ubicación de los centros de actividad"

4. Opinión de los trabajadores o sus representantes

De conformidad con lo previsto en el artículo 5.7 del Real Decreto-Ley 5/2023, se adjuntará a este informe, como Anexo, la eventual opinión de los representantes de los trabajadores (cuando no existan tales representantes, de los propios trabajadores) sobre las consecuencias jurídicas y económicas de la escisión, y especialmente sobre su incidencia en el ámbito laboral.

Y para que conste, y a los efectos oportunos, el Consejo de Administración de *"denominación social, S.R.L."* suscribe el presente Informe en *"lugar"* a *"fecha"*.

5. Informe de escisión parcial

MSM nº 8377;
MSL nº 7970 s.

Nota preliminar:

El modelo presupone unas **circunstancias** determinadas, que serán las más **frecuentes**. Si en el caso concreto existen circunstancias particulares no previstas, deberá completarse o modificarse el modelo.

RDL 5/2023 art.5 y 67; RRM art.230.1.3º

Informe sobre el proyecto de escisión parcial de la entidad

"denominación social, S.R.L.."

En cumplimiento de lo establecido en los artículos 5 y 67 del Real Decreto-Ley 5/2023, el Consejo de Administración de *"denominación social, S.R.L."* redacta y suscribe el siguiente Informe, al objeto de explicar y justificar detalladamente el Proyecto de Escisión parcial de la sociedad mercantil *"denominación social, S.R.L."*, *"...que se ha publicado en la página web de las sociedades participantes en la escisión... O... que ha quedado depositado en el Registro Mercantil de "provincia" con fecha "fecha" ..."*.

I. Justificación del proyecto de escisión

La sociedad *"denominación social, S.R.L."* ha tenido como objeto exclusivo el desarrollo de diversas actividades en diferentes sectores económicos, en concreto, la citada entidad, en el cumplimiento de sus fines sociales, desarrolla las siguientes actividades: *"especificar"*.

En tal sentido, resulta plenamente factible y nada impide segregar la parte del patrimonio social afecto a la actividad particular de *"identificar actividad"* y que constituye en sí misma una actividad económica susceptible de ser explotada de forma autónoma.

Sobre la base de lo expuesto, la escisión parcial de *"denominación social, S.R.L."* se justifica tal y como expresamente se hace constar en el Proyecto de Escisión parcial, por: *"expresar justificación"*.

II. Aspectos jurídicos del proyecto de escisión

A la vista de las anteriores razones, se ha considerado oportuno escindir parcialmente la *"denominación social, S.R.L."* (Sociedad Escindida), que traspasará, sin extinguirse, un parte de su patrimonio social a la sociedad ya existente *"denominación social, S.R.L."* (Sociedad Beneficiaria), quien adquirirá por sucesión universal, todos los derechos y obligaciones inherentes a dicho patrimonio.

Los socios de la Sociedad Escindida recibirán, a cambio de la parte del patrimonio transmitido, un número de participaciones sociales de la Sociedad Beneficiaria proporcional a su respectiva participación en el capital social de aquella.

1. Menciones necesarias del Proyecto de Escisión

El contenido del Proyecto de Escisión, formulado y suscrito por los órganos de administración de las sociedades implicadas en la operación, se ajusta a lo dispuesto en los artículos 5 y 67 del Real Decreto-Ley 5/2023.

2. Identificación de las sociedades participantes en la operación

2.1. Sociedad Escindida

Denominación social: *"denominación de la sociedad escindida"*
Domicilio social: *"domicilio de la sociedad escindida"*.
Datos registrales: *"datos de la sociedad escindida"*.
C.I.F.: *"número de la sociedad escindida"*.

2.2. Sociedad Beneficiaria

Denominación social: *"denominación de la sociedad beneficiaria"*
Domicilio social: *"domicilio de la sociedad beneficiaria"*.
Datos registrales: *"datos de la sociedad beneficiaria"*.
C.I.F.: *"número de la sociedad beneficiaria"*.

3. Modificaciones estatutarias en la Sociedad Beneficiaria

Como consecuencia de la escisión parcial proyectada, se realizarán las siguientes modificaciones en los estatutos sociales de la Sociedad Beneficiaria, *"denominación social, S.R.L."*.

a) Ampliación de capital.

Conforme a la relación de canje que se analiza más adelante, la Sociedad Beneficiaria aumentará su capital social en la cuantía necesaria para que los socios de la Sociedad Escindida reciban un número de participaciones sociales de dicha Sociedad Beneficiaria proporcional a su respectiva participación en la sociedad que se escinde parcialmente.

En consecuencia, la *"denominación social, S.R.L."* aumentará su capital social en la cifra de *"número"*, mediante la creación de *"número"* participaciones sociales de *"número"* euros de valor nominal cada una, numeradas correlativamente del *"número"* al *"número"*, ambos inclusive, de la misma clase y serie que las existentes.

Esta ampliación del capital tendrá su reflejo en los estatutos sociales de dicha sociedad, cuyo artículo *"número"* tendrá, en lo sucesivo, la siguiente redacción:

"transcribir la nueva redacción del artículo". 

Las nuevas participaciones sociales creadas en *"denominación social, S.R.L."* para hacer frente a la escisión, serán asumidas por los socios de la Sociedad Escindida del siguiente modo:

"identificar los socios a los que se les asigna, detallando el número de participaciones sociales y su numeración más, en su caso, la compensación en metálico que le corresponda". 

b) *"título del apartado"*.

"incluir otras posibles modificaciones estatutarias (denominación, domicilio, objeto, etc.)".

4. Reducción de capital de la Sociedad Escindida

Como consecuencia de la transmisión del patrimonio segregado, la Sociedad Escindida, *"denominación social, S.R.L."*, reducirá su capital social en *"número"* euros, mediante la amortización de *"número"* participaciones sociales, números *"número"* al *"número"*, ambos inclusive.

5. Implicaciones de la escisión en el órgano de administración

Ninguna de las sociedades participantes modificará, con ocasión de la escisión, ni la estructura, ni la composición de su órgano de administración, consistente en un Consejo de Administración integrado por:

"identificación del número e identidad de consejeros".

➤➤

○ **Adopción de un órgano de administración como consecuencia de la escisión:**

"indicar el tipo de órgano de administración que se adopta como consecuencia de la escisión".

≺≺

6. Fecha de efectividad de la escisión a efectos contables

La totalidad de las operaciones realizadas en relación con la parte del patrimonio que se segrega de la Sociedad Escindida, se considerarán realizadas, a efectos contables, por la Sociedad Beneficiaria a partir del *"fecha"*.

7. Régimen fiscal
La presente escisión goza de las exenciones y beneficios previstos en la Directiva 2009/133/CE y está sujeta al régimen del artículo 89 de la Ley 27/2014, de 27 de noviembre, del Impuesto sobre Sociedades, sin perjuicio de la pertinente comunicación a la Administración tributaria.

III. Aspectos económicos

1. Designación y reparto de los elementos del activo y pasivo que se transmiten a la Sociedad Beneficiaria.
Los elementos del activo y del pasivo de *"Sociedad de Responsabilidad Limitada, S.R.L."* que se transmiten a la Sociedad Beneficiaria, constituyen una unidad económica autónoma, afecta a la actividad de *"especificar actividad"*, y capaz de operar en el tráfico jurídico con sus propios recursos.

Dichos elementos del activo y pasivo, que serán transmitidos a la Sociedad Beneficiaria, son los siguientes:

"Identificación de los elementos de activo y pasivo que se traspasa".

De conformidad con lo establecido en el artículo 46.3 del Real Decreto-Ley 5/2023 (de aplicación a la escisión conforme al artículo 63), cualquier modificación importante del patrimonio escindido de la Sociedad Escindida acaecida entre la fecha de elaboración del Proyecto de Escisión y la fecha de reunión de la junta que haya de decidir sobre la escisión, será notificada por los administradores de la Sociedad Escindida a su junta de socios. La misma información proporcionarán los administradores de la Sociedad Beneficiaria y éstos a los administradores de la Sociedad Escindida, para que, a su vez, informe a su junta de socios.

2. Consecuencias de la escisión para la actividad empresarial futura de la sociedad
"describir"

3. Consecuencias para los acreedores
3.1. Responsabilidad de las sociedades participantes
Sin perjuicio de lo dispuesto en las disposiciones comunes sobre protección de acreedores (artículos 13, 14 y 15 del Real Decreto-Ley 5/2023), de las deudas nacidas antes de la publicación del proyecto de escisión y aun no vencidas en ese momento, que resulten incumplidas, responderá la Sociedad Beneficiaria hasta el importe de los activos netos atribuidos, así como la propia Sociedad Escindida (que subsiste, al tratarse de una escisión parcial), hasta el importe de los activos netos que permanezcan en ella.

3.2. Garantías
Como consecuencia del régimen de responsabilidad descrito, no se considera necesario otorgar ningún tipo de garantía, ni personal ni real, a favor de los acreedores de la Sociedad Escindida parcialmente, y ello sin perjuicio de su derecho a solicitar la prestación de garantías conforme a lo previsto en el artículos 13 y 14 del Real Decreto-Ley 5/2023.

IV. Sección destinada a los socios

1. Enajenación de participaciones y compensación en efectivo
Los socios no tienen el derecho previsto en el artículo 12 del Real Decreto-Ley 5/2023 a enajenar sus participaciones sociales a cambio de una compensación en efectivo.

Este derecho se tiene únicamente en los siguientes casos:

- transformaciones internas;

- fusiones por absorción de sociedad participada al 90% cuando no se elaboren los informes de administradores y de expertos sobre el proyecto de fusión; y

- operaciones transfronterizas cuando vayan a quedar sometidos a una ley extranjera.

2. Tipo de canje, método de valoración y procedimiento de canje
2.1. Contraprestación para los socios de la Sociedad Escindida
Como consecuencia de la aportación de la parte del patrimonio escindido de *"denominación social, S.R.L."* a la Sociedad Beneficiaria, *"denominación social, S.R.L."*, los titulares de las participaciones sociales de la Sociedad Escindida recibirán, por cada participación de que son titulares en la citada sociedad, *"número"* participaciones sociales de *"número"* euros de valor nominal cada una, de la Sociedad Beneficiaria.

○ **En caso de que el número de participaciones sociales resultantes no sea exacto:**

Adicionalmente, dado que el número de participaciones sociales resultante de la relación de canje citada no es exacto, las fracciones de participación se compensarán en metálico, por lo que la Sociedad Beneficiaria abonará *"número"* euros, por cada una de las participaciones sociales que entregue a los socios de la Sociedad Escindida. A los efectos del artículo 36.2 del Real Decreto-Ley 5/2023, se hace expresamente constar que el importe total de la compensación en dinero representa menos del 10% del valor nominal de las participaciones sociales atribuidas.

Las nuevas participaciones sociales emitidas por la Sociedad Beneficiaria para atender a la relación de canje, tendrán plenos derechos políticos desde la inscripción de la escritura de escisión en el Registro Mercantil y otorgarán a sus titulares derecho a participar en las ganancias sociales a partir de *"fecha"*.

2.2. Criterios de valoración y especiales dificultades en la valoración
La ecuación de canje se ha determinado sobre la base de los valores reales de los patrimonios de las sociedades participantes en el proceso de escisión, teniendo en cuenta el valor de sus respectivos activos y pasivos a precios de mercado.

Para la valoración de dichos patrimonios se ha contado con el asesoramiento de *"experto"*, quien ha realizado diversos análisis de valoración de las sociedades, según métodos generalmente aceptados, y que se resumen seguidamente:

"métodos de valoración empleados y especiales dificultades de valoración". 

Las cuentas utilizadas para establecer las condiciones de la escisión son las cerradas a *"fecha"*. En consecuencia, a efectos de lo previsto en el artículo 36 de la Ley 3/2009, se considera como balance de escisión, *"...el último balance anual, por no haber transcurrido más de seis meses entre su fecha de cierre y la fecha del Proyecto de Escisión... O... un balance específico, cerrado con posterioridad al primer día del tercer mes precedente a la fecha del Proyecto de Escisión..."*.

>>

○ **En caso de realización de correcciones de valor:**

A dicho balance de escisión se le han realizado las correcciones de valor necesarias para reflejar los valores razonables de las distintas partidas contables, teniendo en cuenta, entre otras, las siguientes circunstancias:

- Valor real del patrimonio inmobiliario.

- Valor real de la maquinaria, instalaciones y en general, del aparato productivo.

- Plantilla, formación, edad media, productividad y costo de una posible regulación de empleo.

- Valor de marcas, clientela, etc., capacidad de generar beneficios y fondo de comercio.

- Valor cierto de realización y cobro de los bienes del activo circulante.

- Valor cierto del pasivo exigible.

Los balances de escisión *"...y las modificaciones de valoración contenidas en el mismo, ..."* han sido verificadas por el auditor de cuentas de la sociedad y serán sometidos a la aprobación de la junta general de socios que haya de resolver sobre la escisión, con carácter previo a la adopción del propio acuerdo de escisión.

2.3. Procedimiento de canje
No habrá intercambio físico de títulos, dado que las sociedades participantes en la escisión son sociedades de responsabilidad limitada.

3. Impacto de género y responsabilidad social corporativa
3.1. Impacto de género
Ninguna de las sociedades participantes en la operación modificará, con ocasión de la escisión, ni la estructura, ni la composición de su órgano de administración, consistente en un Consejo de Administración integrado por:

"Identificación del número e identidad de consejeros de las sociedades participantes". 

"Indicar el tipo de órgano de administración que se adopta como consecuencia de la escisión".

Por lo que no está previsto que se produzcan, con ocasión de la escisión, cambios ni impacto de género en la composición del órgano de administración de la Sociedad Escindida y de la Sociedad Beneficiaria.

- **En su caso:**

"describir el posible impacto de género de la escisión en los órganos de administración de las sociedades implicadas"

3.2. Responsabilidad social corporativa (RSC)
≻≻
- **En su caso:**

"describir la posible incidencia de la escisión en la responsabilidad social corporativa de las empresas implicadas"

≺≺

4. Derechos del socio
4.1. Derecho de información
Los órganos de administración de las sociedades participantes en la escisión la someterán a la aprobación de sus respectivas juntas generales.

De conformidad con lo dispuesto en el artículo 7 del Real Decreto-Ley 5/2023, al menos un mes antes de la fecha prevista para la celebración de las juntas generales que hayan de acordar la escisión, los administradores deberán insertar en la página web de las sociedades participantes los siguientes documentos:

1º. El proyecto de escisión;

2º. Un anuncio por el que se informe a los socios, acreedores y representantes de los trabajadores de la sociedad, o, cuando no existan tales representantes, a los propios trabajadores, de que pueden presentar a la sociedad, a más tardar cinco días laborables antes de la fecha de la junta general, observaciones relativas al proyecto; y

3º. El informe de experto independiente, cuando proceda, excluyendo, en su caso, la información confidencial que contuviera.

La inserción de dichos documentos en la página web deberá mantenerse hasta que finalice el plazo para el ejercicio por los acreedores de los derechos que les correspondan.

El hecho de la inserción de esos documentos en la página web se publicará de forma gratuita en el BORME, con expresión de la página web en que figure y de la fecha de la inserción.

Si alguna de las sociedades que participan en la escisión careciera de página web, sus administradores están obligados a depositar dichos documentos en el Registro Mercantil de su domicilio social.

La publicación del anuncio de convocatoria de las juntas de socios que hayan de resolver sobre la operación, o en su caso la comunicación individual de ese anuncio a los socios, no podrá realizarse antes de la publicación de la inserción o del depósito de la documentación en el BORME.

4.2. Publicidad del acuerdo de escisión
Una vez adoptado el acuerdo de escisión por las juntas generales de todas las sociedades participantes, éste se publicará en el Boletín Oficial del Registro Mercantil y en la página web de la sociedad o, a falta de ella, en uno de los diarios de mayor difusión en las provincias de *"domicilio de Sociedad Absorbida"* y *"domicilio de Sociedad Absorbente"*.

En el anuncio se hará constar el derecho que asiste a los socios y acreedores de obtener el texto íntegro del acuerdo adoptado y del balance presentado.

4.3. Derechos especiales y ventajas
No existiendo en ninguna de las sociedades participantes en la escisión participaciones sociales especiales o privilegiadas, ni ninguna persona que tenga derechos especiales distintos de las participaciones sociales, no se otorgarán en las sociedades beneficiarias derechos, ni se ofrecerán opciones como consecuencia de la escisión.

Tampoco existen socios industriales (que hayan aportado trabajo, servicios o su actividad a la empresa), ni participaciones sociales que lleven aparejadas prestaciones accesorias, por lo que no es preciso considerar esta cuestión, ni se otorgará compensación alguna.

De otra parte, no se atribuirán ventajas de ninguna clase en las sociedades participantes en la operación a los miembros del órgano de administración, dirección, supervisión o control, ni tampoco a los expertos independientes que, en su caso, intervengan en el Proyecto Común de Escisión.

5. Vías de recurso a disposición del socio
5.1. Impugnación de la relación de canje
De conformidad con lo previsto en el artículo 49 del Real Decreto-Ley 5/2023, los socios de la Sociedad Escindida que consideren que la relación de canje establecida en el proyecto de escisión no es adecuada, pueden impugnarla y reclamar un pago en efectivo ante el Juzgado de lo Mercantil del domicilio social, cuya competencia será exclusiva (o, en su caso, el tribunal arbitral estatutariamente previsto), siempre que no hayan votado a favor de la aprobación del acuerdo de escisión o no tengan derecho de voto.

La impugnación deberá efectuarse dentro del plazo de dos meses desde la fecha de publicación del acuerdo de la junta general. La decisión del Juzgado (o en su caso tribunal arbitral) será vinculante para la Sociedad Beneficiaria de la escisión.

La Sociedad Beneficiaria podrá compensar a los socios con participaciones propias, en lugar del pago en efectivo.

En todo caso, la impugnación de la relación de canje no paralizará la escisión ni impedirá su inscripción en el Registro Mercantil.

5.2. Impugnación del acuerdo de escisión
Los socios tienen derecho a impugnar los acuerdos que se adopten, conforme al régimen general de impugnación de acuerdos sociales previsto en el artículo 204 y siguientes de la Ley de Sociedades de Capital, teniendo en cuenta que:

- no constituirá motivo de impugnación, por sí solo, individual o conjuntamente con otros motivos, la relación de canje ni la información facilitada al respecto (artículo 11 del Real Decreto-Ley 5/2023);

- una vez inscrita la escisión, no podrá declararse su nulidad, quedando a salvo las acciones resarcitorias que puedan asistirles (artículo16.2 del Real Decreto-Ley 5/2023).

V. Sección destinada a los trabajadores

1. Incidencia en las relaciones laborales

Como consecuencia de la proyectada escisión parcial, las relaciones laborales existentes en *"denominación social, S.R.L."* asociadas a la parte del patrimonio escindido, no se extinguirán. En su lugar, la Sociedad Beneficiaria se subrogarán en dichos derechos y obligaciones laborales y de Seguridad Social, incluyendo los compromisos por pensiones y, en general, las obligaciones adquiridas en materia de protección social complementaria.

"... "Otras posibles consecuencias de la escisión sobre el empleo" ..."

2. Cambios sustanciales en las condiciones de empleo o en la ubicación de los centros de actividad

La escisión no supondrá ningún cambio en las condiciones de empleo ni en el número y ubicación de los centros de actividad.

"... "describir posibles cambios sustanciales" ..."

3. Filiales

La Sociedad Escindida carece de filiales.

○ **Si hubiese filiales:**

"describir las consecuencias de la escisión en las relaciones laborales de las mismas, así como cualquier cambio sustancial en las condiciones de empleo o en la ubicación de los centros de actividad"

4. Opinión de los trabajadores o sus representantes

De conformidad con lo previsto en el artículo 5.7 del Real Decreto-Ley 5/2023, se adjuntará a este informe, como Anexo, la eventual opinión de los representantes de los trabajadores (cuando no existan tales representantes, de los propios trabajadores) sobre las consecuencias jurídicas y económicas de la escisión, y especialmente sobre su incidencia en el ámbito laboral.

Y para que conste, y a los efectos oportunos, el Consejo de Administración de *"denominación social, S.R.L."* suscribe el presente Informe en *"lugar"* a *"fecha"*.

4025

6. Informe de supresión derecho de asunción preferente

MSM nº 6981; MSL nº 5924

LSC art.308; RRM art.198.2.2º

Nota preliminar:

Este formulario responde a un **supuesto práctico real**, cuyas circunstancias, obviamente, pueden no coincidir plenamente con las que concurren en el supuesto para el que va a utilizarse. Se ha optado por mantenerlas para enriquecer el valor ejemplificativo del formulario, sin perjuicio de que el usuario las elimine o modifique al personalizar el modelo.

Informe de los administradores de *"denominación, S.R. L."*,

en relación con el aumento de capital social con supresión de derecho de

asunción preferente que será sometido a la consideración de la Junta General

Los administradores de la sociedad, en cumplimiento de lo dispuesto en el artículo 308 del texto refundido de la Ley de Sociedades de Capital, formulan informe sobre la propuesta de aumento de capital social y correspondiente modificación del vigente artículo *"número/letra"* de los estatutos sociales, con supresión del derecho de preferencia a los actuales socios.

Se propondrá a la junta general el siguiente aumento de capital social en la sociedad:

Ampliar el capital social en la cantidad de *"número/letra"* euros, mediante la creación de *"número/letra"* nuevas participaciones sociales, números *"número"* a *"número"*, ambos inclusive, de *"número/letra"* euros de valor nominal cada una. Las nuevas participaciones sociales, se crearán con una prima de asunción total de *"número/letra"* euros, es decir, *"número/letra"* euros por participación, y que se propondrá sean asumidas íntegramente por *"identificación de quien, socio o tercero, asumirá las participaciones"*.

➤➤

○ **Opción I:**

Las nuevas participaciones sociales creadas, así como la totalidad de la prima de asunción correspondiente, se desembolsará mediante compensación del crédito del que es titular *"identificación del socio que asumirá las participaciones"* frente a la Sociedad por importe de *"número"* Euros, en virtud de *"describir crédito"* de fecha *"fecha"*, y que es en su totalidad líquido, vencido y exigible.

○ **Opción II:**

Las nuevas participaciones sociales creadas, así como la totalidad de la prima de asunción correspondiente, se desembolsará mediante aportación de *"identificar con detalle bienes o derechos que serán objeto de aportación y datos registrales, en su caso"*, cuyo valor de mercado de conformidad con *"justificación de la valoración"* es de *"número"* Euros, del que es titular *"identificación del socio que asumirá las participaciones"*.

≺≺

Se deja expresa constancia de que el valor nominal más la prima de asunción de las participaciones sociales que se propone sean emitidas, corresponde al valor real de las participaciones de la Sociedad, según informe emitido por la firma de auditores *"nombre de la firma de auditores"* y que se adjunta al presente informe para su examen por los socios.

"incluir justificación detallada del motivo de exclusión del derecho (como por ejemplo: Los administradores consideran que la asunción de las nuevas participaciones creadas en la forma y por el socio descrito con anterioridad es de vital importancia para la Sociedad, atendiendo a la importancia que tendrá para la misma la incorporación al patrimonio social del describir bien que se aporta.)".

4025

Como consecuencia de la operación de ampliación de capital descrita, se modificará el Artículo *"número"* de los Estatutos Sociales de la Sociedad que quedará redactado como sigue:

"*Artículo "número"*.

"texto completo"

En *"lugar"*, a *"fecha"*.

Fdo. El/Los administradores

"Don/Doña nombre y apellidos" 

Capítulo IX. Solicitudes y comunicaciones

5005

1. Solicitud de experto independiente para valoración de aportaciones no dinerarias

MSM nº 1410;
MSL nº 1380

LSC art.67 s. y 76;
RRM art.133, 338
y 348

Nota preliminar:

Este formulario responde a un **supuesto práctico real**, cuyas circunstancias, obviamente, pueden no coincidir plenamente con las que concurren en el supuesto para el que va a utilizarse. Se ha optado por mantenerlas para enriquecer el valor ejemplificativo del formulario, sin perjuicio de que el usuario las elimine o modifique al personalizar el modelo.

"Don/Doña nombre, apellidos, domicilio, DNI"

"Expone/n"

I. Que tiene/n la intención de promover la constitución de una sociedad de responsabilidad limitada, denominada *"denominación, S.R.L."*, en unión de las personas que a continuación se relacionan:

"Don/Doña nombre, apellidos, domicilio, DNI".

II. Que, entre las aportaciones a realizar por los socios, se encuentran las de naturaleza no dineraria que a continuación se detallan: *"identificación del bien/es o/y derecho/s objeto de aportación"*.

III. Que, en contrapartida de dichas aportaciones no dinerarias, se crearán *"número/letra"* participaciones sociales, de *"número/letra"* euros, de valor nominal cada una, por un importe total de *"número/letra"* euros *"...más una prima de emisión por importe de "número/letra" euros por participación social, ascendiendo el total importe de la prima de emisión a "número/letra" euros..."*.

IV. Que en los tres meses anteriores no ha sido obtenida otra valoración de los mismos bienes, realizada por experto independiente nombrado por el Registro Mercantil.

V. Que se compromete/n a facilitar al experto que al objeto se designe el acceso a los bienes a valorar, así como cualesquiera datos que fueran necesarios o convenientes para el desempeño de su función.

VI. Que a los efectos previstos en los artículos 76, 346.1.d y 348 del texto refundido de la Ley de Sociedades de Capital, y de conformidad con el procedimiento previsto en los artículos 338 y siguientes del Reglamento del Registro Mercantil, mediante el presente escrito.

Solicita/n

1° Proceda al nombramiento de uno o varios expertos independientes al objeto de que elaboren el preceptivo informe sobre las aportaciones no dinerarias antes reseñadas, en los términos y a los efectos previstos en el artículo 76 del texto refundido de la Ley de Sociedades de Capital.

2° Proceda, asimismo, al nombramiento de sucesivos expertos independientes, para el caso de que el designado o los designados en primer lugar no aceptaran o, por cualquier causa, no realizaran el informe encomendado.

3° Tenga por expresamente designado como domicilio a efectos de notificaciones el siguiente: *"localidad, calle, número, distrito postal"*.

En *"localidad"*, a *"fecha"*.

Fdo. *"Don/Doña nombre y apellidos"*

REGISTRADOR MERCANTIL DE *"Provincia"*

2. Solicitud de auditoría de cuentas por minoría de socios

MSM nº 9960; MSL nº 7060

LSC art.265.2; RRM art.359

Nota preliminar:

Este formulario responde a un **supuesto práctico real**, cuyas circunstancias, obviamente, pueden no coincidir plenamente con las que concurren en el supuesto para el que va a utilizarse. Se ha optado por mantenerlas para enriquecer el valor ejemplificativo del formulario, sin perjuicio de que el usuario las elimine o modifique al personalizar el modelo.

"Don/Doña nombre, apellidos, domicilio, DNI" 

comparece/n y

"Exponen"

I.

Que concurre en todos y cada uno de ellos la condición de socios de la sociedad *"denominación, S.R.L."*, con domicilio en *"localidad, calle, número"*, C.I.F. *"número"*, e inscrita en *"datos de inscripción registral"*, de ese Registro Mercantil.

II.

Que la proporción en que los comparecientes participan en la citada entidad mercantil, según acreditan, es la siguiente:

- *"Don/Doña nombre y apellidos"*, es titular de *"número/letra"* participaciones sociales, números *"número"* a *"número"*, ambos inclusive, representativas del *"número"* % del capital social, y que le pertenecen en virtud de *"acto en virtud del cual le pertenecen (p.e., compraventa, suscripción en ampliación de capital, fusión, etc.)"*, manifestando que en la actualidad sigue ostentando dicha titularidad.

III.

Que, en consecuencia, los comparecientes reúnen, conjuntamente, un total de *"número/letra"* participaciones sociales, de las *"número/letra"* acciones en que se halla dividido el capital social, lo cual implica una participación superior al 5% de dicho capital.

IV.

Que la sociedad *"denominación, S.R.L."* no se encuentra incluida en los supuestos legalmente tasados en el artículo 257 del texto refundido de la Ley de Sociedades de Capital, de verificación obligatoria de las cuentas anuales y el informe de gestión.

V.

Que siendo del interés de los socios comparecientes conocer si las cuentas anuales de la sociedad *"denominación, S.R.L."*, correspondientes al ejercicio cerrado a fecha *"fecha"* ofrecen la imagen fiel del patrimonio, de la situación financiera y de los resultados de la sociedad, así como la concordancia del informe de gestión con las cuentas anuales de dicho ejercicio, mediante el presente escrito y al amparo del artículo 265 del texto refundido de la Ley de Sociedades de Capital, y los artículos 350 y siguientes del Reglamento del Registro Mercantil.

Solicitan

1° Proceda, previos los trámites preceptivos, al nombramiento de auditor o auditores de cuentas para que, con cargo a la sociedad y actuando conforme a las normas que rigen la auditoría de cuentas, comprueben si las cuentas anuales de *"denominación, S.R.L."*, correspondientes al ejercicio social cerrado a fecha *"fecha"*, ofrecen la imagen fiel del patrimonio, de la situación financiera y de los resultados de la sociedad, así como la concordancia del informe de gestión con las cuentas anuales de dicho ejercicio. Y asimismo, se proceda al nombramiento de sucesivos auditores en el caso que el designado o los designados en primer lugar no acepten o, por cualquier causa, no realicen el informe encomendado.

2° Se tenga por domicilio a efectos de notificaciones el siguiente: *"localidad, calle, número, distrito postal"*.

En *"localidad"*, a *"fecha"*.

REGISTRADOR MERCANTIL DE *"Provincia"*.

En *"localidad"*, a *"fecha"*.

Fdo. *"Don/Doña nombre y apellidos"*

REGISTRADOR MERCANTIL DE *"Provincia"*

5015

3. Comunicación individual de convocatoria de junta general de socios

MSM nº 1625; MSL nº 2245

LSC art.173.2 y 174.2; RRM art.186.2

Nota preliminar:

Este formulario responde a un **supuesto práctico real**, cuyas circunstancias, obviamente, pueden no coincidir plenamente con las que concurren en el supuesto para el que va a utilizarse. Se ha optado por mantenerlas para enriquecer el valor ejemplificativo del formulario, sin perjuicio de que el usuario las elimine o modifique al personalizar el modelo.

"Membrete de la sociedad"

"Don/Doña nombre y apellidos de administrador"
En *"localidad"*, a *"fecha"*.

Estimado Sr./Sra. *"Don/Doña nombre y apellidos"*,

Mediante la presente le comunico que el órgano de administración ha *"...decidido ... O ... acordado ..."* convocar junta general de socios, que se celebrará en *"...el domicilio social ... O ... "indicar lugar situado en el término municipal del domicilio social" ..."* el día *"fecha"*, a las *"hora"* horas, al objeto de deliberar y decidir sobre el siguiente

Orden del día

- *"texto de los puntos aceptados como orden del día de la junta"*.
- Redacción, lectura *"...y, aprobación del acta de la junta. ..."*.

"...A partir de la fecha de esta convocatoria, cualquier socio podrá obtener de la sociedad, de forma inmediata y gratuita, en la forma ordenada por el artículo 272 del texto refundido de la Ley de Sociedades de Capital, los documentos que han de ser sometidos a la aprobación de la junta. ..."

En *"localidad"*, a *"fecha"*.

"...El secretario del consejo de administración ... O ... El administrador único ... O ... El administrador solidario ... O ... Los administradores mancomunados ..."

Fdo. *"Don/Doña nombre y apellidos"* 

5020

4. Aceptación de la designación del cargo de administrador

MSM nº 2092; MSL nº 2890

Nota preliminar:

Este formulario responde a un **supuesto práctico real**, cuyas circunstancias, obviamente, pueden no coincidir plenamente con las que concurren en el supuesto para el que va a utilizarse. Se ha optado por mantenerlas para enriquecer el valor ejemplificativo del formulario, sin perjuicio de que el usuario las elimine o modifique al personalizar el modelo.

LSC art.214.3; RRM art.141 y 192.2

"datos identificativos de la sociedad a la que se dirige la carta de aceptación"

En *"localidad"*, a *"fecha"*.

Muy Sres. míos:

Por la presente les comunico que acepto mi nombramiento como *"...administrador único ... O ... administrador solidario ... O ... administrador mancomunado ... O ... consejero ..."* de la sociedad, acordado por la junta general de socios celebrada en fecha *"fecha"*, declarando no estar incurso en ninguno de los supuestos de incompatibilidad previstos en la legalidad vigente y, en particular, en ninguna de las previstas en el artículo 213 del texto refundido de la Ley de Sociedades de Capital, y en ninguna de las prohibiciones o incompatibilidades establecidas en el ordenamiento jurídico español, tanto estatal como autonómico.

Agradezco tal nombramiento y prometo cumplir dicho cargo bien y fielmente.

Atentamente,

Fdo. *"Don/Doña nombre y apellidos"*

5. Renuncia al cargo de administrador

MSM nº 2250; MSL nº 3060

RRM art.147

Nota preliminar:

Este formulario responde a un **supuesto práctico real**, cuyas circunstancias, obviamente, pueden no coincidir plenamente con las que concurren en el supuesto para el que va a utilizarse. Se ha optado por mantenerlas para enriquecer el valor ejemplificativo del formulario, sin perjuicio de que el usuario las elimine o modifique al personalizar el modelo.

"datos identificativos de la sociedad a la que se dirige la carta de aceptación"

A la atención *"... "datos identificativos del administrado" ... O ... del Presidente del consejo de administración ... "*.

En *"localidad"*, a *"fecha"*.

Muy señores míos,

Sirva la presente para notificarles mi dimisión irrevocable, con efectos a esta misma fecha, de mi cargo de *"...administrador único ... O ... administrador solidario ... O ... administrador mancomunado ... O ... consejero ... "*, manifestando no tener ninguna cuestión pendiente ni nada que reclamar por ningún concepto, ni frente a la sociedad ni frente a ninguno de sus administradores, socios, directivos ni asesores.

Les agradeceré procedan a formalizar dicha dimisión y a su inscripción en el Registro Mercantil a la mayor brevedad posible.

Atentamente,

Fdo. *"Don/Doña nombre y apellidos de administrador dimisionario"*

6. Convocatoria del consejo de administración

MSM nº 3245; MSL nº 4300

Nota preliminar:

Este formulario responde a un **supuesto práctico real**, cuyas circunstancias, obviamente, pueden no coincidir plenamente con las que concurren en el supuesto para el que va a utilizarse. Se ha optado por mantenerlas para enriquecer el valor ejemplificativo del formulario, sin perjuicio de que el usuario las elimine o modifique al personalizar el modelo.

LSC art.245.1

"Membrete de la sociedad"

"Don/Doña nombre y apellidos de consejero"

En *"localidad"*, a *"fecha"*.

Estimado Sr./Sra.

De conformidad con lo previsto en el artículo *"número"* de los estatutos sociales y en mi calidad de *"...Presidente del Consejo de Administración ... O ... incluir otro cargo de conformidad con lo dispuesto en los estatutos sociales ..."* de la sociedad *"denominación, S.R.L."*, por la presente le convoco a la reunión del consejo de administración de la sociedad que tendrá lugar el *"día, mes y año"* a las *"hora"* en *"...el domicilio social de la compañía ... O ... "localidad, calle y número" ..."*, y que se celebrará de acuerdo con el siguiente

Orden del día

1. *"texto de los puntos aceptados como orden del día"*.
2. Ruegos y preguntas y aprobación del acta.

En el caso de que no pudiera asistir personalmente y desee que le represente otro miembro del consejo en dicha reunión, le ruego cumplimente y firme la carta de representación adjunta y me la remita a la mayor brevedad posible.

Atentamente,

Fdo. *"Don/Doña nombre y apellidos del presidente"*

MSM nº 1695;
MSL nº 2315

7. Solicitud de informes o aclaraciones sobre asuntos comprendidos en el orden del día de la junta general

LSC art.196

Nota preliminar:

Este formulario responde a un **supuesto práctico real**, cuyas circunstancias, obviamente, pueden no coincidir plenamente con las que concurren en el supuesto para el que va a utilizarse. Se ha optado por mantenerlas para enriquecer el valor ejemplificativo del formulario, sin perjuicio de que el usuario las elimine o modifique al personalizar el modelo.

"datos identificativos de la sociedad a la que se dirige la carta de aceptación"

A la atención *"... "datos identificativos del administrado" ... O ... del Presidente del consejo de administración ..."*.

En *"localidad"*, a *"fecha"*.

Muy señor mío,

En relación con la convocatoria de la junta general de socios, convocada mediante *"...anuncio publicado en el Boletín Oficial del Registro Mercantil, número "número", de fecha "fecha", y en el diario "nombre del diario", de fecha "fecha" ... O ... anuncio publicado en el diario "nombre del diario", de fecha "fecha" ... O ... comunicación individual y escrita, de fecha "fecha" ..."*, y en calidad de socio de *"denominación, S.R.L."*, titular de *"número"* de participaciones sociales -números *"número"* a *"número"*-, ambos inclusive *"...representativas de un "determinar porcentaje" % del capital social de la misma ..."*, a través del presente escrito le solicito los siguientes informes y aclaraciones sobre los asuntos del orden del día de la citada reunión:

"indicar los informes o aclaraciones que se solicitan en relación con los diferentes puntos incluidos en el orden del día de la junta general convocada".

Quedo a la espera de recibir, en la forma y términos prevista en el artículo 196 del texto refundido de la Ley de Sociedades de Capital, la información requerida.

Atentamente,

Fdo. *"Don/Doña nombre y apellidos del solicitante"*

8. Comunicación a socio del plazo para el ejercicio del derecho de preferencia en aumento del capital

MSM nº 6900; MSL nº 5895

Nota preliminar:

Este formulario responde a un **supuesto práctico real**, cuyas circunstancias, obviamente, pueden no coincidir plenamente con las que concurren en el supuesto para el que va a utilizarse. Se ha optado por mantenerlas para enriquecer el valor ejemplificativo del formulario, sin perjuicio de que el usuario las elimine o modifique al personalizar el modelo.

LSC art.305; RRM art.189.4.2º

"Membrete de la sociedad"

"Don/Doña nombre y apellidos del socio"

En *"localidad"*, a *"fecha"*.

Estimado Sr./Sra.

Mediante la presente le comunico que la junta general de socios, celebrada el *"fecha"*, adoptó el acuerdo de aumentar el capital social en *"número/letra"* euros más, según las siguientes condiciones:

El aumento de capital se realizará mediante la emisión, a la par, de *"número/letra"* nuevas participaciones sociales, de *"número/letra"* euros de valor nominal cada una.

Los actuales socios podrán ejercitar el derecho de asunción preferente respecto de *"número/letra"* participaciones nuevas por cada una de las antiguas de que fueran titulares en el plazo de un mes desde la fecha del envío de la comunicación escrita a cada uno de ellos.

Trascurrido dicho plazo las participaciones que no hayan sido efectivamente asumidas e íntegramente desembolsadas podrán serlo por los restantes socios, a cuyo fin éstos habrán comunicado a la sociedad al asumir las nuevas, su deseo de suscribir las participaciones sobrantes, en todo o en parte o el número de participaciones que para tal caso desean, a cuyo fin al finalizar el plazo inicial de un mes el órgano de administración comunicará a cada socio interesado en el plazo de los siguientes cinco días naturales, la asignación de participaciones sobrantes de acuerdo con las solicitudes recibidas y en caso de ser superior el número de solicitudes, el prorrateo resultante entre los demandantes atendiendo al número de participaciones que éstos ya posean incluidas las ya asumidas y desembolsadas en la ampliación dentro del inicial plazo, debiendo los socios desembolsar el importe correspondiente a la asignación resultante dentro del plazo de *"número/letra"* días posteriores desde la recepción de la comunicación al efecto practicada por el órgano de administración.

Las cantidades que deban desembolsarse como consecuencia de la ampliación deberán hacerse efectivas en el domicilio social de la sociedad simultáneamente a la asunción de participaciones y dicho desembolso será íntegro y en metálico o mediante cheque o talón.

Todo lo cual se le comunica de conformidad y a los efectos previstos en el artículo 305 del texto refundido de la Ley de Sociedades de Capital.

Atentamente,

"...El "presidente/secretario" del consejo de administración... O... El administrador único... O... El administrador solidario... O... Los administradores mancomunados..."

Fdo. *"Don/Doña nombre y apellidos"*

MSM nº 7184; MSL nº 6166

9. Notificación a acreedores de reducción de capital con devolución de aportaciones a efectos de su derecho de oposición

LSC art.333

Nota preliminar:

Este formulario responde a un **supuesto práctico real**, cuyas circunstancias, obviamente, pueden no coincidir plenamente con las que concurren en el supuesto para el que va a utilizarse. Se ha optado por mantenerlas para enriquecer el valor ejemplificativo del formulario, sin perjuicio de que el usuario las elimine o modifique al personalizar el modelo.

"Membrete de la sociedad"

○ **Acreedor persona física:**

"Don/Doña nombre y apellidos del acreedor".

○ **Acreedor persona jurídica:**

"denominación o razón social del acreedor".

<<

En *"localidad"*, a *"fecha"*.

Muy señores nuestros,

Por la presente, le comunico que la junta general de socios de esta sociedad, celebrada el *"fecha"*, adoptó *"...entre otros acuerdos..."* el acuerdo de reducir el capital social en la cifra de *"número/letra"* euros, por lo que el mismo, tras la reducción, quedará fijado en *"número/letra"* euros, modificándose, asimismo, el artículo *"número/letra"* de los estatutos sociales de la compañía.

La citada reducción de capital se realiza con la finalidad de restituir aportaciones a los socios y se lleva a cabo mediante la reducción del valor nominal de la totalidad de las *"número/letra"* participaciones sociales, números *"número"* a *"número"*, ambas inclusive, en que se divide el capital social, que de su actual valor nominal de *"número/letra"* euros pasarán al nuevo valor nominal *"número/letra"* euros cada una de ellas.

Todo lo cual se le comunica de conformidad y a los efectos previstos en el artículo 333 del texto refundido de la Ley de Sociedades de Capital.

Atentamente,

"...El "presidente/secretario" del consejo de administración... O... El administrador único... O... El administrador solidario... O... Los administradores mancomunados..."

Fdo. *"Don/Doña nombre y apellidos"* 

5050

10. Comunicación de acuerdo de sustitución o modificación sustancial del objeto social a socio que no ha votado a favor del mismo

MSM nº 7435; MSL nº 5575

LSC art.346.1.a y 348; RRM art.205.2

Nota preliminar:

Este formulario responde a un **supuesto práctico real**, cuyas circunstancias, obviamente, pueden no coincidir plenamente con las que concurren en el supuesto para el que va a utilizarse. Se ha optado por mantenerlas para enriquecer el valor ejemplificativo del formulario, sin perjuicio de que el usuario las elimine o modifique al personalizar el modelo.

"Membrete de la sociedad"

"Don/Doña nombre y apellidos del socio"

En *"localidad"*, a *"fecha"*.

Estimado Sr./Sra.

Mediante la presente le comunico que la junta general de socios, celebrada el *"fecha"*, adoptó *"...entre otros, ..."* el acuerdo de *"...sustituir ... O ... modificar sustancialmente ..."* el objeto social de la compañía en los siguientes términos:

"detallar".

Todo lo cual se le comunica de conformidad y a los efectos previstos en los artículos 346.1.d y 348 del texto refundido de la Ley de Sociedades de Capital.

Atentamente,

"...El "presidente/secretario" del consejo de administración... O... El administrador único... O... El administrador solidario... O... Los administradores mancomunados..."

Fdo. *"Don/Doña nombre y apellidos"* 

11. Comunicación de acuerdo de modificación del régimen de transmisión de las participaciones sociales a socio que no ha votado a favor del mismo

MSM nº 7470 y nº 8595 s.; MSL nº 5640 y nº 1545

LSC art.346.2 y 348; RRM art.205.2

Nota preliminar:

Este formulario responde a un **supuesto práctico real**, cuyas circunstancias, obviamente, pueden no coincidir plenamente con las que concurren en el supuesto para el que va a utilizarse. Se ha optado por mantenerlas para enriquecer el valor ejemplificativo del formulario, sin perjuicio de que el usuario las elimine o modifique al personalizar el modelo.

"Membrete de la sociedad"

"Don/Doña nombre y apellidos del socio"

En *"localidad"*, a *"fecha"*.

Estimado Sr./Sra.

Mediante la presente le comunico que la junta general de socios, celebrada el *"fecha"*, adoptó *"...entre otros, ..."* el acuerdo de modificar el régimen de transmisión de las participaciones sociales en los siguientes términos:

"detallar"

Todo lo cual se le comunica de conformidad y a los efectos previstos en los artículos 346.1.d y 348 del texto refundido de la Ley de Sociedades de Capital.

Atentamente,

"...El "presidente/secretario" del consejo de administración... O... El administrador único... O... El administrador solidario... O... Los administradores mancomunados..."

Fdo. *"Don/Doña nombre y apellidos"* 

12. Comunicación de acuerdo de prórroga de la sociedad a socio que no ha votado a favor del mismo 5065

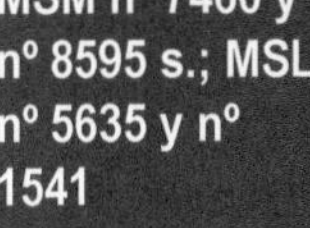

LSC art.346.1.b y 348; RRM art.205.2

Nota preliminar:

Este formulario responde a un **supuesto práctico real**, cuyas circunstancias, obviamente, pueden no coincidir plenamente con las que concurren en el supuesto para el que va a utilizarse. Se ha optado por mantenerlas para enriquecer el valor ejemplificativo del formulario, sin perjuicio de que el usuario las elimine o modifique al personalizar el modelo.

"Membrete de la sociedad"

"Don/Doña nombre y apellidos del socio"

En *"localidad"*, a *"fecha"*.

Estimado Sr./Sra.

Mediante la presente le comunico que la junta general de socios, celebrada el *"fecha"*, adoptó *"...entre otros, ..."* el acuerdo de prorrogar la duración de la sociedad en los siguientes términos:

"detallar".

Todo lo cual se le comunica de conformidad y a los efectos previstos en los artículos 346.1.d y 348 del texto refundido de la Ley de Sociedades de Capital.

Atentamente,

"...El "presidente/secretario" del consejo de administración... O... El administrador único... O... El administrador solidario... O... Los administradores mancomunados..."

Fdo. *"Don/Doña nombre y apellidos"*

5070

MSM nº 8930 y nº 8932; MSL nº 8175 y nº 8182

LSC art.346.1.c, 348 y 370; RRM art.205.2

13. Comunicación de acuerdo de reactivar la sociedad a socio que no ha votado a favor del mismo

Nota preliminar:

Este formulario responde a un **supuesto práctico real**, cuyas circunstancias, obviamente, pueden no coincidir plenamente con las que concurren en el supuesto para el que va a utilizarse. Se ha optado por mantenerlas para enriquecer el valor ejemplificativo del formulario, sin perjuicio de que el usuario las elimine o modifique al personalizar el modelo.

"Membrete de la sociedad"

"Don/Doña nombre y apellidos del socio"

En *"localidad"*, a *"fecha"*.

Estimado Sr./Sra.

Mediante la presente le comunico que la junta general de socios, celebrada el *"fecha"*, adoptó *"...entre otros, ..."* el acuerdo de reactivar la sociedad en los siguientes términos:

"detallar".

Todo lo cual se le comunica de conformidad y a los efectos previstos en los artículos 346.1.d y 348 del texto refundido de la Ley de Sociedades de Capital.

Atentamente,

"...El "presidente/secretario" del consejo de administración... O... El administrador único... O... El administrador solidario... O... Los administradores mancomunados..."

Fdo. *"Don/Doña nombre y apellidos"* 

5075

14. Comunicación de acuerdo de creación, modificación o extinción anticipada de la obligación de realizar prestaciones accesorias a socio que no ha votado a favor del mismo

MSM nº 7485 y nº 8595; MSL nº 5645 y nº 1544

LSC art.346.1.d y 348; RRM art.205.2

Nota preliminar:

Este formulario responde a un **supuesto práctico real**, cuyas circunstancias, obviamente, pueden no coincidir plenamente con las que concurren en el supuesto para el que va a utilizarse. Se ha optado por mantenerlas para enriquecer el valor ejemplificativo del formulario, sin perjuicio de que el usuario las elimine o modifique al personalizar el modelo.

"Membrete de la sociedad"

"Don/Doña nombre y apellidos del socio"

En *"localidad"*, a *"fecha"*.

Estimado Sr./Sra.

Mediante la presente le comunico que la junta general de socios, celebrada el *"fecha"*, adoptó *"...entre otros, ..."* el acuerdo de *"...crear ... O ... modificar ... O ... extinguir anticipadamente ..."* la obligación de realizar prestaciones accesorias en los siguientes términos:

"detallar".

Todo lo cual se le comunica de conformidad y a los efectos previstos en los artículos 346.1.d y 348 del texto refundido de la Ley de Sociedades de Capital.

Atentamente,

"...El "presidente/secretario" del consejo de administración ... O ... El administrador único ... O ... El administrador solidario ... O ... Los administradores mancomunados ..."

Fdo. *"Don/Doña nombre y apellidos"*

Capítulo X. Otros documentos

6005

1. Certificado bancario de aportaciones dinerarias en la constitución de la sociedad

MSM nº 1305 y nº 1389; MSL nº 1350

Nota preliminar:

Este formulario tiene un **valor ejemplificativo** por lo que su contenido concreto deberá ajustarse al supuesto para que el que va a utilizarse.

LSC art.62; RRM art.189.1

"denominación de la entidad bancaria", con C.I.F. número *"número"* y domicilio social en *"domicilio"* y, en su nombre y representación *"Don/Doña nombre y apellidos"*, con N.I.F *"número"* en su calidad de *"cargo"*

Certifica

Que, a efectos de lo dispuesto en el artículo 62 del texto refundido de la Ley de Sociedades de Capital y en el artículo 189 del Reglamento del Registro Mercantil aprobado por el RD 1784/1996 de 19 de julio, con fecha *"día, mes y año"* ha sido ingresada mediante *"medio de ingreso (p.e., transferencia, aportación en metálico, cheque)"* por parte de *"datos identificativos del aportante"* la cantidad de *"número/letra"* euros, a nombre de *"denominación social, S.R.L."* (Sociedad en Constitución), en concepto de aportación de capital para la constitución de la sociedad.

Asimismo y a solicitud expresa del aportante, se hace constar que la transacción anterior se comunicará al Banco de España bajo el Código Estadístico número *"número"*.

La vigencia de esta certificación será de dos meses a contar desde su fecha.

Y para que así conste a los efectos que fueren oportunos, se expide el presente certificado a petición de los interesados en *"localidad"*, a *"día, mes y año"*.

Por poder

Fdo. *"Don/Doña nombre y apellidos"*

2. Certificado bancario de aportaciones dinerarias en ampliación del capital

MSM nº 1305 y nº 6725; MSL nº 1350 y nº 5955

LSC art.62 y 295.2; RRM art.189.1 y 199.1

Nota preliminar:

Este formulario tiene un **valor ejemplificativo** por lo que su contenido concreto deberá ajustarse al supuesto para que el que va a utilizarse.

"denominación de la entidad bancaria", con C.I.F. número *"número"* y domicilio social en *"domicilio"* y, en su nombre y representación *"Don/Doña nombre y apellidos"*, con N.I.F *"número"* en su calidad de *"cargo"*

Certifica

Que, a efectos de lo dispuesto en el artículo 62 del texto refundido de la Ley de Sociedades de Capital y en el artículo 189 del Reglamento del Registro Mercantil aprobado por el RD 1784/1996 de 19 de julio, con fecha *"día, mes y año"* ha sido ingresada mediante *"medio de ingreso (p.e., transferencia, aportación en metálico, cheque)"* por parte de *"datos identificativos del aportante"* la cantidad de *"número/letra"* euros, a nombre de *"denominación social, S.R.L."*, en concepto de desembolso ampliación de capital.

Asimismo y a solicitud expresa del aportante, se hace constar que la transacción anterior se comunicará al Banco de España bajo el Código Estadístico número *"número"*.

La vigencia de esta certificación será de dos meses a contar desde su fecha.

Y para que así conste a los efectos que fueren oportunos, se expide el presente certificado a petición de los interesados en *"localidad"*, a *"día, mes y año"*.

Por poder

Fdo. *"Don/Doña nombre y apellidos"*

3. Contrato de transmisión de participaciones sociales

MSM nº 1017;
MSL nº 1900 s.

Nota preliminar:

Este formulario responde a un supuesto práctico real, cuyas circunstancias, obviamente, pueden no coincidir plenamente con las que concurren en el supuesto para el que va a utilizarse. Se ha optado por mantenerlas para enriquecer el valor ejemplificativo del formulario, sin perjuicio de que el usuario las elimine o modifique al personalizar el modelo.

LSC art.106, 107 y 108; RRM art.175.2

En *"localidad"*, a *"fecha"*

REUNIDOS

De una parte,

"datos identificativos de la persona física o jurídica que comparece como vendedor", (en adelante, el "Vendedor").

Y de otra parte,

"datos identificativos de la persona física o jurídica que comparece como comprador", (en adelante, el "Comprador").

El Vendedor y el Comprador serán denominados conjuntamente en lo sucesivo como las "Partes".

Ambas Partes se reconocen mutuamente la capacidad legal necesaria y suficiente para otorgar el presente contrato de compraventa de acciones y a tal efecto

EXPONEN

I.

Que *"denominación, S.R.L."* (en adelante, la "Sociedad") es una sociedad de responsabilidad limitada española, con CIF *"número"* domiciliada en *"localidad, calle, número"*, debidamente inscrita en el Registro Mercantil de *"provincia"* al *"Indicar los datos registrales"*.

El capital social de la sociedad es actualmente de *"número/letra"* euros, representado por *"número/letra"* participaciones sociales de *"número/letra"* euros de valor nominal cada una, numeradas correlativamente del *"número"* al *"número"*, ambos inclusive. Todas las participaciones sociales confieren a sus respectivos titulares los mismos derechos y obligaciones y de conformidad con lo dispuesto en el artículo *"número"* de los estatutos sociales.

II.

El Vendedor es el titular de *"número/letra"* participaciones sociales de la sociedad, números *"indicar numeración"*, adquiridas mediante *"identificar título/s de adquisición"* (en adelante, las "Participaciones").

III.

Las Participaciones se hallan libre de cargas, embargos, gravámenes y derechos de retención, adquisición preferente o reembolso.

IV.
El Vendedor, en cumplimiento de lo dispuesto en el artículo *"número"* de los vigentes estatutos sociales, comunicó al Consejo de Administración de la Sociedad *"...y la Junta General de la Sociedad, celebrada con carácter universal en esta misma fecha, ha autorizado la transmisión en cuya ejecución se realiza..." "...la presente compraventa... O... "indicar las autorizaciones precisas para que se lleve a cabo la compraventa de conformidad con lo establecido en los estatutos sociales"..."* su intención de enajenar entre otras, las Participaciones.

V.
De conformidad con todo lo expuesto, el Vendedor y el Comprador desean formalizar el presente Contrato de Compraventa de Participaciones, de acuerdo con los términos, condiciones, declaraciones, garantías y acuerdos descritos en las siguientes

CLÁUSULAS

Primera. Compraventa de Participaciones
El Vendedor por la presente vende y transfiere al Comprador, que compra y adquiere, las Participaciones de la Sociedad, libres de cargas, gravámenes, embargos, derechos de retención, adquisición preferente y reembolso.

El Vendedor se compromete a realizar cuantos actos sean necesarios para facilitar la inscripción del Comprador como nuevo titular de las Participaciones en el Libro Registro de Socios de la Sociedad.

Segunda. Precio y forma de pago
El precio de las Participaciones asciende a *"número/letra"* euros, que el Comprador entrega al Vendedor, mediante *"indicar forma de pago"*, dando el Vendedor la más eficaz carta de pago del precio estipulado.

Tercera. Confidencialidad
Las Partes se comprometen a no dar publicidad alguna al contenido de este contrato, garantizando su confidencialidad, con la excepción de las actuaciones necesarias para cumplimentar posibles requerimientos efectuados por órganos jurisdiccionales o administrativos. En el supuesto de que fuera necesario o conveniente hacer pública la existencia o algún extremo de este contrato, las Partes establecerán de mutuo acuerdo el contenido y la forma de hacerlo.

Cuarta. Elevación a Público ante Notario
Las Partes acuerdan elevar a público el presente contrato. A requerimiento de cualquiera de las Partes, se procederá al otorgamiento de la correspondiente escritura de compraventa de participaciones sociales, que reproducirá los términos y demás condiciones de adquisición reflejados en el presente contrato.

Quinta. Gastos e impuestos
Todos los gastos, impuestos y/o exacciones que surjan con motivo de este Contrato de Compraventa de Acciones, serán satisfechos por las partes según ley.

Sexta. Cesión
Las Partes no podrán ceder ni trasmitir a un tercero las obligaciones y derechos asumidos en virtud del presente contrato.

Séptima. Ley aplicable y jurisdicción
El presente contrato se regirá de acuerdo con la ley española.

Las Partes someten todas y cada una de las diferencias que puedan surgir a consecuencia de la interpretación y/o cumplimiento de este Contrato de Compraventa de Acciones, a los Juzgados y Tribunales de *"localidad"*.

En prueba de conformidad con cuanto antecede, las Partes firman este contrato, por triplicado a un sólo efecto, en el lugar y fecha anteriormente mencionados.

El Comprador

El Vendedor

Fdo. *"Don/Doña nombre y apellidos del comprador"*

Fdo. *"Don/Doña nombre y apellidos del vendedor"*

4. Adquisición de unipersonalidad sobrevenida: certificación del libro registro de socios

MSM nº 5669; MSL nº 8756

Nota preliminar:

Este formulario tiene un **valor ejemplificativo** por lo que su contenido concreto deberá ajustarse al supuesto para que el que va a utilizarse.

LSC art.13.1; RRM art.174 y 203

"Don/Doña nombre y apellidos" "...y "Don/Doña nombre y apellidos" ...", en su condición de *"...Administrador único ... O ... Administrador solidario ... O ... Administradores mancomunados ... O ... Secretario del consejo de administración ..."* de *"denominación, S.R.L., Sociedad unipersonal"*, con domicilio social en *"domicilio"*, y CIF *"número"*

Certifica/n

❍ Unipersonalidad sobrevenida por transmisión:

Que, tal y como consta en el Libro Registro de Socios, con fecha *"día, mes y año"*, la sociedad devino unipersonal como consecuencia de la transmisión por parte de los socios *"nombres y apellidos/razón social"*, mediante *"naturaleza del acto (p.e., compraventa, donación, permuta)"*, de la totalidad de sus respectivas participaciones sociales números *"número"* al *"número"*, ambos inclusive, a favor de *"datos identificativos del socio único"* quien ha pasado a ser, como consecuencia de la transmisión mencionada, titular del 100% del capital social de la sociedad y por tanto socio único de la misma.

❍ Unipersonalidad sobrevenida por adquisición:

Que, tal y como consta en el Libro Registro de Socios, con fecha *"día, mes y año"*, la sociedad devino unipersonal como consecuencia de la adquisición por *"datos identificativos del socio único"* mediante *"naturaleza del acto (p.e., compraventa, donación, permuta)"*, de las participaciones sociales números *"número"* al *"número"*, por lo que ha pasado a ser titular del 100% del capital social de la sociedad y por tanto socio único de la misma.

Y para que así conste se expide la presente certificación, en *"localidad"*, a *"día, mes y año"*.

Firma/s

"...El administrador único Fdo. "Don/Doña nombre y apellidos" ..."

"...El administrador solidario Fdo. "Don/Doña nombre y apellidos" ..."

"...Los administradores mancomunados Fdo. "Don/Doña nombre y apellidos" ..."

"...El secretario del consejo de administración con el VºBº del presidente del consejo Fdo. "Don/Doña nombre y apellidos" ..."

5. Pérdida del carácter unipersonal: certificación del libro registro de socios

MSM nº 5669; MSL nº 8756

Nota preliminar:

Este formulario tiene un **valor ejemplificativo** por lo que su contenido concreto deberá ajustarse al supuesto para que el que va a utilizarse.

LSC art.13.1; RRM art.174 y 203

"Don/Doña nombre y apellidos" "...y "Don/Doña nombre y apellidos" ...", en su condición de *"...Administrador único ... O ... Administrador solidario ... O ... Administradores mancomunados ... O ... Secretario del consejo de administración ..."* de *"denominación, S.R.L., Sociedad unipersonal"*, con domicilio social en *"domicilio"*, y CIF *"número"*

Certifica/n

Que, tal y como consta en el Libro Registro de Socio, con fecha *"día, mes y año"*, la sociedad ha perdido el carácter de unipersonal como consecuencia de la transmisión, por parte del hasta entonces socio único *"datos identificativos"*, de sus participaciones sociales números *"número"* al *"numero"*, ambos inclusive, a favor de *"datos identificativos del adquirente/s de las participaciones"* mediante *"naturaleza del acto (p.e., compraventa, donación, permuta)"*.

Y para que así conste se expide la presente certificación, en *"localidad"*, a *"día, mes y año"*.

Firma/s

"...El administrador único Fdo. "Don/Doña nombre y apellidos" ..."

"...El administrador solidario Fdo. "Don/Doña nombre y apellidos" ..."

"...Los administradores mancomunados Fdo. "Don/Doña nombre y apellidos" ..."

"...El secretario del consejo de administración con el VºBº del presidente del consejo Fdo. "Don/Doña nombre y apellidos" ..."

6. Cambio de socio único: certificación del libro registro de socios

MSM nº 5669; MSL nº 8756

LSC art.13.1; RRM art.174 y 203

Nota preliminar:

Este formulario tiene un **valor ejemplificativo** por lo que su contenido concreto deberá ajustarse al supuesto para que el que va a utilizarse.

"Don/Doña nombre y apellidos" "...y "Don/Doña nombre y apellidos" ... ", en su condición de *"...Administrador único ... O ... Administrador solidario ... O ... Administradores mancomunados ... O ... Secretario del consejo de administración ... "* de *"denominación, S.R.L., Sociedad unipersonal"*, con domicilio social en *"domicilio"*, y CIF *"número"*

Certifica/n

Que, tal y como consta en el Libro Registro de Socios, con fecha *"día, mes y año"*, como consecuencia de la transmisión mediante *"naturaleza del acto (p.e., compraventa, donación, permuta)"*, de la totalidad de las participaciones sociales de las que era titular el socio único *"datos identificativos"*, números *"número"* al *"número"*, ambos inclusive, de la sociedad, se ha producido un cambio en el socio único de la sociedad, siendo en la actualidad el socio único *"datos identificativos del nuevo socio único"*.

Y para que así conste se expide la presente certificación, en *"localidad"*, a *"día, mes y año"*.

Firma/s

"...El administrador único Fdo. "Don/Doña nombre y apellidos" ... "

"...El administrador solidario Fdo. "Don/Doña nombre y apellidos" ... "

"...Los administradores mancomunados Fdo. "Don/Doña nombre y apellidos" ... "

"...El secretario del consejo de administración con el VºBº del presidente del consejo Fdo. "Don/Doña nombre y apellidos" ... "

7. Poder para constituir sociedad

MSM nº 530; MSL nº 285 s.

Nota preliminar:

Este formulario responde a un **supuesto práctico real**, cuyas circunstancias, obviamente, pueden no coincidir plenamente con las que concurren en el supuesto para el que va a utilizarse. Se ha optado por mantenerlas para enriquecer el valor ejemplificativo del formulario, sin perjuicio de que el usuario las elimine o modifique al personalizar el modelo.

CCom art.50; CC art.38, 314 a 324 y 1263

ESCRITURA DE APODERAMIENTO OTORGADA POR *"nombre y apellidos".*

NÚMERO: *"número"*

En *"localidad"*, mi residencia a *"fecha"*.

Ante mí, *"Don/Doña nombre y apellidos"*, Notario/a del Ilustre Colegio Notarial de *"localidad"*,

COMPARECE:

"Don/Doña nombre y apellidos", mayor de edad, de nacionalidad *"nacionalidad"*, con domicilio profesional en *"localidad, calle y número"*, y con DNI/NIF número *"número"*.

INTERVIENE

➤➤

○ **En su propio nombre:**

En su propio nombre y derecho.

○ **En representación:**

En nombre y representación de la compañía mercantil denominada *"denominación social"*, con domicilio social en *"domicilio"*, constituida mediante escritura otorgada ante el Notario de *"localidad, provincia"*, *"Don/Doña nombre y apellidos"* el *"día, mes y año"*, con el número *"número"* de orden de su protocolo, inscrita en el Registro Mercantil de *"provincia"*, al *"datos de inscripción registral"*, y con CIF número *"número"*.

Ostenta tal representación en su calidad de *"cargo"* de la mencionada sociedad, hallándose con tal motivo facultado para otorgar, conferir y firmar la presente Escritura de Poder en nombre de la Sociedad, según se acredita por el documento que me exhibe.

➤➤

El compareciente se identifica mostrándome su DNI/NIF en el que constan sus datos personales y firma y yo, el Notario, doy fe de que los datos personales y firma que en dicho documento se reseña concuerdan con los del compareciente.

Manifiesta por último el compareciente que tales facultades no le han sido revocadas y que en virtud de la autoridad que tiene conferida y acreditada, por la presente Escritura,

OTORGA:

Poder especial a favor de *"Don/Doña nombre y apellidos"*, mayor de edad, *"estado civil"*, de nacionalidad *"nacionalidad"*, con domicilio en *"domicilio"* y titular de Número de Identificación Fiscal *"número"*, *"...y "Don/Doña nombre y apellidos", mayor de edad, "estado civil", de nacionalidad "nacionalidad", con domicilio en "domicilio" y titular de Número de Identificación Fiscal "número"* ... " para que, aunque se dé la figura de la autocontratación, existan intereses contrapuestos o exista multirepresentación, para que en nombre y representación de la sociedad *"..., cualquiera de ellos, solidariamente ..."*y sin limitación alguna, ejercite todas y cada una de las siguientes facultades:

1. Constituir en los términos y condiciones que juzguen oportunos, una sociedad de responsabilidad limitada española de duración indefinida que se denominará *"denominación, S.R.L."* u otra denominación que estimen conveniente, y que se regirá por los estatutos que se aprueben en el acto de constitución.
2. Suscribir *"número/letra"* participaciones sociales, números *"número"* a la *"número"* y proceder a su desembolso, en los términos que finalmente se fijen en los estatutos, mediante aportación dineraria y/o aportación no dineraria consistente en *"detallar contenido de la aportación no dineraria"*.
3. Representar al poderdante en la primera junta general de la nueva sociedad para, entre otros, otorgar poderes especiales que puedan ser necesarios o convenientes para el proceso de constitución y registro de la nueva compañía en el Registro Mercantil, así como ante las autoridades fiscales y de la seguridad social. Designar el primer órgano de administración y en definitiva, representar al poderdante, de pleno derecho y sin limitación alguna en el acto constitutivo de la sociedad de responsabilidad limitada española *"denominación, S.R.L."*, pudiendo al efecto realizar cualquier acto y firmar cuantos documentos se requieran en Derecho español para la constitución e inscripción en el Registro Mercantil de la nueva sociedad, pudiendo comparecer al efecto ante todo tipo de personas, entidades, sociedades, corporaciones, entidades bancarias, corredores de comercio y notarios, con plenos poderes de representación.
4. Formular y presentar, ante cualesquiera organismos públicos, todo tipo de declaraciones, aceptaciones y solicitudes con el fin de obtener un Número de Identificación Fiscal e inscribir a la sociedad en cualesquiera censos de la Administración Tributaria, Estatal, Autonómica o Municipal.
5. Realizar las subsanaciones o aclaraciones que en su caso fueran necesarias hasta obtener la inscripción en el Registro Mercantil de la escritura de constitución.
6. Obtener un Número de identificación Fiscal de la sociedad, en caso de que sea requerido por la legislación española para las anteriores finalidades.

Así lo dice y otorga el compareciente en nombre y representación de la Sociedad, quien lee y aprueba la presente escritura, firmándola ante mí en el lugar y fecha indicados en el encabezamiento.

De todo lo anterior, yo, el Notario, doy fe. Fdo. *"Don/Doña nombre y apellidos"*

8. Escrito confiriendo representación para asistir a junta general

MSM nº 1750; MSL nº 2420

LSC art.183; RRM art.186.3, 4 y 5

Nota preliminar:

Este formulario responde a un **supuesto práctico real**, cuyas circunstancias, obviamente, pueden no coincidir plenamente con las que concurren en el supuesto para el que va a utilizarse. Se ha optado por mantenerlas para enriquecer el valor ejemplificativo del formulario, sin perjuicio de que el usuario las elimine o modifique al personalizar el modelo.

"...El Administrador único ... O ... El Administrador solidario ... O ... Los Administradores mancomunados ... O ... El Secretario del Consejo de Administración ..." de la entidad *"denominación, S.R.L."*, con CIF número *"número"* y domicilio social en *"domicilio"*

En *"localidad"* a *"fecha"*

Muy Sr. mío:

Por medio de la presente le comunico que confiero la representación de las participaciones que poseo en la sociedad a favor de *"Don/Doña nombre y apellidos"*, facultándole ampliamente para que en nombre de las mencionadas participaciones asista a la junta general de socios que ha de celebrarse el próximo *"día, mes y año"*, a las *"número/letra"* horas, en la cual habrá de tratarse el siguiente

Orden del día

1. Constitución, en su caso, en junta universal.
2. *"punto/s del orden del día que se van a tratar"*
3. Ruegos y preguntas.
4. Aprobación del ata de la junta.

La persona aquí apoderada está por la presente expresamente autorizada a votar cualquier propuesta discutida en la junta en el sentido que estime conveniente para los intereses de la sociedad, en su calidad de representante especial y titular para dicho acto de todos los derechos que la Ley y los estatutos sociales me confieren como socio.
El presente apoderamiento ha sido conferido con carácter expreso y especial para la junta de referencia.

Atentamente,

Fdo. *"Don/Doña nombre y apellidos"*

9. Pacto de socios

MSM nº 11230 s.; MSL nº 1175 s.

LSC art.29

Nota preliminar:

Este formulario responde a un **supuesto práctico real**, cuyas circunstancias, obviamente, pueden no coincidir plenamente con las que concurren en el supuesto para el que va a utilizarse. Se ha optado por mantenerlas para enriquecer el valor ejemplificativo del formulario, sin perjuicio de que el usuario las elimine o modifique al personalizar el modelo.

En *"localidad"*, a *"fecha"*

REUNIDOS

De una parte,

"datos identificativos de la persona física o jurídica que comparece como vendedor", (en adelante, el "Socio A").

Y de otra parte,

"datos identificativos de la persona física o jurídica que comparece como comprador", (en adelante, el "Socio B").

El Socio A y el Socio B podrán ser identificados conjuntamente en lo sucesivo como las "Partes".

EXPONEN

I.

Que *"denominación, S.R.L."* (en adelante, la "Sociedad") es una sociedad de responsabilidad limitada española, con CIF *"número"*, domiciliada en *"localidad, calle, número"*, debidamente inscrita en el Registro Mercantil de *"provincia"* al *"Indicar los datos registrales"*, y se dedica principalmente a *"describir el objeto principal"*.

El capital social de la sociedad es actualmente de *"número/letra"* euros, representado por *"número/letra"* participaciones sociales de *"número/letra"* euros de valor nominal cada una, numeradas correlativamente del *"número"* al *"número"*, ambos inclusive. Todas las participaciones sociales confieren a sus respectivos titulares los mismos derechos y obligaciones y de conformidad con lo dispuesto en el artículo *"número"* de los estatutos sociales.

II.

Que las Partes con el objeto de desarrollar un proyecto en común participan en la Sociedad en la siguiente proporción *"indicar la proporción de participación de cada socio en el capital de la sociedad"*, y desean por medio del presente regular sus relaciones como socios de la Sociedad.

En virtud de lo anterior, las Partes convienen en formalizar el presente contrato de socios (el "Contrato"), con sujeción a las siguientes

ESTIPULACIONES

Primera. Objeto y carácter del contrato

Constituye el objeto del presente contrato establecer los términos y condiciones que regularán la relación entre las Partes en su condición de socios de la Sociedad.

Si alguno de los términos establecidos en este Contrato no tuviera reflejo en los estatutos de la Sociedad o se produjera una discrepancia entre éstos y aquéllos, prevalecerá entre las partes el contenido de este Contrato. En consecuencia, las Partes, en su calidad socios de la Sociedad, renuncian desde este momento con carácter irrevocable a ejercitar cualesquiera derechos y acciones que pudieran corresponderles en base a lo establecido en los estatutos de la Sociedad y que resultasen contrarios a este Contrato.

Segunda. Régimen de administración y gestión de la Sociedad

2.1. Órgano de Administración

2.1.1. Composición

La administración y representación de la Sociedad corresponderá a un Consejo de Administración que estará compuesto por *"número"* miembros, *"número"* nombrados a propuesta del Socio A y *"número"* a propuesta del Socio B.

Se nombrarán miembros del Consejo de Administración de la sociedad por tiempo indefinido a *"Don/Doña nombre y apellidos"* y *"Don/Doña nombre y apellidos"*, en representación del Socio A y a *"Don/Doña nombre y apellidos"* en representación del Socio B.

2.1.2. Designación de cargos

Los cargos del Consejo con facultad representativa o certificante, esto es, los cargos de Presidente y Secretario, serán nombrados por los Consejeros y ocuparán tales cargos los Consejeros nominados por *"indicar uno de los socios"*.

En el caso de vacantes producidas como consecuencia de enfermedad, dimisión, caducidad, cese u otras del cargo de cualquier Consejero, corresponderá al grupo de socios que lo eligió designar al Consejero que le sustituya, comprometiéndose todas las partes a votar favorablemente la candidatura propuesta tanto en caso de designación por cooptación en el seno del Consejo de Administración como en caso de elección o confirmación por la Junta General.

2.1.3. Sustituciones

Cada socio tendrá derecho a cesar en cualquier momento a cualquier Consejero que haya sido designado por él y a sustituirlo por otro de su elección, obligándose las Partes respectivamente a votar a favor del Consejero designado por la otra parte en la Junta General celebrada a tal efecto a solicitud del socio correspondiente.

2.1.4. Periodicidad de las reuniones y convocatoria

Las reuniones del Consejo de Administración tendrán lugar como mínimo una vez al año. Sin perjuicio de lo anterior, el Consejo se reunirá cuantas veces así lo requieran los intereses sociales mediante convocatoria realizada por su Presidente o Secretario o por dos cualesquiera de sus miembros.

La Convocatoria de las reuniones deberá ser realizada con una antelación mínima de *"número"* días con respecto a la fecha de la reunión, o de *"número"* días en casos de urgencia, mediante la correspondiente notificación por escrito, en la cual se deberá hacer constar el orden del día de los asuntos a tratar. Dicha notificación deberá enviarse a cada uno de los Consejeros, a la dirección que consta en el presente Contrato por (i) fax o e-mail, siempre y cuando el destinatario comunique por el mismo medio acuse de recibo del anuncio; (ii) burofax o (iii) correo certificado con acuse de recibo.

Tercera. Régimen de transmisión de las participaciones sociales

3.1. Transmisiones libres

Las Partes acuerdan que serán libres, las transmisiones de participaciones realizadas por cualquiera de los socios al cónyuge, ascendientes o descendientes por línea directa o en favor de cualesquiera entidades pertenecientes a su mismo grupo (en el sentido del artículo 4 de la Ley del Mercado de Valores), así como las transmisiones entre socios.

Sin perjuicio de lo mencionado anteriormente, las Partes no podrá transmitir sus participaciones sociales en el supuesto de que el adquirente, aun siendo cónyuge, ascendiente o descendiente por línea directa o una entidad perteneciente a su mismo grupo, realice, directa o indirectamente a través de su participación en otras empresas, actividades similares o que entren en competencia con las de la Sociedad.

3.2. Transmisiones voluntarias inter vivos

3.2.1. Derecho de adquisición preferente

Sin perjuicio de lo dispuesto en el apartado anterior y de lo establecido en los apartados siguientes, cualquier transmisión voluntaria de participaciones de la Sociedad a favor de un tercero, a título oneroso o lucrativo, por actos inter vivos, quedará sujeta a un derecho de adquisición preferente en los términos que resultan de los Estatutos Sociales.

3.2.2. Oferta de un tercero por la compra del 100% del capital social de la Sociedad

En el supuesto de que cualquiera de las Partes reciba una oferta de un tercero para la adquisición del 100% del capital social de la Sociedad, ésta estará facultada para exigir al otro socio que venda todas sus participaciones sociales a dicho tercero por el mismo precio y en las mismas condiciones ofrecidas por éste al socio que recibió la oferta.

A tal efecto, el socio que recibió la oferta notificará fehacientemente al otro socio la proyectada transmisión, mediante escrito que indique su intención de ejercitar la venta, la identidad del adquirente, el precio y demás condiciones de la operación y los datos relativos a la notaría, fecha y hora en la que vaya a tener lugar el otorgamiento de la escritura de compraventa de participaciones sociales que, en cualquier caso, no tendrá lugar antes del plazo de los *"número"* días siguientes a dicha notificación, quedando el otro socio obligado a transmitir sus participaciones al tercero adquirente, en los términos consignados en dicha comunicación.

El presente régimen prevalecerá sobre el derecho de adquisición preferente mencionado en el apartado anterior.

Cuarta. Junta General de Socios. Mayorías reforzadas

Será necesario el voto favorable de los dos socios, es decir, la unanimidad, para la adopción de los siguientes acuerdos:

- Ampliaciones de capital en las que el precio de emisión no se establezca a valor de mercado de la Sociedad o en las que se excluya el derecho de suscripción preferente.
- Modificación del objeto social de la Sociedad.
- Fusión, escisión, disolución o liquidación de la sociedad.
- Cambio de régimen de administración de la sociedad.
- Reducción del capital social.

No será necesario el acuerdo unánime cuando la ampliación de capital, disolución o liquidación traigan casa como consecuencia de obligaciones legales de reducción de capital o disolución de la sociedad originadas por situaciones de desequilibrio patrimonial así como aquellas originadas por una situación de insolvencia que, por su naturaleza, impliquen la necesidad de liquidar la Sociedad o iniciar un procedimiento concursal.

Quinta. Legalidad

Si cualquier disposición(es) del presente contrato resultara estar prohibida o no ser válida bajo las leyes vigentes, tal(es) disposición(es) será(n) ineficaz sólo en la medida en que se vea afectada por tal prohibición o invalidez, sin invalidar por ello el resto de las estipulaciones o disposiciones contenidas en el mismo.

Sexta. Confidencialidad
Las Partes se obligan a mantener como estrictamente confidenciales los términos del presente Contrato, salvo en los siguientes casos:

(i) la información que deba revelarse en la medida en que así lo requiera cualquier norma aplicable o sentencia firme, auto o requerimiento judicial o de autoridad competente;

(ii) en caso de procedimiento arbitral o judicial instado por cualquiera de las Partes.

Séptima. Cesión del contrato
Ninguna de las Partes podrá ceder o transferir este contrato ni ninguno de los derechos que otorga el mismo, sin el consentimiento previo y por escrito, de la otra parte, con la excepción de que se trate de compañías pertenecientes a sus respectivos grupos de empresas, en el sentido del artículo 4 de la Ley del Mercado de Valores.

Octava. Pacto de no competencia
Durante un período de cinco (5) años a contar, desde la firma del presente Contrato, las partes se comprometen a no efectuar ni directa, ni indirectamente, a través de personas físicas o jurídicas interpuestas, ninguna actividad que pueda ser competencia directa e indirecta con la actividad realizada por la Sociedad. Dicho período podrá renovarse de forma expresa mediante acuerdo de ambas partes por períodos de igual duración.

Novena. Notificaciones
A efectos de cualquier notificación o requerimiento que hayan de hacerse las Partes, se aceptan expresamente las direcciones y números de fax que se consignan a continuación:

a) Socio A:

"domicilio y número de fax".

b) Socio B:

"domicilio y número de fax".

Ambas partes se reservan el derecho a modificar las direcciones indicadas y la referencia a las personas a quienes deben remitirse las notificaciones, mediante la oportuna comunicación escrita a este respecto de forma fehaciente.

Décima. Ley aplicable y arbitraje
El presente contrato y los documentos que se formalicen en su virtud se regirán, interpretarán y ejercitarán de conformidad con la legislación española.

Cualquier divergencia que pueda suscitarse entre las Partes en relación con el contenido del presente Contrato y los que, en su caso, se formalicen en ejecución del mismo, siempre que legalmente resulte posible, queda sometida a arbitraje de derecho de la Corte Civil y Mercantil rearbitraje (CIMA), a quien se encomienda la administración del arbitraje y la resolución de la cuestión litigiosa, en todo caso, por un solo árbitro. El arbitraje se celebrará en *"determinar"*.

Y en prueba de conformidad, las Partes firman el presente contrato por duplicado ejemplar y a un solo efecto, en el lugar y fecha indicados en el encabezamiento.

El Socio A	El Socio B
Fdo. *"Don/Doña nombre y apellidos"*	Fdo. *"Don/Doña nombre y apellidos"*

Tabla Alfabética

Las voces reenvían al número marginal de cada modelo. La mención «s.» indica que la materia se prolonga en el o los modelos siguientes.

Para orientar las búsquedas, las referencias se acompañan, cuando es preciso, de una mención explícita o de una abreviatura que ayuda a ubicar la materia de que se trate.

Téngase en cuenta que los modelos que se enmarcan en un estudio de conjunto no se reseñan con su propio número marginal, sino que han de buscarse en dicho estudio general. Por ejemplo, el «Aumento del capital social con aportaciones dinerarias y por elevación del valor nominal de las participaciones sociales» no aparece con número marginal propio en la tabla, sino que debe buscarse en el estudio de conjunto de la voz «Aumento del capital» (nº 850 s.).

B

C

D

E

Q

R

S

T

U

V

Este libro se acabó de imprimir en España,
en Julio de 2024